교육윤리 리더십

선택의 딜레마

Joan Poliner Shapiro
Jacqueline A. Stefkovich 공저
주삼환 · 정일화 공역

Ethical Leadership and Decision Making in Education, 3rd ed.

학지사

Ethical Leadership and Decision Making in Education, 3rd Edition
by Joan Poliner Shapiro & Jacqueline Stefkovich

역자 서문

우리나라 국민은 여러 가지 측면에서 세계 최고 수준에 이르렀다. 학력 면에서도 다른 어느 나라 국민 못지않게 높고, 사고하는 수준도 생활수준도 높아졌다. 그런데 국민을 이끌어야 할 정치 지도자를 비롯한 리더 집단이 국민의 존경을 받지 못하는 현실은 큰 문제다. 청문회 때마다 불거지는 후보자들의 위장전입, 병역기피, 부동산 투기, 논문 표절 등에 국민은 식상해하고 있다. 이들 지도자들이 국민의 존경을 받지 못하고 있다. 국민의 존경을 받지 못하면 그들은 더 이상 지도자일 수 없다. 리더 집단과 전문직 집단에게는 높은 수준의 윤리가 요구되지만, 우리나라 리더 집단은 국민이 바라는 높은 수준의 윤리적 기대를 충족시켜 주지 못하고 있다.

교육 리더에게도 높은 수준의 윤리 리더십과 윤리적 판단이 필요함에도 윤리 리더십 교육을 너무나 등한시하는 현실에 대한 안타까운 마음에서, 그리고 교육 리더뿐만 아니라 모든 교육자에게도 윤리 리더십 교육이 필요하다는 생각에서 이 책을 번역하게 되었다.

이 책은 조앤 샤피로와 재클린 스테프코비치(Joan Poliner Shapiro &

Jacqueline A. Stefkovich, 2011)의 *Ethical Leadership and Decision Making in Education: Applying Theoretical Perspectives to Complex Dilemmas*(3rd ed., New York: Routledge)를 번역한 것이다. 역자 중 한 사람이 2003년 오하이오 주립대학교(Ohio State University) 객원교수로 근무하던 중 원서의 제1판을 접하고 나서 충남대학교 대학원에서 교재로 사용했던 경험이 번역의 계기가 되었다. 이 책은 역자들이 교육행정에서 철학과 윤리의 필요성과 중요성을 강조하면서 이 분야에 지속적인 관심을 갖고 그동안 출간해 온 『행정철학』(법문사, 1985), 『지도자의 철학』(법문사, 1989), 『교육행정철학』(학지사, 2007), 『교육행정 사례연구』(학지사, 2007), 『도덕적 리더십』(시그마프레스, 2008), 『교육행정윤리』(시그마프레스, 2010) 등의 연장이라고 할 수도 있다.

선진국은 물질과 소득이 풍부하고 높아서 선진이 아니라 가치와 윤리, 문화예술이 선진인 나라다. 우리나라가 선진국으로 발전해 가기 위해서는 교육에서 윤리를 다져야 한다. 그러기 위해서는 교육자와 교육리더가 먼저 윤리적 모범을 보여야 한다. 이를 위해 교육 리더 및 교육행정가 양성교육과 연수교육에서 윤리 리더십이 강조되어야 한다. 이 책의 제3부에서 윤리 교수법을 제시하고 있는데 우리나라에서 교육 리더에게 윤리 교육을 하는 데 좋은 참고가 될 것이다. 과거에 우리가 물질을 얻는 동안 쓰레기통에 내버리다시피 했던 가치와 윤리를, 오히려 서양에서는 열심히 주어다가 다듬고 교육하여 선진국이 된 것이다.

교육에 대한 우리나라 특유의 열의에 힘입어, 콩나물 교실로 묘사될 정도로 열악했던 우리의 교육은 표면적으로는 미래형 학교인 유비쿼터스 학교로 가시화될 만큼 선진국 수준으로 발전하였다. 전 세계가 벤치마킹할 정도로 우리나라 교육이 발전하였으나, 오늘날 우리는 새로운 도전에 직면하고 있다. 전통적 규범과 가치관의 붕괴 현상, 글로벌

세계의 치열한 경쟁, 학업성취 등 교육의 책무성, 다문화 가정 학생 인구 증가, 그리고 학생의 인권과 안전 등에 대한 다양한 목소리는 교육계가 당면한 수많은 도전 가운데 일부다.

우리나라는 많이 가르치고 많이 배우는 것으로 유명하다. 그러나 윤리도덕의 바탕이 튼튼하지 못하면 이 모두가 무의미하다. 공역자 중 주삼환은 윤리도덕 교육을 쉬운 말로 '바탕교육'이라 하였다. 우리는 지금 '바탕교육'을 처음부터 다시 시작해야 한다.

법률적인 측면에서 획일성과 효율성을 강조했던 과거의 문제해결 방식만으로는 다양성의 시대에 우리가 당면한 도전 과제를 해결하는 데 부족하기 때문에 다원화, 다양성의 시대에는 절대적인 한 가지 시각이 아닌 다양한 상황을 고려하는 다원적 패러다임이 필요하다. 또한 '최대다수의 최대행복' '개인의 개별적 권리' '소외되거나 숨은 목소리'를 소중하게 생각하고 귀를 기울이는 교육 리더의 윤리적 리더십 발휘가 요구된다. 이 책 제1부에서 소개한 정의윤리, 비판윤리, 돌봄윤리, 전문직윤리의 프레임을 통한 문제해결 과정은 교육의 본질이 지향하는 '학생을 위한 최선의 이익' 보장을 위한 가장 합리적이고 순조로운 상태로 이끌 수 있다.

우리나라는 다른 전문직에 비해 교육자에게 더 높은 도덕적 자질과 윤리적 판단을 요구한다. '사표(師表)'로서 학생에게 미치는 영향 때문일 것이다. 의학과 법학 분야에서는 해당 전문직의 윤리를 필수 과목으로 지정하고 있으나, 아쉽게도 아직 우리 교육계는 교원윤리나 교육행정가의 윤리와 같은 윤리 리더십에까지는 관심을 돌리지 못하고 있다. 판검사는 사실적이고 법률적인 판단만 하면 되지만 교육자와 교육 리더는 하루에도 수십 번, 수백 번의 윤리적·도덕적 판단을 해야 한다. 이런 판단에 따라 학생과 교사의 인생이 바뀔 수도 있다. 역자들은 앞서『교육행정 사례연구』(학지사, 2007)를 출간하여 교육행정가가 학교 현장에서 직면하게 되는 문제의 해결에 도움을 주고자 한 바 있는데, 다원적인 윤리적 패러다임을 바탕으로 하는 이 책과 더불어 사용한다면 큰 도움이 될 것이다. 특히 이 책의 제2부에서는 윤리적 판단을 요하는 사례들을 다루고 있다.

역자들은 동서양의 교육적 맥락이 서로 통하고, 윤리는 인간의 기본적이며 공통적인 도리라고 본다. 따라서 미국 교육현장에서 교육 리더의 윤리적 리더십과 윤리적 판단 제고를 위해 쓰이고 있는 이 책이 새로운 측면에서 우리의 교육과 교육행정에 많은 기여를 할 것으로 기대한다.

2011년 8월

역자 주삼환, 정일화

저자 서문

이 책이 처음 출간된 이후, 세상은 테러, 전쟁, 금융위기 등과 관련한 경제의 불확실성으로 인해 더욱 요동치고 있다. 많은 교육 체제에서 시행되고 있는 고부담 시험(high stakes testing)*에 대한 강조와 기술의 진보뿐만 아니라 다른 문화와 종교 또한 우리 사회와 세상을 바꾸는 데 영향을 미치고 있다. 이러한 변화에 대처하기 위해, 이 책의 제3판에서는 두 개의 장을 새롭게 추가하였다. 그중 한 개 장은 종교적 차이를 강조하고 종교와 문화 사이에 상충되는 면을 제시하였다. 또 다른 장은 책무성(accountability)과 책임성(responsibility)의 패러독스를 나란히 언급하며 여러 사례를 소개하였다. 또한 고등교육에서 당면하게 되는 딜레마에 관심을 가진 학생들이 여러 교육 리더십 양성 프로그램에서 수

---

* 역주: 하이 스테이크 테스팅으로도 부르고 있으나 'testing'이기 때문에 여기서는 고부담 시험이라고 번역했다. 평가 결과에 따라 피평가자의 합격 또는 불합격, 집단 내 순위가 결정되며, 고교 졸업, 장학금, 전문직 면허 등 수험자에게 중대한 영향을 주어 큰 부담이 되는 시험이다.

강하고 있기 때문에 이와 관련한 몇 가지를 덧붙였다.

제3판에서 두 공저자는 이 책을 사용해 본 경험이 있는 미국과 해외의 많은 교수들에게 21세기를 향해 나아가기 위해서 무엇을 추가해야 할지를 물었다. 이때 얻은 소중한 응답을 바탕으로 약물사용, 몸수색, 갱단을 다루는 윤리적 이슈에 초점을 맞춘 프라이버시 대 학교안전에 관한 장을 추가하였다. 이 장은 테크놀로지와 관련하여 사이버 폭력, 휴대전화를 통해 이루어지는 선정적 음란 유해물 등의 사례를 다루고 있다. 우리는 또한 조기 유아교육과 특수교육 사례를 여러 장에서 다루었다. 이러한 새로운 사례 외에도 내용을 새롭게 하기 위해 필요한 부분을 전체적으로 수정하였다. 윤리 리더십 분야에서 독자들이 최신 경향을 접할 수 있는 인용문도 담았다.

처음 이 책을 쓰게 된 동기는 ① 교육 리더 사이에서 윤리에 대한 관심이 싹트고 있고, ② 행정 문제를 고찰하는 방법으로 사례연구를 적용하고자 하는 경향이 부각되고 있으며, ③ 윤리적 이슈에 대한 이해를 요구하는 학교 리더 자격인증의 도입과 같은 리더십 분야에서의 변화와 발전으로 인한 것이었다.

이상의 세 가지 진전을 마음에 새기면서, 이 서문에서는 ① 이 책의 목적, ② 책에 담긴 내용, ③ 책의 구성, ④ 제공된 정보가 어떻게 교육 리더십 지식 기반의 부족한 부분을 채워 주는지에 관하여 기술하였다. 또한 이 책을 사용하여 윤리 과정을 지도하고자 하는 교수들을 위해 이 책의 내용을 간략하게 소개하였다.

이 책의 목적

이 책은 다음과 같은 목적을 갖고 썼다.

첫째, 현실의 윤리적 딜레마를 분석하고 토론하여 다른 윤리적 패러다임의 적용을 보여 준다.

둘째, 교육 리더를 위한 윤리 강의 및 교수와 관련하여 실제적 교수 방법 및 교육과정 이슈를 전달한다.

셋째, 다양한 이론적 접근을 바탕으로 하는 윤리 수업의 중요성을 강조한다.

마지막으로, 이 책은 수업자에게 자신의 윤리 단원이나 과정 개발을 위해 나침반으로 삼을 수 있는 지침을 제공한다.

내용과 구성

이 책에서는 딜레마를 해결하는 데 도움을 얻고자 하는 학생, 행정가 그리고 교육자가 그들에게 제시된 ① 정의윤리(ethic of justice), ② 돌봄윤리(ethic of care),* ③ 비판윤리(ethic of critique) 및 ④ 전문직윤리(ethic of profession)의 네 가지 패러다임 각각을 어떻게 생각해야 하는지를 설명하고 있다. 과거에는 잘 떠올리지 못했던 핵심적인 질문으로 딜레마를 구성하였다. 이러한 질문은 학생들과 연수생들이 이 책의 네 가지

* 역주: 배려윤리라고 번역하는 경우도 있으나, 이 책에서는 그보다 더 적극적인 의미의 '돌봄윤리'로 번역하였다.

패러다임을 접할 때 마음을 열게 하는 데 도움이 될 수 있다. 만일 이러한 패러다임을 취사선택하여 제시하면, 학생들과 행정가 및 교육자들이 오늘날과 같은 힘들고 다양한 사회에서 복잡한 딜레마를 더 잘 해결하는 데 도움이 될 것이다.

이 책의 앞부분 두 개 장을 구성하고 있는 제1부는 오늘날의 교육 리더에게 윤리가 왜 특별히 중요한지에 대한 이유를 개괄적으로 보여 주고, 윤리적 딜레마를 해결하고자 고민할 때 필수적인 다원윤리 패러다임 구조를 설명한다.

제2부는 딜레마 자체를 다룬다. 사례가 어떻게 구성되었는지에 관해 간단히 살펴본 후에, 실제 딜레마에 다원윤리 패러다임 접근법이 어떻게 적용되는지에 관한 사례를 제시한다. 사례는 제3장에서 제10장까지 이어지는데, 이는 주로 대학원생들과 몇몇 동료 교수들이 쓴 윤리적 딜레마를 담고 있다. 이 사례들은 모순이 가득한 복잡한 시대에 자리한 도시와 교외, 지방에서 직무를 수행하고 있는 교육 리더들이 직면하는 다양한 딜레마와 관련되어 있다.

제3부는 윤리교수방법에 초점을 맞추고 있다. 제11장은 교사가 되고자 하는 사람이나 교육자를 대상으로 윤리를 가르치는 사람들에게 강의 지침을 제공한다. 이를 위해 교수이자 공저자인 우리는 학생들과 마찬가지로 수업자 입장에서 자기반성의 중요성에 대해 말하고자 한다. 우리의 강의 모습과 수업 중에 우리가 무엇을 특별히 강조하는가를 종종 결정짓는 생활 속의 사소한 사건을 돌아보며, 우리 자신의 개인윤리강령과 전문직윤리강령을 통해 우리가 어떻게 생각하였는지를 예시적으로 보여 준다.

윤리를 가르치는 사례연구법

교육자들을 지도하는 사례연구법은 지난 몇 년 동안 많은 관심을 끌어 왔다. 이 관심의 상당 부분은 듀이(Dewey, 1902)의 반성적 실천의 장점에 초점을 둔 교육이론으로 고무되었고, 하버드(Harvard) 대학교 경영대학의 선봉적인 노력에 힘입은 경영 리더 연수에 사례를 성공적으로 적용하여 촉발되었다. 게다가 내시(Nash, 1996: 64)는 전문직윤리에 관한 그의 책에서 "좋은 사례는 자극제가 될 수 있으며, 적절한 도덕적 개념을 가르치는 데 없어서는 안 될 도구다."라고 제안했다. 이러한 관심에 부응하여, 많은 저자가 교수법(Cooper, 1995; Goodlad, Soder, & Sirotnik, 1990; Greenwood & Fillmer, 1997; Strike & Soltis, 1992) 및 교육행정의 일반적 측면(Asbaugh & Kasten, 1995; Kirschmann, 1996; Merseth, 1997; Willower & Licata, 1997)에 목표를 둔 사례연구 교재를 저술하였다. 다른 몇몇은 고등교육에 초점을 맞춘 윤리에 관한 사례연구(Strike & Moss, 2007) 및 일반적 대상에 초점을 맞춘 윤리에 관한 사례연구(Glaser, 1994)를 저술하였다.

이 외에도 학문적으로 훌륭한 교육행정에 관한 책도 많다(Beck, 1994; Beckner, 2004; Begley & Johansson, 2003; Fullan, 2003; Rebore, 2001*; Starratt, 1994b, 2003, 2004). 1988년에 스트라이크(Strike), 홀러(Haller), 솔티스(Soltis)는 특별히 교육행정가들이 직면하게 되는 문제에 초점을 맞춘 윤리적 딜레마에 관한 교재를 내놓기 위하여 사례와 학문적 접근을

---

* 역주: 우리나라에서는 주삼환 등이 『교육행정윤리』(시그마프레스, 2010)라는 제목으로 번역 출간하였다.

결합하였다.* 윤리에 관한 이들의 접근법은 본래 정의의 관점에서 발원하였다.

하지만 지난 몇 년 동안, 교육 리더를 위한 윤리의 중요성에 대한 공감대와 관심의 바람이 다시 불었다. 그리고 정의의 시각이 돌봄(Katz, Moddings, & Strike, 1999; Noddings, 1984, 2003; Sernak, 1998) 및 비판(Apple, 2004, 2006; Purpel, 2004; Starratt, 2003)과 같은 다른 접근과 결합하였다. 더욱이 최근에는 정의, 돌봄, 비판, 전문직에 관한 네 가지 윤리가 교육방법의 개념(Stefkovich, 2006) 및 난류이론(Gross& Shapiro, 2004; Shapiro & Gross, 2008; Shapiro, Gross & Shapiro, 2008)과 결합하였다. 게다가 교육 리더십을 발휘하는 전문직은 윤리적 수행능력과 기준이 필요하다고 받아들이게 되었다. 하지만 이러한 발전과 전개에 부응하기 위한 지식 기반에 간극(gap)이 생겨났다.

지식 기반의 간극

이 책 초판에 대한 아이디어는 다양한 교육 리더에게 9년 이상 윤리를 가르치면서 싹텄다. 이 9년 동안, 우리는 훈련 프로그램을 운용하는데 유용한 자료가 부족함을 절감하였다. 우리는 반성적 실천의 옹호자이고 우리 수업의 일부분으로서 사례연구법이 포함된 활동의 가치를 알고 있다. 하지만 우리가 찾은 사례 관련 서적 대부분은 일반적인 교육 리더에 관해 광범하게 다루고 있었지만, 교육 리더의 독특한 문제를

* 역주: 우리나라에서는 김성열 등이 『학교행정의 윤리적 쟁점』(교육과학사, 1998)이라는 제목으로 번역 출간하였다.

고려하지 않거나 윤리적 이슈가 아닌 교육행정가에 초점을 맞추든지 아니면 양 측면을 다루더라도 주로 정의(justice)라는 한 가지 측면에서 논의하고 있었다(Strike et al., 1988).

정의 이외의 다른 패러다임을 통해 윤리를 조망하는 일은 비교적 최근에 나타난 현상이다. 따라서 정의뿐만 아니라 돌봄, 비판을 포함한 다원적 관점으로 윤리적 딜레마를 다룬 교재를 찾아보기는 거의 힘들다. 우리가 이 작업을 시작했을 때, 학자들과 교육현장의 전문가들은 전문직윤리에 관한 이슈에 관심을 두었지만 독립된 패러다임으로서 전문직윤리에 대한 개념을 가지고는 고심하지 않았다. 10년이 지나서 이 책 제3판의 등장과 더불어, 미국과 해외의 박사과정 학생들뿐만 아니라 많은 교수가 전문직윤리에 대한 개념을 강의와 박사 논문에서 다루고 있다.

따라서 우리는 교육 리더에게 윤리를 훈련시키는 지식 기반에서의 실제적 차이를 줄여 앞선 다른 교재들을 보완하는 데 이 책의 의미가 있다고 본다. 이 책은 전문직윤리의 분석에 대한 개념적 모델을 제공한 다음에 정의윤리, 돌봄윤리, 비판윤리, 전문직윤리를 고려하여 논의를 촉진하고자 설계된 딜레마와 질문을 담고 있다.

우리는 우리가 지도한 학생들의 의견을 수용하고 강의 중에 학생들이 밝힌 많은 딜레마를 활용하였기에 이러한 접근법을 신뢰할 수 있다고 믿는다. 비록 약간은 정통적이지 않지만, 이 접근 방법이 내시(Nash, 1996: 64)의 관심과 관찰에 부합한다고 생각한다. "몇몇 교재의 사례에서 내가 겪은 어려움은 …… 사례들이 종종 아주 지나치게 극적이어서 있을 법한 일이라고 말할 수 없다 ……. 학생들이 교육 현장에서 생활하면서 경험한 사례들이 가장 믿을 만하다."

마지막으로, 교수 및 교육현장의 전문가들 모두 자신들의 윤리강령을 이해하게 되고 실제 상황에 이러한 윤리강령을 적용시킬 수 있는 과정을 제공하는 장점이 있다고 믿는다.

수업자의 강의 노트

이 책을 강의 목적으로 손쉽게 활용할 수 있도록 구성하는 데 많은 시간을 들였다. 제2장에서는 교수가 학생들에게 전달하고자 하는 다원윤리 관점에 대한 개관을 할 수 있게 하였다. 덧붙여, 윤리적 딜레마를 담고 있는 각각의 장에서, 수업자가 각 딜레마에 대한 논의를 활발하게 하는 데 도움이 되도록 일련의 질문인 '토의할 문제'를 제시하였다.

윤리를 가르칠 때, 수업자가 학생들에게 개인적 가치와 자신의 직업적 신념을 반추하도록 당부할 뿐 아니라, 수업자도 똑같이 반추해 볼 것을 강력히 권장한다. 윤리적 딜레마를 해결하고자 할 때, 우리 모두는 반성적인 문제해결력을 지닌 전문가여야 한다. 이 과제를 성취하는 데 가장 좋은 방법을 주장하는 것은 아니지만, 우리가 어떻게 학생들을 자기반성의 과정에 참여하게 하여 가르치고 있는가에 관해 제11장에서 상세한 몇 가지 정보를 제공한다. 우리는 윤리를 가르치고자 하는 사람들에게 제11장을 읽도록 초대할 뿐만 아니라, 학생들도 마찬가지로 여기에 관심을 갖고 읽기 바란다.

우리는 폭넓은 계층의 독자가 손쉽게 변화를 주어 다양하게 사용할 수 있게 이 책을 구성하였다. 이 책은 기본서 또는 교장과 교감, 교육감(장), 교육과정 전문가, 인사행정가, 경영자, 고등교육행정가와 교수, 교사 리더 그룹, 그리고 조기 유아교육 전문가 등 교육 리더 양성·연수 과정과 관련한 대학의 주 교과서나 부교재로 사용될 수 있다. 이 책은 교육행정가 프로그램의 입문과 상급 과정에서 사용하기에도 적합하며 거의 모든 교육행정 교육과정에 포함될 수 있고, 어떠한 교육 영역에서든 독립된 윤리 과정으로서 사용될 수 있다.

이 책은 또한 학교 리더, 중앙부처와 교육청 인사담당자, 교육정책 입안자, 주교육부 인사담당자, 지방 및 연방 수준의 교육담당자를 지원하거나 행정가 준비교육 중인 이들을 위한 훌륭한 전문 참고문헌으로 이용될 수 있다. 교육위원회, 학부모회 그리고 전문직단체 등도 참고문헌으로서 이 책에 관심을 갖고 볼 필요가 있다. 더욱이 다른 나라의 전문가들도 우리가 제시한 딜레마에 긍정적인 반응을 보이고 있으므로 이 사례연구 책의 활용이 미국에 한정되지 않기를 바란다.

John Poliner Shapiro & Jacqueline A. Stefkovich

이 책의 소개

베스트셀러인 *Ethical Leadership and Decision Making in Education* 제3판에서 저자들은 윤리에 대한 관심이 지속적으로 증대하고 있다는 사실을 전달하고, 오늘날 도전적이고 다양한 사회에서 복잡한 딜레마를 겪는 교육 리더에게 도움을 주고자 한다. 교육 리더가 학교와 공동체에서 당면하는 실재의 도덕적 딜레마에 대한 논의와 분석을 통해, 공저자인 샤피로(Shapiro)와 스테프코비치(Stefkovich)는 네 가지 패러다임, 즉 정의윤리, 돌봄윤리, 비판윤리, 전문직윤리의 적용 사례를 보여준다. 공저자들은 다원윤리 패러다임 접근법이 현실 딜레마에 어떻게 적용되는가를 설명한 후에, 교육 리더가 모순으로 가득 찬 복잡한 시대의 도시, 교외, 지방에서 직무를 수행하면서 직면하게 되는 딜레마에 관해 대학원생들과 이 분야의 교수들이 쓴 사례를 제시한다. 이어지는 각 사례는 깊고 복잡한 사고를 요구하고, 독자들이 자신의 윤리 강령을 확실하게 파악하여 실제 상황에 적용할 수 있게 하는 질문을 포함하고 있다.

제3판의 새로운 점

- 몸수색, 갱단(gang membership), 사이버 폭력 및 섹스팅* 등과 같은 윤리적 이슈를 포함하여 프라이버시 대 안전에 관한 장을 새롭게 추가하였다.
- 조기 유아교육, 다양한 학생 인구적 구성 및 기술에 관한 새로운 사례를 추가하였다.
- 윤리 리더십 분야에서의 최근의 이슈와 최근의 학문적 동향을 고찰하여 전반적으로 새롭게 하였다.

이 책 *Ethical Leadership and Decision Making in Education*은 교육자를 대상으로 윤리를 가르치고자 하는 이들에게 도움을 주기 위해 자기반성의 중요성을 강조하는 강의 노트를 포함하고 있으며, 폭넓은 독자층이 손쉽고 다양하게 사용할 수 있게 구성되어 있다. 학교행정가가 되기를 바라거나 준비 중인 교사 리더 집단과 교육정책 입안자 모두에게 소중한 책이다.

---

* 역주: 휴대전화로 나체사진이나 성적인 암시가 있는 사진을 보내는 행위. sex와 메시지를 보내는 text의 동명사인 texting의 합성어로, 2005년부터 미국에서 유행하는 말이다.

차례

제1부

윤리연구의 실제와 패러다임

제1장 복잡다양한 시대의 다원윤리 패러다임과 교육 리더 준비교육

제2장 다원적 패러다임을 통해 살펴본 윤리적 딜레마

제1부는 이 책의 중심 부분을 차지하는 제2부의 윤리적 딜레마를 탐구하고 해결하기 위한 예비 단계에 해당된다. 제1부는 본문을 잘 이해할 수 있는 입문 부분이며 제1장과 제2장으로 구성되어 있다.

제1장은 하나의 프레임(frame)으로 다원윤리 패러다임에 대한 간략한 개관을 한다. 또한 이 프레임의 적용가능성에 대해 살펴보고, 현 시대의 복잡성과 다양성의 관점에서 이 프레임의 중요성을 다룬다. 제1장은, 특히 변화하는 사회에 비추어 볼 때, 모든 학교 리더가 윤리에 대해 공부할 필요가 있다는 우리의 주장을 지지하는 학생들의 목소리를 담고 있다. 제1장은 교육 리더 준비교육에 목표를 둔 실제와 프로그램에 대한 적용을 염두에 두고 탐구한다.

제2장은 윤리 영역에서 학문적인 면과 교수(teaching)의 기초인 개념적 프레임을 설명한다. 여기에서 우리는 자질을 갖춘 교육 리더를 양성하는 데 정의윤리, 돌봄윤리 및 비판윤리가 중요하게 다루어져야 한다는 점을 강조한다. 여기에 네 번째 윤리인 전문직윤리를 덧붙인다. 제2장에서 우리가 윤리를 이해하고 활용하기 위해 제시한 프레임을 설명한다. 독자들이 다원적인 방법을 사용하여 제2부에서 이어지는 윤리적 딜레마를 다룰 때 도움이 되도록 네 가지 패러다임에 대한 논의를 한다.

우리가 도덕적 절대주의자로서 또는 상대주의자로서 딜레마에 대처하든, 또는 단지 한 가지나 두 가지 윤리적 패러다임을 사용하여 사례를 바라보든, 윤리적 문제를 해결하기 위해서는 다양한 접근을 시도하는 것이 중요하다고 생각한다. 실제적으로 다원윤리 패러다임 과정을 통한 문제해결력을 갖추기 위해서는 현재의 교육 리더와 장래의 교육 리더가 될 사람들이 매일 당면하게 되는 복잡하고 어려운 윤리적 딜레마에 대처할 수 있도록 그들의 사고 폭을 넓혀 주어야 한다.

제1장
복잡다양한 시대의 다원윤리 패러다임과 교육 리더 준비교육

내가 수강한 모든 연수 가운데 이 과정은 그 범위를 헤아릴 수 없다. 우리가 읽은 모든 자료, 우리가 한 토론, 그리고 내가 배운 것이 앞으로 내가 할 공부와 모든 일에 직접적으로 영향을 미친다는 뜻이다. …… 윤리 과정은 법과대학이나 의과대학 진학에 관심이 있는 학생들만을 위한 것은 아니다. 윤리 과정은 시민이 되는 데 관심이 있는 학생들을 위한 것이어야 한다. …… 만일 어떤 사람이 교육 리더십 교육과정에서 이와 같은 과정의 적절성에 의문을 제기한다면, 그는 교양을 갖춘 사람이 아니다(교육 리더십 과정 졸업생).

포스터(Foster, 1986: 33)는 "모든 행정적 결정은 그 결정으로 인하여 인간 생활의 변화를 가져온다. 이것이 바로 행정은 실제로 도덕적 딜레마의 해소라고 하는 이유다."라고 적시하며 교육행정에서 윤리의 심각성과 중요성을 지적하였다. 우리는 역설적이고 불안정하며 윤리적으로 양극화된 시대의 교육 리더가 학교와 지역사회에서 자주 당면하는 딜레마를 해결할 수 있도록 다른 접근법을 제시해야겠다고 생각하게 되었다.

이 장에서 우리는 ① 이 시대의 복잡성, 특히 점점 더 다양해지는 사회에서 학교와 리더십과 관련된 복잡성에 대해 논의하고자 한다. 또한 ② 왜 윤리 리더십이 필요한지를 논의하게 되는데, 특히 새로운 밀레니

엄을 다룰 때 이에 대하여 논의한다. 그다음에 ③ 복잡성, 불확실성 및 다양성으로 곤란을 겪는 교육 리더를 도와주기 위해 다원윤리 패러다임 접근법을 소개한다.

마지막으로, 교육현장에서 윤리 리더십을 가르칠 전문가 훈련에 관한 논평을 하면서 이 절을 마친다. 우리는 이러한 논의를 통하여 다양한 교육생들의 목소리를 강조하여 전하고자 한다. 이 많은 학생들은 교육 리더 준비교육에서 윤리교수(teaching)가 절대적으로 필요하다는 우리 신념의 기반을 지지하고 뒷받침해 준다.

복잡다양한 사회의 윤리 리더십

인구학적으로 더욱 다양해진 21세기 사회에서 교육자들은 과거보다 더 관대하고 민주적인 학교로 발전시키고 육성하며 이끌 수 있어야 한다. 우리는 내일의 교육 리더들이 윤리에 대해 배움으로써 차이를 인정하고 이를 교육에 반영하며 이해하는 자질을 더 잘 갖추도록 준비교육을 받을 수 있으리라 믿는다. 윤리적 자질 함양의 필요성은 윤리 준비교육을 마친 우리의 졸업생들이 아마 가장 잘 알 것이다. 이들 가운데 상당수가 초·중등학교와 대학교 현장에서 활약하고 있다.

어느 여기자는 기사에서 1990년대 정부 고위직 공무원, 연예계 스타, 그리고 운동선수들이 연루된 스캔들 몇 건과 관련하여 윤리적 자질 함양의 필요성을 설명하였다. 학교 리더에게 미치는 영향 때문에 그 기자의 말은 우리의 마음을 사로잡았다. 그리고 이 언급은 더 이상 가감하지 않더라도 이 새로운 세기에 적절해 보인다.

> 일반적으로 인정하는 바와 같이 그다지 도덕적이지 않은 1990년대 미국에서의 이와 같은 저속한 생활상을 생각한다면, 공공 교육자이며 행정가인 우리는 비윤리적 행위가 만연해 가는 풍조에 맞서 계속해서 최후의 보루를 형성해야 하는 시민 집단의 일부분이어야 한다. 교육자로서 리더가 될 사람들이 개인윤리 및 전문직유리와 그들의 윤리강령이 일상의 행정 의사결정에 미치는 영향을 성찰하도록 요구하는 어떤 과정의 개설 없이, 국가 교육기관에서 행정가로 봉사할 이들을 양성하는 프로그램이 제 모습을 갖추었다고 할 수 있겠는가?

이와 비슷하게 우리가 가르친 많은 학생들도 윤리 수업에서 배운 것과 다양성의 중요성 간에 직접적으로 관련이 있다고 말하였다. 여기에서는 다양성의 개념을 학습 스타일, 예외성 및 연령의 개인차뿐만 아니라 인종·민족, 종교, 사회계층, 성, 성지향성, 그리고 장애와 같은 문화적 영역을 포괄하는 광범한 의미로 정의한다(Banks, 2001; Banks & Banks, 2006; Cushner, McClelland, & Safford, 1992; Gay, 2000, 2003; Gollnick & Chinn, 1998; Nieto, 2007; Shapiro, Sewell, & DuCette, 2001; Sleeter & Grant, 2003).

우리가 지도한 이들 가운데 시골에서 생활하는 한 백인 남성 생물학 교수는 다음과 같이 지적하였다.

> 나는 다양성에 힘이 있다고 믿는다. 다양한 생물 생태계는 더욱 안정적인데, 사회체제도 이와 같지 않을까? 여성과 다른 소수자들을 제도에 흡수하지 않고 어떻게 이들이 제공하는 다양성을 존중한다고 할 수 있을까? 교육자로서 우리는 우리 사회가 급변하는 세계에 적응하고 건설적으로 기여할 수 있는 힘의 원천인 다양성을 강화하도록 노력해야 한다.

우리는 또한 윤리학을 가르치는 동안에, 학생들 개인 관계뿐만 아니라 학생들의 각 집단 내에도 다양성이 존재한다고 인정하기 시작했다. 예를 들면, 우리 강의를 듣는 학생들 중에는 유색 인종이 많았다. 하지만 몇몇 경우에, 인종은 단지 그들의 유일한 공통점처럼 보였다. 여러 인종 중에서도 일부는 남성이고 다른 일부는 여성이다. 그들 중엔 20대도 있고, 거의 50세가 된 사람도 있다. 아프리카계 미국인뿐만 아니라 미국 이외 나라의 출신도 있다. 도시 지역 출신도 있고, 교외에서 생활하며 일하는 사람도 있었다. 일부는 가난하였고 다른 일부는 부유하였다. 따라서 유색 인종 학생들의 특성 가운데 상당수는 인종과 결부된 것이 아니고 인구, 문화, 연령, 성 또는 이러한 여러 요인들의 결합에 의해서 적든 많든 영향을 받았다.

연령, 인종 및 성별과 관련한 이슈를 관찰한 아프리카계 미국인 여성의 말을 통해 이 개념에 대한 예증을 살펴본다.

> 경험으로 미루어 볼 때, 내 강의를 듣는 젊은 여성들은 사회가 부과한 어떤 유리천장[1)]을 겪어 본 적이 없기 때문에, 이러한 남녀차별적인 일이 실제보다 부풀려져 있다고 생각한다. 남성과 여성이 인종과 성에 관한 그들의 가정과 스스로를 극복할 수 있는 토대를 갖기 위해서 역사적 시각은 중요하다. 아마도 인간적이고 사려 깊은 리더가 정답이거나, 적어도 분명히 현실적으로 실현 가능한 최상의 것이다. 정치와 사회개혁이 이러한 문제를 해결하지 못하고 있다. 따라서 교육자들이 학부모의 협조를 통해 해결해야 한다.

---

1) 역주: 겉으로는 남녀평등성이 실현된 것으로 보이나 실제로는 아닌 현실을 비유한다.

이와 마찬가지로, 성별 구분 역시 항상 들어맞는 것은 아니다. 우리의 모든 강의에서 여자들 사이에서도 종종 의견 차가 있었다. 일부는 더욱 전통적인 정의의 시각을 지닌 반면에, 일부는 길리건(Gilligan, 1982)과 나딩스(Noddings, 1992, 2003)의 입장과 같은 페미니즘[2]을 선호하였다. 게다가 돌보는 일이 여성들의 전유물이 아니라고 확신하는 남자들도 언제나 있었다. 돌보는 일은 성별 특유의 것이 아니라, 특히 교육과 같은 직업에서 찾을 수 있는 특성이라고 많은 남녀들이 공통으로 주장하였다. 어느 한 학생이 말한 것처럼, "우리는 모두 돌보는 일에 몸담고 있다. 그런데 이러한 상황에 관계하는 모든 이들에게 가장 좋은 일이 무엇인지를 우리가 생각하지 않을 수 있겠는가?"

종교 역시, 성별이나 연령과 같은 다른 요인과 결합하여 학생들의 인식에 영향을 미쳤다. 낙태 딜레마에 관한 길리건의 글을 읽은 후의 반응을 표현한 30대 백인 남교사의 다음 글을 생각해 보자.

> 낙태와 같은 이슈를 고민해 볼 때 여자들이 느끼게 될 다른 기분을 생각해 보았다. 비록 종교적 분위기에서 성장한 나의 신념이 중요하지만, 어떤 결정을 내려야 할지 갈등을 느꼈다.

따라서 다양성이란 주제를 고려할 때, 인종, 성, 연령, 종교, 전문직 경험 등과 같은 어느 한 가지 특성이 학생들로 하여금 윤리에 대한 획일적 관점을 갖게 하지는 않았다. 오히려 윤리에 대한 학생들의 관점은 종교와 인종의 구분을 뛰어넘는 다양한 요인들의 결합에 의하여 이루

2) 역주: 정치, 경제, 사회, 교육 및 법률 등의 면에서 여성에 대한 권리 확대를 주장하는 사상.

어졌다. 어느 50대 흑인 외국 여학생이 글로벌하고 문화의 벽을 넘는 관점을 제시하면서 다양한 사회에서 윤리의 중요성을 정리하였다.

> 우리의 목소리를 찾는 노력이 계층, 인종, 민족 및 다른 구별의 경계와 함께 오랫동안 계속되리라 생각한다. 우리는 반대편에 있는 시계추가 되돌아올 때까지 결코 한목소리를 낼 수 없을 것이다. 그렇지만 시계추가 매번 방향 전환을 할 때마다 우리는 더욱 더 논쟁적인 이슈를 꺼낸다.

하지만 도심에 살고 있는 한 아프리카계 미국인 남성은 다음의 관찰을 통해 복잡하고 다양한 사회와 관련한 이슈를 매우 잘 포착하였다. 그는 공공의 이익보다는 개인의 자유를 돌아보면서, "누가 대중인가? 누가 주류인가? 그리고 어떻게 교육 리더는 이 틀에 맞추나?"라는 질문을 던졌다. 그는 다음과 같이 그의 딜레마를 설명했다.

> 나는 모든 학생을 똑같은 방식으로 대할 수 있다고 자부하는 동료와 함께 일한다. 그는 인종, 경제적 지위, 또는 능력에 상관없이, 모든 학생을 불편부당하게 대할 방법이 있다고 주장한다. 그와 함께 6년을 일한 후에, 나는 그가 이러한 능력이 없다는 것을 알았다. 그가 종종 마음에 드는 학생들과 어울리며, 예외를 만들고, 자신은 결코 하지 않는다고 자부했던 바로 그 '편중된 일'을 하는 것을 나는 목격했다. 그는 행정가로서 그다지 엄격하지도 못하다. 편파적인 면이 분명 존재한다. 그리고 그는 인정하지 않겠지만, 이런 모습을 매일 보여 준다. 편파성의 무능은 지위에서 자라나는 것 같고, 사실 소수자와 압박받는 사람들의 이익을 보장해야 할 때 어떤 행정 직위에서도 이러한 일이

일어날 수 있다. 21세기 행정가는 겸손하고 헌신적이며 사태에 잘 적응하기 위한 준비교육을 받아야 한다. 그리고 형평성과 정의로 봉직한다면, 필요에 따라 자신이 봉사해야 할 사람들에게 어느 정도 편파성도 보여 줄 준비가 되어 있어야 한다.

이것은 교육자들이 윤리적으로 판단할 때 고심해야 하는 여러 형태의 패러독스 가운데 단지 하나의 예에 불과하다. 이러한 딜레마에 대한 분석을 돕기 위해, 우리는 다양한 윤리적 접근법을 결합하거나 이러한 접근법을 뛰어넘는 다원적 패러다임 접근을 해야 한다고 주장한다.

다원윤리 패러다임의 중요성

이 책을 통해, 독자는 네 가지 패러다임을 이용하여 현재 당면한 실생활의 윤리적 딜레마를 검토해야 한다. 네 가지 패러다임은 ① 정의윤리, ② 비판윤리, ③ 돌봄윤리, ④ 전문직윤리다. 정의, 비판, 돌봄은 교육 리더십 분야에서 많은 이들에게 친숙하다. 하지만 전문직윤리는 다른 패러다임의 연장으로 보이거나 단독으로는 존립하지 못하는 것으로 간주되는 경우가 많다. 이 책에서 다른 세 가지 윤리의 형태보다는 전문직윤리에 상당 부분을 할애한 이유가 바로 이 때문이다. 우리는 이 전문직윤리 패러다임을 독립 모델로 다루어야 한다고 확신한다. 전문직윤리는 정말로 매우 중요하며 다른 패러다임을 보완해 준다.

전문직윤리를 다룰 때, 대학원생과 전문가들이 시간을 들여 이 분야의 기준과 전문직의 공식적 강령을 정하는 것을 이해할 수 있다고 생각한다. 이러한 활동과 더불어, 우리는 모든 사람들이 개인윤리강령과 전문직윤리강령을 꼼꼼하게 써서 두 강령을 비교하고 대조해 보기를 강력히 권한다. 이러한 방식으로 어디에서 두 강령이 일치하고, 어디에서 충돌이 나는지를 판단할 수 있다. 이렇게 연습하면 전문직 종사자로서 그리고 개인으로서의 '자신'을 훨씬 더 잘 이해할 수 있다. 네 가지 관점 또는 패러다임은 교육 리더가 담당한 기관 및 공동체에서 빈번하게 당면하게 되는 실제의 복잡한 딜레마를 해결하는 데 도움이 되어야 한다.

각각 다른 패러다임을 사용함으로써, 종종 윤리적 이슈를 해결할 때 주로 사용하는 한 가지 관점 또는 여러 관점을 깨달아야 한다. 예를 들어, 만일 어떤 사람이 철저한 종교적 가정의 분위기에서 성장하였다면, 종교적 신념에 의존하여 권리와 법을 역설하는 정의윤리를 선호하는 접근을 하게 될 수 있다. 또는 이때 동정과 감정이입을 강조하는 돌봄윤리는 선택의 패러다임이 될 수도 있다. 게다가 방금 언급한 것처럼 연령, 성, 인종과 같은 요인 또는 결합된 요인들이 개인에 따라 선호하는 패러다임에 영향을 미칠 수 있다.

하지만 하나의 관점에 기울기는 하겠지만, 이 책의 의도는 학생과 행정가 및 교육자가 단지 한두 가지가 아닌 다양한 모델을 고려하여 자신의 마음을 열게 하려는 것이다. 교육 기관에서 겪는 딜레마는 복잡하기 때문에 문제해결을 위해서는 두 가지 이상의 패러다임을 끌어내는 일이 당연할 수 있다. 오늘날의 상황과 문화가 복잡하기 때문에, 교육 리더가 다른 이들을 이해하고자 할 때 '자신'을 넘어 더욱 폭넓게 생각하는 일은 전보다 더 중요해졌다.

제1장에서는 이 과정의 몇 가지 구체적인 예를 제시하기 위해 자기반성의 경험을 다룬다. 자기반성을 익히기는 쉽지 않다. 여기에는 개인의 집중적인 노력이 필요하고, 이는 은연중에 이루어지기도 한다. 능력

개발 프로그램 또는 교육 리더 양성 프로그램의 일부로서 자기반성을 활용하는 것 역시 권장할 만하다.

윤리적 교육 리더의 양성

여러 가지 방식으로 윤리를 가르치는 일은 여러 교육행정 프로그램에서 채택한 전통적 과정에서 파생되었다. 비록 일반적인 이 표준 과정이 반드시 바뀌어야 한다고 주장하지는 못하지만 윤리를 가르치는 일은 환영받을 일이고, 이러한 프로그램에 중요한 부가적 부분이 될 수 있다. 우리가 가르친 한 학생은 그녀의 개인 저널(personal journal)에 다음과 같이 적었다.

> 이 과정은 매우 계몽적이었고, 교육행정의 실제적인 일반 과정에서 사고를 촉진하는 잠시의 짬이었다. …… 나의 시야가 넓어지고 깊어졌다. 비록 나는 아직도 인종적 시각(racial vision)으로 세상을 바라보지만, 나는 이제 페미니스트의 '귀'를 더 열게 되었다. 나는 더 탐구하고, 더 많은 책을 읽고, 그리고 더 많이 배우고, 나를 둘러싼 환경에 더욱 비판의식을 갖고 대응하겠다.

우리 강의를 통해 많은 이들이 윤리의 중요성을 인식하고 또 더 넓은 사회를 위한 윤리의 공헌을 인정하기 시작했다. 특히 사회정의의 이슈와 관련하여 더 큰 그림에 대한 이해를 보여 주는 듯하였다.

> 사회정의 또는 형평성은 하나의 개념으로서 매우 명확해 보이긴 하

> 지만, 이 주제는 독서활동이나 토의에서 매우 자주 제기되기 때문에 박사과정 프로그램의 주요 부분으로 취급할 필요가 분명히 있다. 그 결과 이제 이슈로서의 형평성을 예리하게 깨닫고 있고, 내가 박사과정 프로그램을 시작하기 전에 그러한 이슈를 바라보던 것과 똑같이 바라볼지 자신할 수 없다. 내가 박사과정 프로그램을 시작하기 전에 형평성에 관한 나의 생각이 무엇이었는지를 알기는 어렵다. 깨달음은 아주 서서히 다가오기 때문에 나는 정말로 자신 있게 말할 수 없다.

분명 우리 과정에서 공부하는 학생들 대다수가 교육 리더십 교육과정에서 윤리를 배우기를 원했다. 사실 교육 리더십 프로그램에서 윤리가 하나의 학문 분야로 계속되거나 심지어 확대되기를 바라는 학생들의 바람은 확고하다. 다음 학생의 생각은 수년 동안 우리가 청취한 의견을 대변해 준다.

> 고등교육 기관에서 수단적 목적으로 제공되는 과정과 단순한 지식 습득을 위해 제공되는 과정 사이에서 세심하게 균형을 유지할 필요가 있다는 사실을 행정가들은 인식해야 한다고 생각한다. 전자에 대해서는 더 많은 사회적 압력이 대학에 가해지는 반면, 후자에 대해서는 압력이 적은 것 같다. 순수하게 아는 즐거움을 위해서보다는 일자리를 구하기 위한 지식을 습득하는 것을 훨씬 더 많이 강조하고 있는 듯하다. (하지만) 새롭고, 다르고, 의욕을 고취하는 것을 배울 때의 느낌은 분명히, 말로 표현할 수 없는 특별한 기분이다.

요약

이 책에서 우리는 가장 좋은 윤리 패러다임은 없다고 말한다. 대신 우리는 다른 여러 모델을 사용하여 학생과 행정가 및 교육자들이 자신의 개인윤리강령과 전문직윤리강령을 통해 일할 수 있고, 다양한 윤리적 딜레마를 분석하여 도달하는 문제해결을 성찰함으로써 스스로에 관해 깨달을 수 있고, 선택할 수 있는 한 가지 혹은 다원윤리 패러다임의 개념적 토대를 더 훌륭하게 통찰할 수 있으리라 믿는다.

제3장에서부터 제10장까지의 딜레마 사례를 분석하면서, 대학원생과 행정가 및 교육자들은 문제를 해결하는 데 사용하는 과정을 의식적으로 곰곰이 살펴봐야 한다. 사례에 관련한 분석과 더불어 개인윤리강령과 전문직윤리강령에 관하여 많은 반성과 영적 성찰을 할 수 있어야 하고, 자아의식과 성장을 하게 되면서 개인윤리강령이나 전문직윤리강령 중 어느 것이든 수정해 나갈 수 있도록 충분히 개방적이어야 한다.

이 책은 독자를 제한하지는 않지만 교장과 교감, 교육감(장),[3] 교육과정 전문가, 인사행정가, 경영관리자, 고등교육 행정가와 교수, 교사 리더 그룹, 그리고 조기 유아교육 전문가 등의 교육 리더들에게 복잡하고 혼란스럽고 모순된 시대에서 현명하게 윤리적인 결정을 할 수 있는 능력을 길러 줄 것으로 기대한다.

---

3) 역주: 우리나라는 '교육감'과 '교육장'으로 구분하고 있고, 이 책에 나오는 교육구는 주로 기초교육구이므로 위의 직위는 우리나라의 '교육장'에 해당한다고 볼 수 있다. 그러나 미국은 기초교육구에서도 자치를 하기 때문에 '교육감'이라고 할 수도 있으므로 여기에서는 '교육감(장)'으로 번역했다. 이후의 내용에서는 가독성을 고려하여 '교육감'으로 간략하게 표기하였음을 밝힌다.

제2장
다원적 패러다임을 통해 살펴본 윤리적 딜레마

존 듀이(John Dewey, 1902)에 따르면, 윤리는 옳은지 그른지, 좋은지 나쁜지를 생각하는 행동을 다루는 과학이다. '윤리(ethics)' 라는 말은 그리스어 'ethos' 에서 유래했는데, 이 말은 특히 다른 집단과 구분되는 어느 한 집단의 관습, 관례, 용법을 의미한다. 나중에 윤리는 성향 또는 성격, 관습, 승인받은 행동 방식을 의미하게 되었다. 비판적 시각에서 이 정의를 살펴보면, "윤리는 누구에게 승인받는 것인가? 누구에 따라 옳고 그름이 결정되는가?" 라고 물을 수 있을지도 모른다.

제2장에서 우리는 이러한 질문과 다른 중요한 질문들에 대한 대답으로, 특별히 교육에 영향을 미치는 일반적 리더십 및 교육 리더십 분야의 다양한 전통에서 유래한 세 가지 윤리에 주목한다. 이 패러다임은 정의, 비판, 돌봄의 세 가지 관점에서 나온 윤리를 포함한다. 여기

에 전문직윤리를 네 번째 모델로 덧붙인다. 정의윤리, 비판윤리, 돌봄윤리에 대한 폭넓은 개관에 이어 전문직윤리에 대한 상세한 설명이 이어진다.

정의, 비판, 돌봄의 세 윤리에 관해서는 간략한 설명만을 한다는 점을 마음에 새겨 두길 바란다. 여러분이 이들 각각에 대해 일반적 의미를 느낄 수 있도록 기본적인 소개를 하는 것이 이 세 가지 윤리를 설명하는 의도다. 간략하게 하기 위해 이들 각각의 패러다임과 관련 있는 몇몇 저명한 학자들의 연구를 빼야 했다. 정의, 비판, 돌봄윤리에 관한 학자들과 그들의 연구를 깊이 살펴보기 위해서는 이 책에 있는 참고문헌을 이용하거나, 이 모델들과 관련한 다른 도서 자료를 찾거나, 또는 이 책의 개론 이외의 전문서적에서 찾기를 바란다.

하지만 전문직윤리 패러다임에는 특별히 관심을 쏟았다. 왜냐하면 도덕적 딜레마를 해결하기 위해 전문직윤리의 패러다임을 사용할 때 교육 리더십 문헌만으로는 실제로 도움을 얻기에 부족하다고 믿기 때문이다. 모든 사람들은 흔히 단지 전문직윤리를 정의 패러다임의 일부로 간주한다. 우리는 그렇게 믿지 않고, 오히려 교육 리더가 당면하게 되는 딜레마를 숙고해서 처리하기 위해서, 네 번째 렌즈로서의 전문직윤리를 따로 분리하여 사용해야 한다고 강조한다. 따라서 제2장에서는 세 가지 패러다임보다 전문직윤리에 대한 논의를 더 많이 다룬다.

정의윤리

정의윤리는 권리와 법에 초점을 맞춘다. 델가도(Delgado, 1995: 1)에 따르면, 정의윤리는 정치사회적인 점진주의(incrementalism), 법체계에 대한 신념, 진보에 대한 희망으로 특징지을 수 있는 자유민주주의 전통의 일부다. 이 전통 가운데 자유의 부분은 '인간 자유에 대한 헌신'으로 정의되며, 민주적 견지는 '국민의 동등한 주권을 존중하는 의사결정을 위한 절차'를 의미한다(Strike, 1991: 415).

스타라트(Starratt, 1994b)는 정의윤리가 두 학파에서 유래한 것으로 설명했다. 하나는 홉스(Hobbes)와 칸트(Kant) 및 롤스(Rawls)와 콜버그(Kohlberg) 같은 동시대 학자들의 저작을 포함하여 17세기부터 시작되었고, 다른 하나는 아리스토텔레스(Aristotle), 루소(Rousseau), 헤겔(Hegel), 마르크스(Marx) 및 듀이(Dewey) 같은 철학자들의 연구에서 시작되었다고 말한다. 전자의 학파는 개인을 중심으로 생각하여 사회관계를 개인이 인간 이성을 사용하여 전체나 사회정의를 위해 권리의 일부를 포기하는 사회계약의 한 형태로 본다. 후자는 개인보다는 사회를 중심으로 생각하여 공동체 내에서 개인들이 그들의 생활 전반을 통해 어떻게 행동해야 하는지를 가르치고자 한다. 이 전통에 따르면, 정의는 '공동 이해(communal understandings)'에서 나온다(Starratt, 1994b: 50).

정의에 관한 어떤 관점을 취하는 철학자나 저자는 우주의 본질, 하느님의 본성, 운명 대 자유의지, 선과 악, 신분과 인간 사이의 관계와 같은 이슈를 빈번하게 다룬다. 보챔프와 차일드레스(Beauchamp & Childress, 1984)와 크리텐든(Crittenden, 1984)은 정의윤리와 관련하여 다른 개념보다 더 선호되는 개념으로 설명하였다. 비록 다른 시각, 그리고 그러한 시각을 바탕으로 쓴 글에 나타난 긍정적인 면을 인정하지만, 보챔프와 차일드레스 그리고 크리텐든은 정의윤리에 주목하고 모든 개인을 정당하게 대우하는 일에 대한 관용과 존중 같은 기본적인 원칙에 진력하는 정부하의 사회에서, 교육 리더는 윤리적 지침을 위한 법과 공공정책을 주시할 수 있고, 또한 해야 한다고 주장한다(Beck & Murphy, 1994b: 7).

정의윤리를 견지하는 교육자와 윤리학자는 교육과 교육 리더십 접근법에 상당한 영향을 미친다. 정의윤리에 대한 기본적인 원칙을 이용한 동시대 교육 분야의 많은 저술 중에서 예로 들면, 보챔프와 차일드레스(Beauchamp & Childress, 1984), 굿래드, 소더와 시로트니크(Goodlad, Soder, & Sirotnik, 1990), 콜버그(Kohlberg, 1981), 서지오바니(Sergiovanni, 1992),[1] 스트라이크(Strike, 2006), 그리고 스트라이크, 홀러와 솔티스(Strike, Haller, & Soltis, 1998)의 연구가 있다.

콜버그(Kohlberg, 1981: 74)는 자유주의 전통에서는 "교육의 기회를 공평하게 제공하고 사상의 자유를 허용하는 것과 같이, 학교를 더욱 올바르게 만들 뿐만 아니라 학교교육을 통해 자유롭고 공명정대한 사람들을 배출하는 데 큰 관심이 있다."고 주장한다. 콜버그에게 "정의는 하나 또는 일련의 규칙이 아니라, 도덕적 원칙 …… 보편적인 선택의 방식(mode), 어느 상황에서든 모든 사람들이 받아들이고 싶어 하는 선택의 규칙이다"(Kohlberg, 1981: 39). 이 관점에서, 교육은 '가치중립적'이지 않다. 이 모델은 특히 정의, 공정 및 자유에 대한 존중과 같은 원칙을 가르쳐야 한다고도 말한다.

1960년대 말부터 1980년대 초까지, 콜버그는 '공정한 공동체(just community)'라는 개념으로 교육에 접근하였다. 맨해튼(Manhattan)에 소재한 종합학교인 루스벨트(Roosevelt) 고등학교, 브롱스(Bronx) 과학고등학교, 그리고 매사추세츠(Massachusetts)의 캠브리지(Cambridge)에 있는 대안고등학교와 같은 다양한 학교에서 학생들과 교사들은 학교 규칙을 처리하고, 심지어는 때때로 함께 학교를 운영하기도 하였다. 존중

---

1) 역주: 주삼환이 『도덕적 리더십』(시그마프레스, 2008)이라는 제목으로 번역 출간하였다.

하고 배려하는 분위기 속에서, 학생들은 규칙, 권리, 학생지도를 위한 법령 등에 기초하여 학교 안의 문제를 해결하는 방법을 배웠다(Hersh, Paolitto, & Reimer, 1979).

서지오바니(1992)는 콜버그의 '공정한 공동체'를 바탕으로 '덕망 있는 학교'를 확립하는 데 있어 도덕적 리더십과 특히 정의의 원칙을 강조하였다. 서지오바니는 교육 리더십을 청지기 정신(stewardship)으로 생각하였고, 올바르고 '덕행'을 베푸는 학교를 만들도록 교육행정가에게 요구했다. 서지오바니는 '덕행(beneficence)'이라는 말을 빌려 다음과 같이 제안하였다. 즉, 학생 · 교사 · 행정가뿐만 아니라 그들의 가족까지 아우르는 복리에 대한 깊은 관심이 필요하고, 학교라는 공동체는 학교 자체를 넘어 지역사회를 지향해야 한다.

이 분야의 다른 교육자들과 다르게, 서지오바니(1992: 105-106)는 정의의 원칙을 학교의 중심 개념으로 삼았다. 이 원칙을 수용한다는 것은 모든 학부모, 교사, 학생, 행정가 및 다른 많은 학교공동체 구성원들이 다 함께 공평하고, 존엄하고, 공명정대하게 대접받아야 한다는 것을 의미한다.

전통적 관점에서든 현대적 관점에서든 정의윤리는 폭넓고 다양한 이슈를 고려해야 한다. 이런 유리한 지점에서 윤리적 딜레마를 조망할 때, 분명하게 제한을 두지는 않지만, 법의 규칙과 좀 더 추상적인 정당함, 공정성, 정의의 개념과 관련한 질문을 할 수도 있다. 이러한 질문에는 다음과 관련된 것이 포함될 수 있다: 형평성과 평등성(equity and equality); 규칙과 법 그리고 정책의 공정성; 예외가 허용됨에도 불구하고 법이 절대적으로 지켜져야 하는 상황은 무엇인지; 개인의 권리 대 더 큰 공동선.

더욱이 정의윤리는 왕왕 법적 원칙과 규범을 위한 토대 역할을 한다.

교육과 관련된 법에서 이 기능의 중요성이 분명하게 드러난다. 많은 예에서, 법원은 교직원에 대해 제약을 가하기를 꺼려한다. 따라서 중요한 행정적 의사결정에 대해 상당한 재량권을 허용한다(Board of Education v. Pico, 1981). 동시에 법원의 판결은 대체로 교육계와 사회의 가치를 자주 반영한다(Stefkovich & Guba, 1998). 예를 들면, 법원은 최근에 들어서야 학교에서의 무기 반입을 방지하기 위한 금속탐지기 사용을 허용하는 판결을 내렸다(People v. Dukes, 1992). 게다가 일부 지역에서는 합법인 것이 다른 곳에서는 불법으로 간주된다. 예를 들면 20개 주에서는 체벌이 여전히 합법이고, 7개 주를 제외한 모든 곳에서 몸수색이 합법이다(Center for Effective Discipline, 2010; Hyman & Snook, 1999). 이런 주에서는 이러한 일이 지지를 받든 받지 못하든 관계없이 교직원들과 교육계에 위임되어 있다. 여기서 적법절차와 개인의 권리 같은 윤리적 이슈가 다수의 이익과 안녕에 대한 필요와 균형을 이룬다.

마지막으로, 일찍이 인종분리를 지지한 짐 크로우 법(Jim Crow law)[2]과 같은 법이 잘못되었다면 과연 어떤 일이 벌어지겠는가(Starratt, 1994c; Stefkovich, 2006)? 이러한 상황에서, 공명정대하게 의사결정을 하기 위해서는 윤리에 시선을 돌려야 한다. 비판윤리(Purpel, 1989, 2004), 돌봄윤리(Katz et al., 1999; Meyers, 1998; Sernak, 1998)와 같은 패러다임과 징의윤리가 겹치는 때가 또한 바로 이와 같은 경우다. 종합하면, 정의윤리는 다음과 같은 질문과 관련이 있다. "어떤 특별한 사례와 관련있는 법, 권리, 정책이 있는가? 만일 있다면, 강제해야 하는가? 만일 없다면, 무엇이 있어야 하는가?"

2) 역주: 흑인 차별 정책. 목화 농장에서 불리던 노래에 나오는 흑인 주인공의 이름에서 유래하였다.

비판윤리

애플(Apple, 1986, 2000, 2001, 2003), 백틴(Bakhtin, 1981), 볼스와 긴티즈(Bowles & Gintis, 1988), 프레이리(Freire, 1970, 1993, 1998), 지루(Giroux, 1994, 2000, 2003), 그린(Greene, 1998), 퍼펠과 샤피로(Purpel & Shapiro, 2009), 샤피로와 퍼펠(Shapiro & Purpel, 2005)과 같은 많은 저자들과 활동가들은 정의 패러다임에 대한 분석적이고 이성적인 접근을 확신할 수 없었다. 이들 가운데 일부는 정의, 권리, 법의 윤리와 민주주의의 개념 사이에서 긴장 관계를 찾아내었다. 이들은 법과 그 법이 정당한지를 결정하는 데 사용되는 과정을 함께 비판함으로써 어려운 질문을 제기하였다.

이 학자들은 기득권을 쥐고 있는 정의, 권리, 법의 윤리를 수용하기보다 모순을 다루고, 난제를 공식화하고, 이슈를 제기하고 논쟁하는 윤리를 추구함으로써 현상에 도전하였다. 이들의 의도는 우리들 자신의 설명되지 않는 가치를 일깨워 주고, 우리 자신의 도덕이 빈번하게 수정되며 심지어는 시간이 지나면서 부패할 가능성도 있다는 사실을 우리가 깨닫도록 하는 것이다. 이들은 민주주의와 같은 중요한 개념을 다시 생각하도록 할 뿐만 아니라 특권, 권력, 문화, 언어, 심지어는 정의와 같은 다른 개념을 재정의하고 재구성하기를 바란다.

비판윤리는 실제로는 사회계층과 불평등성에 대한 분석에 중심을 두는 비판이론에 기초한다. 포스터(Foster, 1986: 71)[3]에 따르면, 비판론자

---

3) 역주: *Paradigms and Promises: New approaches to educational administration*이란 제목의 이 책은 주삼환 등이 『대안적 교육행정학』(한국학술정보, 2005)이라는 제목으로 번역 소개하였다.

들은 수정 마르크스주의 분석론에서 파생된 관점에서 사회 구조에 대해 연구하고 비판하는 태도로 사회분석에 접근하는 학자들이다. 최근에 비판론자들은 그들의 분석에서 사회계층뿐만 아니라 인종과 성별의 교차점에도 주목하고 있다.

사회에서 이루어지는 것과 비슷하게 학교가 불공정을 재생산한다는 오래된 주장의 예를 비판론자들의 연구에서 찾을 수 있다(Bourdieu, 1977, 2001; Lareau, 1987, 2003). 예를 들면 능력별 학급 편성제도(tracking)는 노동자 계층 자녀들의 위치를 확인하는 확실한 한 가지 방법으로 보인다(Oakes, 1993: 87). 능력별 학급 편성제도는 일반적으로 학생들이 각 학급마다 다른 지식을 접하게 구성되어 있는데, 학교는 다양한 주제와 학습내용의 적절성에 관해 결정하고, 이렇게 할 때 …… 일부 학생들이 배우게 되는 내용을 몹시 제한하게 된다. 이런 불공정을 인지한 카노이와 레빈(Carnoy & Levin, 1985)은, 미국의 학교가 민주주의 권리의 신장뿐만 아니라 경제적 기회 확대를 위해 주류 사회를 대표한다는 점에서 교육기관에서 나타나는 모순을 지적하였다. 여기에서 비판윤리를 통해 언급되는 많은 불일치 가운데 하나가 존재한다.

비판이론과 함께, 비판윤리는 또한 비판교수학(critical pedagogy)과 빈번하게 연결된다(Freire, 1970, 1993, 1998). 지루(Giroux, 1991: 48)는 교육의 위상과 마찬가지로 교실도 정치적이라는 사실을 교육자들이 깨닫고, 윤리는 개인적 선택 또는 상대론이 아니라 인간의 고통과 착취를 거부하는 투쟁을 바탕으로 하는 사회적 담론임을 이해하기를 바란다. 이러한 면에서 비판윤리는 '인간의 기본권을 신장하는 담론'(Giroux, 1991: 48)이며 불평등성에 대항하는 투쟁의 수레 역할을 한다. 이러한 특성 때문에 비판론자들은 특별히 학생들과 같은 침묵하는 이들의 목소리를 드러내는 문제에 자주 관심을 갖는다(Giroux, 1988, 2003; Weis &

Fine, 1993).

지루(1991, 2000, 2003, 2006), 웰치(Welch, 1991)와 다른 비판교육자들에게는, 비판적 언어가 중심이지만 담론만으로는 충분하지 않다. 이런 학자들은 또한 담론이 어떤 정치적 행동을 앞서 이끌어야 한다고 믿는 활동가다. 예를 들면 샤피로와 퍼펠(Shapiro & Purpel, 1993, 2005)은 선택권에 대한 논의를 통해 인간에 대한 임파워먼트[4]를 강조하였다. 이러한 대화를 통해 지루와 아노비츠(Giroux & Aronowitz, 1985)가 제안한 '가능성의 언어(language of possibility)'를 이끌어 낼 수 있다. '가능성의 언어'가 적용될 경우, 교육기관은 계급차별주의, 인종차별주의, 성차별주의, 동성애차별주의와 같은 '주의'를 재생산하는 것을 피할 수 있게 된다.

특별히 교육 리더십에 주목한 파커와 샤피로(Parker & Shapiro, 1993: 39-40)는, 학교와 사회에서 몇 가지 오류를 수정하는 한 가지 방법은 교장과 교육감을 양성할 때 사회계층에 대한 분석에 더우 관심을 가지는 것이라고 주장하였다. 미국에서 부와 권력의 경계가 높아지고 교육구 안에서나 교육구 사이에 일어나는 불공정한 자원분배에 미치는 영향이 커져 간다고 가정한다면 사회계층 분석은 아주 중대하다고 이들은 믿는다. 사회계층에 대한 비판적 분석을 통해, 유식하고, 도덕적이며, 민감한 교육 리더를 양성할 수 있다.

캐퍼(Capper, 1993: 14)는 교육 리더십에 관한 글에서, '자유, 평등, 민주주의 사회의 원칙'에 관심이 있는 도덕적 리더에 대한 필요성을 역설하였다. 캐퍼는 교육 리더와 관련한 비판윤리의 근원을 철학적으로 뒷

4) 역주: 구성원에게 권한을 부여하여 개인의 능력을 신장시키고 조직에 활력을 불어넣어 개인과 조직의 발전을 도모하는 개념이다.

받침하여 유용한 요약을 제시하였다. 그녀는 이민자들이 유럽에서 겪은 억압을 이해하고자 노력한 시기인 1920년대 미국의 프랑크푸르트 학파에 대해 언급하였다. 이 학파는 마르크스주의자의 비판뿐만 아니라 심리학이 개인에게 미치는 영향도 고려하였다.

> 프랑크푸르트 학파의 연구를 바탕으로 교육행정 분야의 비판론자들은 궁극적으로 고통과 억압에 관심을 둔다. 또한 현재와 사회의 역사적인 불공평을 비판적으로 반성한다. 이들은 도덕성(morals)과 가치(values)를 바탕으로 추종자의 변화(transformation)와 임파워먼트를 추구하는 리더십과 권위, 그리고 활동의 절대성(imperative)을 믿는다.

따라서 사회와 학교에서 무슨 일이 일어나고 있는지에 대한 질문을 제기하고 신비성을 제거함으로써, 비판론자들은 교육자들이 핵심적인 도덕성과 가치를 확인하여 오류를 수정하도록 돕는다.

요약하면 비판이론에서 나온 비판윤리는 사회, 특히 학교에서 교육자들이 불공평을 깨닫게 하는 데 초점을 둔다. 이 윤리는 교육자들에게 사회계층, 인종 및 다른 차이(differences)의 영역에 관해, 예를 들면, "누가 법을 만드는가? 누가 법, 규칙, 정책으로 인해 이익을 얻는가? 누가 권력을 가지고 있는가? 누가 침묵하는 목소리인가?"와 같은 난제에 대처하도록 요구한다. 윤리적 딜레마에 대한 이러한 접근에 따르면, 교사는 질문과 비판적 분석을 뛰어넘어, 모든 학생에게 그들의 사회계층, 인종, 성별이 무엇이든 간에 성장하고 배우고 목표를 달성할 기회를 줄 방안을 찾고 검토해야 한다. 이러한 과정을 통해 억압, 권력, 특권, 권위, 발언, 언어, 임파워먼트 같은 중요한 개념에 대한 사고의 폭을 넓힐 수 있어야 한다.

돌봄윤리

돌봄윤리를 정의윤리와 나란히 하며, 롤랜드 마틴(Roland Martin, 1993: 144)은 다음과 같이 썼다.

> 현대 학문의 가장 중요한 발견 가운데 하나는 우리 문화가 사회의 재생산 과정 및 배려와 돌봄과 관련된 특성 위에 사회의 생산 과정과 관련 특성을 올려놓는 가치의 위계를 포용하였다는 사실이다. 이것은 새로울 것이 없다. 우리는 남성보다 여성과 관련된 기능, 과업, 특성의 가치를 낮게 평가하는 서구적 사고를 따르는 전통을 이어받았다.

몇몇 페미니스트 학자들은(예, Beck, 1994; Belenky, Clinchy, Goldberger, & Tarule, 1986; Gilligan, 1982, Gilligan, Ward, & Taylor, 1988; Ginsberg, Shapiro, & Brown, 2004; Goldberger, Tarule, Clinchy, & Belenky, 1996; Grogan, 1996; Larson & Murtadha, 2002; Marshall, 1995; Marshall & Gerstl-Pepin, 2005; Marshall & Oliva, 2006; Noddings, 1992, 2002, 2003; Noddings, Stengel, & Alan, 2006; Sernak, 1998; Shapiro & Smith-Rosenberg, 1989; Shapiro, Ginsberg, & Brown, 2003) 도덕적인 의사결정을 위한 돌봄윤리에 눈을 돌림으로써, 이러한 지배적이고 종종 가부장적인 것으로 비치는 우리 사회의 정의윤리에 도전하였다. 이 윤리에 대한 주의 집중을 통해 충성, 신뢰, 임파워먼트와 같은 다른 개념에 대한 논의를 이끌어 낼 수 있다. 비판론자들과 마찬가지로 페미니스트 학자들은 정의의 관점에서 종종 논의되는, 돌봄윤리와 관련한 중심 개념으로 사회적 책임을 강조한다.

길리건(1982)은 자신의 대표적인 저서인 『다른 목소리(*In a Different Voice*)』에서, 도덕적 딜레마의 해결을 위한 정의(justice)에 대해 콜버그와는 다르게 개념화함으로써 돌봄윤리를 도입하였다(이 책의 정의윤리 부분을 참조하라.). 콜버그의 연구 대상이었던 남성들이 도덕적 이슈의 해결책으로 권리와 법을 선택한 것과는 달리, 길리건의 연구에서 성인 여성들과 소녀들은 도덕적 딜레마에 대한 해결책을 찾을 때 돌봄, 관심, 연결 및 관계와 같은 다른 목소리에 빈번하게 주목하였다. 정의윤리에서 파생된 돌봄윤리는, 교육과 관련하여 돌봄을 가장 상위의 위치에 배치하여 새로운 교육적 위계를 만들어 낸 나딩스(Noddings, 1992: xiv)에 의해 잘 설명되었다. 그녀는 "학교가 첫 번째로 해야 하는 일은 아이들을 돌보는 것이다."라고 말하였다. 나딩스와 돌봄윤리를 옹호하는 다른 많은 윤리학자 및 교육자에 따르면, 육성하고 격려하는 교육 활동 과정과 필요성의 중심에 학생이 있다. 이 개념은 성취를 최우선 과제로 삼고자 꾀하는 사람들의 비위를 상하게 할 수 있다.

나딩스에 따르면, 성취를 위해 경쟁력의 우위를 부르짖을 경우 몇몇 아이들은 자신이 단지 국가적 요구의 대상이거나, 배려심 없는 무관심한 어른들의 볼모라고 간주할 수 있다. 대규모의 관료적 · 물적 시설에 불과한 학교에서, 어린아이는 주로 "어른들은 우리를 돌보지 않아!"라고 불평한다(Comer, 1988). 나딩스(1992: 27)에게 "돌보기는 모든 성공적인 교육의 기반이고 …… 현대의 학교 교육은 이 덕분에 다시 생동한다."

돌봄윤리가 교육에서 가장 중요하다고 믿는 학자는 나딩스와 길리건만이 아니다. 교육과정과 관련하여, 롤랜드 마틴(Roland Martin, 1993)은 돌보기(caring), 관심(concern), 연결(connection)의 3C를 제시했다. 비록 법령을 만들어 교육자로 하여금 열정과 객관성을 갖추도록 강제하자고 주장하지는 않았지만, 그녀는 교육자들이 한쪽 성이 아닌 양성의 경험을 포함하여 교육과정을 확장하고, 돌봄윤리를 빠뜨리는 일이 없기를 간곡히 바랐다. 롤랜드 마틴에게 교육은 '이성과 감성, 자아와 타인의 통합'이다(1993: 144).[5]

비록 돌봄윤리는 페미니스트와 관련이 있지만, 남자와 여자 모두 똑같이 돌봄윤리의 중요성과 적절성을 증언한다. 벡(Beck, 1994: 3)은 "기본적 윤리로서 돌봄은, 많은 사람들이 말한 바처럼, 관심과 필요에 역점을 둔다. 어떤 면에서 이것은 이데올로기의 경계를 초월한다."라고 하였다. 부버(Buber, 1965), 노모어(Normore, 2008), 그리고 서지오바니(Sergiovanni, 1992) 같은 남성 윤리학자들과 교육자들은 이 패러다임에 대해 높은 관심을 나타냈다. 이 학자들은 교육이 '인간적인 일(human enterprise)'이 되기를 희구했다(Starratt, 1991: 195).

몇몇 학자들은 최근 공리주의[6] 철학과 돌봄윤리를 관련짓고 있다. 예를 들면 블랙번(Blackburn, 2006)은 벤담(Bentham)과 밀(Mill), 흄(Hume)이 공공 영역의 일부로서 돌봄윤리에 대해 말했다. 블랙번(2001: 93)에 따르면 최대 다수의 최대 행복의 개념은 돌봄을 공민의 영역(civic realm)으로 이동시켰다. 그는 다음과 같이 말했다.

> 본질적으로 공리주의인 돌봄윤리와 박애에 눈을 돌리면, 처음 만든 사람들만 알고 있는 감추어지고 복잡한 구조와 방식을 지닌 법(law)을 따라 만들어진 도덕 철학에 마음을 덜 쓰게 된다.

---

5) 역주: 곽삼근 저, 『여성주의 교육학』(이화여자대학교출판부, 2008) 참조.

6) 역주: 최대 다수의 최대 행복을 목적으로 하는 사상.

돌봄윤리는, 학자들뿐만 아니라 종종 도덕적 결정을 요구받는 교육 리더에게도 중요하다. 만일 돌봄윤리가 딜레마를 해결하는 데 사용된다면, 교육 리더가 교육을 통해 이를 어떻게 준비하고 있는가에 대하여 재검토할 필요가 있다. 과거의 교육 리더는 군사모델과 경영모델을 이용하여 훈련받았고, 상사를 따르는 동시에 부하를 지휘하고 책임질 필요성, 그리고 위계의 중요성을 배웠다(Guthrie, 1990). 그들은 "규칙, 정책, 기준에 따라 운용되는 절차, 정보체계 …… 또는 좀 더 비공식적인 여러 가지의 기술을 개발함으로써 지도력을 발휘했다" (Bolman & Deal, 1991: 48). 이런 기술과 규칙은, 리더가 도덕적 결정을 하는 우선적인 기초가 정의, 권리, 법의 윤리였을 때는 좋은 효과를 나타냈을지도 모른다. 하지만 이것들은 리더가 윤리적 판단 과정에서 다양한 목소리를 고려하도록 요구하는 돌봄윤리 같은 다른 윤리적 패러다임 측면에서는 부적절하다.

벡(Beck, 1994: 85)은 교육 리더가 도덕적 결정이나 다른 결정을 하기 위한 위계적 모델인 하향식에서 벗어나, 대신에 관계와 연결을 강조하는 리더십 스타일에 관심을 기울이는 일이 중요하다고 강조하였다. 행정가는 교수진, 직원, 그리고 봉사해야 하는 학생이 개인 간의 상호작용을 촉진하고, 경쟁을 덜 강조하고, 소속감을 강화하고, 서로에게서 배우면서 개인의 역량을 증대하기 위해 협력적으로 노력하도록 장려할 필요가 있다.

돌봄윤리를 가치 있게 여기면, 바스(Barth, 1990: 513)가 말한 것처럼 교육 리더는 '가장 솔선하는 학습자(head learners)' 가 될 수 있다. 이 관점에서 바스가 의미한 것은 중요한 도덕적 결정을 할 필요에 직면했을 때 다른 이들의 말에 귀를 기울이기를 바라는 뛰어난 리더이자 학습자를 만드는 것이다. 그런데 이렇게 훌륭한 리더이자 학습자의 자질을 갖추게 하려면 어떻게 타인의 말을 듣고, 관찰하고, 반응할지를 특별히 강조하고 문화와 다양성에 대한 지식에 더 많은 초점을 두어야 한다. 예를 들면, 샤피로(Shapiro), 시웰(Sewell), 두쳇(DuCette), 마이릭(Myrick, 1997)은 도심 청소년 연구에서 돌보기의 세 가지 종류, 즉 주의집중(attention)과 지지(support), 훈육(discipline), 그리고 '함께 머물기(staying on them)' 또는 프로딩(prodding)[7]을 제시했다. 비록 숙제를 마치도록 학생들을 프로딩하는 일은 닥달하는 일처럼 보일 수도 있지만, 이 연구에서의 대상 학생들은 프로딩을 어떤 사람이 자신을 염려하는 표시로 받아들였다.

따라서 돌봄윤리는 교육 리더가 일상 업무를 하며 당면하게 되는 복잡한 도덕적 문제에 대처할 수 있는 또 다른 시각과 방법을 제공한다. 돌봄윤리는 감성(emotions)을 다루기 때문에 복잡한 측면이 있다. 이러한 복잡성을 두드러지게 강조하여, 교육윤리 학자인 폴 베글리(Paul Begley)는 다음의 질문을 제기하였다. 돌봄윤리는 감성적 모델인가 윤리적 모델인가? 이 중요한 질문을 곰곰이 생각해 보건대, 돌봄윤리에 대한 견해는 학생들에게 훈육과 주의집중을 하는 일과 같이 이성적 모델로 간주될 수 있다. 하지만 타인을 향한 감정이입과 동정 또한 이 패러다임의 일부이고 감성을 표면으로 드러내는 경향이 있다. 그러므로 이 모델의 한 부분은 의사결정과 관련해 최근 부각되고 있는 뇌연구와 잘 부합하는데, 뇌연구에서는 감성과 이성이 얽히고설킨 복잡한 방식으로 어우러져 있다(Lehrer, 2009).

돌봄윤리를 통해 윤리적 딜레마를 조망하면, 교육자가 청소년들의

---

7) 역주: 귀찮을 정도로 오랫동안 계속해서 하는 자극.

필요와 욕구를 대할 때 어떻게 조력할 수 있는지, 의사결정의 일부로서 타인에 대한 관심(concern)을 보여 주는 해답을 어떻게 생각해 낼 수 있는지와 관련한 질문을 불러일으킬 수 있다. 이 윤리는 사람들 각자가 자기들의 결정과 행위의 결과를 생각하도록 요구한다. 이 윤리는 각자가 다음과 같은 질문에 숙고하기를 바란다. 내가 결정한 것에서 누가 이익을 보는가? 누가 나의 행위로 상처를 받는가? 내가 오늘 내린 결정의 장기적 효과는 무엇인가? 그리고 만일 지금 어떤 사람에게 도움을 받는다면, 미래에 이 사람 또는 사회에 무엇을 갚아야 하는가? 이 패러다임은 또한 충성과 신뢰와 같은 가치에 대해 고심하기를 바란다.

전문직윤리

스타라트(Starratt, 1994b)는 정의, 돌봄, 비판윤리는 양립하는 게 아니고, 오히려 이들의 결합으로 인해 윤리가 더 풍부하고 완벽하게 보완된다고 가정하였다. 그는 이들 윤리적 테마가 태피스트리(tapestry)[8]처럼 얽혀 있는 것으로 묘사하였다.

> 각각의 테마가 서로 스며들지 않는 윤리의식은 감상적인 생각(sentimentality), 합리적인 단순함(rationalistic simplification), 또는 사회적 순박함(social naivete)에 사로잡힐 수 있다. 각 테마의 혼합은, 학교 관리뿐만 아니라 학습과업(learning tasks)에서도, 매일 학교공동체가 당면하는 윤리적으로 불확실한 상황에 다양한 방법으로 반응할 수 있

8) 역주: 색실로 수놓은 벽걸이, 실내장식용 비단 또는 그 위에 그린 무늬.

게 한다(Starratt, 1994b: 57).

스타라트(Starratt)의 말에 동의하지만, 이들을 함께 취할 때에도 정의, 비판, 돌봄윤리는 리더가 교육 환경의 맥락에서 윤리적 결정을 내릴 때 고려해야만 하는 요인에 대한 적절한 구상을 떠올리게 하지는 못한다. 여기서 우리가 놓친 것, 다시 말해 이러한 패러다임에서 무시되는 것은 다음과 같다. 즉, 교육 리더는 자신의 개인윤리강령과 전문직윤리강령을 더 깊이 이해함으로써 전문직의 독특한 도덕적 측면과 의문에 대해 숙고하게 된다는 것이다. 이러한 차이를 메우기 위해, 이 장에서 설명한 세 가지 윤리적 틀에다 전문직윤리라는 네 번째 패러다임을 추가한다.

전문직윤리는 오래되었지만, 우리가 겪는 과정을 확인하며 한 가지 패러다임의 형태로 제안하는 것은 이 윤리를 개념화하는 혁신적인 방법이다. 이 접근법은 우리가 10년 이상의 공동연구, 저술 및 윤리교수를 통해 개발한 비교적 새로운 방법이기 때문에, 우리는 다른 윤리보다 이 윤리를 설명하는 데 더 많은 시간과 페이지를 할애한다. 앞으로 이 장에서는 전문직윤리의 출현과 전문직윤리 패러다임의 필요성에 관한 간략한 배경 정보를 서술한다. 또한 지금까지의 언급에 따라 전문직윤리의 모델과 이 모델이 어떻게 작용하는지를 설명한다. 그리고 전문직윤리 패러다임이 어떻게 정의, 비판, 돌봄윤리와 어울리는지에 관한 논의로 이 장을 끝맺는다.

전문직윤리와 전문직 패러다임의 필요

교육 리더의 전문직화와 관련하여 윤리에 대해 논의해 보자. 법학, 의학, 치의학, 경영학 등의 분야에서는 졸업생들이 전문직에 맞는 사회활동을 할 수 있도록 졸업 전에 적어도 한 강좌의 윤리 과정을 수강하도록 요구하고 있으나, 교육행정 전문직은 이러한 윤리 과정을 필수로 하고 있지 않다.

하지만 최근 교육에서의 의사결정과 관련하여 윤리에 대한 관심이 증대되고 있다. 많은 교육행정 저자들은(Beck, 1994; Beck & Murphy, 1994a, 1994b; Beck, Murphy, & Associates, 1997; Becker, 2004; Begley, 1999; Begley & Johansson, 1998, 2003; Cambron-McCabe & Foster, 1994; Duke & Grogan, 1997; Greenfield, 2004; Mertz, 1997; Murphy, 2006; O'Keefe, 1997; Starratt, 1994b; Willower, 1999) 장래의 행정가에게 윤리를 훈련시키는 일이 중요하다고 생각한다. 그린필드(Greenfield, 1993: 285)는 이러한 준비교육은 장래의 교장이나 교육감에게 도덕적 추론(moral reasoning)과 관련이 있는 태도, 신념, 지식, 기술을 개발할 수 있게 한다고 지적한다. 이러한 준비교육의 중요성을 강조하면서, 그린필드는 우리에게 다음과 같이 주의를 환기시켜 준다.

> 학교행정가들이 이러한 능력을 개발할 기회를 갖지 못하면, 우리는 공공 교육자로서 학생을 위해 봉사해야 할 의무를 수행할 수 없다. 따라서 전문직으로서의 교육행정은 윤리적 학교로의 발전과 관련이 있는 원칙, 규칙, 규범, 덕을 적용할 수 있게 장래의 행정가를 훈련시킬 도덕적 의무를 지닌다.

이런 필요를 인지하여, 미국학교행정가자격컨소시엄(Interstate School Leaders Licensure Consortium: ISLLC)의 『학교 리더 표준(*Standards for School Leaders*)』에서는 학교 리더에게 필수적인 능력 가운데 하나가 윤리라고 밝혔다(NPBEA, 1996). 미국주교육감협의회의 후원을 받고 미국교육행정정책위원회와 협력하여 미국학교행정가자격컨소시엄이 개발한 이 표준은 교육행정 전문직과 관련한 9개의 협회와 24개 주의 대표자들이 모여서 열매를 맺게 되었다.

최근의 개정판인 『교육 리더십정책 표준(*Educational Leadership Policy Standards*)』(NPBEA, 2008)[9]에서, 전문직을 위한 여섯 가지 표준을 다시 발표하였다. 이 가운데 하나가 표준 5번인 '행정가의 윤리' 영역으로 "교육 리더는 ① 성실(integrity), ② 공정(fairness), ③ 윤리적 태도(ethical manner)를 갖추고 모든 학생의 성공을 촉진한다."라고 밝히고 있다. 1996년 표준에서 약간 수정되어 아래와 같은 기능을 추가하고 있다.

A. 모든 학생의 학문적이고 사회적인 성공을 위해 책무성의 체계를 보장한다.
B. 자기인식, 반성적 실제, 투명성, 윤리적 행동의 원칙을 모범적으로 따른다.
C. 민주주의, 형평성, 다양성의 가치를 보호한다.
D. 의사결정에 따르는 잠재적인 도덕적, 법적 결과를 고심하고 평가한다.
E. 사회정의를 촉진하고, 각 학생의 요구가 학교 교육활동의 모든

9) 역주: 1994년부터 1996년까지 2년간 연구하여 나온 1996년 ISLLC는 너무 세밀하고 복잡하다고 하여 2008년판에서는 기능 중심으로 간소화되었다.

면에 스며들도록 보장한다(NPBEA, 2008: 4-5).

1996년판에서 일부 변화는 있지만, 이 표준의 역할을 고려하여 학교 행정가를 위한 지식 기반에서 윤리의 중요성을 계속해서 공식적으로 인정한다. 이 표준을 준수하는 많은 주에서는 교장이 되려면 윤리를 포함하여 교장의 능력과 관련한 시험 평가에서 통과하도록 요구한다. 이제 이 표준은 미국교원교육평가인정기구(National Council for Accreditation of Teacher Education: NCATE)와 통합되었다(Murphy, 2005).

과거에 전문직윤리는 일반적으로 정의 패러다임의 일부로 간주되었다. 이는 전문직윤리가 종종 강령, 규칙, 원칙과 동일시되는데 이 모두는 전통적인 정의의 개념에 거의 부합하기 때문이다(Beauchamp & Childress, 1984). 예를 들면 많은 주에서 주별로 표준을 제정하였다. '펜실베이니아 교육 전문직 실무 · 행동강령(Pennsylvania Code of Professional Practice and Conduct for Educators)'은 이후 주의 법으로 법제화되는데, 11개 항의 행동강령으로 이루어져 있다. 텍사스 주에도 이와 유사한 윤리강령, 표준, 실무강령이 있는데(Texas Administrative Code, 1998), 무엇보다도 교육자들이 학생들을 정의롭게 다루고 학생들의 '명예를 상하지 않게' 보호하기를 기대한다.

게다가 많은 교육 관련 전문직 기구는 자신의 전문직윤리강령을 개발하였다. 보챔프(Beauchamp)와 차일드레스(Childress, 1984: 41)가 '전문직 구성원들이 바라보는 역할도덕성에 대한 분명한 진술'로 정의한 이 윤리강령 가운데 일부는 비교적 새롭고 나머지는 오래전부터 있었던 것이다. 이러한 기구의 예를 들면, 미국학교행정가협회(American Association of School Administration: AASA), 미국대학교수협회(American Association of University Professors), 미국심리학회(American Psychological

Association), 학교경영관리자협회(Association of School Business Officials), 장학및교육과정개발협회(Association for Supervision and Curriculum Development: ASCD), 그리고 전미교육협회(National Education Association: NEA) 등이 있다.

하지만 주와 전문직협회에서 제정한 윤리강령은 교육 리더가 당면하는 하루하루의 개인적 딜레마와 전문직 딜레마를 반영하지 못한다는 점에서 현장 상황을 즉각적으로 반영하는 데 제한이 있다. 내시(Nash, 1996: 95)는 교육자와 인간 서비스 전문가(human service professionals)를 위한 전문직윤리에 관한 그의 책에서, 이러한 강령에 대한 학생들의 관심 부족을 목격하였기 때문에 한계를 인정하였다.

> 전문직윤리강령에 대해 거의 일반적으로 가치 훼손이 이루어지는 데서 우리는 무엇을 알 수 있을까? 전문직윤리강령에 대한 전반적인 경시 풍조는 무엇을 의미하는가? 오랫동안 이것은 강하게 반발하는 반응을 불러일으키는 나의 강연에서나 있을 수 있는 일이라고 생각했었다. 예를 들면, 학생들에게 수업에 그들의 강령을 가져오라고 할 때마다, 강령을 어디에서 찾아야 할지를 아는 학생은 거의 없었고, 이러한 요구를 할 때 대부분은 아주 툴툴거렸다. 하지만 나는 그들이 단지 윤리적 결정을 하는 방법을 배우는 일과 어떤 윤리강령에 호소하는 일 사이의 상관관계를 모르기 때문에, 그들이 사소하고 당치 않은 부적절한 과제라고 생각하는 것으로 인해 방해받고 싶어 하지 않는다는 사실을 이제야 이해하게 되었다.

반면에 전문직윤리강령은 전문직의 이미지와 특성에 관한 진술을 하면서 전문직을 위한 길잡이의 역할을 한다(Lebacqz, 1985). 전문직윤리강령은 전문직과 전문가 양측의 도덕적 특성에 대한 이상적인 이미지를 제시하며, '전문직에 대한 최선의 도덕적 규범'을 구현한다. 이런 면에 비추어 표준화된 강령은 가장 소중한 기능을 제공한다. 따라서 문제는 강령 그 자체에 있는 것이 아니라, 우리가 때때로 도덕적 의사결정과 관련하여 강령에 너무 많이 기대한다는 사실에 있다(Lebacqz, 1985; Nash, 1996).

미국교육행정대학협의회(University Council of Educational Administration: UCEA)는 활동적인 참여 방식으로 강령을 개발할 필요가 있다고 밝혔다(UCEA Ethical Code Committee, 2004-2009). 이 기구는 기관이 제정한 강령에 대해 일고 있는 비판을 반영하여 현실적인 원칙을 제공하고자 오랫동안 지속적으로 위원회 모임을 갖고 인터넷도 사용하여 강령을 개발 중이다.

우리는 표준화된 강령의 중요성, 그리고 강령의 기여와 한계를 인정하면서, 광범하고, 더 포괄적이고, 좀 더 최신의 시각에서 전문직윤리를 바라볼 때가 도래했다고 믿는다. ISLLC 표준은 이러한 종류의 접근법을 반영하고 있다. 본질적으로 이런 표준의 규정은 규칙, 원칙, 역량의 확인에 중점을 두어 이루어진다. 동시에 다른 윤리적 구조에 대한 이해가 중요하다고 인정한다. 게다가 전문직을 수행할 역량은 사례연구법에 기초한 시험을 통해 평가된다. 이 시험은 의사결정을 할 때 학교 리더가 고려해야 하는 요인이 무엇인지를 묻는 짧은 이야기의 줄거리를 분석하는 방식이다.

전문직윤리 패러다임

우리가 생각하는 윤리 패러다임으로서 전문직윤리의 개념은 정의 패러다임에서 구체화된 윤리 원칙과 윤리강령을 포함한다. 그러나 전문적 판단과 의사결정뿐만 아니라 다른 패러다임을 고려한다면, 이것은 훨씬 더 광범위하다. 우리는 전문직윤리를 행정가들이 자신의 개인적 강령과 전문직강령을 개발하도록 요구하는 역동적 과정이라고 인식한다.

내시(Nash)가 생각한 바처럼 우리도 이 과정이 중요하다고 생각한다. 그리고 우리는 학생 자신의 강령과 주 또는 전문가 집단이 발표한 강령 사이에 불일치가 있는 것을 관찰하였다. 대체로 우리가 가르치는 학생들은 이러한 강령을 깨닫지 못하거나, 그들이 깨닫더라도 그렇게 형식화된 전문직강령은 그들에게 거의 영향을 미치지 못했나. 그리고 대부분은 자신의 강령을 만드는 것을 더 가치 있게 생각하였다. 수강생 가운데 기관장이 있었는데, 그는 이 과정에 참여한 후에 다음과 같이 말하였다.

> 놀랍게도 나는 개인윤리와 전문직윤리를 진술하는 일을 즐겁게 했다. 나는 노조와의 회의에서 전문직윤리강령을 논의한 적이 있었다. 그 토론은 아주 지루하고 의미 없는 것처럼 잡다하였다. 반면, 여기서 나의 개인윤리와 전문직윤리를 진술함으로써 내가 무엇을 하고 어떻게 생활해야 하는지에 관해 생각해 보게 되었다. 전자의 토론은 그렇지 않았다. 이것은 매우 유익한 경험이었다. (표준화된) 전문직윤리강령이 실제로는 제한적으로 쓰인다는 의견에 동의한다. 나는 어떤 선택을

하며 생활해야 할지를 스스로 결정한다. 통제적인 외부적 시도는 나와 내가 하는 일에 별 영향을 미치지 못한다.

연구를 통해 우리는, 교육 리더에게 그들의 생활사와 중요한 사건을 기초로 자신의 개인윤리강령을 개발할 기회를 주어야 함을 깨닫게 되었다. 그들은 또한 개인강령에 대해 고려해야 할 뿐만 아니라 직장생활에 대한 기대와 경험을 바탕으로 자신의 전문직윤리강령을 만들어야 한다.

이러한 과정의 근간은 타인뿐만 아니라 자신에 대한 이해다. 이러한 이해는 행정가로 하여금 무엇이 옳고 그른지와 좋고 나쁜지, 전문직 종사자 및 인간으로서 자신들이 누구인지, 어떻게 결정하는지, 그리고 왜 그런 결정을 해야 하는지에 대해 살피게 한다. 이 과정은, 학생들이 21세기를 살아갈 준비교육을 받도록 하기 위해서는, 오늘날 미국의 초·중등학교와 대학교에 다니는 학생들의 다른 배경을 고려하여 다양한 형태의 윤리를 숙고하고 개인윤리강령과 전문직윤리강령에 대하여 고심하는 매우 특별한 리더가 필요하다는 점에 착안하고 있다. 우리는 교육 리더가 고심함으로써 아이들과 젊은이들의 교육과 관련하여 정의, 비판, 돌봄의 이슈를 다루게 되고, 이 과정을 통해 개인적으로 또 전문직 종사자로서 믿는 것과 그들이 누구인지를 이해할 수 있다는 것을 말하고 싶다. 이는 여러 가지 윤리강령 사이에 일어나는 충돌을 이해하는 것, 그리고 학생의 이익을 우선시하는 최선의 전문적 판단에 따라 윤리적인 의사결정을 내리는 것을 의미한다.

따라서 학교 관리자들의 행동은 개인의 가치에 좌우될 수 있고 (Begley, 1999; Begley & Johansson, 1998; Willower & Licata, 1997), 개인의 윤리강령은 이런 가치와 경험을 기초로 한다(Shapiro & Stefkovich, 1997, 1998). 우리가 지도한 많은 학생들이 깨달은 바와 같이, 개인의 윤리강령과 전문직윤리강령을 분리하는 일이 늘 쉽지는 않다. 규모가 큰 지방의 교육구에서 근무하는 어느 교육감이 관찰한 다음 내용은 우리 자신의 경험과 교육현장에서 행정가 또는 교육자로 활동하고 있는 많은 학생들의 정서를 적절하게 잘 요약하고 있다.

> 전문직윤리강령은 개인윤리강령과의 연결 혹은 관련 없이는 이루어질 수 없다. 따라서 이러한 영향을 주는 요인들을 인정한다. 돌이켜보면, …… (나 자신의 윤리강령 개발의 결과로), 나는 전문직의 책임이 나의 개인적 가치, 중요 사항에 대한 우선순위, 그리고 행위에 미치는 영향을 알 수 있다. 두 강령이 '상호영향'을 발휘한다는 점은 의심할 여지가 없어 보인다. 서로서로는 완전히 독립적일 수 없다(Shapiro & Stefkovich, 1998: 137).

전문직윤리강령을 개발하는 데 영향을 주는 다른 요인들은 전문직 공동체와 리더가 일하는 내부의 공동체를 포함하는 공동체의 기준에 대한 고려와 관련이 있다. 공식적 윤리강령은 전문직 단체와 그 전문직의 문서화된 표준에 의해 이루어진다(ISLLC).

교육 리더는 자신의 전문직 (및 개인) 강령을 개발하면서, 특수한 패러다임 또는 최선책으로 정의, 돌봄, 비판윤리의 통합에 초점을 맞추어 다양한 윤리 모델을 숙고한다. 이 여과 과정은 전문직 판단과 전문직윤리 의사결정을 위한 기초를 제공지만, 강령 간의 충돌을 초래할 수도 있다.

우리의 연구에서 네 가지 윤리의 가능한 충돌을 확인하였는데, 이 가운데 세 가지는 앞에서 토의한 바 있다(Sahpiro & Stefkovich, 1998). 첫째, 각각의 개인윤리강령과 전문직윤리강령 사이에 충돌이 있을 수 있다.

이는 각각의 개인윤리강령이 해당 전문직의 윤리강령과 갈등을 빚을 때 일어난다. 둘째, 전문직강령 내에서 충돌이 있을 수 있다. 이러한 충돌은 개인이 둘 이상의 전문직 경력이 있을 때 발생할 수 있다. 어느 전문직의 강령이 다른 전문직강령과 다를 수 있다. 따라서 어느 직업에서는 개인에게 적절한 강령이 다른 직업에서는 그렇지 않을 수 있다. 셋째, 교육 리더 사이에 전문직강령에 대한 충돌이 있을 수 있다. 어느 행정가는 윤리적으로 보나, 다른 행정가는 윤리적으로 바라보지 않을 수 있다. 넷째, 리더의 개인윤리강령 및 전문직윤리강령은 전문직 공동체, 학교 공동체, 또는 교육 리더가 일하는 공동체에 의해 이루어지는 관례 및 실제와 충돌할 수 있다. 예를 들면 우리가 지도한 많은 학생들은, 어느 공동체에서 비윤리적으로 간주되는 어떤 행위가 또 다른 공동체에서는 단지 개인적 선호의 문제로 여겨진다고 말한다.

퍼먼(Furman, 2003, 2004)은 독립적인 '공동체 윤리'로 특성화한 것을 부연 설명하고 공동체의 윤리를 하나의 과정으로 규정하면서, 리더는 과감하고 (단독적인) 의사결정을 멀리하고 공동체의 지원을 받아 결정해야 한다고 당부한다. 공동체에 대한 그녀의 정의는 분산적 리더십 모델과 관련하여 참여적 민주주의와 마찬가지로 광범하고 모든 것을 망라한다(Spillane, Halverson, & Diamond, 2001).

앞에서 말한 네 가지 충돌을 해결하기 위해, 우리는 아이들의 요구를 충족시키는 학교행정가 양성의 '도덕적 차원(moral dimension)'에 입각한 앞에서의 그린필드(Greenfield, 1993: 268)의 인용을 상기한다. 그린필드는 학교, 특히 공립학교는 민주주의 사회에서 시민의 역할과 책임을 몸에 익히기 위해 준비하고 교육하는 중심지여야 한다고 주장하였다. 그린필드가 의도한 목적에 도달하기 위해, 리더의 위치에 있는 교사와 그들의 윤리에도 주목해야만 한다(Burant, Chubbuck, & Whipp, 2007;

Campbell, 2000, 2004; Hansen, 2001; Hostetler, 1997; Strike & Ternasky, 1993). 차터스쿨(charter school) 책임자, 학습공동체 또는 교사 코치 등의 교사 리더들은 윤리 전문가로서의 자질을 갖출 필요가 있다.

교육 리더십에서 윤리 학습의 중요성에 관해 쓴 모든 이들이 아이들의 요구를 언급하지는 않았다. 하지만 학생에 초점을 맞추는 일은 교육이란 전문직과 분명히 일치한다. 다른 전문직은 종종 그 전문직을 움직이는 한 가지 기본 원칙을 갖고 있다. 의학에서는 "첫째, 해가 전혀 없어야 한다." 법에서는 모든 의뢰인은 '열성적인 변론'을 받아야 한다고 단언한다. 교육 리더십에서는 전문직으로서의 도덕적 책임은 '학생을 위한 최선의 이익'을 위해 봉사하는 일이라고 믿는다. 결과적으로 교육 리더를 위한 어떤 전문직 패러다임이든 그 심장에는 이런 이상이 존재해야 한다.

이런 초점은 대부분의 전문직 협회 강령에서 살필 수 있다. 예를 들면 학교행정가를 위한 미국학교행정가협회 윤리강령은 "교육행정가의 전문직 행위는 윤리강령을 따라야 한다."라는 주장으로 시작하며, 이 강령의 핵심으로 "교육행정가는 …… 학생들의 복리를 모든 의사결정과 활동의 기본적인 중요 가치로 삼아야 한다."고 진술한다(American Association of School Administrators, 1981). 이는 나딩스(Noddings, 2003)의 돌봄윤리와 연관이 있는데, 나딩스의 돌봄윤리는 교육 위계의 맨 위에 학생을 두고 있으며, 학생의 목소리가 억눌려 있다고 보는 많은 비판론자들의 우려가 반영되어 있다(Giroux, 1988, 2003; Weis & Fine, 1993). 게다가 학생을 위한 최선의 이익을 위해 일하는 것은 교육의 전문직을 위한 ISLLC 표준에 부합한다. ISLLC 표준의 각 조항은 "모든 교육 리더는 모든 학생의 성공을 촉진한다(NPBEA, 2008)."는 말로 시작한다.

우리가 종종 당면하게 되는 도덕적 딜레마는 점점 더 복잡해지고 있다. 첫째, 학생의 인구학적 구성의 다양성, 둘째, 학부모의 다양성, 셋째, 인종과 민족의 영역 이상의 범주를 포괄하는 지역사회의 다양성이 새로운 딜레마를 낳기 때문이다. 이런 면에서 학습 스타일, 예외성, 나이 등이 고려되는 개별적 차이뿐만 아니라 인종과 민족, 종교, 사회계층, 성, 장애, 그리고 성지향성 같은 문화적 영역에 걸친 차이를 간과해서는 안 된다(Banks, 2001; Banks & Banks, 2006; Cushner, McClelland, & Safford, 1992; Gollnick & Chinn, 1998; Shapiro et al., 2001; Sleeter & Grant, 2003).

문헌에서는 '학생을 위한 최선의 이익(best interests of the students)' 이 무엇인지 정의하고 있지 않다(Stefkovich, 2006; Stefkovich, O' Brien, & Moore, 2002). 이러한 명확한 정의도 없이, 학교 리더는 어른들의 이익을 정당화하기 위해서 종종 학생을 위한 최선의 이익임을 내세운다(Walker, 1998). 하지만 이 차이를 채우기 위한 시도가 최근에 있었다(Stefkovich, 2006; Stefkovich & O' Brien, 2004; Walker, 1995, 1998). 스테프코비치는 ① 개인의 권리를 통합하고, ② 자신의 행동에 대한 책임을 지라고 학생에게 가르치고, ③ 학생을 존중하는 것이 바로 학생을 위한 최선의 이익과 관련한 결정을 하는 것이라고 개념화하고 있다. 이것이 학생을 위한 최선의 이익을 염두에 두고, 교육 리더로서 자신의 전문직 의무를 충실하게 이행하기 위한 윤리적 결정을 하는 데 핵심인 권리(rights), 책임(responsibility), 존중(respect)의 3R' s다.

요약하면, 우리는 전문직 리더가 해당 전문직 기관에서 발표한 표준뿐만 아니라 개인의 윤리강령에 비추어 자신의 전문직윤리강령을 형식화하여 검토하기를 기대하는 전문직 패러다임을 설명하였다. 그리고 전문직 리더가 윤리적 의사결정을 내리는 과정의 중심에는 항상 학생이 있어야 함을 당부한다. 또한 리더가 공동체의 소망을 고려하기를 부탁한다. 우리가 제안하는 전문직 패러다임은 정적인 것이 아니라 역동적이고 다차원적이다. 오늘날의 사회에서 교육 리더가 된다는 것은 복잡한 일이라는 점을 알 수 있다(이 모델을 시각적으로 나타낸 [그림 2-1] 참조).

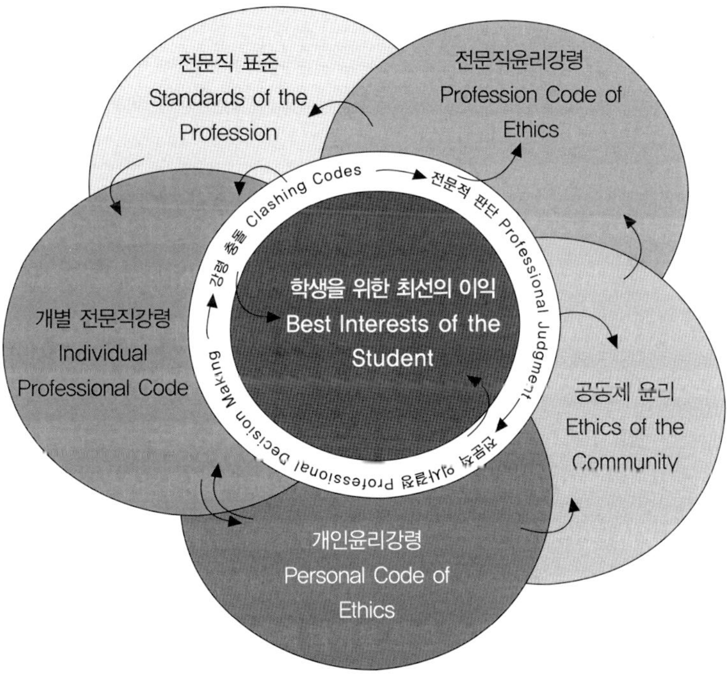

[그림 2-1] **전문직윤리의 다이어그램**

주: 이 원은 전문직 패러다임을 생성하는 데 적용되는 주요 요인을 나타낸다. 이 원은 1. 전문직 표준, 2. 전문직윤리강령, 3. 공동체 윤리, 4. 개인윤리강령, 5. 개별 전문직강령, 6. 학생을 위한 최선의 이익을 나타낸다. 다른 요인들 또한 전문직 패러다임에서 나름의 역할을 한다. 이것은 학생을 위한 최선의 이익을 에워싸고 있는 ① 강령 충돌, ② 전문적 판단, ③ 전문적 의사결정을 포함한다. 화살표는 요인들이 서로 상호작용하며 중복되는 다양한 방향을 가리킨다.

따라서 이 모든 요인을 고려하여 전문직윤리는 다음의 질문, 즉 "전문직은 내가 무엇을 하도록 기대하는가? 공동체는 내가 무엇을 하도록 기대하는가? 구성상으로도 다양하고 요구하는 것도 천차만별인 학생들 모두를 위한 최선의 이익을 얻으려면 나는 무엇을 해야 하는가?" 등의 질문 외에도 다른 윤리적 패러다임에 의해 제기된 정의, 비판, 돌봄과 관련한 질문을 할 수 있을 것이다.

제2부

역설적 딜레마 분석을 위한 다원적 패러다임 접근

제3장부터 제10장까지는 다원적 패러다임 접근법을 통해 분석하는 데 도움이 되는 윤리적 딜레마를 제시한다. 제3장부터 제10장까지에서는, 딜레마를 일으키는 경향이 있는, 일반적으로는 우리가 사는 공동체와 특별히 교육계에 존재하는 고유의 불일치를 조망하였다. 따라서 일종의 역설로 각 장의 프레임을 구성했다. 그리고 포함된 사례는 이 개념을 에워싼 긴장을 실감나게 설명해 준다. 집중 조망된 패러독스는 개인의 권리 대 공동체의 규범, 전통적 교육과정 대 잠재적 교육과정, 개인윤리강령 대 전문직윤리강령, 아메리칸 멜팅포트(American melting pot) 대 차이니스 핫포트(Chinese hot pot), 종교 대 문화, 평등성(equality) 대 형평성(equity), 책무성 대 책임성, 프라이버시 대 학교안전 등이다.

퍼펠(Purpel, 1989, 2004)은 현대 교육의 도덕적, 정신적 위기를 설명하면서, 현재의 많은 문제와 긴장을 초래하는 패러독스에 주목하였다. 오늘날의 정신적 피로와 스트레스는 우리 사회에 존재하는 모순된 행위 때문에 발생한다는 퍼펠의 의견에 우리는 동의한다. 이 패러독스가 독자의 주의를 끌면, 현실 딜레마에 대한 논의를 통해 대화를 촉진하도록 이끌 뿐만 아니라, 미래에 현명한 의사결정을 하기 위해 반성하고 안내하는 데 도움이 되길 바란다.

제시된 딜레마 가운데 많은 사례가 실제 경험을 바탕으로 하기 때문에, 익명과 비밀유지를 확실하게 하기 위해 최선을 다하였다. 이 사례들은 교육행정 강의와 일반적으로 교육 또는 리더십과 관련한 과정에서 사용될 수 있다. 또한 학생과 독자가 정의, 권리, 법; 돌봄, 관심, 관계; 비판, 가능성; 전문 직업의식에 대해 서로 다른 패러다임을 갖고 다양한 목소리를 낸다는 것을 확인하는 취지를 담고 있다. 그리고 복잡한 시대의 학생과 공동체의 다양성에 대해 다시금 생각해 보게 한다.

이 사례들은 학교와 고등교육에서 다양한 위치에 있는 사람에 초점을 맞춘다. 시나리오를 구성할 때 성, 인종, 민족, 그리고 딜레마에 처해 있는 사람과 이들이 대처해야 할 사람 양쪽의 나이 등을 균형 있게 하기 위해 의도적으로 노력했다. 그리고 이런 다양성을 반영하는 이름을 시나리오 속 인물에게 부여하였다.

다양한 다문화 학교공동체를 생각하면, 이 방법이 가장 적절한 접근법이라고 판단하였다. 모든 인물을 영어 발음의 앵글로식 이름으로 부르지 않는 것이 큰 부담이었지만, 이런 방식은 사례연구에서는 보통 있는 일이다. 그리고 진부한 이야기를 보태거나 채택하지 않으려고 주의를 기울였다. 우리의 실수로 어떤 판에 박힌 상투적인 사례가 남아 있게 되었다면 미리 양해를 구한다.

앞으로 이어지는 몇 개의 장에 실린 사례를 다루기 전에, 다원윤리 패러다임을 적용하여 윤리적 딜레마를 살펴보는 방법에 대해 간략하게 설명한다. 우리는 과정 시작을 위해 개발한, **교복 사례**라고 불리는 딜레마를 활용한다. 처음으로 이 사례에 관해 토의할 때, 우리는 교복으로 인한 법적인 결과를 다루는 정의윤리와 관련 있는 이슈를 제기하였다. 비록 우리가 지도한 학생들은 정의 패러다임과 연관지어 이 개념을 이해하였고, 이 분석을 통해 많은 것을 배웠지만, 만족하지 못하고 실망하였다. 그래서 이 논의 방법이 불완전하다고 생각하였다. 우리와 우리가 지도한 학생들은 직감적으로 돌봄, 비판, 전문직윤리와 관련한 다른 분석을 사용하기 시작하였다. 이 패러다임들은 정의 관점을 보완하는 데 도움을 주었고, 우리는 더 이상 이 사례에 대한 논의를 정의의 관점으로만 한정하지 않았다.

연속된 렌즈를 통해 조망하듯이, 이 과정과 다른 부수적인 유사한 상황을 살펴봄으로써, 다차원적이고 변화무쌍한 방식으로 딜레마를 조망하는 것이 최상이라고 깨닫게 되었다. 그리고 **교복 사례**의 간략한 개요, 이 딜레마에서 제시된 이슈 가운데 몇 가지, 그리고 네 가지 패러다임을 이용하여 분석하기 위한 몇몇 제안이 이어진다. 이것은 이 사례에 대하여 완전한 분석을 할 수 있다는 의미는 아니다. 이 서언의 함의를 이루기 위해 필요다고 느끼는 것 이상의 시간과 장소를 소요하는 노력으로 보다 나은 분석이 가능할 것이다. 다만 우리는 이 사례와 다원적 패러다임을 이용하여 윤리적 딜레마를 숙고하는 방법에 관한 실례를 들어 제시한 접근법만을 사용한다.

교복 사례는 새 테니스 신발을 신고 학교에 온 톰이란 한 슬럼가 10대 소년에 관한 이야기다. 톰은 새로 신고 온 비싼 신발을 아주 자랑스럽게 여겼고 모든 친구들에게 뽐냈다. 톰은 3주 동안 방과 후에 일을 하여 돈을 모아 신발을 샀다고 하였다. 다음 날, 톰이 살해당했다는 소식이 들렸고 학교는 들끓었다. 일주일이 지난 후, 17세인 톰의 학급친구가 톰이 신었던 신발과 똑같은 신발을 신고 있는 것이 목격되었다.

이 살인 사건에 앞서, 이 학교의 교장인 스미스(Smith) 박사는 학생들의 복장 때문에 다소 염려를 하였다. 교장은 학생들이 입을 만한 새 옷이 없다고 불평하는 소리에 진저리를 내었다. 학교에 입고 올 옷 때문에 시간을 보내느라 학생들이 지각하여 골치를 썩였다. 그러나 한 학생이 죽고 나서야 이 문제가 정말로 얼마나 심각한지를 깨달을 수 있었다. 이 끔찍한 상황과 관련된 많은 이슈가 있었지만, 스미스 교장은 학생들이 다른 학생들의 소지품을 부러워하는 문제를, 임시방편의 단순한 해결책으로 빨리 처리하고 싶었다. 교장은 모든 학생들이 교복을 입게 하는 아이디어를 받아들이기로 결정했다.

비록 이 해결 방법은 스미스 교장에게는 간단하고 적절하게 느껴졌겠지만, 우리는 교복이 문제의 해답이라고 결정하기 전에 네 가지 윤리적 패러다임 또는 렌즈를 통해 잠시 여유롭게 이 딜레마를 숙고하기를 바란다. 예를 들어, 만일 스미스 교장이 정의윤리를 사용하여 이 사례를 분석한다면, 학생 복장 규칙에 관한 법, 규칙, 원칙을 면밀히 검토해야 할 것이다. 이를 위해서는 공립학교와 학생의 권리에 관한 법을 고려해야 한다. 스미스 교장은 미국 수정헌법 제1조와 언론의 자유 조항을 살펴볼 필요가 있다. 논란의 여지는 있지만 복장 규정은 상징적인 언론의 자유에 해당된다. 하지만 이런 법이 있다고 해도, 특히 학생들이 꼴사납거나 상스러운 복장을 하거나 어떤 면에서 학습 분위기를 방해한다면, 학생들을 규제할 수도 있다. 그렇다면 정의윤리하에서, 스미스 교장은 다음의 질문을 할 수 있다. "공립학교에서, 학생들은 자신들이 무엇을 입을지 선택할 권리를 갖는가? 이 권리는 어느 정도까지 허용되어야 하고, 복장에 대한 어떤 규제가 있을 수 있겠는가?"

돌봄윤리의 측면에서 살펴보면, 스미스 교장은 학생들의 안전에 관한 관심을 분명히 가지고 있다. 교장은 교복이 평등성을 이루는 장치이며, 친구들의 옷에 대해 느끼는 시샘 때문에 일어날 수 있는 잠재된 위험에서 개개의 학생을 보호할 수 있으리라는 믿음을 갖고 있다. 게다가 학교가 소재한 지역 사정을 인지하여 학생들의 학비에도 신경을 쓴다. 의심의 여지없이 교복을 입으면 학생과 그 가족은 많은 돈을 절약할 수 있다. 이런 점에서, 돌봄과 관심의 렌즈를 이용한 반성과 논의를 위해 교장이 제기할 수 있는 몇 가지 질문은 다음과 같다. "교복이 일종의 평등성의 장치 역할을 하기 때문에 의무적으로 착용해야 하고, 이렇게 하면 학생들의 안전에 도움이 되는가? 의무적으로 교복을 착용하면 브랜드 옷과 반지, 팔찌 등의 장신구를 구입하는 데 지나치게 많은 돈을 지출하는 빈민 지역의 학생들에게 도움이 되는가?"

만일 스미스 교장이 비판윤리에 초점을 두면, 좀 더 폭넓은 성격의 다음과 같은 질문이 제기될 수 있다. "어떤 시스템이 젊은이들로 하여금 옷 때문에 서로 경쟁하게 부추기고, 다른 학생이 입는 옷으로 인해 사람을 죽일 수 있을 정도로 질투를 조장하나? 학생들이 옷이나 장신구류를 구입하는 데 돈과 노력을 소비하기보다는 공부에 초점을 맞출 수 있도록 이 시스템을 개선할 수 있는가?"

마지막으로, 만일 스미스 교장이 전문직윤리 패러다임에 주목한다면, 교장은 이 모든 문제를 숙고하여, 만일 불일치하는 충돌의 측면이 있다면 결정을 위해 이 문제들이 안고 있는 한계를 넘어설 수도 있다. 이를 성취하기 위해, 교장은 다음의 질문을 할 수 있다. "전문직 종사자로서 교장은 무엇을 해야 하는가? 교장의 개인 및 전문직윤리강령에 따른다면, 무엇을 해야 하나? 학교와 지역공동체는 교장이 어떻게 결정하도록 기대하나?" 전문직 패러다임을 마음에 새기면서, 교장은 이러한 핵심 질문을 할 수도 있다. "학생을 위한 최선의 이익을 위해서 교복을 의무적으로 착용하도록 요구하는 것인가?"

따라서 처음에는 혼란스러운 문제를 간단하게 해결하는 방법으로 보인 것이 아주 다르고 훨씬 더 복잡하게 된다. 네 가지 다른 윤리 패러다임을 사용한 이러한 형태의 질문을 통해 스미스 교장이 교복에 관한 심층적이고 상세한 지식과 민감성을 갖추게 되기를 바란다. 비록 교장이 본래 의도했던 것보다 결정하는 데 더 많은 시간이 걸릴 수 있지만, 교장이 사용한 다른 관점, 그리고 그가 탐구한 각양각색의 여러 질문 덕에 교장은 의심할 여지없이 현명하고 충분한 지식을 바탕으로 결정을 내릴 수 있게 되었다.

이제 첫 번째 패러독스, 그리고 학교교육과 관련하여 대립되는 몇 가지를 보여주는 사례를 담고 있는 제3장으로 넘어간다. 이 패러독스는 개인의 권리 대 공동체의 규범에 초점을 맞춘다.

제3장
개인의 권리 대 공동체의 규범

이 장에서는 공동체 규범에 초점을 맞춘 딜레마를 제시하였다. 이런 사례에서 공동체의 규범은 개인의 권리와 자주 충돌한다. 이 장에 소개된 딜레마를 읽고 논의하는 데 있어, 우리는 독자들이 인구학적 변화를 겪고 있는 공동체에 대한 새로운 관점을 갖고 문제해결에 임하기를 기대한다.

미국 사회가 당면하는 패러독스 가운데 하나는 '개인의 권리 대 공동체의 규범'이다. 이 이분법은 독특하고, 독립적이고, 강한 자기정체성을 갖고 싶어 하는 개인의 욕구에서 나왔다. 하지만 동시에 사람들은 인간적이고 상징적인 끈끈한 관계를 발전시켜서 상호의존성을 얻고자 한다(Purpel, 1989, 2004). 이러한 집단정체성이 필요하면 공동체의 정체성이 개발되고 궁극적으로는 공동체 규범이 만들어진다. 하지만 공동체 규범이 개인의 권리와 갈등을 빚을 때 도덕적 딜레마가 발생한다. 개인의 권리와 공동체 규범 사이의 균형이라는 문제는 미합중국 건국 시대부터 계속 논쟁을 불러일으켜 왔으며, 미국의 학생 교육은 늘 이 논쟁의 불꽃에 기름을 부어 왔다. 학생과 밀접한 교사가 지니는 '신뢰와 책임의 특별한 위치'는 이 상황을 독특하게 만든다(DeMitchell, 1993: 217). 이 패러독스는 특히 공립학교 환경에서 나타나기 때문에 교육 리더는 이에 대해 자연스러운 완충장치의 역할을 한다. 엄밀하게 말하면 다른 공동체의 윤리적 토대에 기초하여 교사를 학생의 역할모델로 바라보는 관점은 개인의 권리에 대한 원칙과 뚜렷한 대조를 이룬다. 논쟁의 중심에서 일하는 교육 리더는 공동체와 개인의 권리 사이의 긴장을 빈번하게 겪어야 한다. 보통학교(common school)[1]에서 벗어난 학교체제와 교수 전문직(profession of teaching)의 편제로 이동한 이후부터, 행정가들은 교사 개인의 권리와 공동체의 윤리 사이의 균형을 잡아야만 했다.

미국의 초기 학교 교육에서는 교사의 행위가 대중적 관심을 끄는 사안이었다는 것이 특기할 만하다(Tyack, 1974). 19세기 전반부에 학교는 지역공동체의 통제를 받았다(DeMitchell, 1993). 따라서 지역공동체 구성원의 규칙, 규정, 간섭이 교사 생활의 세세한 부분까지 영향을 미치게 되었다. 결혼 여부, 복장, 주거형태와 같은 문제가 직접적인 채용 조건인 경우가 흔했다(Apple, 1986; Hoffman, 1981; Tyack, 1974). 하지만 1850년 이후 개혁가들이 관료화된 학교체제의 구축을 위한 노력을 시작하면서, '전문직주의의 등장'이 지역공동체의 통제와 균형을 이루기 시작했다(DeMitchell, 1993: 217). 여전히 학교 밖에서 이루어지는 교사의 생활은 지역공동체의 감독과 통제를 받았지만, 전문직주의의 등장은 지역공동체의 교사에 대한 통제를 완화시켰다. 역할모델로서의 교사상은 사적인 개인으로서의 교사의 모습과 결합하기 시작했다.

다음의 내용은 1993년 펜실베이니아 대법원 재판 과정에서 있었던

---

1) 역주: 보통학교는 19세기 미국과 영국의 공립학교다. 'common school'이란 용어는 사회계층과 종교에 상관없이 모두가 다니는 학교라는 의미에서 호레이스 만(Horace Mann)이 처음 사용하였다.

발언이다.

> 부도덕은 본질적으로 성 도덕의 일탈로 한정되지 않는다. 이는 지역공동체의 도덕성을 훼손하는 행동방식일 수도 있고, 청소년의 이상을 강화하고 향상시켜야 하는 교사가 청소년들에게 나쁜 본보기를 보여 주는 사례일 수도 있다. …… 비록 교사라는 직업을 선택함으로써 다른 직업에 종사하는 사람이 누릴 수 있는 행동의 자유를 누리지 못한다 하더라도 지역공동체의 존중과 호의를 불러일으키는 방식으로 행동하는 것이 교사의 의무라고 인정되고 있다(DeMitchell, 1993: 221).

지역공동체의 직접적인 통제에서 벗어나긴 했지만, 1960년대와 1970년대에 이르러서야 비로소 교사 개인의 자유를 좀 더 확대하려는 중요한 움직임이 있었다. 하지만 여러 경우에서, 지역공동체의 가치와 기대를 바탕으로 하는 교사 선발과 유치가 지속되었다. 20세기 전반부에 들어서도, 여러 지역공동체에서 학교 밖 행동을 이유로 교사가 해고되었다(McBroom v. Board of Education, 1986).

지역공동체의 통제와 개인의 권리 사이의 패러독스는 여전히 존재한다. 하지만 지역공동체가 교사 개인의 사생활을 감독하는 상황에서 벗어나고자 하는 강력한 움직임이 있었다. 법조계가 교사의 행동을 바라보는 시각과 더불어, 많은 학교 리더와 교육위원회는 교사의 행동과 학생에게 미치는 역효과 사이의 직접적인 관계를 찾았다(Morrison v. Board of Education, 1969).

여러 소송 사례에서 모범적인 본보기로서의 교사와 개인 시민으로서의 교사 사이의 논쟁을 둘러싼 이슈를 다루고 있지만, 행정가에게도 고유한 역할이 있다. 행정가는 교사를 역할모델로 바라보는 지역공동체의 시각과 전문직으로서의 교사에 대한 생각 사이에 균형을 잡는 데 필요한 기준을 객관화하기 위한 조치를 빈번하게 취해야 한다. 이 장에서는 개개인의 권리와 개인의 자유를 지역공동체의 규범과 대비하여 나란히 다룬다. 다음과 같은 중요한 질문을 제기할 수 있다. "절대적 또는 고정된 가치와 도덕 기준이 있는가? 목적이 수단을 정당화하는가?" 이러한 질문을 고려하여, 이 제3장에서는 서로 다른 공동체의 변화하는 윤리적 측면에 대하여 검토한다.

이 장에서는 성인 판타지 센터,[2] 인공수정, 『아빠의 룸메이트』에 관한 문제, 곤경에 처한 학교의 네 가지 윤리적 딜레마를 살펴본다.

사례연구 3.1 '성인 판타지 센터' 에서는, 야간에 부업으로 성인용품점 매니저 일을 하다가 발각되어 해고의 위험에 빠진 남자 교사의 이야기를 다룬다. 지역공동체의 부모들은 교사가 야간에 다른 일을 하는 것을 용납하지 않는다는 것을 교장은 알고 있다.

사례연구 3.2 '인공수정' 에서는, 30대 후반의 미혼 여성 교사가 교육청의 인사담당관인 친구에게 자신은 인공수정을 원한다고 털어놓았다. 주민 대부분이 기독교 근본주의 신앙을 가진 이 작은 시골 지역공동체에서, 인사담당관은 지역공동체의 반응뿐만 아니라 교사에 대한 인사 문제로 고민을 한다.

사례연구 3.3 '『아빠의 룸메이트』에 관한 문제' 에서는, 지역공동체의 가치 때문에 어려움을 겪는 상황에 초점을 맞추었다. 이 사례는 성지향성과 그 밖의 민감한 이슈를 다루고 있다. 어느 고등학교에서 선정한 아동 도서에 관해 한 부모가 불만을 드러낸다. 초반에 이 책은 금지 도서

2) 역주: 음란 성인물을 판매하거나 외설적인 공연을 하는 장소.

가 되지만, 이것은 문제의 결말이 아니었다. 이 딜레마에서 이러한 질문을 할 수 있을지 모른다. "동일 지역공동체 및 동일 학교공동체 내에 가치에 대한 관점이 일치하는지가 중요한 문제인가?"

사례연구 3.4 '곤경에 처한 학교'에서는, 학교에서 일어난 폭력이 동반된 괴롭힘과 학교 보안원에 초점을 맞춘다. 이 사례는 어느 교육감의 희망과 대조되는 어린 학생의 목소리를 담고 있으며, 학생이 다니는 학교와 교육구의 행정이라는 두 공동체가 관련되어 있다. 학생의 목소리가 중요한가, 아니면 교육감이 최종적 결론을 내려야 하는가?

이상의 모든 사례에서, 교육행정가는 다음의 질문을 하며 개인에 유리한 관점과 공동체에 유리한 관점 양면에서 딜레마를 살펴야 한다: 공동체의 규범이 개인의 권리와 자유보다 우선할 때는 언제인가? 지역공동체는 다른 일반 시민보다 더 높은 윤리적 수준을 교육자들에게 요구할 권리가 있는가? 지역공동체가 학교 피고용인 개인의 자유에 관한 문제까지 관여해야 하는가? 이러한 일련의 질문은 이 장에 나오는 사례연구의 핵심이다.

사례연구 3.1 성인 판타지 센터

안젤라 디나도(Angela DiNardo) 박사는 기진맥진했다. 금요일 오후는 월요일로 넘겨서는 도저히 안 될 시급한 일로 늘 분주했다. 매디슨(Madion) 고등학교 교감으로 재직한 3년 동안 5시 전에 퇴근을 한 때가 언제인지 거의 기억할 수 없었다. 디나도 교감은 서류 가방에 넣을 과제 폴더를 찾았다. 이날 오후에는 4시경에 퇴근할 생각이었다. 비서가 타자로 친 수업관찰보고서(observation report)를 결재받기 위해 들어오면서 교감의 계획은 어긋났다.

특별히 이 관찰보고서는 테드 트레슬러(Ted Tressler) 선생이 가르치는 수업을 설명하고 평가하는 것이기 때문에 디나도 교감이 즐겨 살펴보는 것이었다. 트레슬러 선생은 노련한 전문직 종사자가 될 자질을 갖춘 것처럼 보였다. 이 교사가 가르치는 학생들은 선생을 존경하였고 수업에 적극적으로 참여하였다. 선생은 보건과 체육 시간에 혁신적인 교수 방법을 지속적으로 소개하였다. 교실에서 지도한 적용 개념은 현실 상황에 전이되어 학생들이 보건 시간에 잘할 수 있도록 자극하였다. 트레슬러 보건선생은 학생들의 학습효과 향상을 위해 그가 맡은 부서와 합심하여 교수 스타일을 개선하도록 이끌었다. 트레슬러 선생이 지도하는 학생 가운데 몇몇은 수업 종료를 알리는 종소리가 달갑지 않을 정도였다. 이는 그들의 얼굴에 나타난 아쉬운 표정과 학생 가운데 몇몇이 개인교수를 받을 추가적인 시간을 잡기 위해 트레슬러 선생의 사무실을 찾아오는 것으로 보아 분명한 사실이었다. 아주 흥미로운 사실은 이들 학생 가운데 대부분은 여학생이었다는 점이다.

트레슬러 선생이 매디슨 고등학교에 있는 5년 동안 교육구에서 수차례 찾아와 시즌 내내 여러 팀을 지도해 달라고 요청했다. 디나도 교감은 왜 그가 이런 제의를 거절하는지 늘 궁금하였다. 만일 그가 다음 단계인 체육 담당 장학관으로 지원한다면 유리하게 작용할 수 있는 자리였다. 교감은 평소 동료 교직원에게 조언을 꼭 해 주고 싶었으나, 코치직을 마다하는 트레슬러 선생에게 이야기를 건네지는 못했다. 교감은 트레슬러 선생이 부양가족에 대한 책임 또는 튜터링 세션(tutoring session)[3] 때문에 코치직을 맡을 시간을 내지 못한다고 추측하였다. 교

3) 역주: 개인이나 소그룹 과외 형태의 지도.

감은 이것이 유감스럽고 잘못된 선택이라고 생각하였다.

시계는 4시 5분을 가리키고 있었다. 상사가 4시 정각에 퇴근하기를 바랐을 비서는 관찰보고서를 복사할 단 1분의 시간조차 기다리고 싶지 않다는 것을 교감은 알고 있다. 개선 사항에 대해 자신의 제안을 다시 살펴보며, 디나도 교감은 자신이 관찰한 수업 끝 무렵에 있었던 사소한 일을 상기하였다. 한 여학생이 트레슬러 선생에게 교육과정과 관련하여 이치에 맞는 질문을 하였다. 선생이 즉각 반응하며, 거의 성희롱으로 해석될 수 있는 불필요한 칭찬을 덧붙였다. 수업은 시간이 가는 줄도 모를 정도로 빠르게 진행되었다. 트레슬러 선생의 수업 운영이 능숙했기 때문에, 그 당시 이 장면이 이 선생의 본성을 의미 있게 반영한다고 느꼈음에도, 문서 형식으로 이 부분을 언급한다는 생각을 까마득히 잊고 있었다. 이 보고서는 훌륭한 판단을 담고 있어서 교육감도 인정해 주리라 생각하였다. 교감은 거의 망설이지 않고 서명을 하여 비서에게 건네주었다. 오, 행복한 금요일!

디나도 교감은 직장생활과 휴식시간의 균형을 맞춰 생활하고자 늘 주말 계획을 세우는 데 신경을 썼다. 오늘밤은 오랜 고등학교 친구를 위한 마흔 번째 생일 파티가 있어 기뻤다. 디나도 교감과 그녀의 남편은 친구 집에 방문하려면 그 친구의 예상되는 '중년의 위기'를 극복하는 데 도움이 되는 '우스꽝스러운' 선물을 가져와야 한다는 말을 들은 적이 있었다. 그래서 오늘은 장난기가 넘친 파티가 되리라 생각했다.

이 파티는 깜짝 파티였고 저녁 7시 정각에 시작될 예정이었다. 디나도 교감의 남편은 출장으로 멀리 가 있고, 파티가 열리기 직전까지는 돌아오기 힘든 상황이었다. 그래서 깜짝 파티 선물을 준비하는 일은 디나도 교감의 몫이었다. 선물을 구입하고, 샤워하고, 옷을 갈아입을 시간이 2시간도 채 되지 않았다. 우스꽝스러운 선물을 재빠르게 사기 위해 어디로 가야 하나? 바로 그때, 디나도 교감의 머리에 성인용품점이 스쳐갔다. '성인용품점이면 어때' 하고 생각했다. 그런 곳에 있는 아주 까무러칠 듯 재미있는 물건이면 효과만점일 것이라고 생각했다. 그녀의 친구는 아주 엉뚱한 물건에 배꼽을 잡곤 했다.

그 성인용품점은 많은 사람들이 저속하고 음란하다고 여기는 시설물이었고, 고소득층인 매디슨 지역공동체에 살고 있는 사람들에게는 눈엣가시로 여겨졌다. 이 상점은 지저분한 버로우(borough)[4]와 매디슨의 부유한 타운십(township)[5] 사이의 경계를 바로 가로질러 자리 잡고 있었다. 사실 처음 이 상점이 문을 열었을 때, 겉으로는 합법을 가장하면서 붉은 벨벳 커튼(red velvet curtain)[6] 뒤쪽에서는 불법을 저지르고, 몇몇 광고에 나온 에스코트 서비스(escort service)[7]가 매춘 고리의 실제 은폐물이 되지 않을까 두려워 주민들은 개업을 반대하는 데 모든 노력을 다했다. 하지만 그 상점이 그들 경계 내에 있지 않고 불법이 저질러지지 않았기 때문에 이들의 노력은 성공하지 못했다. 디나도 교감은 여유를 부릴 시간이 없었다. 아는 사람과 마주치지 않으리라 생각하며 쇼핑탐험원정(shopping expedition)[8]을 시작하였다.

트레슬러 선생은 그날 저녁 일하러 가기에는 30분쯤 늦었다는 것을 알았다. 금요일 저녁은 늘 바빴다. 스티브(Steve)가 이해해 줘야 할 텐

---

4) 역주: 미국의 자치읍면. county에 해당된다.

5) 역주: county의 일부로서 군 · 구.

6) 역주: 사창가의 분위기를 나타내는 상징 가운데 하나로 여기에서는 매춘을 비유하여 사용되었다.

7) 역주: escort service나 escort agency는 윤락행위를 알선하는 업체.

8) 역주: 디나도 교감에게는 부여받은 임무를 완수해야 하는 매우 모험적인 일이라는 의미에서 저자가 이런 표현을 쓴 것이다.

데. 수요일 저녁에 트레슬러 선생은 가게 문을 새벽 2시에 닫았다. 다음 날 목요일 근무는 온종일 힘들었지만 어쨌든 지나갔다. '성인용품 사업'이 얼마나 돈벌이가 잘되는 사업이 될지 누가 알았겠는가? 트레슬러 선생은 한숨을 내쉬었다. 그는 처음에는 단지 익명의 동업자로 비즈니스 벤처(business venture)[9]를 하고자 하는 친구 스티브를 재정적으로 도와주기 위해 시작하였다. 스티브는 오랜 대학 룸메이트인 친구의 도움이 절실했다. 결국 스티브가 주장한 만큼 많은 돈을 벌 수만 있다면 할머니에게 받은 유산을 투자하지 않을 수 있겠는가?

트레슬러 선생의 아내는 사업이 저절로 잘 굴러가 수익이 쌓여 가자 기뻐 놀랐다. 아이 셋이 대학을 마칠 때까지 교육시키려면 아주 많은 돈이 필요했다. 성인용품점은 이웃한 지역공동체의 강력한 반대에도 불구하고 최근 성업을 이루고 있다. 다행히도, 매디슨 고등학교나 교육구의 어느 누구도 트레슬러 선생이 하는 이 사업을 알지 못했다. 트레슬러 선생의 관점으로는 이 사업이 합법적이기 때문에 감출 것이 없다고 생각했지만, 보수적인 지역민은 성인용품점의 동업자를 천박하게 여길 수 있기 때문에 대외적으로 나서지는 않았다.

트레슬러 선생은 주차장으로 들어서면서 생각을 멈추었다. 주차할 곳이 있어 다행이었다. 가게에 들어서자 어제 오후에 도착한 새 시디-롬(CD-ROM)이 진열되지 않고 상자에 그대로 있는 게 눈에 들어왔다. 지난주에 채용한 신입 사원에게 더 나은 판단을 하도록 지시해야만 했다. 직무 책임을 강조하여 필요한 권한을 부여하는 매디슨 고등학교에서의 방침이 시행될 수 있을지를 궁금해하며 속으로 웃었다. 신입 직원은 4년 전 매디슨 고등학교를 졸업했다.

9) 역주: 경영의 위험성은 매우 크지만 성공하면 큰 수익이 기대되는 신규사업.

상점의 나머지 부분은 다음 주 영업을 할 준비를 갖춘 듯 보였다. 비디오는 제자리에 있었고, 다른 자잘한 용품들은 새로 채워져 있었다. 트레슬러 선생은 한 주 내내 보이지 않는 스티브를 찾아보기로 하였다. 트레슬러 선생은 스티브가 보이지 않는 것이 앞으로 일어날 일에 대한 암시가 아니길 기대했다. 이 사업의 초기 단계부터, 스티브와 트레슬러 선생은 동업자임을 분명히 했지만, 트레슬러 선생은 자신이 해야 할 몫보다 더 많은 일을 한다고 생각했다.

"단지 1분이면 되겠지."라고 디나도 교감은 중얼거렸다. 그녀가 가게로 들어가자, 주위의 다른 손님들을 힐끔 돌아보고 나서 물건을 보았다. 선물 코너가 따로 마련되어 있지 않아서 무수히 많아 보이는 성인용품을 하나하나 살피기 시작했다. 가능한 한 신속하게 임무를 마치기 위한 일념으로 쇼핑을 하느라 가게 뒤쪽에서 크게 다투는 소리를 거의 듣지 못했다. 그러다 결국 물건을 고르던 디나도 교감은 소리 나는 쪽으로 고개를 돌려 바라보았는데, 붉은 벨벳 커튼 사이로 테드 트레슬러 선생을 보게 되었다. 그도 분명 디나도 교감을 알아보았다. 둘 다 아주 당황했다. 디나도 교감은 고른 물건을 도로 선반에 놓으면서 "안녕하세요, 트레슬러 선생님. 여기서 뭐하는 거죠?"라고 말했다.

토의할 문제

1. 교사는 청소년의 역할모델인가? 자신이 가르치는 학생의 역할모델인가? 왜 그런가? 아니면 왜 그렇지 않은가? 만일 교사가 역할모델이라면, 교사가 성인용품점 동업자의 자리를 수용할 수 있는가? 교사의 부업이 다른 모든 사람이 관심을 가질 만한 일인가?

2. 만일 공동체가 트레슬러 선생의 부업을 알게 된다면, 이 부업이 교실에서 그가 하고 있는 일에 영향을 미친다고 생각하겠는가? 만일 학생들이 트레슬러 선생이 다른 부업을 한다는 사실을 알게 된다면, 선생을 다르게 생각하거나 전혀 새롭게 볼 것인가?

3. 디나도 교감이 트레슬러 선생의 부업 사실에 관해 알았을 때, 그가 해야 할 역할은 무엇인가? 디나도 교감이 성인용품점에서 쇼핑한 사실을 징계권자가 밝혀낸다면, 교감은 성인용품 쇼핑과 관련한 자신의 행동을 어떻게 설명할 수 있겠는가? 교감의 행동은 지역공동체에서 그녀의 위치에 어떤 영향을 미칠 수 있겠는가? 행정가는 교사가 받는 같은 종류의 조사를 면제받는가?

4. 트레슬러 선생에게 대학에 보낼 자녀가 있다는 사실이 그의 결정에 대한 도덕성에 영향을 미치는가? 만일 트레슬러 선생이 성인용품점에서 일하는 것이 가족을 부양할 만큼 충분한 돈을 벌 유일한 방법이라면, 여러분의 답변이 달라지겠는가? 그의 자녀를 교육시키기 위해서라면?

5. 디나도 교감은 무엇을 어떻게 해야 하나? 학생을 위한 최선의 이익은 무엇이겠는가? 만일 교감이 남성이라면 여러분은 다르게 판단할 것인가? 만일 트레슬러 선생이 여성이라면?

사례연구 3.2 인공수정

샐리 파비안(Sally Fabian) 선생은 10년 경력의 유능한 고등학교 미술 교사다. 파비안 선생은 학교응원단의 지도교사이며 여러 학교의 교육과정위원회 위원으로 자원봉사하는 데 시간을 할애하고 있다. 이 선생은 독신이다. 지난해에 그녀가 인공수정을 하고 싶다며 교육구의 인사 담당관과 함께 이야기를 나누었다. 그녀의 목적은 미혼모로서 자신의 아이를 낳아 키우며 부모 역할을 하는 것이다.

몇 년 동안 미혼모에 관해 생각한 끝에, 파비안 선생은 필요한 상담 과정을 마쳤다. 비록 어떤 한 남자와 진지하게 사귀지는 않지만, 노스(North) 고등학교의 교사로서 재직하는 10년 동안 데이트도 하였다. 파비안 선생은 뉴욕에서 자랐다. 파비안 선생은 노스 고등학교에서 30분쯤 떨어진 곳에 자리 잡은 조그만 시골 대학에 다니기로 결정했다. 고등학교 동료 선생의 충고뿐만 아니라 이 학교의 뛰어난 학문적 평판 때문에 이 학교를 선택했다. 파비안 선생은 이 교육구의 주민이었다. 사실 그녀는 최근에 고등학교 바로 건너에 있는 집을 구입했다.

파비안 선생의 정치적 견해는 중도주의로 분류될 수 있다. 그녀는 당파에 구애받지 않는 유권자로 알려져 있다. 대학 시절에는 예비 임산부 교실에서 인턴 경험을 한 적도 있다. 교육구가 속한 지역공동체는 적극적으로 정치적인 영향력을 발휘하고, 교육문제를 대단히 중요시하는 기독교 근본주의 집단으로 인구는 많지 않지만 일치단결이 잘되고 보수적이다. 전반적으로 이 지역공동체는 약간이나마 민족적 자취와 인종적 다양성의 모습이 함께하는 부유한 게르만 민족의 전통을 갖고 있다.

지역공동체의 구성이 민족적, 인종적으로 좀 더 다양해지면서, 이 마을에서 오래 거주한 주민이 그 밖의 주민을 주류로 인정하기를 거부하고 편파적이라는 비난이 조금씩 일고 있다. 지역공동체의 다양성이 증대한 데는 저소득자용 주택이 많은 지역으로의 이사를 권하는 대도시의 광고 증가가 한몫을 하였다. 이는 상당한 금전적 이득을 추구하는 지역의 여러 사업가들이 하는 일종의 벤처사업이다.

지난 해에 지역 규모가 커지고 급격히 변화하면서, 지역민의 다양한 요구를 충족시키기 위해, 교육위원회는 직제 개편을 하여 인사 및 지역공동체 관계 담당관직을 신설하였다. 존 에드워즈(John Edwards)가 이 자리의 적임자로서 선발되었다. 에드워즈 담당관의 교직 경력은 사회과목을 가르쳤던 대도시 고등학교 정교사 경험이 대부분이었고, 이 새 직위에 임명되기 직전에는 노스 고등학교 교장이었는데, 이곳에서 학생들과, 교사, 지역공동체와 함께 효과적으로 학교를 이끈 리더로 인정받았다.

에드워즈 담당관은 모든 이해당사자들이 학교의 변화과정에 기여할 수 있다고 믿었다. 교장으로서 에드워즈는 변화과정에 참여할 이해당사자로 지지자 그룹을 만들었다. 지역공동체는 그를 존경했고, 지역공동체의 가치에 부합하는 방식으로 업무를 처리했다. 결과적으로 변화는 예상 가능하고 합리적인 방법으로 이루어졌다.

에드워즈 담당관은 샐리 파비안 선생과 가깝게 지내며 그녀의 꿈을 알게 되었지만, 이것을 진짜로 실행에 옮길지에 대해서는 반신반의하였다. 그런데 오늘 파비안 선생이 '희소식'을 전하기 위해 에드워즈 담당관의 사무실을 찾아왔다. 그녀는 수술 계획을 진행하기로 결심했다. 에드워즈 담당관은 이 민감한 사항을 어떻게 처리해야 할지 난감한 처지에 빠졌다. 교육구의 교육 리더로서 그는 증가하는 십대 임신, 특히 노스 고등학교의 상황에 관심을 갖고 있다. 그럼에도 불구하고 학교 밖에서 이루어지는 교직원의 사생활은 보장되어야 하고, 개인 시간에 하는 일이 다른 이들에게 피해를 주지 않는다면 그 누구도 참견해서는 안된다고 믿는다.

에드워즈 담당관은 만일 파비안 선생이 계획을 감행한다면 지역공동체가 격분하리라고 염려한다. 더욱이, 파비안 선생이 추구하는 바를 막기 위해 아무런 일도 하지 않았다는 사실이 알려지는 경우에 자신의 입지마저 흔들리게 될 것이 걱정되었다. 에드워즈 담당관은 다음의 질문에 대한 답을 찾아야만 한다. "만일 그럴 수 있는 권한이 있다면, 파비안 선생과 이 이슈에 관해 논의를 해야 하는가, 하지 말아야 하는가?" 더욱이 "만일 그가 염려하는 바를 파비안 선생과 논의한다면, 의견을 교환하는 논의가 되어야 하는가? 아니면 계획을 실천에 옮기지 않도록 요구해야 하는가?" 게다가, 둘 다 매우 보수적인 견해를 가진 "교육감과 노스 고등학교 신임 교장에게 알릴 의무가 있는가?"

토의할 문제

1. 에드워즈 담당관은 파비안 선생이 미혼모로서 아이를 가질 결심을 조정할 권한이 있는가? 만일 그렇다면, 그가 취할 수 있는 가능한 문제해결 방법은 무엇인가? 최선의 대처 방향과 방법은 무엇인가?

2. 지역공동체는 아이를 낳으려고 하는 파비안 선생의 결정을 문제 삼을 권한이 있는가? 만일 파비안 선생이 계획을 실천한다면 해고될 수 있다고 말할 권한을 지역공동체는 갖고 있는가? 이 경우 누가 지역공동체를 대표하는가? 교육구? 학교? 아니면 누구? 이들이 모두 한목소리를 내고 있다고 생각하는가?

3. 파비안 선생이 단지 혼인하지 않고 아이를 낳는다고 형편없는 교사가 되는가?

4. 학교가 파비안 선생에게 사생활에 관한 이야기를 하도록 요구하지 않는 경우, 그녀의 행동으로 학생들이 영향받을 수 있는 어떤 이유가 있는가? 그녀가 가르치는 학생들에게 좋지 않은 본보기가 되는가? 왜 그런가? 혹은 왜 그렇지 않은가? 그녀가 성인이고 학생들은 미성년인 점

이 중요한가? 자연 임신과 인공수정으로 아이를 낳으려는 것 사이에 차이가 있나? 만일 파비안 선생이 어떤 남자와 오랜 동거 생활을 하고 임신하고자 한다면 이 상황을 다르게 바라볼 것인가? 만일 아이의 아버지가 누구인지 모르나 일반적인 방법으로 임신을 한다면?

사례연구 3.3 『아빠의 룸메이트』에 관한 문제

직장 일이 수월하다고 말할 수는 없겠지만, 누구라도 부정적인 일보다는 긍정적인 일이 많이 생기기를 기대한다. 하지만 오늘 있었던 일은 이에 해당되지 않아 보인다.

전직 영어교사였던 웨지우드(Wedgewood) 고등학교 메리 에번스(Mary Evans) 교장은 아마도 계속 교사를 했더라면 더 편했을 수도 있다고 느꼈다. 메리 에번스 교장은 하워드 브릴(Haward Brill) 신임 교감의 최근 조치에 관한 간략한 보고를 방금 받았다. 브릴 교감의 조치는 단단히 화가 난 로버트 프레스(Mr. Robert Press)라는 학부모가 제기한 문제로 인해 촉발되었다.

특수교육 대상 아동의 학부모인 프레스 씨는 교실에서 선생이 말한 '쓰레기 같은 동성애자 이야기'에 자기 아들이 노출되어 있다고 몹시 화를 냈다. 프레스 씨는 아들로부터 다른 영어 수업시간에 『아빠의 룸메이트』란 아동도서를 읽고 있다는 소식을 들었다며 민원을 제기했다. 동성애를 미화하여 조장한다는 비판을 받고 있던 이 책은 동성애 때문에 이혼한 아버지의 새로운 남자 친구와 함께 살게 된 아이의 이야기를 담고 있다. 교감은 프레스 씨에게 상황을 철저히 파악해서 바로잡겠다고 약속했다. 브릴 교감은 위층에 있는 영어과 교무실에 인터폰으로 연락하여 과장에게 무슨 일이 있었는지를 보고하라고 말했다.

영어과 과장은 교감에게, 교육구에서 뛰어나다는 평가를 받아 고학년을 담당하고 있는 15년 경력의 영어 선생 엘리자베스 베넷(Elizabeth Bennett)이 학생들에게 소수집단과 이들에 대한 편견을 다루는 단원을 지도할 계획이었다고 말했다. 검열은 이 단원의 추가적인 주제였다. 그녀가 가르치는 학급의 학생들이 편견과 검열을 경험하는 많은 소수집단이 있다는 사실을 알게 해 주기 위해, 베넷 선생은 『안네의 일기(*The Diary of Anne Frank*)』 『동물농장(*Animal Farm*)』 『신의 법정(*Inherit the Wind*)』[10] 『꼬마 블랙 삼보(*Little Black Sambo*)』[11]와 『아빠의 룸메이트(*Daddy's Roommate*)』와 같은 다양한 문학 작품을 선정하였다. 학생들 각자는 이 책들 중 대부분을 갖고 있었지만, 『꼬마 블랙 삼보』와 『아빠의 룸메이트』 두 권은 갖고 있지 않았다. 이 책들은 수업 중에 토론을 위해 제시되었다.

바로 그날 일어난 일은 베넷 선생으로서는 아주 힘든 문제였다. 동료 교사들에게 인정받지 못하는 다른 영어교사인 배실 하워드(Basil Howard) 선생은 베넷 선생의 책상 위에 있는 『아빠의 룸메이트』를 보고 집어 들었다. 하워드 선생은 그런 책이 왜 고학년 영어 수업에 활용되었는지 이유도 묻지 않고서, 화를 내며 자기 반으로 가 학생들에게 그 책을 건네면서 책의 내용에 대해 비꼬며 혹평했다. 목소리가 커지

---

10) 역주: 제롬 로렌스(Jerome Lawrence)와 로버트 에드윈 리(Robert Edwin Lee)가 대본을 쓴 연극. 영화로 상영되기도 했다. 학교에서 진화론 교육을 금지하는 법제정에 맞서 소송을 벌이는 고등학교 교사의 이야기를 담고 있다.

11) 역주: 영국의 동화 작가 헬렌 배너먼이 1899년에 발표한 그림동화. 영국 식민지였던 인도의 흑인 꼬마가 주인공이며, 일부 내용이 '인종차별적'이어서 아동이 읽기에는 맞지 않다는 이유로 30여 년 동안 논란이 있었다. 'sambo'는 흑인을 경멸해 부르는 말이다.

면서, 우연히 지나가던 특수교육교사인 폴 젠킨스(Paul Jenkins) 선생이 이 책에 대한 혹평에 가담하였다. 젠킨스 선생은 자신의 특수교육 수업에 책을 가져가 비우호적인 논평을 덧붙여 소개했다. 이런 과정을 거쳐 분노로 가득 찬 민원 전화가 교감에게 걸려오게 된 것이다.

교육구는 학부모들의 민원을 매우 심각하게 받아들이곤 하였다. 지난 사례로 보면 학부모들의 바람대로 일처리가 이루어졌다. 따라서 신임 브릴 교감은 교육과정에서 『꼬마 블랙 삼보』와 『아빠의 룸메이트』를 금지하면서 적절한 조치를 취했다고 생각했다. 하지만 베넷 선생의 격렬한 반응에 대해서는 거의 준비를 하지 못했다. 베넷 선생은 곧장 교장에게 가서 브릴 교감이 학문의 자유를 침해하였다고 진술하며 문제의 그 책을 원상회복시키는 조치를 하라고 요구했다.

에번스 교장은 이 일이 더 이상 번지기 전에 신속하게 조치할 필요가 있음을 깨달았다. 교장은 또한 모든 관련 당사자들에게 공정한 일처리가 되어야 한다고 생각하였다. 일을 더 복잡하게 만든 것은, 에번스 교장이 검열에 관해 매우 강한 양심의 가책을 느끼고 있었다는 점이었다. 교장은 이제 이러한 양심의 가책을 무시할 수 없었다.

토의할 문제

1. 메리 에번스 교장의 결정으로 어떤 사람이 영향을 받을 것인가? 이 사람들 각각은 어떻게 처리되기를 바라는가? 관련된 모든 이들에게 타당하고 공정한 문제해결책은 있는가? 만일 있다면, 무엇인가?

2. 학생에게 편견과 검열에 관해 가르치는 일이 중요한가? 왜 중요한가? 베넷 선생이 이 이슈를 제시한 방법에 도덕적으로 어떤 잘못이 있는

가? 왜 그런가? 혹은 왜 그렇지 않은가? 책 검열에 관한 에번스 교장의 결정이 도덕적 결정인가? 왜 그런가? 왜 그렇지 않은가?

3. 검열에 관해 여러분은 개인적으로 어떻게 생각하나? 학교 환경에 적용되면 여러분의 양심의 가책이 달라지나? 왜 그런가? 혹은 왜 그렇지 않은가? 학교에서 일하는 사람은 학생에게 각양각색의 아이디어를 접하게 할 의무가 있는가? 어떤 이슈에 관해서는 알지 못하게 보호해야 하는가? 여러분의 답을 설명하시오.

4. 여러분이 만일 에번스 교장의 입장이라면, 무엇을 어떻게 하겠는가? 만일 이슈가 성 또는 성지향성을 다루기보다는 순전히 정치적인 것이라면 여러분의 결정이 달라지는가?

사례연구 3.4 곤경에 처한 학교

리키 존슨(Ricky Johnson)은 학교에서 약한 아이를 괴롭히는 왈패 학생으로 잘 알려져 있다. 싸우기 좋아하고 심술궂게 행동하는 이 학생으로 인해 학년 내내 여러 명의 학생들이 고통을 겪었다. 리키는 겨우 1학년인데 친구들과 학교공동체에서 그를 모르는 사람이 거의 없다.

문제가 발생한 날 점심시간에, 리키는 학급 친구 모두와 힘겨루기를 해야겠다고 마음먹었다. 리키는 계속해서 학급친구 몇 명을 쓰러뜨리고 배를 때렸다. 리키에게는 불운하게도, 학교 보안원인 워싱턴 씨(Mr. Washington)가 그의 행동을 목격하여 또 다른 학생을 때리기 전에 멈추게 할 수 있었다.

워싱턴 보안원은 발로 차고 소리 지르는 리키를 교무실로 데려와서 보건교사와 상담사에게 인계하였다. 보건실에 있는 동안, 리키는 계속해서 소리 지르며 워싱턴 보안원이 자기를 잡아 누르고 다른 학생인 존 피터슨(John Petterson)이 배를 때리도록 했다고 주장하였다. 리키의 진술을 듣고 나서 상담사는 즉시 존 피터슨을 오게 하여 있었던 일에 관해 물었다. 존 피터슨은 리키의 주장과 마찬가지로 워싱턴 보안원이 리키를 잡고 있으면서 그 아이의 배를 때리라고 했다고 진술했다.

이 일이 진행되고 있는 중에, 헨리(Ms. Henry) 교장이 도착하여 상담사와 보건교사에게 이 상황을 보고하라고 하였다. 헨리 교장은 지체하지 않고 즉시 관련 당사자들 모두에게 말했다.

- 워싱턴 보안원은 리키의 주장을 부인하였고, 리키가 또 다른 학생을 때리지 못하게 하려고 붙들고 있는 동안, 예기치 않게 존이 리키의 배를 때린 것이라고 진술했다. 또한 워싱턴 보안원은 이 교육구에서 25년 동안 근무했고, 고의적으로 학생을 해치는 어떤 일도 한 적이 없다고 말했다.
- 리키는 워싱턴 보안원이 자기를 붙잡고 존에게 배를 때리라고 했다는 사실을 완강하게 주장했다.
- 존 피터슨은 리키의 주장과 마찬가지로, 워싱턴 보안원이 리키를 잡고 있는 동안 배를 때리게 했다는 진술을 재차 했다.

헨리 교장은 그 일이 일어난 곳에 앉아 있었던 학생 목격자 몇몇을 더 찾아 물었다. 목격자 모두가 워싱턴 보안원이 리키를 붙잡고 존에게 리키의 배를 때리게 했다고 진술하였다.

헨리 교장은 워싱턴 보안원이 고의적으로 아이에게 해가 되는 어떤 일을 하리라고 상상하기는 매우 어려웠다. 교장은 워싱턴 보안원을 몹시 믿고 싶어 했다. 아마도 어떤 오해가 있었을지도 모른다. 하지만 모든 목격자들의 진술이 리키의 주장을 뒷받침하는 듯 보였다.

이 불행한 날 이후 얼마의 시간이 지나, 헨리 교장은 밀빌(Millville) 교육구 그린(Mr. Green) 교육감에게 전화를 받았다. 비공개로, 그린 교육감은 워싱턴 보안원과 관련한 상황을 문의하려고 전화했다. 그린 교육감과 워싱턴 보안원은 10년 동안 함께 근무하였다. 워싱턴 보안원은 그린 교육감이 교육구의 교장으로 처음 직장생활을 시작한 학교에서 보안원으로 근무하였다. 그린 교육감은 이와 같은 일이 워싱턴 보안원의 25년 경력과 명성을 망칠 수 있고, 워싱턴 보안원은 이전에 이와 같은 사건에 연루된 적이 한 번도 없었고, 지역공동체의 기둥같이 여겨진다는 설명을 이어갔다. 오늘 있었던 모든 사실을 청취한 후에, 그린 교육감은 헨리 교장이 비밀리에 워싱턴 보안원을 질책하고 학생에게 사과하게 하면 어떻겠냐는 의견을 제시하였다. 어쨌든 사람은 실수하기 마련이고, 해당 학생이 심한 상처를 입지는 않았다고 그린 교육감은 말하였다.

토의할 문제

1. 헨리 교장이 현명한 결정을 하는 데 도움이 되는 법, 정책, 지침이 있는가?

2. 법, 정책, 지침이 없다면, 무엇이 있어야 하나?

3. 그린 교육감의 행동이 비윤리적이었나? 비공개로 헨리 교장에게 한 전화와 헨리 교장이 상황을 처리하는 방법에 대한 제안은 비윤리적이었나? 왜 그런가? 왜 그렇지 않은가?

4. 그린 교육감은 돌봄윤리를 발휘하였는가? 만일 그렇다면, 누구를 위해, 그리고 왜 하였는가?

5. 공동체의 윤리가 어떻게 이 딜레마에 적용될 수 있겠는가?

6. 리키를 위한 최선의 이익을 고려한 결정은 무엇일까?

7. 워싱턴 보안원을 위한 최선의 이익을 위한 결정은 무엇일까?

제4장
전통적 교육과정 대 잠재적 교육과정

이 장은 교실과 학교 밖의 수업적인 이슈를 다룬다. 이 장을 통해, 교육과정에 대한 교사들의 선택과 관련하여 자신의 가치 기준을 숙고해 보고, 교육자들이 가르치기 위해 선택한 것과 반드시 가르쳐야 하는 것이 학생, 학교, 그리고 지역공동체에 가져오는 몇몇 의도되지 않은 결과에 대해 깨닫기 바란다.

오늘날 미국 교육에 존재하는 패러독스 가운데 하나는 교육과정과 관련이 있다. 몇몇 저자들(예, Bennett, 1988; Bennett, Finn, & Cribb, 2000; Hirsch, 1987, 1996; Ravitch, 2003; Ravitch & Finn, 1987)은 미국 학교의 전통적 교육과정을 어느 정도는 그대로 유지해야 할 필요가 있다고 강조한다. 이는 고전주의 규범을 견지하고 시대가 바뀌어도 변치 않는 의미와 지식을 유지해야 한다는 의미다. 이들은 무엇보다도 가치 공유와 공공의 문화에 초점을 맞춘다.

동시에 다른 저자들(예, Anyon, 1980, 2005; Apple, 1986, 2000, 2001, 2003, 2006; Fine, 1991; Freire, 1970, 1993, 1998; Giroux, 1992, 2000, 2003, 2006; Greene, 1978, 1988, 2000; Weis & Fine, 2005)은 전통적 교육과정에

대한 비판의 중요성을 강조한다. 그들의 비판에서는 잠재된 지배적 교육과정을 확인했다(Purpel & Shapiro, 1995). 이 학자들은 사회 내에서 불평등성을 재생산하는 경향이 있는 전통적 교육에 대해 사람들의 주의를 환기시킨다. 잠재된 지배적 교육과정은 많은 청소년들이 서로 경쟁하도록, 그리고 이기적이며 개인주의적이고 권위주의적으로 성장하도록 가르친다. 이것은 또한 어른이 된 후에 성공할 기회를 제한하는 능력별 반편성의 교육 궤도에 많은 학생들을 분류하고 배치한다.

비록 전통주의자들은 이 교육과정이 가치중립적이고 정치적 의도는 없다고 주장할 수 있지만, 이러한 가정은 바뀔 수 있다. 학교는 '소유적 개인주의(possessive individualism)' [1]와 '실적과 능력주의 사회(meritocracy)' [2]의 메시지를 지속적으로 전달하고 있다. 전통적 교육과정의 관념에는 어떤 이가 성공하지 못하는 것은 그 자신의 잘못이라는 뜻이 함축되어 있다. 또한 중산층, 백인, 남성, 유럽(인) 중심의 사람이 아니면 '다른 사람(것)'으로, 다시 말하면 다른 성, 인종, 민족, 성지향성, 또는 문화에 속한 사람(것)으로 간주되곤 한다.

잠재적 교육과정을 밝힌 비판론자들은 질문을 통하여 이와 같은 비

---

1) 역주: 19세기 말에서 20세기로 접어들면서 보는 규제에서 벗어나는 자유를 의미하는 개인주의에서 사회참여를 통해 자기실현을 하는 개인주의로 변모한 것을 나타낸다. 경제적 소유와 정치적 자유를 소유하는 개인주의로의 변모를 의미하기도 한다. 맥퍼슨(Macpherson)은 소유적 개인주의를 자유주의적 민주사회의 본질로 설정하고 그 속성을 대변하는 명제로 국가적 이익과 같은 집단이익은 지엽적 이익에 우선하며, 일반적으로 집단이익은 개인이익의 통제를 받지 않으면서 합리적으로 추구될 때 가장 잘 달성될 수 있다고 말했다.

2) 역주: 마이클 영(Michael Young)이 *The Rise of the Meritocracy*(1958)에서 처음 사용한 용어. 출신 신분이 아닌 실적에 따라 지위나 보수가 결정되는 사회체제를 뜻한다. 능력과 실적이 교육의 성과에 좌우되기 때문에 교육의 역할을 정당화하기 위한 중요한 개념이 되었다.

판을 하였다. 이들은 다음과 같은 구체적 질문을 하였다: 콜럼버스에 관해 무엇을 가르쳐야 하나? 아메리카의 '발견'은 학생들에게 어떻게 제시되어야 하나? '사실'은 무엇인가? 그리고 사실을 학생들이 어떻게 탐구해야 하나? 또한 이 비판가들은 학생들은 학교에서 가르치는 것뿐만 아니라 가르치지 않는 것에서도 배운다는 것을 안다. 이들은 또한 다음과 같은 질문도 한다: 논란이 되는 시사적인 주제가 학교에서 논의되어야 하나? 만일 논의되어야 한다면, 새 교육과정은 어떻게 이루어져야 하나? 오늘날의 학교에서 '뜨거운' 주제가 무시된다면 학생들에게 전해지는 메시지는 무엇인가? 학교 예산이 삭감된다면, 그리고 새롭고 중요한 수업자료가 예산 부족으로 교육과정에 추가될 수 없다면 학생들에게 전해지는 메시지는 무엇인가?

어렵고 논란을 불러일으키는 질문을 함으로써, 교육 리더는 잠재적 교육과정을 밝힐 수 있다. 이러한 새로운 지식을 철저히 갖추고, 교사, 직원, 학부모, 지역공동체의 도움을 받아, 교육 리더는 진정으로 학생을 위한 최선의 이익에 관심을 쏟는 교육과정을 개발할 수 있다. 교육 리더는 많은 렌즈와 접근법을 통하여 학교에서 변화를 이루어 낼 수 있다. 예를 들면, 나딩스(Noddings, 1992, 2002, 2003)의 돌봄윤리를 참조하여 돌봄 교육과정(caring curriculum)을 적용하는 학교로 발전시킬 수 있다. 나딩스는 전통 학문 분야보다는 돌봄이란 테마에 더 가깝게 구성된 일반교육 교육과정 프레임을 교육자들에게 제공한다.

교육 리더는 또한 스타라트(Starratt, 1994b: 68)의 연구를 참고함으로써 정의, 비판, 돌봄이라는 렌즈를 고려한 교육과정을 적용하여 윤리적인 학교를 만들 수 있다. 이 교육과정은, 발달상으로 타당한 방법을 통해 자치, 연계, 초절(超絶)에 대한 기본적 자질을 길러 주는 토의와 프로젝트 수행을 위한 충분한 시간을 교사와 학생들에게 준다.

게다가 교육 리더는 내시(Nash, 1996: 1)가 주창한 실사회의 윤리를 숙고할 수 있다. 이 윤리의 종류는 '개인도덕, 사회도덕, 전문직도덕의 복잡한 혼합물'이다. 그리고 적용된 윤리를 기반으로 한다. 의미 있고 현재 당면한 윤리적 딜레마에 대한 연구는 학생뿐만 아니라 교사, 직원, 지역공동체에도 중요할 수 있다.

제4장은 다섯 가지 사례를 담고 있다. 사례연구 4.1 '에이즈와 연령에 맞는 교육'에서는, 위임을 받고 에이즈 교육을 하는 수업의 일부인 6학년 포스터 프로젝트에 관해 학부모들이 민원을 제기한다. 해당 주의 법은 에이즈 교육에 관해 어떤 형태의 수업이라도 이루어지길 요구한다. 이 포스터는 매우 창의적이고 일부 포스터에는 진짜 콘돔이 등장한다. 이 학교에는 학생 임신 문제가 있지만, 일부 학부모들은 교육과정을 담당하는 톰슨(Mr. Thomson) 부교육감(장)[3]에게 자신의 아이들이 이러한 포스터를 보는 것을 원치 않는다고 불만을 터트린다. 톰슨 부교육감은 무엇을 어떻게 해야 할지 당혹스럽다.

사례연구 4.2 '생체해부: 대학생 수업의 딜레마'에서는, 개구리의 뇌와 척수를 제거하여 죽여야 하는 대학교 1학년 학생들의 문제를 다룬다. 동물의 권리에 대한 이슈와 인간의 권리가 충돌하는데, 교수는 난처한 입장에 처한다. 생물학과 학과장은 학생들의 신념을 상대해야 할 뿐만 아니라 지신의 신념도 다루어야 한다. 또한 동물의 권리에 대한 학생과 사회의 각성과 지지가 확산되는 것을 고려한 대안적 방법과 더불어, 개구리의 뇌와 척수 제거는 미래에 과학자나 의사가 될 학생들에게 여전

3) 미국은 기초교육구에 여러 명의 '부교육감(장)' 또는 '조교육감(장)'을 두고 있다. 이하의 내용에서는 교육감(장)과 마찬가지로 '부교육감(장)' 역시 '부교육감'으로 간략하게 표기한다(1장 역주 3) 참조).

히 적합한 훈련을 제공하는 전통적 교육과정이라는 점에 관해 숙고해야 한다.

사례연구 4.3 '문화 대응적 교육과정 또는 윤리적 딜레마' 에서는, 교사와 학부모의 서로 다른 입장으로 인한 간극을 조정해야 하는 행정가의 이야기를 다루고 있다. 사례에서 교사는 학급의 미국 원주민 학생에 대해 예기치 못한 문제를 발생시킬 수 있음에도 '문화적으로 관련 있는 교육과정' 을 구성해야 하고, 학부모는 자녀의 복리와 학교에서 배우는 내용의 진정성을 중시하고 있다. 이 사례를 통해, 만일 문화적으로 둔감하거나 이해가 부족하면 가장 좋은 의도나 목적이라도 문제를 발생시킬 수 있다는 점을 생각하게 된다.

사례연구 4.4 '학교예산 부족과 저작권' 에서는, 학교예산이 삭감되면서 교사들이 교육활동을 하는 데 필요한 자료를 확보할 수 없고, 또 저작권법 때문에 자료 복사를 할 수 없는 교육구의 이야기에 초점을 맞추고 있다. 최근에 이 학교 교장은 교사들에게 저작권법 준수를 당부하는 메모를 보냈다. 이 사례에서, 교육활동 측면에서 뛰어난 한 교사가 자료 복사를 하다 교장에게 목격되었다. 교장은 지도하는 학급에 최신 수업 자료를 제공하려는 열의를 지닌 교사에 대해 어떤 판단을 내려야 할지를 고민한다. 하지만 교장은 법을 위반한 일에 관해 우려한다.

사례연구 4.5 '학교만 한 곳이 없다' 는 장애를 가진 학생이 다른 학생과 함께 같은 교실에서 교육받는 통합교육 프로그램에 정규학급교사가 참여하기를 꺼려하는 문제를 다룬다. 행정가가 힘든 결정을 통해 학생뿐만 아니라 교사를 배치하는 일은 스트레스가 따르는 어려운 일이다.

사례연구 4.1 에이즈와 연령에 맞는 교육

메도우즈(Meadow Woods) 통합교육구(consolidated school district)[4] 교육과정 담당 부교육감인 유진 톰슨(Eugene Thompson)은 로즈 존스(Dr. Rose Jones) 교육감이 이 이슈에 관해 어떤 입장을 취할지 확신할 수 없었다. 그는 존스 교육감이 K−12[5]의 성교육 프로그램을 지지한다고 알고 있었다. 그러나 톰슨 부교육감은 교육감이 시민들과 '원만' 하게 지내기를 요망하고 있다는 것도 잘 알고 있다. 교육구 내 포레스트(Forest) 중학교의 몇몇 6학년[6] 학부모들이 보건실 밖에 게시된 포스터에 반대할 때 톰슨 부교육감은 걱정하기 시작했다. 학부모들은 저녁 시간에 열린 학부모 모임 때 문제의 포스터를 목격하였다. 학부모들은 안전하게 성관계를 하는 방법에 대해 설명한 포스터를 문제 삼았다. 학부모들은 포스터의 일부 내용에 어떻게 실제 콘돔 사진이 들어갈 수 있는지를 놓고 그에게 항의했다.

톰슨 부교육감은 학교 복도에 붙어 있는 포스터에 대하여 알고 있었지만 실제로는 포스터에 관해 별다른 생각을 하지 못했다. 그 이유는 보건교육 교사인 마커스 파인(Marcus Fine) 선생이 7학년에게 에이즈

4) 역주: 다른 교육구와 연계된 또는 통합된 교육구. 예를 들면 A 교육구에서 8학년을 마치고 B나 C 교육구의 고등학교로 가는 형태의 교육구.

5) 역주: 유치원에서부터 12학년, 즉 고등학교 3학년까지를 의미한다. 여기서 K는 Kindergarten의 두문자인데 최근에는 취학 전 교육, 즉 Pre-school의 두문자를 적용하여 P-12로 표기하는 경우가 많다. 초등학교에서 고등학교까지의 보통교육을 이어지는 개념으로 보기 때문에 K-5, K-6 등의 용어가 많이 나온다.

6) 역주: 미국의 많은 학교에서 6~8학년이 중학교에 해당된다.

단원을 가르쳐야 한다고 판단하였기 때문이다. 단원 치침에서는 "강사들이 금욕 또는 피임기구 어느 쪽을 택하든지와 관계없이 모든 학생들은 에이즈를 막을 방법을 이해해야 한다."고 명시하고 있다. 꼭 3년 전에 이 교육과정의 단원을 추진한 사람은 바로 존스 교육감이었다. 이 교육과정의 단원은 교육구의 교육과정위원회와 이 학교 교장 수잔 캐플런(Susan Kaplan)의 전폭적인 지원으로 이의 없이 승인되었다. 파인 선생은 에이즈 바이러스의 전염을 예방할 방법을 학생이 이해하는 창의적인 방법이라며 포스터 프로젝트의 정당성을 옹호하였다. 그는 또한 이것이 6학년이 아닌 7학년 프로젝트라고 언급하였다.

파인 선생이 학부모회 야간총회에 참석하기 위해 떠나기 전에, 톰슨 부교육감은 학부모의 염려를 그에게 전했다. 파인 선생이 "왜 6학년 학부모들이 부교육감님께 불평을 하나요? 이 프로젝트는 7학년 학생을 위한 것입니다."라고 말하였다.

"파인 선생님, 들어 보세요. 6학년 학부모들은 자녀가 이러한 종류의 메시지를 접하기에는 너무 어리다고 생각합니다. 그들은 에이즈를 예방하는 방법에 대한 포스터와 같은 것을 접할 필요가 없다고 생각합니다. 또한 그러한 포스터가 금욕을 장려하지는 않고 오히려 콘돔 사용만 권장하고 있다고 여기고 있어요. 학부모들은 이미 교육감님 집무실에 전화를 했습니다. 존스 교육감님이 곧 우리에게 전화를 할 것 같아요."

파인 선생이 대답했다. "외람된 말씀이지만 톰슨 부교육감님, 저는 이 프로젝트에 관해 이미 부교육감님께 보고드렸고 승인을 받았습니다. 아시다시피, 이 포스터의 메시지는 분명합니다: 영리해져라, '아니오' 라고 말하라. 금욕만이 에이즈 예방의 가장 안전한 방법이다. 저는 이 이슈의 양 측면에서 에이즈의 확산을 예방하도록 학생들을 이끌어 주고자 합니다."

"파인 선생님, 나도 이해합니다, 하지만 학부모에 대한 존스 교육감의 반응 또한 걱정됩니다. 학부모들은 포스터에서 '콘돔을 사용하라'는 직설적인 문구를 문제 삼고 있어요. 학부모들이 저속하다고 여기는 포스터의 일종입니다. 학부모들은 자녀가 학교 복도에 걸린 콘돔 포스터에 노출되기에는 너무 어리다고 믿습니다."

톰슨 부교육감은 대화를 마치고 자리를 뜨면서, 파인 선생이 상대편 입장을 이해하려 하지 않는다고 느꼈다. 그는 파인 선생이 과거에 몇몇 수업으로 물의를 일으켰던 일이 생각났다. 그리고 이 일이 지역공동체를 뜨겁게 달굴 수 있다고 생각했다. 에이즈 교육에 관해 주 정부에게 위임받은 내용이지만, 학교운영위원회가 학교도서관 도서 가운데 성과 육체를 다루는 몇 권의 책을 금서로 지정한 일이 얼마 전에 있었다. 위원회는 지역공동체의 의견을 존중해 대처했다고 발표하면서 그들이 내린 조치를 정당화하였다.

다음 날 톰슨 부교육감은 현재 초등학교 4학년 학생의 몇몇 부모들로부터 전화를 받았다. 그들은 다음 해에도 포스터 프로젝트를 할지에 관해 관심을 보였다. 톰슨 부교육감은 학부모들의 불만을 청취했다. 학부모들은 10~11세의 아이가 '안전한 성'에 관한 노골적인 메시지를 접해서는 안 된다고 생각하였다. 학부모들은 포스터 프로젝트가 '품위 없는 행동'이고 '우리 사회 도덕적 가치의 분명한 부패'를 드러내는 것이라고 말하였다. 어떻게 교육구가 이러한 부도덕한 일을 할 수 있는가? 톰슨 부교육감은 학부모들의 말을 듣고 나서, 그 또한 5학년 학생은 그러한 성적 메시지를 접하기에는 너무 어리다고 생각한다고 말했다. 그는 모든 초등학교 학생을 대상으로 성교육 수업을 하라는 교육구의 방침을 학부모들에게 전했다. 또한 5학년과 6학년 교육과정에서는 콘돔 사용을 가르치지 않는다고 강조하여 말했다. 학부모들은 비록 그렇다 하더라도 다음 해에도 이러한 포스터에 시달려서는 안 된다고 아주 분명히 밝혔다.

얼마 후 전화 통화를 통해, 톰슨 부교육감은 포스터에 관한 이야기를 나누기 위해 다음 날 파인 선생과 함께 셋이서 만나고 싶다는 이야기를 교육감에게서 들었다. 교육감은 자신이 학교에 도착하기 전에, 톰슨 부교육감에게 포스터를 철거해야 한다는 직접적인 주문을 하였다. 톰슨 부교육감은, 비록 교육감이 학부모 쪽 이야기만 듣고 판단하고 있지만, 교육감이 말하는 분위기로 보아 지시를 따르는 것이 최상이라고 생각했다. 그는 파인 선생이 이 지시를 달갑게 여기지 않겠지만, 만일 존스 교육감의 요구에 따르지 않는다면 불복종으로 간주되리라 생각했다. 하루 일과가 마무리되어 갈 무렵, 파인 선생의 방으로 걸어가면서, 복도를 걸어가는 7학년 학생 2명의 곁을 지나쳤다. 한 명은 임신 8개월이었다. 만일 포스터가 제거된다면 정말로 무슨 메시지를 전할 수 있을지가 궁금하였다.

토의할 문제

1. 학생이 교육과정의 다양한 부분을 배우는 데 적합한 연령을 누가 결정하나? 에이즈와 임신을 피하는 숨김없는 분명한 방법을 몇 살 때 접해야 하나?

2. 교사가 사례에서 제시된 바와 같은 과제를 학생에게 접하게 할 수 있는, 일반적으로 수용 가능한 연령은 몇 세부터인가? 교사와 행정가는 논란을 불러일으키지 않을 연령대가 몇 세부터인지 어떻게 알 수 있는가? 지역공동체는 학교 교육과정의 세세한 사항까지 개입해야 하나? 만일

개입해야 한다면, 일부 지역공동체 구성원의 관심이나 염려가 언제 학교 정책이나 방침에 반영되어야 하나?

3. 만일 존스 교육감이 어떤 포스터도 보지 않았다면, 어떻게 포스터가 중학교 학생들에게 부적합함을 알 수 있는가? 존스 교육감은 다음 해에 5학년이 될 학생에 대하여 충분한 관심을 갖고 있는가?

사례연구 4.2 생체해부: 대학생 수업의 딜레마

모건(Morgan) 대학은 교회 부설 사립 단과대학이다. 이 대학은 생물학과가 특히 유명하다. 이 대학의 많은 남녀 학생은 졸업 후 상급 과정에 진학하거나 보건 및 과학 분야로 진출한다.

생물학 개론 강의의 실험 활동 가운데 일부에서 학생이 개구리 심장의 기능에 관한 실험을 하는 데 산 채로 뇌와 척수가 제거된 개구리가 필요하다. 개구리의 골수를 제거하기 전에 고통을 덜어 주기 위해 마취한다. 생물학 전공 학생은 이 활동에 매우 진지하게 참여한다. 주변의 기관과 혈관을 손상하지 않고 개구리의 심장을 들어내는 세심한 절개를 해야 실험에 성공할 수 있기 때문이다. 골수 제거 과정의 첫 번째 단계는 개구리의 뇌를 파괴하고, 두 번째는 골격근 반사활동을 줄여 준다.

골수 제거의 구체적인 절차는 여기에서 설명하지 않겠다. 모홀트, 브랜드웨인과 알렉산더(Morholt, Brandwein, & Alexander, 1966)가 지은, 생물 교사를 위한 대표적인 기본서에 있는 절차와 유사한 내용이 실린 많은 실험 매뉴얼이 있다. 신선한 조직이 필요한 부가적인 몇몇 실험에서는 골수 제거를 하지 않지만 좌골신경 분리처럼 갓 죽은 개구리에서 신선한 조직을 떼어 내는 세밀한 절개가 필요하다. 이러한 절차에 있어, 대부분의 학생은 개구리의 뇌와 척수를 파괴하여 제거하는 대신에 개구리의 목을 베어 내고 실험하기를 선호한다.

일반적으로, 생물 교사와 학생은 생체해부를 정당화하기가 점차 더 어려워지고 있다고 느낀다. 교회 부설 교육기관에서는 특히 더 그렇다. 그래서 생물학과 학과장인 하티즈 박사(Dr. Hartiz)는 골수 제거 과정을 수행하거나 관찰하도록 요구하지 않기로 결정했다. 대신에 학생들이 실험 집단과 함께 실험용 생체해부 절차를 합의하여 잘 처리하도록 권장하였다.

비록 하티즈 박사는 이러한 결정을 하였지만, 학과의 모든 학생에게 제공하려 하는 과학적 기초 지식에 관한 지도 방법이 약간은 꺼림칙하였다. 한편으로는 생물학과 학생들은 보관된 표본을 가지고 이런 저런 해부 경험을 한다. 하지만 다른 한편으로 이런 해부 절차에 대한 학생의 경험과 반응은 다양하다. 몇몇 학생은 생체해부를 관찰하려 하지 않지만, 다른 학생은 관찰은 하지만 생체해부를 직접 하려고 하지는 않는다. 단지 몇몇 학생만 해부 절차를 기꺼이 수행하고자 하였다. 이 학생들은 종종 양서류를 생체해부하고 골수를 제거하기 전에 마취를 한 경우에는 그들이 겪는 정신적 쇼크가 덜하다고 털어놓는다.

학생들은 생체해부 이슈에 관하여 일치된 생각을 하지는 않는다. 실험 조원들은 아주 다양하여 조원 간에 건설적인 논쟁을 한다. 다음 대화는 '살아 있는 해부'를 둘러싼 이슈를 잘 보여 준다. 안(Ahn)이란 학생은 의료공학 분야의 직업을 갖고자 한다. 그녀는 이 해부 절차의 관찰을 거부한다. 로드니(Rodney)는 의학부를 전공하여 내과의사가 되고 싶어 한다. 로드니는 이 해부 절차를 기꺼이 체험하려 한다. 그리고 생체해부는 필요하다고 친구 안을 설득시키고자 한다.

안: 개구리에게 상처를 내고 싶지 않아!

로드니: 마취하면 깨어나지 않아. 전혀 느끼지 못하지. 게다가 골수 제거를 하면 개구리는 뇌사 상태에 빠져.

안: 그것이 문제가 아냐! 개구리의 생명을 좌우할 권리를 누가 우리에게 줬어? 그리고 무슨 목적으로?

로드니: 나는 몇 달 동안이나 끈끈하고 질긴 박제를 갖고 해부를 해 오고 있어. 나는 의대에 갈 계획이야. 이 절차에 자질이 있는지 알고 싶어. 내가 감당할 수 없다면, 다른 직업을 찾아 봐야지!

안: 네가 해낼 수 있으리라 믿어……. 야만인 같으니! 우리 인간이 다른 종보다 우월한 이유가 뭐라고 생각해?

로드니: 생각해 봐, 안. 개구리는 고통을 느끼지 못해, 설령 느낀다고 해도 어쩔 거야? 의사가 실습 한 번 못한다고 생각해 봐.

안: 네가 의사가 되기 위해서 또는 네가 의학에 소질이 있는지를 알아보기 위해서 개구리가 희생당할 필요는 없어. 게다가, 그 결과로 인간의 생명 연장을 기대할 수 없다면 어떤 의료절차도 이루어져서는 안 된다고 생각해.

로드니: 오, 저런. 그렇다면 개구리를 다시 봉합해 주어야겠네!

안: 넌 안 되겠다! 이 절차가 끝난 뒤에 돌아올게!

로드니: 네가 이 활동에 기여하지 않는데 내가 왜 실험 데이터를 너와 공유해야 하냐?

안: 왜냐하면 개구리의 심장에 미치는 아세틸콜린과 아드레날린의 영향을 시뮬레이션해 보는 컴퓨터 프로그램을 대신 사용해도 된다고 선생님께서 나에게 말씀하셨기 때문이지.

로드니: 네 목적에는 좋겠네. 컴퓨터 시뮬레이션에서 그렇게 해 봐! 그러나 나는 이 약초 추출물을 부가적인 독립변인으로 사용할 계획이다.

안: 네가 어떻게 응용해서 약초 추출물을 가질 수 있겠어? 소 뒷걸음치다 우연히 놀라운 물질을 발견할 수 있을 것 같지 않은데!

로드니: 내가 해낸다면, 이 개구리의 죽음이 정당화될 수 있겠니?

안: 얼마나 놀라운 물질이나 내용에 따라 달라질 수도……. 그러나 실제적인 응용을 염두에 두지 않고 그저 하는 실험은 정당화되지 않아.

로드니: 그러나 기초과학은 다 그렇게 이루어지는 거야.

안: 미스터 '우연한 발견'. …… 네 할 일은 네가 하고, 내 할 일은 내가 하자.

토의할 문제

1. 동물들도 권리가 있는가? 인간으로서 우리는 우리 자신 이외의 다른 종에 대한 책임이 있는가?

2. 개구리 골수 제거는 정당한가? 여러분이 생물학과 학과장이라면, 이 절차를 허락하겠는가? 만일 개구리가 아닌 개, 고양이, 말이라면 여러분의 대답이 달라지겠는가? 왜 그런가? 왜 그렇지 않은가? 여러분은 어느 선에서 한계를 그어야 할지를 어떻게 결정하겠는가?

3. 개구리 골수 제거는 합법이고 때때로 필요한 실습이라고 간주된다. 이러한 사회적 승인이 개구리 골수 제거를 윤리적인 일이 되게 할 수 있다고 생각하는가?

4. 만일 개구리 골수 제거가 의학 실기를 향상시키고 인간의 생명을 구할 유일한 방법이라면 정당화될 수 있겠는가? 개구리 골수 제거가 유일한 방법은 아니지만 최선의 방법이 분명하다면 여러분의 대답이 달라지겠는가? 왜 그런가? 혹은 왜 그렇지 않은가?

사례연구 4.3 문화 대응적 교육과정 또는 윤리적 딜레마

이날 아침도 교장인 애덤스 박사(Dr. Adams)는 하루 일과를 시작하기 위해 인근의 여러 지역에서 도착한 학생들을 현관에서 맞이하고 있었다. 애덤스 박사의 행정 비서인 델타(Delta)는 곤혹스러운 표정으로 서둘러 달려와 말했다. 비서는 애덤스 박사를 현관 한쪽으로 끌어당기며 급한 목소리로 속삭이듯 말했다. "교장실에서 학생이 기다리고 있습니다. 골치 아픈 문제가 있는 듯합니다." 애덤스 박사는 방문객이 무슨 이슈를 제기하든 해결하리라 다짐하며 교장실로 서둘러 돌아왔다. 교장실 문으로 들어섰을 때, 열린 출입문에서 고성이 들려 왔다.

애덤스 박사는 도시에 자리 잡은 이 중학교에서 맞이하는 멋진 아침을 좋아했다. 이 학교에는 도로가 복잡하게 뻗은 미드웨스트(Midwest) 시의 다양한 지역에 거주하는 425명의 학생이 있었다. 재학 중인 학생의 사회경제적, 민족적 배경은 다양했다. 애덤스 박사는 4년 전에 교장이 된 이후로 열심히 일해 학교 분위기를 쇄신했고, 품행에 관한 몇 가지 이슈를 제외하고는 일상적으로 별 탈 없이 학교를 잘 운영하고 있다고 스스로 뿌듯해 하였다.

애덤스 박사가 교장실에 들어가자, 평소 조용하고 수줍어하는 라코타(Lakota)[7] 지역 학생인 제러미(Jeremy Standing Elk)와 그의 아버지 해럴드 엘크(Harold Standing Elk) 씨가 눈에 들어왔다. 엘크 씨는 분명 기분이 안 좋아 보였고, 제러미는 당황스러운 표정이었다. 엘크 씨는 천천

7) 역주: 아메리카 인디언 원주민 부족.

히 또박또박 말하였지만, 상황을 설명하면서 말하는 어조가 높아졌다.

핵심 미국 역사 수업을 듣는 학생인 제러미는 전날 서부개척에 대하여 공부하고 있었는데, 베스(Beth) 선생이 학생들을 카우보이, 정착민, 인디언 세 그룹으로 구분하였다. 제러미는 인디언 그룹으로 들어가게 되었다. 비록 인디언 그룹에 들어가기가 꺼림칙하였지만, 제러미는 싫은 소리를 하거나 조 편성에 이의를 제기하고 싶지 않았다. 수업이 진행되면서, 다섯 명으로 구성된 '인디언' 그룹 학생들은 늘 죽음을 당해 없어져야 하는 인디언 역할을 하고 싶지 않다고 불평하였고, 카우보이의 가죽을 벗기는 일에 관해 이야기하기 시작했다. 엘크 씨는 또한 '카우보이' 그룹 아이들은 학교에서 별도의 패거리를 지어 그룹들 간의 역사적 긴장을 재현하고 있다고 설명했다. 베스 선생은 수업을 진행하면서, 각 그룹이 서부개척에 관해 어떻게 느꼈으며 서부개척이 그들 '그룹'에 어떻게 영향을 미쳤는지를 적어 보게 하였다. 그런 다음에 각 그룹에서 한 명씩 나와 반 전체 앞에서 아이디어를 서로 나누게 하였다.

베스 선생은 자기 책상에 놓인 컴퓨터 앞에서 다음 주 수업 준비를 하고 있었다. 그는 비록 교실에 있었지만, 학생들이 재잘거리며 자기 생각에 대해 이야기하는 소리에 익숙해져 학생들의 대화를 놓치고 있었다. 수업이 진행되자 제러미는 몇 가지를 적어 정리해야 할 필요가 있다고 말하며 자신의 그룹을 수업의 초점으로 돌아오게 하려고 애를 썼다. 아쉽게도 아무도 그의 말에 귀를 기울이지 않았다. 사실, 제러미가 속한 그룹의 다른 학생들은 인디언 전통 문화유산 때문에 제러미가 작문을 해야 한다고 몰아댔다. 이 학생들 가운데 한 명은 제러미가 일어나 학급 앞에서 '인디언 전쟁 춤'을 춰야 한다고 말하기까지 하였다.

베스 선생은 이런 대화가 오가는 것을 알아채거나 듣지 못했다. 학생들은 그들의 생각을 나눌 충분한 시간을 갖지 못한 채 수업이 끝나는 종소리를 들어야 했다. 제러미도 안도의 숨을 쉬었다. 베스 선생은 훌륭한 대화가 이루어졌다고 말하며 수업을 마쳤다. 제러미는 자기가 처한 그룹의 상황으로 인해 상당히 낙담하였다. 학급 아이들이 줄지어 교실 문을 나갈 때, 그룹의 다른 아이들이 입에 손을 대고 헐리우드 인디언 영화에 흔히 나오는 소리를 흉내 내어 '야, 이이이' 하고 소리를 질렀다. 제러미는 그룹 친구들이 교실을 나가자 단짝 친구에게 멋쩍은 웃음을 지어 보였다.

제러미의 아버지 엘크 씨는 흥분한 채 아들이 겪은 상황에 대해 말하였다. 애덤스 박사는 수업의 의도는 좋았다고 조심스럽게 말했다. 하지만 수업 목표를 달성하는 방법과 과정은 개선될 여지가 있다고 하였다. 애덤스 박사는 다음 날 방과 후에 엘크 씨와 베스 선생을 함께 만나기로 약속하였다. 이번 경우에 교사의 입장을 청취할 필요가 있다는 것을 알고 있는 애덤스 박사는 학부모와 학생이 제기한 이슈를 선생에게 알리며 준비할 충분한 시간을 주었다.

딜레마를 해결하기 위한 모임

방과 후에 교장실에서 모임이 이루어졌다. 엘크 씨가 걸어 들어오면서, 방 안에 다섯 명의 사람이 있는 것을 보고 깜짝 놀랐다. 이 특별한 사람들에 대해 신경이 쓰였다. 엘크 씨는 제러미와 함께 자리에 앉아 제임스 로웬(James Loewen)이 쓴 『선생님이 내게 한 거짓말(*Lies My Teacher Told Me*)』을 탁자 위에 올려놓았다. 참석자에 대한 소개로 모임은 시작되었다. 엘크 씨는 두 명의 교육과정 전문가와 사회복지사가 참석한 것을 알고 놀랐다. 그때 베스 선생이 말을 꺼냈다. "미스터 엘크(Mr. Standing Elk), 저는 좋은 교사입니다. 17년 동안 아이들을 가르치고 있고, 저 자신이 훌륭한 교사라고 믿고 있습니다! 그럼 제러미에 대해 얘기해 보죠. 제러미는 일주일에 두세 번 지각합니다. 학급 토론에는 거의 참여하지 못합니다. 솔직히 말씀드려, 올해 이 시점에서 제러미가 할 말이 있다는 이야기를 듣고 놀랐습니다! 저는 사회복지사를 모셔 왔습니다. 왜 제러미가 수업 중에는 거의 말을 하지 않는 대신에, 무슨 일이 있었는지를 아버지에게 이야기하는지 논의하기 위해서 말입니다. 제러미 성적은 기껏해야 보통 수준입니다. 우리는 제러미가 더 좋은 성적을 거둘 수 있는 방법을 찾을 수 있으리라 확신합니다. 저와 자녀에 대해 염려하시는 엘크 씨가 어떤 합의에 도달할 수 있으리라 생각합니다."

애덤스 교장은 베스 선생의 방어적인 어조가 약간은 염려되었다. 그래서 침착하면서도 단호하게 베스 선생은 자격을 갖춘 교육 전문가라고 말하며 끼어들었다. 엘크 씨는 퉁명스럽게 말을 잘랐다. "나는 어제 교실에서 무슨 일이 있었는지를 이야기하려고 여기에 왔습니다. 나는 내 아들이 선생님이 하는 수업에서 무엇을 배우고 있고, 선생님이 아메리카 원주민에 대해 어떻게 가르치고 있는지에 대하여 걱정됩니다." 엘크 씨의 목소리는 점점 커졌다. "내 아들은 다른 친구들 앞에 일어나 말하기를 좋아하지 않습니다. 그래서 친구가 거의 없습니다. 드러내고 싶어 하지도 않습니다. 제러미는 내가 여기에 오는 것도 정말 싫어합니다. 나는 선생님이 학교에서 무엇을 가르치는지, 왜 내 아들이 학급에서 인종차별을 견뎌 내야 하는지 알고 싶습니다!" 거의 소리치다시피 말한 그는 두 명의 교육과정 전문가를 가리키며 덧붙였다. "그리고 도대체 이 두 사람은 여기에 왜 와 있는 겁니까?"

그때 애덤스 교장은 교육과정이 최근 개정되어 미국의 역사 교육과정에 만연된 서구의 관점 이외에 다른 아이디어를 포함하게 되었다는 사실에 관심을 돌렸다. 교육과정 전문가들은 엘크 씨에게 그 수업은 역사 교육과정에서 원주민 학생이 발언권을 가질 수 있도록 고안된 것이라고 말했다. 또한 만일 제러미가 교실에서 일어난 일로 불쾌했다면, 일이 있고 나서 처리하기보다는 수업 중에 분명히 뜻을 전달할 수 있는 방법이 있다고 제시했다. 이런 이유 때문에 사회복지사가 참석했다고 말했다. 이 무렵 엘크 씨가 몹시 불쾌해하는 내용을 함께한 모든 사람은 이해할 수 있었다.

"여기에 내 아들에 관심 있는 사람은 없나요? 내 아들이 매일매일 자신과 자신의 문화를 놀리는 다른 아이들과 지내야 한다는 것이 어떤 기분인지 여러분은 모르시나요? 여러분의 관심은 고작 진짜 역사를 가르치지도 못하는 멍청한 교육과정에 있나요? 아니면 자신이 가르치는 교실에서 일어나는 인종차별을 알아채지도 못하는 그런 사람이 좋은 선생이라고 말하는 것인가요? 여러분 모두는 내 아들, 또는 그가 어떤 아이인지, 어떻게 생각하는지를 전혀 알지 못해요!"

애덤스 교장은 이 문제를 다루는 방법에 관하여 아는 바가 거의 없었다고 새삼 깨달았다.

토의할 문제

1. 이 딜레마에 빠져 있는 교육자들은 아이의 입장을 생각하며 보살피고 있는가? 왜 그런가? 혹은 왜 그렇지 않은가? 이 이야기에 등장한 사람들이 더욱 세심하게 돌보는 태도로 이 딜레마를 해결하기 위해 일할 방법은 무엇인가?

2. 제러미를 위한 가장 합당한 조치 과정은 무엇이겠는가? 선생을 위해서는? 학급의 다른 학생들을 위해서는?

3. 문화 대응적 교육과정과 문화 대응 교육학을 이행하는 교사 책임의 범위는 어디까지인가?

4. 문화적으로 민감한 교육과정은 무엇인가? 비판의 렌즈를 통해 이 교실 활동이 어떻게 조망될 수 있는가?

5. 전문직윤리에 따르면, 등장한 교육자들이 이 상황을 어떻게 처리하기를 기대할 수 있는가? 이들은 전문적 태도로 행동하였는가?
왜 그런가? 혹은 왜 그렇지 않은가?

사례연구 4.4 학교예산 부족과 저작권

파이어포인트(Pierpoint) 교육구는 지난 5년간 큰 변화를 겪었다. 늦춰질 조짐도 없이 학생 수가 두 배 이상 늘었다. 새 교육감이 취임하였고, 세 개 이상의 건물이 지어지고 있었다. 엄청난 학생 증가를 수용하기 위한 자료, 건물 및 직원 등의 지원이나 충원이 지지부진하였다. 부서들마다 얼마 안 되는 돈을 확보하려고 다투었기 때문에 예산 처리 과정은 해가 갈수록 더 힘들어지고 부서 이기주의가 팽배하였다. 밸리뷰(Valley View) 고등학교의 교장 샤리프 박사(Dr. Sharif)는 올해의 예산도 긴축재정이 되리라는 것을 알고 있었다. 교육위원회와 교육감이 요구하는 예산 규모는 불가능해 보였다.

교육청의 요청에 부응하여, 차년도 학교 예산은 인플레이션, 학생 증가와 이에 수반되는 비용을 참작하지 않고 제출되었다. 그런데 교육청은 모든 학교에 대해 예산 삭감을 추가로 요구하였다. 교사회는 울며

겨자 먹기로 이미 양보한 것에 관해 불평을 하였다. 샤리프 교장은 추가적인 예산 삭감에 대한 교사들의 분노와 비난에 정면으로 대처해야 한다는 것을 알고 있었다. 이 학교의 예산 삭감에 관하여 공평하게 처리할 유일한 방법은 각 부서에서 똑같은 금액을 깎는 것이었다.

지난 몇 년 동안 내내, 예상되는 추가 재원에 대한 요구를 억누르기 위한 비용 삭감 조치가 교육구의 모든 기관에 적용되었다. 예산 삭감 조치에 관한 주요 논쟁 가운데 하나는 전체 교육구가 사용하는 중앙 복사 센터의 도입이었다. 비록 건물마다 설치된 복사기가 여전히 있지만 다수의 대규모 복사물은 중앙 복사 센터로 보내야 했다. 수업자료 준비 예산 삭감과 더불어, 저작권이 있는 자료 복사가 금지된다는 안내가 교사들에게 전달되었다.

샤리프 교장은 교장실 밖에서 들리는 이런저런 불평과 잡음에 시달리면서 각 부서의 예산 요청 가운데 어느 부분을 줄일지 고민하기 시작하였다. 교장실 직원이 퇴근하고 나서 몇 시간이 흘렀고 관리인이 사무실 청소를 이미 마쳤다. 샤리프 교장은 즉각 점검하기 위해 나갔고, 가장 헌신적이고 존경받는 교사 가운데 한 명인 제인 다프(Jane Tharp)를 별관 사무실에서 보았다. 기악 강사인 다프 선생은 밴드부 리허설 후에 복사기를 사용하기 위해 사무실에 들렀다. 교장이 갑작스럽게 나타나 다프 선생은 깜짝 놀랐다. 샤리프 교장이 가까이 가자, 다프 선생은 하고 있는 일을 숨기려는 듯하였다. 샤리프 교장은 좀 더 다가가 살펴보고 다프 선생이 밴드부를 위해 악보를 복사하고 있었다는 것을 알았다. 샤리프 교장은 어이가 없어 말문이 막혔다. 이것은 교육구의 방침을 거스를 뿐만 아니라 불법이었다. 교육감은 최근 저작권법에 저촉되는 자료 복사의 위법성과 책임에 관해 교사들의 관심을 환기시키는 서신을 모든 교육구 교직원들에게 보냈다.

다프 교사는 곧바로 음악 수업과 관련한 비용, 자신이 맡은 밴드부 학생 수의 증가와 예산 축소를 언급하며 자신의 행위를 합리화하였다.

토의할 문제

1. 다프 교사가 한 일에 정말로 어떤 잘못이 있는가? 다프 교사는 정직하지 못한 일을 하고 있는가? 도둑질을 하고 있는가? 여러분의 대답을 설명하시오.

2. 샤리프 교장이 걱정하는 이유가 교육감이 무슨 일이 일어나고 있는지 밝혀낼지도 모르기 때문이라고 생각하는가? 출판사가 불법적인 복사 사실을 밝혀낸다면 개인적인 책임을 져야 하기 때문에? 샤리프 교장이 걱정할 만한 다른 이유가 있는가? 샤리프 교장이 취해야 하는 행동에 관한 여러분의 대답이 다프 선생이 복사를 한 동기에 따라 바뀌는가? 어떻게 바뀌겠는가?

3. 저작권법을 지지하는 논거는 무엇인가? 누가 저작권법을 보호하는가? 저작권법을 어기면 어떤 결과가 오는가? 저작권법은 타당한 법인가?

4. 여러분은 샤리프 교장이 어떠한 행동을 취해야 한다고 생각하는가? 여러분의 논거는 무엇인가? 샤리프 교장이 할 수 있는 가장 공정한 결정은 무엇인가? 누구를 위해 가장 공정해야 하는가? 가능한 돌봄의 방법과 결정은 무엇인가? 돌보는 결정을 할 때 샤리프 교장은 어느 입장을 고려해야 하는가? 여러분의 논리를 설명하시오.

5. 만일 다프 선생이 개인 용도 또는 친구들에게 주기 위해 다수의 악보를 복사한다면, 그녀의 책임은 경감되는가, 가중되는가? 만일 그녀의 행동이 옳지 않다면, 이유는?

사례연구 4.5 학교만 한 곳이 없다

한 해의 이맘때가 다시 왔다. 미시즈 스텔(Mrs. Stell)은 자신이 맡은 일을 생각하면서 한숨을 내쉬었다. 특수교육 장학사인 그녀는 다가올 학년도에 특수교육 서비스를 받는 학생을 정규교육 학급에 배정하는 과정을 안내해야 했다. 스텔 장학사는 3학년에서 4학년으로 진급하는, 특별히 학습에 대한 관심을 요하는 학생, 정서 및 행동 장애를 지닌 학생의 수가 많아서 케슬러(Kessler) 초등학교에서 상당히 어려움을 겪었다. 학습지원 교사의 직접적인 조력에 대한 혜택이 없고 부가적인 책임을 달가워하는 교사가 드물어 일은 더욱 복잡했다. 각 학년당 활용 가능한 특수교육 교사는 단 한 명이었다. 스텔 장학사는 교육구의 지난 최근 5년의 역사를 생각하였다. 비록 이런 어려움을 극복할 모멘텀(momentum)[8]이 만들어지고 있지만, 교육구에는 여전히 개선해야 할 일이 많았다.

시몬스빌(Simonsville) 타운(Township)과 케슬러(Kessler) 타운은 주에서 가장 빠르게 성장하는 지역 가운데 하나인 헤일리스버그(Hailysburg)의 일부다. 최근까지, 인근 블레어스빌(Blairsville)에 있는 대규모 제철소에서 많은 지역 주민을 고용했었다. 제철 산업의 쇠퇴로 현재의 고용은 주로 그 지역의 소규모 공장, 회사, 소규모 업체에 달려 있는 상황이다. 케슬러 교육구의 등록 학생 중 대략 2,100명이 긴급하게 수리를 요하는 네 개의 건물에 수용되어 있다. 교육구 학생 인구 구성 분포는 96.99%가 백인이며 극빈층이다.

---

8) 역주: 환경이나 추세가 바뀌는 장면이나 시기.

이 교육구에서는 지난 13년 동안 8대에 걸쳐 7명의 교육감이 재직해 왔다. 특히 이전의 어떤 교육감의 재임 기간에 대단한 논쟁이 촉발되었다. 그는 다른 교육구의 부교육감으로 재직할 당시에 통합교육을 성공적으로 수행하였다. 그는 케슬러 초등학교에서 모든 아이들이 가능한 한 빨리 정규교육 학급에서 배울 수 있게 하겠다고 공언하였다. 이 교육구는 '장애학생을 위한 개별화 교육계획(Individual Education Plan: IEP)'[9]이 필요한 것으로 확인된 학생의 비율이 이례적으로 높았다. 이는 특별한 관심이 필요한 학생들을 적소에 '배정'해야 한다는 점을 확실히 시사하고 있었다. 예비적으로, IU(intermediate unit)[10]에서는 '분리교육 프로그램(pull-out program)'[11]이란 특수교육 서비스를 제공한다. 1993~1994학년도[12]를 시작하면서, 교육구는 학습지원을 요하는 학생에 대한 책임을 다하기로 결정하고, 즉각적으로 많은 학생을 대상으로 정규학급에서 통합교육을 하기 시작했다.

통합교육으로의 갑작스러운 이행은 교육구에서 많은 갈등을 일으켰다. 특수교육 대상자가 전국 평균을 상회하는 이 교육구의 교육철학은 출발부터 급진적이었다. 게다가 지난 4년 동안, 케슬러 초등학교는 특

---

9) 역주: 특수교육 대상자 개인의 능력을 개발하기 위하여 장애유형 및 장애특성에 적합한 교육목표, 교육방법, 교육내용, 특수교육 관련 서비스 등이 포함된 계획을 수립하여 실시하는 교육 프로그램.

10) 역주: 펜실베이니아 주 의회가 설립한 지역 교육 서비스 기관. 담당 지역의 교육적 요구를 해결하는 것을 목적으로 하며, 주 교육부 산하 기관으로 공립학교를 담당하는 기능을 한다. 펜실베이니아 주에는 29개의 IU가 있다.

11) 역주: 장애를 가진 학생들을 정규교실 밖에서 분리하여 교육하는 프로그램. 통합교육보다 분리교육의 수업 효과가 크다는 주장에 따라 고안된 것이다.

12) 역주: 미국의 학년도는 우리나라 학년도의 9월 2학기에 시작하여 다음 해 6월 1학기에 마치므로 두 해를 다 써서 한 학년도를 표시한다.

수교육 대상자가 전국 평균의 두 배로 증가하였다. 교육감의 지시에 따라, 특별한 학습지원이 필요하다고 판정된 대부분의 학생은 정규교육 학급에 배정되었다. 학습지원 교사들은 모든 특수교육 대상 학생에게 일대일 개별수업을 하기 위해 이 교실 저 교실을 뛰어다녀야 했다.

게다가, 교육위원회의 일부 위원은 정치적 문제를 다루는 어떤 집회에 학교장들이 참석하도록 지시한 혐의로 교육감을 해임하였다. 이 조치는 법정 소송으로 번졌고, 많은 선전 광고와 공방이 이어졌으며, 교육위원, 지역공동체, 교사, 행정기관 사이에 불신이 커져 갔다. 이와 같은 사태의 여파는 매우 컸다. 교육구에 온 지 18개월이 채 되지 않은 현재의 교육감과 부교육감은 아직도 일을 수습하느라 바쁘다. 사실 이들은 케슬러 교육구를 정상화시킨다는 특별한 목적을 달성하기 위해 임명되었다. 이들은 사명 선언문(mission statements)과 목적을 개발하고, 전 직원과 함께 수업과 교육과정의 실제를 개혁하는 완만한 과정을 진행하기 시작했다. 리더십의 연속성이 떨어짐에 따라, 교육구 내의 각 학교는 각기 다른 방법으로 특수교육 서비스를 제공하고 있다. 학교 간의 일치된 서비스 사례는 거의 없었다.

스텔 장학사는 30년 동안 교수 요원으로 일하고 있다. 통합교육에 대해 느낀 안 좋은 인상이 남아 있기 때문에, 통합교육에 대한 교육철학을 옹호하는 일을 거의 하지 않는다. 통합교육을 지시하기보다는 자연스럽게 흘러가도록 내버려 두었다. 사실대로 말하면 통합교육의 적합성에 대해 회의적인 생각을 갖고 있다. 하지만 그녀는 개별화 교육계획이 적용되는 학생을 포함한 많은 학생들이 통합교육과 공동교수의 코티칭(co-teaching)[13]을 통해 더 큰 성취를 보인다는 사실을 알고 있다.

---

13) 역주: 일반학급에서 일반교사와 특수교사가 협력하여 하는 수업.

초기의 충격 탓으로, 케슬러 초등학교의 통합교육 이행을 향한 과정은 천천히 이루어졌다. 지난 몇 년 동안, 학습이나 정서 장애가 있는 아이들은 각 학년 수준에서 가장 뜻이 맞고 협력적인 두 명의 교사와 함께 배정되었다. 각 학년을 담당하는 두 명의 교사는 매년 특수교육 서비스가 필요하다고 판정받은 학생의 수가 들쑥날쑥한 불균형을 겪었다. 한 명의 특수교사가 두 학년에 걸쳐 교사들을 지원하는 역할을 맡았다. 그 이상의 특수교육 서비스가 필요한 학생은 교육구 외부로 배정받았다.

통합교육을 향한 움직임은 부분적으로는 성공적이었다. 분명, 참여한 교사들은 특수교육 판별(labeling)[14]을 받은 학생들이 정규교육 학급에 속해 있지만, 여전히 코티칭과 분리교육 프로그램은 거의 이루어지고 있지 않다고 느꼈다. 일반적으로, 학생들은 정규학급에서 분리되어 소요 시간의 대부분을 차지하는 읽기와 수학과 같은 주요 과목을 공부하기 위해 별도의 방에서 작은 그룹을 이루어 수업을 받았다. 처음에 교사들은 학급에서 수정(modification), 수업적 적응(adaptation)[15]을 하는 경향이 덜하였다. 하지만 몇몇 교사들이 이런 통합교육 수업 방식에 익숙해지면서 수정과 각색이 더욱 빈번하게 이루어졌다. 아쉽게도, 이러한 수업 방식은 전 교원에게 전파되지 못했다. 하지만 다음 학년도 계획을 세울 때, 많은 교사는 그들이 가르치는 '아이들'이 특수교사의 지원을 받게 될 것이고, 조절(accommodation)과 수정을 하는 교사들에게 배치되리라는 확신을 갖고 작업을 하였다. 그 결과, 각 학년에 배치된 두 명의 교사는 실패할 위험에 처해 특별한 관심이 요구되는 아이들에 대한 책임을 담당하는 우선적인 위치를 갖게 되었다.

---

14) 역주: 특수교육이 필요한 아동에 대한 개별화된 교육을 위한 분류.

15) 역주: 일반학급에서 특수교육 학생의 수업 참여의 양과 질을 높이기 위해 수업내용을 개별화하고, 학습유형과 교수유형을 결합하는 것.

스텔 장학사는 4학년 미셀 선생과 나눈 대화를 떠올렸다. "나는 코티칭 교사와 수업하기를 아주 좋아해요. 우리가 함께 교실에 있으면 더 많은 아이디어를 생각해 내고, 각각의 학생을 더 잘 관찰할 수 있고, 더 많은 교정 처치를 할 수 있고, 교육내용을 더욱 풍부하게 꾸밀 수 있어요." 스텔 장학사는 다시 한숨을 쉬었다. 미셀 선생과 그의 코티칭 교사인 프리드(Mrs. Freed)는 의기가 투합되었다. 이 두 사람은 개별화 교육플랜이 필요한 학생에게 적용되는 특별히 설계된 수업을 학급에서 이룰 수 있다고 느꼈다. 3학년과 4학년 교사에게는 해당되지 않지만, 체이스(Mrs. Chase) 선생은 "확실해요, 이 학생들은 정규학급에서 지내는 것으로도 많은 것을 얻을 수 있어요. 그러나 이들은 정규학급 학생들이 하는 일은 하지 못해요. 이들의 수준에 맞는 자료와 수업이 필요합니다. 이들은 쉽게 정신이 분산되어서, 우리는 또 다른 방으로 가야 합니다."라고 말하면서 통합교육 방식의 수업에 참여하는 교사의 정서를 잘 표현하였다. 스텔 장학사는 이들 교사가 보편적인 교실 수업 맥락에서 개별화 교육계획의 목표를 달성하는 체계적인 과정에 관해 생각하고, 모든 학생들이 동시에 동일한 일을 해서는 안 된다고 생각할 때면 놀라워하였다.

올해, 이 상황은 2명의 3학년 담당 교사들에게는 견딜 수 없는 일이 되고 말았다. 브랜들(Mrs. Brandle) 선생은 혼자서 위기에 처한 몇몇의 다른 학생 외에 개별화 교육계획 적용이 필요한 5명의 아이들을 맡았다. 또 캐로우(Mrs. Carou) 선생은 전체 학생 25명 가운데 개별화 교육계획 적용이 필요한 학생 7명이 포함된 학급을 담당하였다. 두 명의 교사는 이 아이들이 학습 장애뿐만 아니라 행동 장애와 정서 장애도 갖고 있음을 알았다.

캐로우 선생은 정서 장애 지원 교사로 교사 생활을 시작하였다. 그녀는 학생의 성공을 보장하고자 열정적으로 노력하고 헌신하였다. 선생은 각각의 학생은 성취할 능력이 있다고 힘주어 분명히 말할 수 있었다. 게다가, 모든 학생의 성공을 보장하는 개별화 수업을 아주 잘 이끄는 능력이 있었다. 학생의 욕구를 충족시키기 위해서는 많은 어려움이 따르지만, 가르치는 학생마다 분명한 진전을 보이고 있었다.

캐로우 선생에게, 올해는 몸과 마음이 지치는 한 해였다. 선생은 일찍이 올해 초부터 틈틈이, 비록 자신이 가르치는 학생 모두가 진보를 보이고 있지만, 다음 해에 단 두 학급에서 개별화 교육계획 적용이 필요한 학생을 유지하는 일은 해당 학생들이나 다른 학생에게도 모진 일이 되리라는 것을 관계자들이 깨닫게 하였다. 캐로우 선생의 이런 믿음은 분명하고 단호하였다.

케슬러 초등학교에서, 스텔 장학사, 진로상담사, 수업지원(instructional support: IS) 교사와 교장은 개별화 교육계획 적용이 필요한 학생을 지도하는 정규교육 교사인 학습지원 교사들과 모임을 가졌다. 다음 해에 모든 학생의 요구에 부합하는 최선의 방안을 찾기 위해 논의하였다. 4학년 교사들은 초반부터 캐로우 선생의 권고를 받아들이지 않았다. 대부분은 개별화 교육계획이 특수교육 교사로 하여금 더욱 효과적으로 지시적 교수(direct instruction)를 하게 만들기 때문에 이들 학생들에 대한 집중적인 노력은 바람직하다고 생각했다. 개별화 교육계획은 학생들과 함께 활동하고, 계획하고, 정규교육 교사 두 명과 함께 코티칭을 할 수 있게 해 준다.

신임 수업지원 교사인 마코(Ms. Marco) 선생이 모든 학급에 학생을 분산하여 배정하는 것이 고려되지 않은 이유를 물었을 때, 쳄스키(Mrs. Chemsky) 선생은 "이전에 해 보았으나 효과가 없었습니다. 학생들 수준이 각각 다르고, 학습지원 교사가 이 학생들 모두를 끌고 읽기와 수학을 가르치는 일은 아주 어려운 일입니다. 모든 학생들에게 손이 미칠 수는 없었습니다."라고 주장했다.

마코 선생은 당황한 듯하였다. "선생님들의 수업기술, 활동, 자료, 평가를 살펴보면, 정규학급 수업의 맥락 내에서 학생 대부분의 교육적 요구 충족이 가능하도록 체계적이고 조직적인 수정(modification)이 이루어질 수 있습니다." 참석한 교사 대부분이 멀뚱한 표정으로 그녀의 말을 들었다. 그녀는 다시 말을 했다. "여러분이 코티칭 교사와 수업을 계획할 때, 나설 필요도 없고 하지 않아도 될 사소한 수정을 먼저 하는 것을 보게 되지 않나요?" 모임에 참석한 많은 교사들과 첸스키 선생은 즉시 말을 꺼냈다. "코티칭 할 시간이 전혀 없어요. 계획…… 언제 우리가 계획할 수 있나요? …… 우선 아이들은 읽지도 못해요, 학습지가 있다 한들 그 아이들이 무엇을 할 수 있겠어요? …… 아이들에게는 일대일 수업이 필요합니다."

이 시점에서, 스텔 장학사는 특수교육 서비스를 받는 학생들이 반드시 학습지원 교사에게 일대일 수업을 받을 필요가 없는 수업 방법에 관한 아이디어를 나누는 쪽으로 주제를 바꾸려 노력했다. 수업은 적절한 시기에 학급 전원에게 스며들 수 있어야 하고, 코티칭이 가능하고 권장될 때에도 이런 수업 방식을 따라야 한다고 생각했다. 하지만 스텔 장학사는 교사들 대부분이 첸스키 선생의 단호한 말에 동의하는 것을 알 수 있었다. 그들 모두는 충분한 지원이 없다고 느끼고 있는 것이 분명했다. 개별화 교육계획 적용이 필요한 학생들의 요구를 충족하기 위해서는 더 많은 교사와 보조원이 필요했다.

비록 참석자들은 직원 충원의 필요성을 분명하게 밝혔지만, 현실적으로 더 많은 교사와 보조원을 채용할 만큼 충분한 돈이 없었다. 두 학급으로 배정할지, 배정 학급을 확대할지에 논의의 초점이 맞춰졌을 때,

스텔 장학사는 학생들의 요구를 바탕으로 배정이 이루어져야 한다는 의견을 밝혔다.

스텔 장학사, 진로상담사, 캐로우 선생, 브랜들 선생, 학습지원 교사, 그리고 수업지원 교사는, 학습과 관련한 어려움을 겪고 있어 다음 해에 개별화 교육계획 적용이 필요한 학생의 배정을 효과적으로 극대화하기 위한 방안 선택에 대해 연구하였다. 많은 논의와 논쟁을 한 후, 4학년 학생을 6개 반으로 확대하여 배정하기로 모두가 동의하는 가장 진전된 합의가 이루어졌다. 학급은 두 그룹으로 구분되었다. 세 반은 더 집중적인 관심이 요구되며 개별화 교육계획 적용이 필요한 아이들을 수용하여 특수교육 교사의 직접적인 서비스를 받게 되었다. 다른 세 반은 특수교육 교사와의 상담을 통해, 정규교육 교사와 함께하더라도 개별화 교육계획의 목표 달성이 가능한 아이들을 배정하기로 하였다.

한 가지 문제가 남아 있었다. 클레이(Mrs. Clay) 선생은 4학년을 27년 동안 가르치고 있다. 그녀는 학생에게는 높은 기대 기준을 적용해야 하고, 기준에 도달하지 못하는 학생을 다른 곳에 배정해야 한다고 생각하였다. 그녀는 통합교육은 개별화 교육계획 대상 학생에게는 과도한 부담을 부여하고, 나머지 학생도 수업을 천천히 해야 하기 때문에 양측 학생들 모두에게 큰 잘못을 저지르는 일이라고 생각했다. 그녀는 개별화 교육계획 대상 학생을 자신의 학급에 적용할 수 없다고 큰소리로 외치며, 통합교육 철학에 맹렬히 반대하였다.

스텔 장학사는 자신이 선택할 결정에 대해 숙고하였다. 스텔 장학사는 모든 4학년 학급에 특수교육 아이들을 배정할 수 있고, 클레이 선생에게 모든 아이들을 가르칠 책임이 있다는 사실을 말할 수 있었다. 스텔 장학사는 최근에 읽고 공감했던 기사를 떠올렸다. 그 기사는 어느 한 해에 잘못 가르치면 오랜 시간이 지난 후에까지 학생의 학업과 생활에 영향을 미칠 수 있다는 내용이었다. 이러한 가능성이 있다면 어떻게 아이를 맡길 수 있겠는가? 만일 클레이 선생 반에 개별화 교육계획 대상 학생을 배정할 경우, 스텔 장학사는 두 가지를 선택할 수 있다. 스텔 장학사는 클레이 선생에게 시간제 학습지원 교사의 도움을 받게 하고 집중적인 적응(adaptation)이 필요한 아이들을 맡길 수 있었다. 대안으로 장애가 심하지 않은 아이들을 맡길 수 있지만, 이 경우에는 클레이 선생은 직접적인 지원을 거의 받을 수 없을 것이다. 만약 그렇게 하지 않는다면, 위기에 처하거나 개별화 교육계획 대상 학생을 클레이 선생에게 맡기지 않는 선택을 할 수도 있었다. 이 마지막 선택은 위기에 처한 학생이 클레이 선생에게 지도받을 때보다 확실히 4학년 때 더 좋은 경험을 하게 할 수도 있으나, 다른 교사들의 업무를 더욱 어렵게 할 수도 있다. 게다가 모든 학생이 배울 수 있고 어울릴 수 있다는 교육철학을 지향하는 학교에는 전혀 도움이 되지 못한다.

토의할 문제

1. 클레이 선생의 학급에 학습지원이 필요한 학생을 배정할 경우의 장점과 단점은 무엇인가? 클레이 선생 학급 이외의 다른 학급에 이 학생들을 배정할 경우의 장점과 단점은 무엇인가? 스텔 장학사는 클레이 선생 학급에 학생들을 배정하기 전에, 선생의 전문직적 신념을 고려할 필요가 있는가? 왜 그런가? 혹은 왜 그렇지 않은가?

2. 학습지원을 받을 학생을 클레이 선생 학급에 배정하는 것을 스텔 장학사가 꺼린다면, 이 점이 학교공동체에 어떻게 영향을 미칠 수 있는가? 이 학생들의 바람과 학부모들의 바람이 이 문제에 어떤 영향을 미치는가?

3. 만일 클레이 선생에게 학습지원을 받는 학생이 배정된다면, 교장과 스텔 장학사는 어떤 지원을 할 수 있는가? 만일 클레이 선생이 학습지원을 받는 학생들을 배정받지 못한다면, 심화된 통합교육 철학을 지향하는 변화를 가져오기 위해 선생은 어떤 역할을 해야 하는가?

4. 특수교육을 받는 학생을 정규학급에 배정하는 일에 관한 법은 어떤 내용인가?

제5장
개인윤리강령 대 전문직윤리강령

이 장에서는 윤리에 대한 각자의 개인윤리강령이 전문직강령 또는 전문직의 기준과 다를 때 어떤 문제가 발생하는지를 알아본다. 이 장은 딜레마에 빠진 사람들의 개인적인 이슈를 제기한다. 이러한 딜레마에서, 교육 리더는 개개인의 개인생활과 교직생활을 구별하는 태도를 취해야 한다.

이 책의 제2장에서 전문직윤리를 한 가지 독립된 패러다임으로 소개하며 어느 정도 상세하게 설명하였다. 전문직윤리는 윤리적 딜레마를 조망하며 해결하는 네 번째 패러다임으로서 논의되었다. 정의, 비판, 돌봄윤리가 교육 리더십 분야의 다른 학자들에 의해 패러다임으로 강조되어 온 반면에, 전문직윤리는 분리된 별개의 모델로서는 거의 다루어지지 않았다. 하지만 이 책에서는 전문직윤리를 윤리적 원칙, 윤리강령, 공동체 윤리, 직업적인 판단, 전문직 의사결정을 포함한 하나의 패러다임으로 정의하기 위한 논쟁을 담고 있다.

샤피로와 스테프코비치(1998)는 교육 리더십 교수진과 학생들이 자신들의 개인강령, 전문직실천강령(codes of professional practice), 국가, 주 및 지역 기구의 강령의 측면에서 전문직강령을 공식화하고 검토하기를 요구하는 일의 중요성을 강조하였다. 샤피로와 스테프코비치만이 이런 측면을 강조한 것은 아니다. 몇몇을 예로 들자면, 듀크와 그로건(Duke & Grogan, 1997), 그리고 오키페(O'Keefe, 1997) 역시 비슷한 과정을 권장하였다.

전문직 패러다임은 개인강령과 전문직강령의 통합에 기초한다. 하지만 개별 개인강령과 전문직강령은 빈번하게 충돌한다. 이 때문에 교육 리더가 적절한 결정을 내리기 어렵다. 샤피로와 스테프코비치(1998)는 교육 리더십 프로그램을 수강하는 박사과정 학생을 대상으로 한 연구에서, 학생 간에 그들의 전문직윤리와 개인윤리에 따른 여러 가지 갈등과 충돌이 있다는 것을 발견하였다. 여러 학생 간의 갈등뿐만 아니라 학생 자신의 내적인 갈등도 있었다. 강령을 분석하는 데 있어, 샤피로와 스테프코비치, 그리고 박사과정 학생들은 교육 리더가 그들 개인의 개인강령과 전문직강령 사이에서, 그리고 각 강령 자체에서 일치나 불일치 또는 일관성과 비일관성을 찾는 일이 중요하다고 생각하였다. 어떤 개인이 두 개 또는 그 이상의 전문 직업에 대한 준비를 갖추고 있을 때도 충돌이 발견되었다. 이 경우에, 한 직업의 강령이 다른 직업의 강령과 다를 수 있다. 따라서 한 직업에 적절한 강령이 다른 직업에서는 도움이 되지 않을 수도 있다.

이 장에서 제시되는 다섯 가지 사례는, 각자의 개인강령이 공교육과 연관된 전문직강령과 상충될 때 일어날 수 있는 딜레마와 관련한 의사결정 과정을 통해 독자들에게 생각할 기회를 제공한다. 이 사례들은 개인강령과 전문직강령 간의 패러독스를 강조한다. 사례 말미에 있는 질문은 개인강령과 전문직강령과 관련한 다른 패러다임에 대한 논의에 도움이 된다. 정의윤리, 비판윤리, 돌봄윤리는 이 장에서 설명된 딜레마에 적용될 수 있다. 교육 리더는 때때로 많은 시간 동안 자신의 신념을 돌아보고 발전시킨 후에야 비로소 개인강령과 전문직강령의 패러다임을 대조하여 살피게 된다.

첫 번째 윤리적 딜레마인 사례연구 5.1 '주벽인가 질병인가'에서, 특수교육 담당자는 음주운전의 혐의를 받고 있다. 그는 알코올 중독자였기 때문에 지역사회에서는 그를 해고하기를 원한다. 학교 측은 해고할 수 있다. 주 법률에 따르면 교직원이 범죄 혐의를 받으면 해고할 수 있기 때문이다. 하지만 해고 당사자가 오랫동안 근무를 매우 성실히 잘 수행하고 있다는 이유로 인사 담당 부교육감은 해고를 반대한다. 게다가 인사 담당 부교육감은 해고 당사자가 지원과 도움이 필요한 질병으로 고통을 겪고 있다고 믿고 있다.

사례연구 5.2 '떠오르는 스타인가 배우자 학대범인가'는 교육감에게 인정받으며 중요 보직으로 승진을 앞두고 있는 고등학교 보건체육 교사에 초점을 맞춘다. 교장은 이 교사가 가정폭력의 혐의로 기소된 사실을 알고 있다. 비록 교장은 이 교사가 일을 능숙하게 잘하여 높게 평가하고 있지만, 교육감은 개인적으로 다르게 바라보기 시작한다. 많은 학부모들이 교사가 아내를 때린 행위에 대해 전해 듣고 분개하여 교육위원회에 해고를 요구한다. 교육감은 공적인 자리에서 그 교사를 해고하라는 요구를 받는 어려운 상황에 처하게 된다.

사례연구 5.3 '방과 후 뒤풀이'에서는, 좁은 지역사회에 자리한 작은 규모의 초등학교 교장이 전문성 향상 연수를 통해 교직원 간의 협동심을 형성하고자 시도한다. 불행하게도, 새로운 긍정적인 관계가 '비공식적인 모임'으로 이어진다. 한 학부모가 페이스북에서 자녀의 담임이 지역의 어느 술집에서 아주 거나하게 취해 즐기는 사진을 보게 된다. 교장은 전문직강령을 벗어난 교직원의 개인 생활에 개입하여 팀 정신을 어떻게 다루어야 하나?

네 번째 윤리적 딜레마인 사례연구 5.4 '일자리 나누기: 실제적 이점' 에서는, 교사들의 요구와 교육위원회 지침 간의 균형을 잡아야 하는 행정가를 소개한다. 이 교육구는 일자리 나누기 시범사업을 벌이고 있는데 교원노조가 1년간 임시직 업무 종사자에 대해 정규직 혜택을 부여해 줄 것을 요구하는 상황이다. 노동조합은 적절한 일괄 복리후생 없이 단지 현재 기혼자만이 일자리 나누기를 할 수 있는 문제를 해결하고자 한다. 개인적인 수준에서 인사 담당 부교육감에게는 공감이 되는 문제였다. 왜냐하면 그녀는 독신이며 미혼인 이들에게 혜택을 주고 싶었기 때문이다. 하지만 담당 업무분야의 전문가로서, 일자리 나누기에 관한 조정이 모든 임시직 직원이 복리후생 혜택을 요구하는 계기가 되리라는 것을 알고 있다. 이 경우 부교육감으로서 어떤 결정을 내리든 개인적으로나, 특히 업무적으로는 자신의 경력에 미치는 영향이 만만치 않을 것임을 알고 있다.

사례연구 5.5 '교사들이 싸울 때' 에서는, 취학 전 교육을 담당하고 있는 행정가가 개인적 다툼으로 학교 분위기를 해치는 교사의 문제를 해결하고자 고심한다. 가장 비전문가적인 행동이라고 간주될 수 있음에도 불구하고, 집 없는 가족을 부양하기 위해 열심히 일하는 교사를 향한 동정심을 배제할 수 없는 이 행정가는 돌봄윤리와 전문직윤리 사이에서 갈등을 겪는다.

사례연구 5.1 주벽인가 질병인가

마리 왕(Mari Wang) 박사는 긴 하루 일과를 마치고 사무실 의자에 앉아 해리슨(Harrison) 시 교육구에서 일어난 최근의 문제를 떠올리며 생각에 잠겼다. 5년 전 인사담당 부교육감이 된 이후 그녀는 많은 문제를 다루었지만, 자신을 이 자리의 적임자로 지지한 인사를 포함해서 어떤 핵심 행정직 관계자도 문제해결에 참여시킨 적이 없었다.

키더(Kidder) 씨는 최근 특수교육과장으로 취임하였다. 그는 지난 4년 동안 특수교육 관련 일을 해 왔다. 그는 최고의 특수교육 교사로 유명했다. 몇 년 전에 석사학위와 장학직 자격을 취득하였고, 전임자의 퇴직으로 공석이 되자 적임자로 임명되었다. 키더 과장은 인터뷰를 잘했을 뿐만 아니라, 교육구에서 재직한 20년 동안 특히 여러 건의 특별 과제 수행을 담당하여 잘 처리한 경력이 있고, 학급 담임 교사로서도 교사들의 존경을 받아 최고의 교사로 손꼽히던 사람이었다. 우수한 능력 외에도 키더 과장은 사람들과 어울리기를 좋아하는 매력적인 성격으로 학부모뿐만 아니라 직원들과도 쉽게 친밀한 관계를 형성하였다. 키더 과장은 종종 자신에 관한 이야기와 농담을 하며 일상생활에서 긍정적 태도를 통해 왕 박사의 생활을 즐겁게 해 주었다.

하지만 오늘은 평소와 다르게 정말 유감이었다. 사실 두 시간 전에, 키더 과장은 세상이 끝나는 것처럼 보였다. 왕 박사만이 막다른 골목에 처한 그를 구해 줄 유일한 통로였다. 키더 과장의 공직생활이 위기에 처한 것이다. 음주운전으로 인해 몇 주 전 체포되어 곧 구속될 상황이었다. 설상가상으로 이번이 세 번째로 지역 교도소에 3개월 동안 구속될 사안이었다.

교육구에서 차지하는 그의 위치, 재판에서의 증언, 그리고 다른 범법 행위가 거의 없다는 점을 고려한 법원은 직장에서 인정한다면 수감자 재사회화 프로그램(work-release program)이 적합하다고 판결하였다. 키더 과장은 왕 박사에게, 오전에 다른 사람이 그를 차에 태워 교도소에서 직장으로 데려다 줄 것이라고 설명하였다. 매일 오후 5시 30분까지 근무한 뒤, 귀환 요구 시간인 오후 6시까지 교도소로 돌아오면 된다. 5월 말까지 세 달 동안 이렇게 해야 한다.

키더 과장이 법원의 구체적인 권고에 따라 앞으로 일어날 일에 대해 밝힌 후에, 왕 박사는 자신이 취할 조치는 무엇인지, 그리고 키더 과장이 왜 그런 상황에 처할 수밖에 없었는지 살펴볼 필요를 느꼈다. 분명히 당황스럽고 부끄러운 일이었지만, 키더 과장은 자신이 알코올 중독자라는 사실을 밝혔다. 언제부터인지는 모르지만 일에 대한 압박감과 불안정한 결혼생활로 인해 하루하루가 힘들었으며, 그래서 퇴근 후에 한두 잔 하려고 습관적으로 술집을 찾게 되었다고 하였다. 앞선 두 번의 체포에서는 단지 재수 없이 붙잡힌 것이라 여기고 벌금을 물고 벗어날 수 있었다. 그는 두 잔을 마셔도 분명 안전하게 운전할 수 있었다. 그는 정말로 아무런 잘못이 없는 자신이 걸린 것은 잘못된 법 때문이고, 법이 너무 엄격하며 정치적인 압력단체의 요구에 따라 만들어진 것이라고 그는 여겼다.

심각한 결과를 낳은 세 번째 체포로 인해 키더 과장이 무슨 일을 하고 있었는지를 진지하게 살필 수 있게 되었다. 키더 과장은 선선히 자신이 알코올 중독자임을 인정하고 치료를 위한 첫 단계로 알코올 중독자 재활협회 모임에 참석하겠다고 하였다. 또한 학년이 마무리된 뒤, 교육구의 고용지원 복지 프로그램을 이용해 알코올 중독 회복 프로그램에 등록할 작정이라고 하였다. 이 과정은 여름방학 동안의 휴가를 이용하여 6주간에 걸쳐 이루어진다.

키더 과장은 회복 과정을 잘 견디면 직장으로 복귀할 수 있다고 믿었다. 그리고 이런 불미스러운 일을 다시는 하지 않겠다고 다짐하였다. 자신의 행동으로 인해 학교행정에 끼친 잘못을 깊이 뉘우치고 사죄하였다. 그리고 알코올 중독에서 벗어나려는 자신의 계획을 교육구가 지원해 주기를 희망하였다. 왕 박사는 솔직하게 이야기해 준 키더 과장에게 감사하다고 말하고, 다음 날 교육감과 교육위원회에 보고한 뒤 취할 조치에 대한 결론을 갖고 다시 방문하리라고 말하였다.

왕 박사는 결정을 내리기 전에 검토할 여러 측면이 있는 문제라고 재차 생각하였다. 긴 시간 동안 사무실에 머물다 보니 이미 밤이 깊어졌다.

토의할 문제

1. 키더 과장의 문제를 도덕성 결여의 문제, 아니면 질병의 문제로 생각하는가? 여러분의 견해를 좀 더 자세히 설명하시오. 키더 과장과 같은 행정가는 일반 시민보다 더 높은 수준의 도덕성을 가져야 한다고 믿는가? 만일 키더 과장의 잘못이 사생활로 인한 일이라면, 그의 고용에 영향을 미쳐야 한다고 생각하는가? 그래야 하는 이유 또는 그렇지 않은 이유는? 이 일이 그가 훌륭한 교사였다고 판단하는 데 영향을 미치는가? 그가 훌륭한 행정가라는 판단에는? 좋은 동료라는 점에는? 교직원을 바라볼 때, 공공의 관심과 엄밀한 개인의 사생활 간의 경계를 어떻게 구분해야 하는가?

2. 키더 과장이 위반한 법이 정치적 동기에서 제정된 것이라고 가정하자. 그렇다면 왕 박사가 취해야 할 조치가 달라져야 하는가? 이 법이 불공정하다고 생각하는가? 지나치게 엄격하다고 생각하는가? 그런 이유 또는 그렇지 않은 이유는? 이 법은 누구에게 유리한가? 만일 이 법이 불공정하다면, 왕 박사가 취해야 할 조치는 달라져야 하는가?

3. 돌봄의 마음을 가진 사람이라면 왕 박사의 입장에서 어떻게 해야 하는가? 누구에게 돌봄을 베풀어야 하는가? 키더 과장 외에 고려해야 할 사람이 있는가? 누구인가?

사례연구 5.2 떠오르는 스타인가 배우자 학대범인가

알렉스(Alex) 선생은 교육 여건이 좋은 메이플그로브(Maple Grove) 교육구에서 보건과 체육을 가르친다. 뿐만 아니라 교육구에서 고교 미식축구, 레슬링, 야구를 훌륭하게 지도하여 주 전역의 많은 코치들 사이에서 유능한 코치로 인정받고 있다. 알렉스 선생이 지도하는 여러 팀이 연맹전이나 주 대회에서 우승하였다. 선수들은 알렉스 선생을 존경하여 아버지처럼 따르고 역할모델로 삼았다. 알렉스 선생이 지도한 많은 학생이 주요 대학에 진학할 때 장학금을 받았고, 일부는 직업 선수로 경력을 이어 가고 있다. 학부모와 학생을 포함한 많은 사람들, 특히 교육감은 선수들을 헌신적으로 지도하는 알렉스 선생에게 감사하고 있다.

알렉스 선생은 메이플그로브 교육구에서 요청하면 언제든 일을 할 수 있는 대체 교사로 일을 시작하였다. 그는 체육 수업뿐만 아니라 다른 모든 교과의 대체 교사로 수업을 하였다. 모든 학년을 지도했으며, 무용, 학급 여행과 담당 외의 운동 경기 등의 학교 행사에 자발적으로 보호자 역할을 맡아 참여하고 봉사하였다. 그는 정규직으로 임명받아 안정된 환경에서 자신이 선택한 분야의 전문성을 발휘하고자 주말과 저녁 시간에도 교육구를 위해 일하였다. 가능한 한 빨리 정규직 교사가 되고 싶었고 꼭 그렇게 되리라 생각하였다. 대체 교사로 3년을 보냈지만 아직 정규 교사의 신분이 되지 못해 실망하고 힘이 빠지는 것을 느꼈다. 하지만 그동안의 수고를 보상해 줄 기회가 곧 찾아왔다. 당분간 알렉스 선생은 미식축구, 레슬링, 야구 코치와 대체 교사 일을 계속할 것이다. 알렉스 선생은 미식축구를 지도하는 일을 특히 좋아했고 전문가로 인정받았다. 능력 있는 코치로서뿐만 아니라 대회 우승을 위해 열성을 다해 지도하였다.

학년 말에 알렉스 선생이 바라던 자리에 대한 채용 공고가 발표되어, 지원자들은 곧 인터뷰를 시작할 예정이다. 알렉스 선생이 이룬 모든 실적과 수고가 곧 보상을 받게 될 것이다. 정년을 보장하는 교사직과 수석 코치의 자리가 곧 실현될 것이다. 교감이 알렉스 선생에게 전화를 걸어 곧 채용될 수 있게 하겠다고 제안하였다. 인터뷰 과정은 예정된 계획대로 진행되었다. 알렉스 선생은 인터뷰를 거의 실수 없이 마쳤다. 다음 날, 영(Young) 교장에게 합격하였다는 전화를 받았다. 알렉스 선생은 뛸 듯이 기뻤다. 알렉스 선생은 함께 기뻐해 줄 아내 모니카(Monica)를 생각하였다. 알렉스 선생 부부는 두 자녀가 있다. 이들 가족은 이 교육구에서 화목하게 살고 있고, 두 자녀는 교육구에 있는 학교에 다녔다. 첫째는 고등학생이고 여러 활동에 적극적으로 참여하고 있다. 둘째는 초등학교에 다니고 있었다. 특수교육 자격증을 지닌 아내 모니카도 교육구에서 대체 교사로 일하고 있었다. 알렉스 선생과 모니카는 같은 학교에서 근무한 적이 있었고 첫째 딸은 부모가 가르치는 수업을 받기도 했다. 요즘도 알렉스 선생과 모니카는 평소처럼 전문가로서 활동하며 맡은 책임을 훌륭하게 수행하고 있었다.

겉으로는, 알렉스 선생과 모니카는 이상적인 부부이자 훌륭한 전문가처럼 보였다. 알렉스 선생은 계속해서 뛰어난 코치로 인정받았고, 수업을 받는 모든 학생들은 그를 매우 좋아하였다. 브라운(Brown) 교육감과 영 교장은 알렉스 선생에 대한 최근 평가에 매우 만족하여 장차 행정가로 키우기 위한 교육 계획을 세우려고 생각하였다.

모니카는 대체 교사의 일에 만족하는 듯 보였고 만일 기회가 주어진다면 스포츠 팀 코치 일을 시작하고 싶었다. 관리자들은 모니카가 가르치는 스타일과 학생들을 잘 지도하는 능력을 주목하기 시작하였다. 알렉스 선생과 모니카의 직장 생활은 안정적이고 행복하게 보였지만, 그들의 사생활, 특히 부부 관계는 심각한 상황으로 치닫고 있었다.

쉬는 주말에, 알렉스 선생과 모니카는 집에서 여러 차례 싸웠다. 이들 부부의 문제는 악화되었고, 스트레스로 인해 알렉스 선생의 직장 생활의 법적인 의무와 책임에도 영향을 미치게 되었다. 알렉스 선생은 학생과 동료, 심지어는 학부모에게도 잠깐씩이지만 짜증을 내기도 하였다. 몸가짐이 흐트러졌고 내쉬는 숨에서 술 냄새가 풍긴다는 소문이 돌았다. 동료들은 그가 늦게 출근하는 경우가 종종 있고 수업에도 늦게 들어간다는 것을 알고 있었다. 선수들도 연습할 때 알렉스 선생이 예전과 다르다고 느끼고 걱정을 하였다.

영 교장도 이러한 변화를 인지하여 즉시 알렉스 선생과 면담을 가졌다. 둘이 만난 자리에서 알렉스 선생은 교장에게 자신의 부부가 별거하고 있다는 비밀을 털어놓았다. 하지만 이러한 상황은 일시적이며 곧 화해할 것이라고 말하였다. 알렉스 선생은 지난 몇 주 동안 학교생활에 충실하지 못한 점을 사과하며 다시는 이런 일을 반복하지 않겠다고 교장에게 다짐하였다. 브라운 교육감은 이 문제에 대해 보고를 받았으나 가볍게 넘겼다.

다음 주, 브라운 교육감은 교육구 자문변호사에게 전화를 받았다. 자문변호사는 전날 밤 알렉스 선생이 부인을 폭행한 혐의로 체포되었다는 사실을 알렸다. 부인의 상태가 심각하지 않아 기소되지는 않았다. 영 교장과 브라운 교육감은 학년 말이 다 된 시점이어서 이 사건을 문제 삼지 않기로 하였다. 교장과 교육감은 여름방학 기간 동안 이 문제에 대한 관심이 수그러들 것으로 생각하였다. 게다가 교육구에서 알렉스 선생에 대한 명성이 아주 긍정적이었고, 미식축구 팀 코치를 맡고 있는 그에게 나쁜 평판이 돌게 하고 싶지 않았다.

여름방학 동안에 알렉스 선생은 부인과 다시 언쟁을 하고 폭행 혐의로 체포되었다. 이번에는 부인이 알렉스 선생을 고소하고 변호사에게 이혼 소송을 의뢰하였다. 남편을 고소하기로 한 그녀의 결정은 지역 신문에 헤드라인으로 보도되었고, 지역사회, 교육위원, 관련 책임자들은 이 소식으로 술렁거렸다.

알렉스 선생의 체포 소식은 재빨리 교육구 전체에 알려졌다. 많은 학부모가 분개했고 이 상황에 관해 큰 관심을 가졌다. 일단의 학부모가 이 문제를 논의하고자 모임을 결성하고, 알렉스 선생의 자진 사임이나, 해고를 요구하기 위해 교육구를 방문하기로 하였다. 100명 이상의 학부모가 알렉스 선생을 해고해 달라는 청원에 서명하였다. 다음 교육위원회 회의 때 이번 사건에 대해 강력하게 항의할 계획이라는 소식이 들려왔다.

알렉스 선생이 체포된 직후, 부인이 다시 고소를 취하하기로 결심하였다. 교육구는 이 소식을 그대로 받아들였다. 교육구는 사건에 영향을 미친 폭행 사태의 반복적인 면을 고려하지 않았다. 교육구는 이 문제에 관한 지역사회 의견이 분분함을 간과하였다. 학교행정가들은 곧 개최될 교육위원회 회의에서 몇몇 학부모가 이 사건에 대해 발언을 한 후에 회의가 예정대로 진행되리라 생각하였다. 하지만 학교행정가들은 지역민들이 느끼고 있는 분노를 과소평가하였다.

100명 이상의 학부모가 회의에 참석하였다. 비좁아 설 자리조차 없었고 문밖에도 줄이 길게 늘어졌다. 학부모들이 분노를 표출하면서 회의장은 긴장감이 돌았다. 학교행정가들과 교육위원들은 회의장에서 어떤 일이 일어날지 모르는 긴장감에 마음을 졸였다.

회의가 시작되자 한 학부모가 "알렉스 코치를 당장 해고하세요. 이런 사람이 우리 아이들을 가르치기를 원치 않아요."라고 고함을 쳤다. 다른 학부모들은 이에 동조하며 야유를 퍼부었다. 교육위원회 위원장은 질서를 유지하고 회의를 진행하고자 재빨리 의사봉으로 책상을 두드렸다.

화난 학부모의 목소리가 잦아들자 회의는 질서를 되찾았다. 사친회 회장인 루이스(Lewis) 여사가 일어나서 걱정하는 학부모의 입장을 대변하였다. 먼저 침착하고, 부드럽고, 논리정연하게 알렉스 선생의 공적을 칭찬한 그녀는 알렉스 선생이 학교, 학생, 운동 프로그램에 기여한 모든 긍정적인 일을 조심스럽게 전달하였다. 또한 알렉스 선생의 도움으로 그녀의 아들이 장학금을 받아 대학에 다닐 수 있게 된 일도 언급하였다. 그러나 그녀는 "지난 실적에 관계없이, 우리 학교에 근무하는 어떤 교사라도 이러한 폭력적인 행동에 관련되었다면 용납할 수 없습니다. 교사들은 학생들의 역할모델이며, 부모는 교사가 높은 도덕적 인품을 갖추고 있으리라 믿고 아이들을 맡긴 것입니다."라고 말하고는, "알렉스 선생은 분명히 신뢰를 저버렸습니다. 따라서 해고를 요구합니다."라고 결론을 내렸다. 그러고 나서 브라운 교육감을 향해 물었다. "이 일을 어떻게 처리할 생각입니까?" 참석자 모두는 일시에 조용해졌다. 브라운 교육감은 참석자들이 매우 흥분해 있고 자신들이 원하는 어떤 답을 기다리고 있다는 것을 알았다. 브라운 교육감은 결정을 내리기가 아주 곤혹스러운 상황에 처하였다.

토의할 문제

1. 브라운 교육감이 취할 수 있는 가장 공정한 선택은 무엇인가? 돌봄의 정신을 실천할 수 있는 최선의 선택은?

2. 어떤 이는 알렉스 코치가 아주 많은 어린 운동선수에게 도움을 줄 수 있다는 이유를 들어 '최대 다수의 최대 행복'을 바탕으로 그의 직책을 유지하는 결정을 내릴 수도 있다. 이 주장의 장점과 약점은 무엇인가? 이 점에 동의하는가? 그런 이유와 그렇지 않은 이유는? 모든 학생을 위한 최선의 이익을 추구하는 조치는 무엇일까? 메이플그로브 고등학교를 다니는 운동선수를 위한 최선의 이익을 고려하는 조치는 무엇일까? 코치로서, 알렉스 선생은 가르치는 학생들을 위한 역할모델이 되어야 할 특별한 책임을 가지고 있는가? 이 책임은 코치를 하지 않는 교사로서의 책임 이상의 의미가 있는가?

3. 브라운 교육감의 딜레마를 사례 4.1의 시나리오에 나오는 왕 박사의 딜레마와 비교하라. 알코올 중독이 질병인 것처럼, 배우자 학대를 병이라고 주장할 수 있는가? 그런 이유와 그렇지 않은 이유는?

4. 알렉스 선생은 아직 학생을 때리진 않았다. 그를 해고하는 일이 좋은 예방책인가? 그런 이유 또는 그렇지 않은 이유는? 이 논리에서 어떤 윤리적 문제를 발견할 수 있나? 발견할 수 없다면, 그 이유는? 발견할 수 있다면 그 윤리적인 문제는 무엇인가? 개인의 사생활은 그저 개인의 사생활이어야 하는가? 그런 이유와 그렇지 않은 이유는?

5. 이런 상황에서 비판이론가가 할 수 있는 질문은 무엇인가? 비판이론가는 어떤 관심사에 초점을 맞출 것인가?

6. 여러분이 브라운 교육감이라면 어떻게 하겠는가? 여러분의 대답에 대한 이유를 설명하시오.

사례연구 5.3 방과 후 뒤풀이

다나 하자(Dana Hajjar) 교장은 교사 휴게실을 떠나면서 미소를 지었다. 그녀는 예전처럼 다시 작은 학교에서 일하는 즐거움에 싸여 자신의 사무실로 돌아가면서 혼자 생각하였다. 월요일 아침 복도에서 즐거운 기분에 콧노래를 불렀다. 그녀는 얼마전까지 더 큰 몇몇 학교에서 교장을 역임했었다. 그리고 작은 학교에서 근무하기를 좋아하는 이유를 더 들어 생각하기 시작하였다. 큰 학교와는 달리 가족적인 분위기와 동료애가 느껴졌다. 가족적인 분위기에서는 모두가 똘똘 뭉쳐 쉽게 일을 할 수 있었다. 하자 교장은, 행복한 학교의 핵심은 교직원들이 서로서로 잘 지내고 단결된 조직체로 일할 수 있는 환경임을 오래전에 깨달았다. 이러한 관계 형성을 위해 언제나 열심히 노력하는 자신의 능력에 자부심을 느꼈다. 펠프스(Phelps) 초등학교의 신임 교장으로 부임한 그녀는 학년이 시작되면서 많은 사회적 활동과 단체정신을 제고하기 위한 일을 시작하였다. 처음에는 교직원들이 잘 따라 주지 않는 듯하였다. 교직원 대부분은 몇 년 동안 함께 근무했기 때문에 '서로를 알기' 라는 스킨십 활동이 어색한 일이라고 생각하였다. 특히 '큰 도시에서 온 이방인' 이 이끌어 더더욱 그렇다고 생각하였다. 그러나 서서히, 경험이 풍부한 교사인 캉(Kang) 선생이 앞장서서 도와주고 특별히 노력을 기울여 직원들이 모이기 시작하였다. 하자 교장은 캉 선생이 있어 큰 위안과 힘이 되었다. 캉 선생으로 인해 일하기가 훨씬 쉬웠다.

하자 교장은 매월 한 차례의 금요일을 전문적 능력개발의 날로 정해 학생들은 재택학습을 하고, 교직원들은 학생들에 관한 평가 작업을 하고 팀을 만들어 단원을 계획하며 함께 프로젝트를 수행하게 했다. 캉 선생은 전문적 능력개발의 날이 아닌 금요일 저녁에도 지역의 레스토랑과 술집에서 비공식적인 회식을 주도하는 듯했다. 이런 모임이 있는 저녁에 교사들끼리 모여 큰 이벤트를 벌이기 시작하였다. 하자 교장은 아주 만족스러웠다. 전문적 능력개발의 날이 아닌 금요일에도 교직원들은 정기적으로 함께 만나 여유를 즐기고 진정한 친구로 지내기 시작하였다. 이런 우정은 학교생활에도 영향을 미치기 시작하였다. 교육과정은 더욱 충실해지고 교사들은 서로 신뢰하고, 조언하고, 비판하고, 협동하였다. 하자 교장은, 교직원이 매우 적은 학교에서는 서로 전혀 교류가 없거나 매우 정연하게 짜인 조직의 상반되는 두 가지 방법 가운데 하나를 선택하여 교직원들을 역동적으로 움직일 수 있다는 것을 알았다. 하자 교장은 그날 아침, 교사들이 학습계획을 함께 작성하면서 금요일 밤 비공식 회식 때 있었던 이야기로 즐거워하며 웃고 있는 모습을 보며 교사 휴게실을 나가면서, 새롭고 아주 친밀하게 형성된 공동체 정신이 그들이 하는 일에 반영되는 잘 짜인 조직을 가졌다고 느꼈다. 아주 흡족하였다.

하자 교장은 만면에 웃음을 지으며 교장실로 향하였다. 하지만 교장실에 도착하여 2학년 학생의 학부모가 비서에게 목소리 높여 이야기하는 소리를 들으면서 점차 얼굴이 굳어졌다. "교장 선생님은 어떻게 학교를 운영하는 겁니까? 이따위 일이 과거 큰 도시에서 근무할 때는 있을 수 있었겠지만, 이 작은 지역에서는 일어날 수 없는 일입니다!" 하자 교장은 천천히 마음을 졸이며 교장실로 들어갔다.

"샘슨(Sampson) 여사, 안녕하세요. 오늘 아침 무슨 일이 있었나요?"

"이제 나타나셨군요! 이번 주말 지미(Jimmy) 선생님의 우스꽝스러운 행동을 어쩔 셈인가요?"

하자 교장은 어이가 없어 말문이 막혔다. "교장실로 들어오셔서 말씀하시지요."

샘슨 여사는 지역사회에서 가장 활동적인 학부모 가운데 한 명이다. 그녀의 자녀 네 명이 이곳 초등학교에 다녔거나 다니고 있다. 위로 두 자녀는 캉 선생의 반이었고, 현재 5학년에 다니는 아이는 프랭키(Frankie) 선생 반이고, 막내 지미는 2학년 게르트루드 부르트만(Gertrude Voortmann) 선생이 맡고 있다. 샘슨 여사는 학교에 많은 지원을 해 왔으며, 하자 교장은 늘 그녀와 우호적인 관계를 맺고 있었다. 이런 행동은 의외였다. 흥분을 가라앉히지 못한 채 샘슨 여사는 교장실로 들어왔다.

"이번 주말에 선생님들이 무슨 일을 했는지 아세요?"

"죄송하지만 잘 모르겠네요. 금요일 저녁에 교사들 몇몇이 저녁 식사를 한 것으로 알고 있습니다. 그 자리에 저는 없었지만, 좋은 시간을 보냈다고 들었습니다."

"흥! 교장 선생님은 상상도 못하겠지요? 그래서 그들이 찍은 사진을 보지 못했겠지요?"

다나 교장은 고개를 저으며 "네, 보지 못했습니다."라고 말하였다.

"선생님들 뒤를 쫓아다녀 보시지요."라고 한숨을 쉬며 혼자 말하듯 중얼거리고는, 믿을 수 없다는 듯 고개를 내저었다.

하자 교장은 이해하려고 노력했으나 샘슨 여사가 무슨 말을 하는지를 알 수 없었다. 무언가 암시하며 묻는 샘슨 여사의 말투가 마음에 들지 않았다. 사실 주말에 교사가 주로 무엇을 하는지를 잘 알지 못하였다. 솔직한 심정으로, 주말에 교사가 무엇을 하는지를 파악하는 일이 교장의 일이라고는 조금도 생각하고 싶지 않았다. 교사는 자신의 시간과 공간이 필요하고, 그럴 권리가 있다고 생각했다. 그러나 바로 그 순간, 만일 그들의 행동이 학부모가 분개하는 일을 초래한다면 무슨 일이 진행되고 있는지를 좀 더 살펴야 한다고 느꼈다.

오래 앉아 있을수록, 샘슨 여사의 질문과 말투에 마음이 더욱 상하였다. 자신이 교직원의 문제에 깜깜하다고 몰아가는 샘슨 여사의 말투가 마음에 내키지 않았다. '나는 교직원들과 가까운데……. 그렇지?' 하자 교장은 스스로에게 물었다. 마음이 점차 불편해져 갑자기 더 이상 참을 수가 없었다. 짜증을 내며 물었다. "사진이요? 무슨 사진이죠? 어디서 사진을 보셨나요, 샘슨 여사?"

샘슨 여사가 능글맞게 웃었다. "교장 선생님은 페이스북 계정이 분명 없지요? 잠시 교장 선생님의 컴퓨터를 사용해도 될까요?"

하자 교장은 샘슨 여사가 페이스북 계정에 로그인하도록 잠시 책상에서 비켜 주었다. 샘슨 여사가 맞았다. 하자 교장은 '페이스북'을 해 본 적이 없다. 뉴스나 친구들에게서 페이스북에 관해 긍정적이거나 부정적인 많은 이야기를 들었다. 페이스북은 학생들의 기념 앨범 프로그램과 아주 비슷한 듯했고, 별 관심이 없어 해 보고 싶지 않았다. 하자 교장은 궁금해지기 시작하였다. 샘슨 여사가 자신의 페이스북 홈페이지에 접속하여 '친구 목록'을 여는 것을 지켜보았다. 놀랍게도 샘슨 여사의 친구 목록에 캉 선생이 있었지만 이해할 수 있었다. 이들은 한동네에 살고 있다. 캉 선생은 샘슨 여사의 큰 두 자녀의 담임을 맡았었고, 지금은 프랭키 선생이 셋째 자녀의 담임을 맡고 있다. 하자 교장은 그들이 '친구'로 지낼 수 있다고 생각하였다.

샘슨 여사는 캉 선생의 홈페이지를 클릭하였다. 그의 홈페이지에 '방과 후 뒤풀이: 하자 교장의 복불복'이라는 제목으로 새로운 포토 앨범이 게시되어 있었다. 하자 교장은 화가 솟으며 얼굴이 붉어졌다. 이것이 그가 진정으로 생각해 낸 것일까? 하자 교장은 캉 선생을 자기편으로 생각했는데, 자신을 놀린 것으로 생각할 수밖에 없었다.

샘슨 여사가 캉 선생의 포토 앨범을 하나씩 살펴볼 때, 하자 교장은 별로 악의가 없고, 다정하게 함께 웃고 있고, 식사하고, …… 노래방에도 간 것 같은 사진을 보았다. 앨범 속의 사진에서 밤이 깊어지면서 마침내 샘슨 여사를 흥분하게 한 사진에 시선이 꽂혔다. 캉 선생과 그의 부인이 배경으로 나오는 사진에서, 샘슨 여사의 2학년 자녀 담임을 맡고 있는 부르트만 선생이 테이블 위에 앉아 멕시코의 아주 독한 술인 테킬라처럼 보이는 술을 한 번에 들이켜고 있었다.

"이 일을 어떻게 처리할 생각인가요? 내 2학년 아이의 담임이 술주정꾼이라니. 그것도 여러 사람 앞에서 대놓고 마시잖아요? 이것이 교직원의 단합을 강조한 결과인가요? 강제로 술 마시기라니! 교장 선생님이 도시의 큰 학교에 있을 때는 괜찮을 수 있겠지요. 그러나 여기는 좁은 동네고 우리는 선생님들을 좀 다르게 생각합니다. 선생님들은 우리 아이들의 역할모델이 되어야 하지 않나요?"

하자 교장은 할 말이 없었다. 이것이 그녀가 바라고 지원한 단체정신은 아니잖은가? 이런 일이 있으리라고 생각한 적은 한 번도 없었다. 퇴근 후 개인적으로 비공식 모임을 갖는 것이 술을 퍼마시기 위해서는 아니잖은가? 이것은 그녀가 원한 바가 아니었고, 선생들도 이런 일이 일어나면 안 된다는 것을 더 잘 알고 있을 것이다. 할 말을 제대로 잇지 못하며 "샘슨 여사, 이 일을 알려 주셔서 감사합니다. 이 일을 …… 처리하겠습니다."라고 말하였다.

"그러기를 바랍니다. 교사의 이런 행동은 용납할 수 없습니다. 하자 교장 선생님, 나는 이 같은 여선생이 맡은 반에 내 아이를 보낼 수 없습니다. 부르트만 선생님은 분명히 자신을 거의 통제할 수 없는 것 같습니다. 그녀가 2학년 아이들로 가득한 교실을 맡기에 얼마나 무책임한 사람인지 상상하고도 남습니다."

하자 교장이 이 일을 처리하기로 약속을 하고서야 샘슨 여사는 진정한 듯하였다. 그러나 교장실에서 샘슨 여사를 배웅하면서, 어떻게 이 약속을 이행할지 별 뾰족한 방법이 떠오르지 않았다. 부르트만 선생은 뛰어난 교육자이자 학교의 인재였다. 잘 알 수는 없지만, 부르트만 선생은 자신의 페이스북 페이지를 갖고 있지 않을 수도 있고, 이 사진을 스스로 게시하지 않았을 수도 있었다. 부르트만 선생이 사진이 게시된 것을 알고 있을지, 그렇다면 혹시 사진을 찍은 일은 알고 있는지가 궁금하였다. 그리고 이 일이 캉 선생에서 기인하였다니 놀라울 따름이었다. 하자 교장은 캉 선생이 이 모든 일을 훤히 알고 있으리라 생각하였다. 1교시 수업이 끝나는 종소리가 울리자 좁은 지역의 소규모 학교에서 일할 때의 양날의 칼이 떠올랐다. 오늘 아침 일찍 이런 작은 학교를 높이 평가했던 것만큼, 지금은 작고 긴밀하게 맺어진 지역사회가 자신에 반대하는 힘으로 작용할 수 있다는 점을 깨달았다. 수 시간 내에 샘슨 여사의 입을 통해 이 일이 퍼지게 될 것이다. 학교와 관련된 사람들에게는 더 빨리 전해질 것이다. 시간이 가장 중요하다. 빠른 시간 내에 이 일을 해결해야 한다.

토의할 문제

1. 여러분이 하자 교장이라면, 처음으로 할 조치는 무엇인가? 정의, 돌봄, 비판, 그리고 전문직윤리의 패러다임을 기초로 등장인물 각각에 대한 첫 번째 조치를 분석하시오.

2. 캉 선생이 사적인 페이스북 페이지에 게시한 사진에 관해 하자 교장이 언급할 권리가 있는가? 캉 선생이 개인적으로 웹사이트에 게시한 사진을 삭제하라고 요구할 권리가 하자 교장에게 있는가? 하자 교장은 캉 선생에게 재학생의 학부모와 '친구'가 되어서는 안 된다고 요구할 권리

가 있는가? 만일 캉 선생이 거부한다면 하자 교장이 취할 수 있는 수단은 무엇인가? 만일 캉 선생이 하자 교장에 반기를 드는 쪽으로 돌변한다면 교직원의 사기와 충성심에 미칠 영향은?

3. 부르트만 선생에 대한 예상할 수 있는 조치는 무엇인가? 만일 그녀가 사진을 찍은 일도 모르고 어이없어 한다면 어떻게 해야 하나? 반대로, 만일 알고 있지만 대수롭지 않게 여기고, 업무를 끝내고 학교에서 벗어난 일과 후 시간에 레스토랑에서 한잔하며 지낸 일일 뿐이고, 자신의 행동, 사진 또는 사진 게시에 잘못된 점이 없다고 생각한다면?

4. 이 시나리오에 적합한 공동체의 윤리를 생각하라. 대도시 학교라면 시나리오가 다르게 전개될 수 있다고 생각하는가? 만일 여러분이 하자 교장이라면 여러분의 지역사회에 기초하여 다르게 처리하겠는가? 어떻게?

5. 하자 교장은 퇴근 후에 이루어지는 교사의 행동을 모니터하는 일을 자신의 책임으로 생각하지 않는다고 하였다. 이 말에 동의하는가, 동의하지 않는가?

사례연구 5.4 일자리 나누기: 실제적 이점

35세의 마리사 가르시아(Marisa Garcia) 박사는 버치우드(Birchwood) 교육구의 인사 담당 부교육감이다. 그녀가 이 일을 맡은 지는 1년 남짓 되었다. 부교육감으로 임명되기 전에 그녀는 이 교육구에서 학급 담임과 교감을 역임하였다. 가르시아 박사는 현재의 직책에 만족해하며 당면하는 일상의 업무를 기꺼이 처리하고 있다. 하지만 오늘은 그렇지 않았다. 교육위원회 회의를 마치고 집으로 가면서 지금 처한 딜레마를 손쉽게 처리하기가 어렵다는 사실을 인정해야 했다.

교원노조는 교육구의 피고용인 일자리 나누기 혜택에 대한 몇 가지 변경에 대해 협상하기 위해 교육위원회와의 만남을 요청하였다. 노동조합과 만나기 전에 가르시아 박사는 교육위원회와 모임을 가졌다. 위원장인 밥 존슨(Bob Johnson)은 이 시점에서 어떤 변경도 원치 않는다고 아주 분명하게 밝혔다. 그런 다음 가르시아 박사에게, 교육구가 협상을 준비할 수 있도록 노조와 만난 후 교육위원회에 조언을 해 주기를 기대한다고 언급하였다.

존슨 위원장은 별로 벌이가 신통치 않은 조그만 사업체를 운영하고 있지만 충분히 먹고 살 만한 형편이다. 그는 늘 직원들에게 제공해야 하는 보험료와 여러 다른 복리후생 혜택에 대해 불만을 갖고 있었다. 특히 교육을 사업 세계에 견줄 때면 교사를 응석받이로 생각하는 의견을 종종 밝히기도 하였다. "이곳은 조그만 도시다. 다른 업계의 근로자와 비교해서 교사들이 얼마나 많이 보수를 받는지에 대해 납세자들이 정말로 분개하고 있다."고 말하기도 하였다.

계약 협상은 가르시아 박사의 업무 가운데 하나이기 때문에, 교원노조와 만나는 것은 그녀가 할 일이었다. 그녀는 비록 교육구 대표단으로 계약 협상을 해 본 적은 없지만, 교사들은 교섭능력이 없다고 알고 있었다. 일자리 나누기 혜택은 1년 전에 노조가 제안한 사항이었다. 교육위원회는 1년간의 시범 프로그램으로 이를 받아들였다. 따라서 교섭체결로 이어질 수 있는 공식적 협상 안건이 아니며, 현재의 계약은 1년 더 유효한 상태였다.

회의는 일자리 나누기에 대한 현재의 지침을 검토하는 일로 시작되었다. 노조위원장인 제임스 제이콥스(James Jacobs)는 아주 명석하고 우수한 교사였다. 노조위원장은 종종 가르시아 박사와의 건설적인 논쟁을 위해 주장을 펼쳤다. 제이콥스 위원장이 몇몇 노조원에게 말하기를, 이 교섭에서 젊은 나이에 빠르게 승진한 가르시아 박사는 자신들의 상대가 되지 않는다며 아주 손쉬운 협상이 되리라 하였다는 소문이 돌았다.

계약 지침을 읽은 후에 노조위원장은 첫 번째 수정안을 요구하였다. 노조 대표로 참석한 다른 두 명의 노조원들은 서로 조용히 이야기하거나 노조위원장의 말에 맞장구를 치는 일을 제외하고는 침묵을 지켰다. 가르시아 박사는 이 수정안이 단지 한 문장의 문구 수정이어서 이 요구에 동의하였다. 그러나 두 번째 요구는 그다지 쉬운 일이 아니었다.

현재의 지침에 따르면 일자리 나누기에 관심이 있는 정규직 교사는 1년 동안 정규직의 지위를 포기해야 한다. 현재의 교원 계약에는 임시직 교사는 의료보험 혜택을 받을 수 없다고 기술되어 있다. 따라서 일자리 나누기에 관련된 교사라면 보험 혜택을 받을 자격이 없게 된다. 교원노조는 이 조항의 개정을 요구하였다. 노조는 이 조항이 공정하지 못하여 모든 교사들에게 공평한 기회를 주지 못한다고 강력히 주장하였다. 또한 교육구가 결혼 여부에 따라 교사들을 차별하고 있다고 생각하였다. 왜냐하면 배우자가 직업이 있어 의료보장을 받을 수 있는 교사들만이 의료보험의 혜택을 본다고 생각하였기 때문이다.

가르시아 박사는 규정을 무시한 채 공평한 기회를 요구하는 데에는 찬성하지 않았다. 그녀는 교육위원회가 의료혜택을 유지하는 일자리 나누기 혜택의 개정을 지지하지 않을 것이라고 노조 대표들에게 말하였다. 이 교육구에서 임시직 교원은 사회보장 보험의 적용 대상이 아니다. 만일 일자리 나누기를 통해 채용한 이들에게 사회보장 혜택을 제공한다면 모든 임시직은 같은 혜택을 기대할 것이다. 교육구는 모든 임시직 교원들에게 사회보장 혜택을 제공할 재정적 능력이 없었다. 노조에서는 일자리 나누기 참여자들은 본래 정규직이고, 정년을 보장받은 교원들이므로 마땅히 그들이 받을 혜택을 유지해야 한다고 주장하며 반박하였다. "이 조항은 반드시 관철되어야 합니다. 우리는 맞벌이 부부뿐만 아니라 전 교원의 대표입니다."

가르시아 박사가 "여러분은 현재의 제안을 거부하는 것입니까?"라고 물었다. 비록 개인적으로 이 이슈에 관해 깊은 관심을 갖고 있지만, 이 회의를 효과적으로 이끌기 위한 전문가적인 전략이 있어야 한다는 것을 알고 있었다. 따라서 다음 해에 일자리 나누기를 요청한 세 명의 교사가 있다며 설명을 시작하였다.

가르시아 박사가 말한 새로운 사실에 관심을 보이며, 제이콥스 위원장은 "이를 거부하면 그들에게 공정하지 않은 일이 될 겁니다. 우리는 이를 수용할 것입니다. 하지만 2년 차에 시범사업을 확대하는 데 교육구가 동의하였다는 내용을 합의문에 넣어야 합니다."라고 응수하였다 제이콥스 위원장은 가르시아 박사와는 개인적 견해 차이가 있었으나, 몇 가지 합리적인 주장을 제시하였다. 가르시아 박사는 한편으로는 이 기회를 통해 독신자들이 혜택을 받을 수 있기를 원했지만, 교육위원회의 지침을 고수하고 싶기도 했다. 또한 이 지침을 고수할 권한이 누구에게 있는지를 제이콥스 위원장이 깨닫도록 해 주고 싶었다.

가르시아 박사는 이 결정이 비교적 이른 나이에 부교육감이 된 자신의 경력에 얼마나 중요한 영향을 미치는지를 알았다. 그녀의 제안으로 인해 '교사들의 파업을 유발하면 어떻게 될까? 또는 교육위원회가 그녀를 우유부단한 사람으로 보거나 시범 프로그램이란 포장으로 일자리 나누기를 무기한 확대하려는 의도를 가졌다고 생각하면 어쩌지?'

하고 염려하였다. 가르시아 박사는 그녀의 위치를 분명하게 깨닫고 교육위원회에 교섭을 위한 제안을 하려면, 돌봄과 관심뿐만 아니라 공평한 기회가 교육구의 모든 교사들에게 돌아갈 수 있는지 없는지를 판단하여 결정해야 한다는 것을 알고 있었다.

토의할 문제

1. 가르시아 박사가 취할 수 있는 가능한 행동 과정은 무엇인가? 이 가운데, 어느 것이 가장 올바른가? 이유는? 어느 것이 돌봄윤리를 담고 있나? 이유는? 이 상황에서, 옳음과 돌봄 사이에 갈등이 있어야만 하는가? 설명하시오.

2. 가르시아 박사는 이 문제에 관해 자신의 개인적 신념을 가진 독신녀다. 여러분은 이 신념이 어떠하기를 기대하는가? 이 상황에서 가르시아 박사의 신념이 판단에 반영되어야 하는가? 그래야 하는 이유는? 혹은 그렇지 않은 이유는?

3. 만일 복리후생 혜택이 일자리 나누기에 참여하는 개인에게 확대된다면, 다른 임시직 직원에게도 같은 혜택이 적용되어야 하는가? 그래야 하는 이유 또는 그렇지 않은 이유는? 누가 일자리 나누기 프로그램을 주도해야 한다고 생각하는가? 누가 이 프로그램을 통해 혜택을 보는가? 누가 푸대접을 받는가?

4. 돌봄의 관점에서, 가르시아 박사는 어떻게 제이콥스 위원장의 관심을 다루어야 하는가? 정의의 관점에서 여러분은 이 질문에 어떻게 답할 것인가? 대답이 달라져야 하는가? 그런 이유 또는 그렇지 않은 이유는? 만일 당신이라면, 이 딜레마를 어떻게 해결할 것인가?

사례연구 5.5 교사들이 싸울 때

캐럴 존슨(Carol Johnson)은 대도시의 주간 어린이집인 데이케어(day care) 센터의 원장이다. 그녀는 전직 보조교사인 타냐(Tanya)를 2세 반의 수석교사로 승진시켰다. 비록 타냐 선생은 아주 수준 높은 교육을 받지는 못했지만, 아이들과 부모들은 그녀를 좋아한다.

타냐 선생은 세 살배기 아이를 둔 독신 엄마이며, 또한 합병증으로 고생하고 계신 연로한 어머니를 돌본다. 그녀의 가족은 몇 년 동안 보호시설에서 어렵게 지내 왔다. 최근에는 타냐 선생이 가져오는 돈이 가족의 주 수입원이다. 수석교사로 승진함으로써 그녀는 가족과 함께 보호소에서 나올 수 있게 되었다. 존슨 원장은 이 상황과, 마침내 작지만 안락한 집을 마련해 이사를 한 타냐 선생의 심정을 잘 알고 있다. 타냐 선생은 이제 사회복지 지원을 받지 않고 자신의 힘으로 가족을 부양할 수 있게 되었다.

타냐 선생은 가족 모두가 경제적으로 자립할 수 있도록 노력하고 있다. 이 때문에 타냐 선생의 여동생인 델타 또한 같은 학교에서 보조교사로 일한다. 델타 선생은 타냐 선생이 적극 추천하여 채용되었다. 델타 선생은 매일 아침 만면에 미소를 지으며 마음씨 상냥한 보조교사로 열심히 일한다.

불행하게도 상황이 바뀌었다. 여느 날과 똑같은 목요일이 시작되었다. 따스한 봄날이었고, 아이들은 바깥에서 놀고 있었다. 맛나게 점심을 먹고 휴식 시간을 갖고 있었다. 아이들이 쉬는 시간에 교사들은 교대로 점심식사를 하였다. 다른 교사가 아이들이 잠자는 모습을 지켜보는 사이에 한 교사가 점심식사를 하러 갔다. 교사가 제한된 시간 내에 점심식사를 마치는 일은 중요하다. 그래야만 기다리고 있던 다른 교사가 교대로 점심식사를 할 수 있기 때문이다.

일이 있던 날에, 델타 선생은 자신의 방에서 첫 번째로 점심식사를 하였다. 긴 시간이 지나도 그녀는 돌아오지 않았다. 교대를 위해 기다리던 다른 교사는 화가 났다. 시장하고 휴식이 필요했기 때문이다. 타냐 선생은 여동생이 늦는다는 얘기를 듣고 자신은 점심을 못한 채 그 교사가 휴식할 수 있도록 대신 방을 지켰다. 시간은 지나고 타냐 선생은 더욱더 마음이 언짢아졌다. 델타 선생이 한 시간 늦게 점심을 마치고 돌아오자, 타냐 선생은 화가 났다. 타냐 선생은 동생이 늦으면 학교에서 자신의 입장에 좋지 않은 영향을 미친다고 말하였다. 자신은 점심을 먹지 못하였다고도 말하였다. 질책에도 불구하고 델타 선생은 별로 신경 쓰는 것 같지 않았다. 델타 선생은 타냐 선생에게 언니 자신의 일에나 신경을 쓰고 자신의 일에는 이래라저래라 하지 말라고 하였다.

비록 쉬는 시간에 아이들은 여전히 잠자고 있었지만, 두 자매는 교실에서 서로에게 언성을 높이기 시작하였다. 타냐 선생은 화가 치밀었다. 델타 선생은 화나면 때려 보라며 언니의 화를 부추겼다. 다투는 소리가 점차 커져 건물 반대편 끝에 있는 존슨 원장의 사무실에서도 들을 수 있었다.

존슨 원장은 무엇 때문에 고성이 나는지 파악하기 위해 사무실에서 급히 뛰어 나왔다. 존슨 원장이 도착했을 무렵, 타냐 선생은 델타 선생을 의자를 쌓아 놓은 곳으로 밀쳤고 둘은 비명을 질렀다. 싸움을 말리려는 다른 두 명의 교사가 타냐 선생을 뒤쪽에서 붙잡고 있었다.

다른 교실에서는 언쟁에서 아이들을 보호하려고 최선을 다하고 있었다. 그러나 목소리가 커서 조그만 어린이집에 있는 아이들은 싸우는 소리를 들을 수 있었다. 몇몇은 밀치고 당기는 모습을 보았다.

존슨 원장이 도착하자 다툼은 끝났지만 이미 엎질러진 물이었다. 존슨 원장은 두 교사를 떼어 놓고 마음을 진정시키기 위해 각각을 갈라 밖으로 내보냈다. 아이들과 교사들 모두 이 다툼을 듣고 보았다. 교사들 모두 마음이 불편했으며 걱정이 되었다. 아이들 몇몇은 괜찮아 보였다. 대부분은 싸우는 동안 잠자고 있었지만 일부는 약간 불안하거나 혼란스러워 보였다.

타냐 선생과 델타 선생의 경우 현장에서 즉시 해고하는 것이 원칙이었다. 하지만 타냐 선생의 입장을 고려할 때 쉽게 결정할 일이 아니었다. 만일 해고한다면 타냐 선생과 타냐 선생의 아이 그리고 병든 엄마는 결국 다시 보호소로 되돌아가야 한다. 존슨 원장은 사무실로 돌아와 문을 닫고 어떻게 해야 할지 고심하기 시작하였다.

토의할 문제

1. 존슨 원장이 타냐 선생을 해고하지 않는 것이 성낭한가? 취학 전 교육기관에서 일어난 이런 종류의 행동에 관한 법 적용은 어떻게 되나?

2. 만일 법 규정이 없다면, 어떤 법이 마련되어야 하나? 이유는?

3. 존슨 원장은 타냐 선생이 직장을 잃는다면 타냐 선생과 그 가족이 직면할 문제를 고려해야 하는가? 존슨 원장은 델타 선생의 어려움 또한 고려해야 하는가?

4. 전문가로서 만일 여러분이 존슨 원장의 입장이라면, 이 경우에 어떻게 하겠는가? 여러분의 결정을 어떻게 설명하겠는가? 논의하시오.

제6장

아메리칸 멜팅포트 대 차이니스 핫포트

이 장에서는 교육행정가와 교사가 학교뿐만 아니라 가정과 관련하여 겪게 되는 난제를 다룬다. 이런 딜레마에서 교육 리더는 자신의 책임이나 행동과 더불어 학생들과 부모들의 행동, 특히 이들의 배경도 고려해야 한다.

이 장에서는 '아메리칸 멜팅포트(American melting pot)'[1)]와 '차이니스 핫포트(Chinese hot pot)'[2)] 사이에 존재하는 패러독스에 집중한다. 상당히 많은 사람들이 멜팅포트가 갖는 의미에 친숙하다. 멜팅포트란 말은 장윌(Zangwill)이 1910년에 쓴 유명한 희곡 'The Melting Pot'의 영향을 받아 알려지게 되었다. 이 희곡은 이민자들이 미국의 문화에 순응하도록 '미리 예정된 바람직한 기준'을 제시하였고(Wong, 1993), '합일(*e pluribusunum*)'이라는 국가적 모토에 의거하여 복잡하고 다양

1) 역주: 미국 문화의 특징을 설명하는 용어. 용광로 안에서 쇳물이 녹아 섞이는 것처럼, 여러 인종과 문화가 어울려 하나의 미국 문화를 이루는 것을 설명한 말이다.
2) 역주: 중국식 샤브샤브. 끓는 물에 다양한 음식 재료를 넣어 익혀 먹는다. 각각의 재료는 요리 후에도 고유의 향기와 맛을 유지한다.

한 민족, 문화, 인종으로 구성된 미국을 멜팅포트가 뜻하는 미국으로 재창조하고자 하는 바람을 담고 있었다(Sewell, DuCette, & Shapiro, 1998). 멜팅포트가 뜻하는 바에 따라 학교는 공통의 언어, 역사, 목적, 원칙 및 가치를 통해 여러 문화적 배경을 가진 학생들을 교육하게 되었다. 학교는 '진정한 미국인'을 만들기 위해 필요한 사회적, 문화적인 통합을 이루어야 하는 책임을 떠안게 되었다.

그러나 진정한 미국인이 무엇을 의미하는가? 멜팅포트를 통해 드러나야 하는 이상적인 미국인이란 어떤 사람인가? 쿠시너 등(Cushner et al., 1992: 216)이 쓴 바에 따라 판단한다면, 이 개념은 100년 이상 별 변화 없이 지속되고 있는 듯하다. 이들은 다음과 같이 썼다.

> 진정한 미국인은 백인이며 성숙한 사람들이다. 중산층이거나 중산층이 되기 위해 열심히 노력하는 사람들이다. 교회에 다니며 대부분 프로테스탄트다. 간혹 가톨릭이기도 하지만 확신할 수 없다. 이들은 결혼했거나 결혼하고자 한다. 가정을 이루기 위해 주택을 소유하거나 소유하고자 노력한다. 열심히 생활하며 자신의 힘으로 살아가려고 노력한다. 몸을 상당히 청결히 하고 일반적으로 좋은 향기를 내기 위해 노력한다. 애국심이 강하고 국기를 소중히 여긴다. 동성이 아닌 이성을 사랑하는 사람들이다. 종종 자선을 베푸는 대상들에게 단지 잘살기 위한 진지한 노력과 약간의 감사를 기대할 뿐이다. 이들은 건강에 좋은 식단을 짜며, 자녀들이 올바르게 행동하기를 바란다.

학교 등의 여러 교육기관을 통해 미국 사회와 문화에 순응하게 만들고자 하는 노력에도 불구하고, 미국에는 지역사회, 가정, 개인에게서 나타나는 여러 민족 및 문화 집단에 따라 구별되는 언어, 역사, 목적,

원칙 등과 같은 다른 에너지도 존재한다. 그렇다면 오늘날과 같은 다양성의 시대에 여러 소수민족 및 인종 집단에게 멜팅포트란 은유는 더 이상 생명력이 없어 보인다. 대신에 미국 문화를 조망하기 위해서는 차이니스 핫포트가 더 적절해 보일 수 있다(Tek Lum, 1987: 105). 차이니스 핫포드에서는 모든 음식 재료가 함께 요리되지만, 각각의 재료는 고유의 독특한 향과 식감을 잃지 않는다. 멜팅포트에서 핫포트로의 은유적 전환은 쉽거나 순탄하지 않다. 패러독스와 딜레마를 일으킬 수 있는 긴장과 불일치가 존재한다. 예를 들면, 학교는 학생이 다른 문화를 이해하고 존중하기를 원하는 반면에, 다른 한편에서는 미국 시민으로 성장하도록 하기 위해 이들을 사회화하고자 한다.

이 장의 사례에서는, 멜팅포트라는 지배문화와 핫포트라는 다른 생활방식 사이의 패러독스를 보여 준다. 이를 통해 독자는 미국 학교의 지배문화가 하위문화 또는 '다른' 문화배경과 접촉할 때 발생할 수 있는 갈등을 관찰할 기회를 갖는다. 고려할 만한 두 가지 질문은 다음과 같다. 어느 편이 더 많은 몫의 사회자본을 갖고 있는가? 학교 리더는 각 사례에서 '다름', 다른 이들의 관습, 그리고 사회적 계층에 관하여 어떤 가정을 하고 있는가?

제시된 사례를 읽은 후에는 각 사례의 말미에 주어진 질문을 생각할 시간을 갖는 일이 중요하다. 바라건대, 이러한 질문을 통해 독자는 정의윤리, 돌봄윤리, 비판윤리, 전문직윤리의 관점에서 딜레마를 바라볼 기회를 가질 수 있다.

사례연구 6.1 '위탁아를 위한 가정'에서는, 어느 선에서 규정을 무시하고 돌봄을 강조하는 것이 얼마나 어려운 일인지를 보여 준다. 이 사례에서 학교의 학생지도부 담당자는 위탁아에게 보금자리를 제공할, 그의 친구이기도 한 어떤 선생에게 위탁아의 배경에 관한 좋지 않은 정보를 제공할지를 두고 고민하면서 법률, 책임, 관계 중의 하나를 선택해야 한다.

사례연구 6.2 '부모의 권리인가, 학교의 불가피한 의무인가'에서는, 중산층 지역사회에 자리한 학교의 교장이 아버지가 아들을 때리는 것을 목격하였다. 아버지는 노동자 계층이며 학교에 매우 협조적이다. 아들은 문제 행동 등 많은 말썽을 피우고 있다. 부모는 이혼하였고, 아버지는 엄마의 좋지 않은 상황으로부터 아들을 보호하기 위해 양육권을 갖고 있다. 교장은 아동학대와 같은 사안을 당국에 보고할 법적인 의무가 있다. 하지만 보고를 해야 할지를 망설이고 있다.

윤리적 딜레마와 관련된 사례연구 6.3 '통역의 갈림길'에서는, 미국에서 출생했지만, 부모가 국외로 추방되어 남미에 살다가 미국으로 새로 이주해 와 영어를 거의 못하는 학생이 아버지가 때렸다고 호소하였다. 미국에 불법 체류하면서 아들과 함께 지내는 아버지는 헌신적이지만, 말썽을 피우는 아들로 인해 곤란을 겪고 있다. 이 딜레마에서, 통역자 역할을 하는 스페인어 교사는 아동학대 혐의로 아버지를 법정에 세울 수 있는 어린 학생의 말을 정확하게 옮길지, 아니면 자신의 방식으로 문제를 처리할지를 결정해야 한다. 이 딜레마는 앞의 사례와는 아주 다르지만 두 경우 모두 있을 수 있는 아동학대가 이슈다.

마지막 딜레마인 사례연구 6.4 '책임과 조직'에서는, 음악 중점학교에 다니며 재능도 있는 자메이카 출신 학생 조지(George)가 연루되어 있다. 조지는 가족의 생계 수단인 공연에 함께 참여하느라 여러 차례 수업에 빠지게 되어 평범한 성적을 받았다. 조지의 아버지는 주로 결석으로 인해 아들이 C 점수를 받아 불쾌했다. 아버지는 아들의 성적을 정정해 달라고 선생에게 요구했다. 가족의 생계를 위한 공연 때문에 불이익을 받는 것은 부당하다고 생각했기 때문이다. 하지만 이렇게 한다면 다른 학생들에게 공정한 일이 될까?

사례연구 6.1 위탁아를 위한 가정

말론(Marlon)은 정서적으로 문제가 있는 것으로 알려진 16세 남학생이다. 9월에 벤자민 프랭클린(Benjamin Franklin) 고등학교에 등록하여 독립된 특수교육 교실에 배정받았다. 말론은 새로운 위탁가정에서 생활하기 위해 이 교육구로 이주했다. 그는 10세 때부터 여러 위탁가정과 거처를 전전하며 생활해 왔다. 말론은 성적 · 신체적 학대의 피해자로 밝혀진 이후 생부모와 떨어져 살게 된 것이다. 말론의 학생부 기록에는 지난 3년 동안 점차 늘어난 비행 사실이 적혀 있었다. 돌발적인 비행을 상습적으로 저질렀고, 함께 위탁된 두 명의 어린아이를 성적으로 괴롭혔다고 기록되어 있다.

학생지도부 담당자인 짐 캠벨(Jim Campbell) 선생은 말론의 새 위탁부가 보수적이며 종교적 성향이 강한 지역사회에서 존경받으며 살고 있는 컨스(Kearns) 부부였기 때문에 더욱 신경이 쓰였다. 컨스 여사는 고등학교에서 시간제 미술 보조교사로 근무하고 있다. 컨스 씨는 잦은 장기 여행을 해야 하는 사업가다. 이들은 여섯 살과 세 살배기 두 아이가 있다. 캠벨 선생은 컨스 씨 가족의 생일 파티나 저녁 식사 등의 가족 행사에 참석하며 자주 어울렸다. 캠벨 선생은 컨스 씨 가족처럼 어린 자녀들이 있다. 위탁에 관한 주 법률과 정책 때문에 컨스 부부는 말론의 과거 생활에 대해서는 아는 바가 없다.

캠벨 선생은 말론의 학생부 기록을 처음으로 읽고서, 일을 올바르게 처리하기 위해 반드시 해야 할 일을 알고 있다고 확신하며 서둘러 퇴근했다. 비록 확신은 하였지만 캠벨 선생은 즉시 행동해서는 안 된다는 것도 알고 있었다. 사리에 맞는 결정을 하기 위해 상황을 판단할 시간이 필요했다. 그날 오후 학교 주차장을 가로질러 걸어가면서 한 가지 일을 다짐하였다. 자기 자녀와 비슷한 또래인 컨스 부부의 두 아이가 성적인 괴롭힘을 당할 수 있는 잠재적인 피해자가 되도록 내버려 두지 않겠다고 생각하였다. 결정하기 위해서는 다음 날까지 기다릴 필요가 있다고 생각했지만, 컨스 씨 가족을 보호하는 것이 결정을 하는 데 가장 우선적으로 고려할 사항이라고 확신하였다.

그날 늦은 밤에, 부인은 독감으로 일찍 잠자리에 들었다. 캠벨 선생은 침대에 고이 누워 있는 아이들에게 이불을 덮어 주며 이 문제를 좀 더 곰곰이 생각해 보기로 했다. 침대에 누워서 곤히 자고 있는 아이들을 생각했다. 또한 컨스 씨 아이들도 안전하기를 희망했다. 침대 옆에 있는 전등을 끄기 전에 캠벨 선생은 성경책에 끼워 놓은, 언젠가 그가 쓴 개인윤리강령과 전문직윤리강령(Personal and Professional Code of Ethics)을 살펴보았다. 한 구절이 그의 관심을 끌었다. “약하고 무고하며, 방어할 수 없는 이들을 위로하고, 보호하고, 대변하는 사람이 되라. 주님의 은총이 없다면 나도 그들과 같은 처지리니…….” 그의 아이들에게도 주님의 은총이 함께하였다. 컨스 씨 가족에게도 역시 주님의 은총이 함께하였다. 하지만 캠벨 선생은 ‘아이들이 평화로이 잠든 이때 컨스 씨 아이들은 낯선 이의 위협에 처해 있지 않은가?’ 라는 생각을 하였다.

캠벨 선생은 말론의 과거와 아이들에게 임박한 잠재적 위험에 관해 컨스 여사에게 얘기해야 한다고 생각했다. 캠벨 선생은 그의 자녀는 물론 모든 아이들을 무척이나 소중하게 여기는 신앙심 깊고 가정적인 사람이었다. 아이들을 돕고자 하는 열망으로 교직생활을 시작하였고, 학생을 보살피고 보호하는 일은 그의 도덕률의 중심이었다.

컨스 씨 아이들에 생각이 미치자, 캠벨 선생은 컨스 여사가 사무실로 찾아와 어느 날 밤 말론이 그녀의 자녀에게 저지른 차마 입에 담지 못할 일을 이야기하며 울부짖는 모습을 상상했다. 말론이 어떤 아이인지를 처음부터 알고 있었다고 고백하며 용서를 구하는 자신의 모습이 그려졌다. 만일 그가 진실을 그녀에게 밝힌다면 이러한 비극은 피할 수 있을 것이다. 캠벨 선생은 컨스 여사가 눈물을 흘리며 자신을 원망할 것 같았다. "알고 있었잖아요, 처음부터 줄곧 모든 것을……, 왜 말해주지 않았지요! 어떻게 이런 일이 우리 아이들에게 일어나게 내버려 둘 수 있었나요?"

그런 다음 다른 생각이 슬며시 떠올랐다. 컨스 여사를 생각하면서, 자신 또한 아이들을 걱정해야 하는 부모이기는 하지만 한편으로는 매우 막중한 전문적 책임을 지닌 자리에 있다는 것을 기억하였다. 학생지도부 담당자인 자신의 현재 위치를 생각하자 어떤 불편한 마음이 생기기 시작했다. 어떤 면에서 이런 자리는 캠벨 선생에게는 별로 달갑지 않았다. 방화, 성적 학대, 근친상간, 마약, 가정폭력과 같은 문제를 포함하여 말론의 경우와 유사하거나 더 나빴던 과거의 다른 상황을 분명 알고 있었다. 비록 그는 혼란스러웠지만, 학생 사생활과 비밀유지를 침해하거나 어길 생각을 해 본 적이 없었다. 어떤 경우에는 컨스 가족의 현재 상황보다 훨씬 더 나쁜 일도 경험했었다. 비밀유지에 관한 그의 생각은 이에 따른 결과를 고려하게 하였다. '나의 행동으로 인한 결과는 어떨 것인가?' 캠벨 선생은 생각했다. '전에는 학생에 관한 비밀유지 의무를 어긴 적이 없었다. 신뢰는 정직을 요구한다. 만일 내가 말론에 대해 컨스 부부에게 이야기한 것이 알려진다면, 선생들과 다른 학생들은 어떻게 느끼겠는가? 나를 믿고 은밀하게 말할 수 있다고 확신할 수 있을까? 그들의 눈에 여전히 믿을 만한 존재로 남을 수 있을까?'

그는 생각을 계속했다. '신의를 저버리고 학생의 사생활 보장에 관한 법을 어긴다면 어떤 법적인 파장이 미칠까? 이것이 나의 현재 위치를 위험에 빠지게 할까? 내가 교육감이 되기를 원한다면 이 일로 인해 발목이 잡히지 않을까?' '어리석기는!' 그는 속으로 소리쳤다. '우리는 아이들에 관해 이야기하고 있어. 우선 청소년 보호와 비밀유지에 관한 이 모든 법이 합당하지 않을 수도 있어!'

캠벨 선생은 풀리지 않는 딜레마로 인해 마음이 점차 복잡해지고 피곤해졌다. 잠을 청하기에는 너무 늦었다는 것을 잘 알고 있기에 시계를 보고 싶지 않았다. 그는 개인윤리강령과 전문직윤리강령을 다시 상기했다. "늘 목소리에 귀를 기울여라." 그러나 누구를 위해 목소리에 귀를 기울여야 하나? 이 강령에서 언급한 동정과 자비와 관용과 사랑을 누가 받아야 하나? 이 말이 진정으로 의미하는 바는 무엇인가? 캠벨 선생은 말론에 관해 궁금해지기 시작했다. 그는 자고 있을까? 아니면 말론 또한 잠을 자지 못하고 있을까? 캠벨 선생은 말론이 혼란과 두려움으로 인해 얼마나 많은 밤을 지새웠을지 궁금했다. 어린 말론은 16년 동안 고통을 겪고 있다. 말론 또한 피해자가 아닌가? 정말로 가장 약하고 방어할 수 없는 사람은 말론일 수 있다. 캠벨 선생 자신의 아이들처럼 컨스 부부의 아이들은 따뜻하고 안정되고 사랑이 가득한 가정이 있다. 그렇지만 어린아이가 이집저집 옮겨 다녀야 한다면 어떨까? 모든 우려를 차치한다면 말론이야말로 반복적으로 희생을 당하고 있는 유일한 이이라는 생각이 들었다.

따뜻한 침대 커버 밑에서 캠벨 선생은 자기 가정의 안락함과 안전함에 감사를 느꼈다. '만일 내가 컨스 여사에게 말한다면 말론을 즉각 집에서 쫓아낼 거야.' 그러면 말론은 어디로 가야 하나? 또 다른 집, 또 다른 학교, 또 다른 낯선 집에서 또다시 잠 못 이루는 밤을 보내야 할 것이다. 깊은 슬픔과 말론에 대한 연민으로 캠벨 선생은 우울한 기분이었다. 이제 어린 말론이 괴물로 보이지는 않았다. 사실, 단지 말론에 대해 기록된 내용에서 느끼는 두려움을 바탕으로 상상해 본 것 이외에는 말론에 대해 잘 알지 못했다.

캠벨 선생은 말론이 또 다른 위탁가정으로 옮겨 가기 위해 학교를 떠나기 전 사무실로 찾아와서 이야기하는 장면을 상상했다. 캠벨 선생은 사무실 책상 의자에 앉은 자신의 모습을 그려 보았다. 그 앞에 말론이 서서 지친 눈으로 담담하게 "선생님이 저의 과거를 말씀하셨지요. 선생님이 말씀하지 않았다면 그들은 알 수 없어요. 모든 것을 새롭게 시작하고 싶었어요. 저는 단지 다른 아이들처럼 포근한 가정을 원했을 뿐이에요. 저는 이미 믿었던 어른들에게 너무 많은 상처를 받았습니다. 어떻게 저에게 이렇게 하실 수 있나요?"라고 말하는 것이다. 캠벨 선생은 곰곰이 생각을 이어 가면서, 그를 가장 괴롭히는 것이 분노인지 연민인지 알 수 없었다.

여러 어려움에도 불구하고, 캠벨 선생은 더욱 객관적인 시각으로 현재의 딜레마를 바라봐야 한다고 생각했다. 그러나 기본적인 의문은 풀리지 않고 남아 있다. 한집에서 생활하는 말론의 존재로 인해 컨스 씨 가족이 예기치 않은 위험에 빠지게 될 것인가? 무엇보다도, 비록 말론이 방화나 성적 학대와 같은 위험한 행동을 한 과거 이력은 있지만, 지금은 위해한 행동을 보이거나 위험 행동과 관련된 의도를 나타내고 있지는 않다고 생각했다. 말론이 컨스 씨 가족에게 위험을 가져오리라는 생각은 하나의 가능성일 뿐이었다.

캠벨 선생의 딜레마는 부분적으로는 컨스 가족에 대해 느끼는 친밀감과 동질감, 그리고 말론에 대한 막연한 두려움에서 기인한 것이었다. 이 중요한 시점에서 그의 예측은, 단지 말론의 잠재적인 위험 행동과 그 자신의 두려움과 관련이 있을 뿐이다.

캠벨 선생은 올바르게 판단하기 위한 고민을 하였다. 어떠한 조치를 취하더라도 잠재한 역풍을 만나 나쁜 결과로 이어질 가능성 때문에 자신의 책임을 면할 수는 없을 것 같았다. 밤새 내내 잠을 못 이루고 뒤척였다. 같은 질문을 수없이 반복하였다. '이 딜레마를 해결할 가장 좋은 방법은 무엇일까? 어떻게 하면 직무상의 의무와 개인적 소신 간의 조화를 이루는 결정을 내릴 수 있을까?'

아침 해가 밝아지자, 캠벨 선생은 마침내 결정을 내렸다. 말론의 과거에 관해 컨스 여사에게 말하지 않기로 결심을 했다. 마음이 정리되는 듯하였다. 행정가이자 개인으로서 자신의 위치를 알고 조화를 이루는 결정을 내린 기분이 들었다.

토의할 문제

1. 캠벨 선생이 최선의 결정을 하였다고 생각하는가? 왜 그런가? 아니면 왜 그렇지 않은가? 만일 여러분이 캠벨 선생 입장이라면 어떻게 하겠는가?

2. 캠벨 선생이 컨스 씨 가족과 개인적 친분이 없다고 가정하자. 여러분의 생각으로는 이것이 최선의 조처를 하는 과정에서 차이를 낳는 요인이 되겠는가? 왜 그런가? 아니면 왜 그렇지 않은가? 캠벨 선생이 컨스 가족은 모르지만 말론을 아주 잘 알고 있다고 한다면 어떻겠는가? 이 점으로 인해 캠벨 선생이 결정할 때 차이가 있어야 하는가?

3. 콜버그(Kohlberg, 1981),[3] 길리건(Gilligan, 1982),[4] 나딩스(Noddings, 1992, 2002, 2003)[5]가 지지한 관점에 입각하여 이 사례를 고찰하라. 이 학자들의 이론을 각각 고려한다면 결정은 어떻게 전개될 수 있는가?

4. 캠벨 선생은 위탁아 기록의 비밀유지에 관한 주 정부의 법률을 위반하

지 않기로 했다. 여러분은 이 결정에 동의하나? 행정적인 결정을 할 때, 법을 어기는 것이 정당화될 수 있는가? 될 수 있다면 언제 정당화될 수 있는가? 이 사례에서, 법을 어기는 일이 정당화될 수도 있는 어떤 근거를 찾을 수 있는가?

5. 캠벨 선생은 말론을 위한 최선의 결정을 하였는가? 다른 학생을 위한 최선의 결정은 무엇인가? 공동체를 위한 최선의 결정은? 그리고 이때 '공동체'란 어떤 공동체인가? 캠벨 선생의 개인윤리강령과 전문직윤리강령 사이에 어떤 갈등이 있다고 생각하는가? 그의 윤리강령과 행동 사이에는? 여러분의 답변을 설명하시오.

3) 역주: 콜버그에 의하면, 도덕성의 가장 본질적 구조는 정의의 원리를 바탕으로 하며, 정의의 핵심은 평등과 상호호혜주의 개념에 의한 책임과 의무의 분배다. 정의는 모든 개인의 동등한 권리를 인정하며, 교육은 개인의 권리를 유지하고 권리가 존중되는 가치관을 형성할 책임이 있다. 다수의 도덕적 신념과 다른 신념도 존중되어야 한다. 그러나 이 신념이 다른 사람의 권리를 인정하지 않는다면 존중의 대상이 아니다.

4) 역주: 길리건에 따르면, 남성의 도덕성은 권리 보호, 규칙, 객관적이고 공정한 정의로운 방식, 도덕적 문제의 해결을 강조하는 반면에, 여성의 도덕성은 돌봄, 책임, 인간관계를 강조하며 타인을 배려하는 의사결정을 내린다.

5) 역주: 나딩스는, 칸트가 감정을 이성에 종속시켰고, 사랑, 감정과 성향은 신뢰할 수 없는 가치라고 하였으나, 도덕적 행동의 기초가 되는 것은 아이에 대한 어머니의 자연적인 돌봄처럼 감상(sentiment)과 정서를 바탕으로 하며, 돌봄윤리는 자연적인 돌봄과 일치해야 한다고 주장했다.

사례연구 6.2 부모의 권리인가, 학교의 불가피한 의무인가

금요일 오후 4시, 네드 파커(Ned Parker) 교장은 책상에 앉아 있었다. 그 앞에 아동학대 예방을 위한 학교의 역할을 안내하는 청소년가족부(Division of Youth and Family Services) 책자가 놓여 있었다. 안내 책자는 여러 사항 가운데, 특히 학교 담당자의 책임과 관련한 내용을 상세히 기술하고 있었다. 의심쩍은 아동학대 사례를 보고하지 않는다면, 해당 학교 담당자와 교사는 형사처벌을 받을 수도 있다고 쓰여 있었다.

물론, 파커 교장은 의심쩍은 아동학대 사례와 관련하여 학교 담당자의 법적인 책임 범위를 잘 알고 있었다. 사실, 교장은 이 주제에 꼭 들어맞는 주제의 연수를 교사 대상으로 실시한 적이 있었다. 샌들우드(Sandalwood) 초등학교 교장인 그는, 주민 대부분이 중상층인 지역사회에 학교가 자리를 잡고 있음에도, 지난 8년 동안의 재직 기간에 아동학대로 의심되는 사례를 수십 건 보고한 바 있었다. 그는 자신의 모든 책임을 아주 잘 이해하고 있었다. 하지만 어느 목요일 오후에는 이러한 책임에 대한 회의를 느꼈다. 그날 아침에 부모가 어린 자녀를 때리는 것을 목격하였지만 사소하게 생각되는 이 일을 아동학대로 보고해야 할지 말아야 할지를 망설였다.

나이에 비해서 키가 작고 정서적으로 미성숙한 6학년 로버트 벅(Robert Buck)이 연루된 일이었다. 로버트가 다른 주의 교육구에서 학년 초 샌들우드 초등학교로 전학 온 지 얼마 되지 않아 부모는 이혼하였다. 로버트의 아버지인 프랭크(Frank) 벅 씨는 독점 양육 권한을 갖고 있었으나 로버트의 학교 적응은 순탄하지 않았다.

로버트는 도착한 첫날부터 교칙에 어긋나는 행동을 하였다. 끊임없이 교실 분위기를 어지럽히고, 교사 지시를 따르지 않고, 물리적으로 또는 욕설로 학급 친구를 괴롭혔다. 말할 것도 없이 성적도 형편없었다. 그러나 로버트는 교장과 수차례 면담을 하고, 학생 생활 규정에 따른 지도를 받으면서 생활 태도가 빠르게 개선되고 있었다.

로버트의 아버지 벅 씨 역시 학교를 자주 방문하였다. 그는 고등학교 시절 임신한 여자 친구와 결혼하기 위해 학교를 중퇴한 후, 별로 교육을 받지 못해서인지 행동이 거친 노동자다. 고급주택가에서 떨어진 교육구의 변두리 지역에서 살고 있다. 좋은 지역에 자리 잡은 이 학교가 아들의 문제 행동 개선에 도움이 되리라는 바람이 있었던 그는 이곳에 사는 것을 흡족하게 생각했다. 결혼 생활이 파국에 이르자 벅 씨는 '나쁜 영향을 미치는 엄마'에게서 외아들을 떼어 놓으려고 독점 양육권을 얻기 위한 모든 노력을 했다. 교장은 로버트의 일로 벅 씨를 접하면서 아주 어려운 환경 속에서도 자식을 위해 관심을 갖고 최선을 다하는 부모라고 믿었다. 벅 씨는 아이의 문제가 있을 때마다 학교에 직접 와야 했다. 교장과 로버트를 가르치는 선생들과 면담할 때면 늘 겸손한 마음으로 경청했고, 자식을 위해 기울이는 학교의 노력에 대해 지지를 보내며 고마워했다. 정기적으로 야간 학부모회에 참여하였고 사친회에서도 적극적으로 활동하는 얼마 안 되는 아버지 가운데 한 명이었다.

로버트가 학교의 일상적인 규칙을 따르지 않고 있다는 것이 분명히 드러나고 있었다. 교사들이 여러 차례 계속해서 로버트의 비행을 보고하자, 교장은 심리상담사가 제시한 행동 치료 프로그램에 참여할 것을 로버트 아버지에게 제안하였다. 모든 상황과 조건을 고려한다면 벅 씨는 마땅히 이 프로그램에 참여해야 한다.

로버트의 선생이 도저히 다룰 수 없다며 고개를 내두를 만한 일로 인해 로버트가 교장실로 불려 온 목요일 오전에 최악의 상황이 발생했다. 교장은 로버트가 일으킨 문제를 벅 씨에게 알리려고 전화를 했다. 벅 씨는 분개하며, "해도 너무하는군요. 모두를 위해 어떻게 행동해야 할지를 한 번 따끔하게 가르칠 필요가 있겠군요." 이렇게 퉁명스럽게 말하고 전화를 끊었다.

교장은 20분도 채 안 되어 벅 씨가 교장실에 나타나서야 비로소 전화상으로 나눈 대화의 의미를 알 수 있었다. 홍분한 얼굴로 나타난 벅 씨는 아들이 일으킨 잘못을 사과하고 아들에게 이렇게 말했다. "아버지가 다시 한 번 더 학교에 오는 일이 생기면 어떻게 하겠다고 약속한 것을 기억하지?" 벅 씨는 아들의 팔을 움켜쥐고 교장실 밖 복도로 끌고 갔다. 그를 좇아 나간 교장은 이어 벌어진 일에 깜짝 놀랐다.

벅 씨는 복도 끝에 다다르자, 아들을 벽에 내동댕이치고 가슴을 손으로 쿡쿡 찔렀다. 뭐라고 말하는지 파커 교장은 알 수 없었으나 벅 씨가 화가 나 윽박지르고 있는 것처럼 들렸다. 그런 다음 아들을 강제로 엎어 놓고 여덟 차례 정도 엉덩이를 때렸다. 로버트는 얼굴이 눈물로 범벅이 된 채 당황하며 고통스러워했다. 파커 교장은 소리쳤다. "제발 이러지 마세요." 벅 씨는 큰 소리로 되받았다. "내 아들에게 필요한 일을 하겠습니다." 그러고 나서 벅 씨는 아들의 멱살을 잡고 현관을 나갔다.

파커 교장은 이 일을 아동학대 사건으로 보고해야 할지 말아야 할지를 고민하며 교장실에 앉아 있었다. 어떤 선생도 용서할 수 없을 정도의 잘못을 로버트가 저지른 것을 잘 알고 있었다. 그러나 때리는 일은 분명 있을 수 없는 야만적인 행동이고 아이에게 고통을 주는 일이었다. 그리고 로버트는 집에서 아버지에게 어떤 학대를 받고 있을지 모르는 일이었다.

반면에, 이는 단순히 볼기를 때리는 일일 뿐이었다. 어릴 때 파커 교장 자신도 잘못한 행동을 하여 아버지에게 볼기를 맞은 일이 있었다. 하지만 아버지가 자신을 학대했다고 생각한 적이 없었다. 보통 많은 부모가 자녀의 볼기를 때리는데, 아동학대를 범했을지도 모른다는 생각에 마음 한구석이 찔릴 수도 있다. 어쨌든 부모가 자녀의 생활을 바로잡기 위해 필요하다고 판단하여 행한 일에 학교가 간섭할 수 있을까?

파커 교장은 청소년가족부에 이 사실을 보고하지 않는다면 어떤 결과가 자신에게 미칠지 알고 있었다. 청소년가족부는 이보다 경미한 일을 갖고도 부모를 아동학대 혐의로 고발하곤 하였다. 아이들은 법원에서 심리가 종결될 때까지 위탁가정에서 생활하게 된다. 부모들은 대부분 벌금형을 받고 부모상담교실에서 교육을 받아야 한다. 극단적인 경우에 아이는 집에서 영원히 격리되어 부모와 떨어지게 된다.

파커 교장은 몇 년 전에 있었던 일이 기억났다. 10세의 아이가 실수로 접시를 깼다는 이유로 아버지에게 무자비한 폭행을 당해 죽게 된 일이 인접 교육구에서 일어났다. 당국은 아이가 죽기 전 몇 달 동안 아동학대로 의심되는 자료를 소홀하게 지나친 일로 관련 책임자들을 기소했다. 파커 교장은 이러한 끔찍한 일로 인해 책임지는 상황을 바라지 않았다.

하지만 교장은, 아들의 계속되는 비행으로 인해 로버트의 아버지가 좌절하고 있지만 자식을 진심으로 염려하고 사랑하고 있다고 믿었다. 벅 씨는 대안으로 제시된 온갖 지도 방법이 실패한 후에, 평소에 해 온 방법은 별로 효과가 없다고 생각한 듯하였다. 이것이 정말로 아동학대일까, 아니면 흔히 있을 수 있고 받아 마땅한 볼기 때리기 정도일까? 아들을 잃게 될 수도 있는 이 일로 아버지를 법정에 세우는 일이 옳은 일일까? 아이에게 심각하게 상처 줄 수 있는 이 일을 덮는 일이 윤리적일까? 파커 교장은 책상에 있는 전화기를 바라보며 전화를 해야 할지 말아야 할지를 고민한다.

토의할 문제

1. 학교는 부모의 자녀 훈육 방법을 결정할 권리가 있는가? 로버트의 아버지 벅 씨의 행동이 아동학대에 해당된다고 생각하는가? 왜 그런가? 아니면 왜 그렇지 않은가? 우리나라에서는 아동학대를 어떻게 정의하고 있는가? 파커 교장은 이 사건을 당국에 보고해야 하는가? 왜 그런가? 아니면 왜 그렇지 않은가? 벅 씨의 행동이 아동학대라고 생각하지는 않지만 벅 씨가 가정에서는 더욱 폭력적일 수 있다고 염려한다면, 파커 교장은 이 사건을 당국에 보고해야 하는가? 예상되는 가해 행위를 대비해서 취해야 할 조처에 대한 찬반 의견을 토의하시오.

2. 아동학대법을 제정하는 정부의 목적은 무엇이라고 생각하는가? 이러한 법을 누가 지지하는가? 이러한 법에서 혜택을 받는 사람은 누구인가? 이런 법이 공정하다고 생각하는가? 왜 그런가? 아니면 왜 그렇지 않은가? 만일 이 법의 실현을 위해 노력하는 사람과 이 법의 영향을 받는 사람 간에 계층적 차이가 있다면, 이 법에 대한 여러분의 생각을 바꾸겠는가? 왜 그런가? 아니면 왜 그렇지 않은가? 이 사례의 경우에 예외가 인정되어야 하는가, 아니면 법규 그대로 적용되어야 하는가? 여러분의 대답을 설명하시오. 이 사건을 보고할 때 전문가의 판단이 고려되어야 하는가? 왜 그런가? 아니면 왜 그렇지 않은가? 이 일을 어떻게 처리해야 하는가? 누구의 전문적 판단이 고려되어야 하고, 다른 사람에 비해 상대적으로 이들의 전문적 판단이 인정되어야 하는 이유는 무엇인가?

3. 이 문제에 관한 가장 두드러진 돌봄의 해결책은 무엇인가? 벅 씨를 당국

에 신고하는 것이 돌봄을 행하는 일이 되겠는가? 로버트를 위해 최선의 이익이 되는 해결책은 무엇이겠는가? 모든 학생을 위한 최선의 이익이 되는 해결책은 무엇인가?

4. 미국 30여 개 주 정부에서는 학교에서 체벌을 금지하는 법을 통과시켰다. 대부분은 아니지만 많은 교육구에서는 체벌을 사용하는 훈육 방법을 금하고 있다. 학교에서의 체벌에 대해 찬반 의견을 토론하시오. 학교에서의 체벌과 이와 유사한 가정의 훈육 방법 사이에 차이가 있는가? 설명하시오. 체벌과 아동학대는 차이가 있는가? 어떤 면에서 같다고 생각하는가? 어떤 면에서 다르다고 생각하는가?

사례연구 6.3 통역의 갈림길

초등학교의 하루 일과가 막 시작된 아침 8시 25분이다. 선생들은 자기 반 학생들을 맞아 교실로 데리고 들어간다. 파블로 거즈먼(Pablo Guzman)이 훌쩍이며 학교에 들어오는 모습을 보고, 2학년 협력교사(co-teacher)는 오늘은 여느 아침과 다르다고 생각했다. 영어를 쓰는 선생이 이 학생을 따뜻하게 반기자 이 아이는 울먹이며 간신히 스페인어로 몇 마디 뭐라고 할 뿐이었다. 일반 교과 선생과 특수교육 선생은 말이 통하지 않는 이 여덟 살짜리 아이를 어떻게 도와줄지 몰라 당황하여 서로를 바라보았다.

파블로는 최근 에콰도르에서 건너와서 영어로 말하는 게 아주 서툴다. 미국에서 태어난 파블로는 4년 전 부모가 국외 추방을 당한 이후로 남미에서 엄마와 형과 함께 살아왔다. 부모는 에콰도르 공립학교에서 파블로가 저지른 적절하지 못한 행동으로 인해 선생에게 학대를 받는다고 생각하여 미국으로 돌아가는 게 파블로를 위해서 가장 좋겠다고 의견을 모았다. 미국에서 여전히 불법체류를 하고 있는 아버지는 정기적으로 진료를 받는 아들의 의료비를 감당할 만한 돈을 더 이상 보낼 수 없었고, 미국에서는 무료로 의료혜택을 받을 수 있기 때문에 파블로가 미국으로 가는 데 동의했다. 서로에게 친숙해지고 새로 살 곳에 적응하기 위해 파블로와 아버지가 자주 만나는 동안, 파블로는 그의 형이 자기를 좋아하지 않으며 엄마가 집에 없을 때 종종 때린다고 말하였다.

말할 필요도 없이, 새로운 학교에서 파블로의 적응은 순탄하지 않았다. 특히 영어를 하지 못하여 학교에서 스페인어로 의사소통하는 데 어려움이 있고, 지시를 따르지도 않고, 다른 사람들을 신뢰하거나 친구들과 잘 지내지 못하였다. 파블로는 하루에도 몇 번씩 말썽을 일으키고, 교사의 지시를 무시하고 학급에서 바지를 벗거나 친구들에게 공격성을 보이기도 했다. 학급에서 스페인어를 사용하는 몇몇 아이들이 파블로와 교사를 위해 통역을 하려고 애를 썼으나 말썽이 끊이지 않았다.

학급담임 교사를 돕기 위해, 날마다 ESL(English as a Second Language)[6]과 스페인어 교사들이 통역자와 진로 카운슬러의 역할을 해 왔다. 교사들의 요청으로, 파블로 아버지는 교육적 · 신경학적으로 아들에게 필요한 점이 무엇인지를 학교가 판단하도록 적극 협력하며 이전 학교의 생활기록부와 의료기록 등을 제공하였다. 학교에 온 몇 달 동안에 파블로는 영어를 배우고자 하는 의욕을 보여 학업과 친구 관계에서 약간의 진전을 보였다.

월요일 이른 아침에 특수교육 교사가 파블로를 데리고 건물로 들어올

6) 역주: 제2언어로서의 영어.

때, 계단 중간에서 스페인어 선생과 만났다. 선생은 파블로의 말을 잘 이해하기 위해 통역을 부탁했다. 파블로는 음식을 먹지 않은 일로 전날 밤과 아침 두 차례 아버지가 혁대로 때렸다고 스페인어 선생에게 말하였다. 아이의 말은 별로 또렷하지는 않았지만 선생은 아이가 말하려는 뜻을 알 수 있었다. 파블로가 학교에 전학 온 이후로 이런 일을 말한 적이 없었다는 것을 선생은 알고 있었다. 라틴계 엄마이기도 한 선생은 손 따위로 아이의 엉덩이를 때리는 히스패닉 문화를 알고 있었고, 파블로 아버지의 심경도 이해가 되어 이 경우는 아동학대와는 별개의 일이라고 생각하였다. 파블로의 아버지와 만난 경험을 바탕으로 이번 일이 아동학대로 의심되는 사안이 아니라고 확신하였다. 하지만 아이가 뭐라고 하는지 정확히 통역해 줄 것을 동료 선생이 기대한다는 것도 알고 있었다.

스페인어 선생은 아이의 말을 그대로 옮기면 어떤 결과를 가져올지를 알고 있었다. 그리고 청소년가족부에 이 사실을 알리면 파블로의 아버지가 어떻게 나올지 걱정되었다. 이전에 파블로 아버지를 만났을 때, 특별한 관심이 필요한 아이를 혼자 양육하는 어려운 일에 지쳐 낙담한 모습을 보였던 것을 떠올렸다. 파블로 아버지는 마음이 아주 심란하여 아들을 에콰도르에 있는 엄마에게 돌려보낼 뜻을 비쳤다. 선생은 파블로의 근본적인 안전에 대한 염려 때문에 이 조그만 아이와 나눈 대화를 옮기기를 주저하였다.

스페인어 선생은, 만일 학교가 청소년가족부에 이 사건을 알린 후 불법 이주자의 신분인 파블로의 아버지가 신변의 위협을 느낀다면, 아이를 에콰도르로 돌려보낼 수도 있다는 걱정을 하였다. 게다가, 진짜 아동학대란 무엇인가? 자식 걱정을 하는 아버지가 때때로 볼기를 때리는 것인가? 아니면 에콰도르 학교의 선생과 형의 수중에서 매일 학대를 당하는 것인가? 선생은 파블로 아버지와 함께 이 문제를 처리한다면 청소년가족부에 알리지 않고서도 해결할 수 있으리라 확신했다.

토의할 문제

1. 정의의 관점에서 이 딜레마를 어떻게 볼 수 있는가? 교사가 고려해야 할 공정성에 대한 법, 정책, 지침 또는 이슈가 있는가?

2. 비판윤리의 관점에서 이 딜레마를 어떻게 볼 수 있는가? 파블로, 파블로의 아버지, 그리고 스페인어 선생을 고려해 보라.

3. 학교와 가족의 관계를 고려할 때, 파블로의 가족을 돌봄윤리의 방식으로 대하고 있는가?

4. 교육 전문직의 입장에서는 교사와 교장에게 무엇을 기대하는가? 라틴 문화에 대한 이해는 파블로를 위해 최선을 다하는 데 어떤 역할을 하는가?

5. 만일 여러분이 스페인어를 가르치는 교사라면 이 상황에서 어떻게 하겠는가?

사례연구 6.4 책임과 조직

조지 우들리(Georgy Woodley)와 음악을 가업으로 하는 그의 가족은 최근 자메이카에서 미국으로 이주해 왔다. 아버지 존(John)은 조지가 다닐 고등학교를 매우 신중하게 알아보았다. 조지가 음악, 특히 피아노에 아주 열심이기 때문에, 훌륭한 음악 프로그램을 갖춘 고등학교를 선택하는 일은 중요하였다. 조지는 오디션을 통해 음악 중점학교인 웨스트필드(Westfield) 고등학교에 다니게 되었다. 그는 피아노 연주와 노래를 하도록 요구받았다. 조지가 부른 노래는 기준을 통과했지만 목에서 발성되는 비음이 섞인 소리라는 평가를 받았다. 이는 수년 동안 가족과 함께 부른 레게 풍의 노래 탓이기도 하였다. 하지만 조지는 웨스트필드 음악 중점학교 성악부 일원이 될 수 있었다. 아들의 오디션이 있던 날, 존 우들리 씨는 가족의 생계 때문에 조지가 간혹 수행평가나 학교공연에 불참할 수도 있다고 밝혔다. 성악부 학생의 성적은 학교공연뿐만 아니라 수업 참여도를 바탕으로 이루어지기 때문에 이것은 중요한 문제였다.

학년이 지나면서 조지는 수업에 별반 노력을 기울이지 않았다. 연이어 학교공연에 불참하기 시작했고, 가족공연이 있는 날에는 겹치는 학교공연에 참여할 수 없다고 알렸나. 합창단 책임지인 헨더슨(Henderson) 선생은 특히 다른 학생들과 비교하여 이 같은 일이 불공정하다고 생각했다. 헨더슨 선생은 수업 참여가 미진하고 학교공연도 자주 빠진 조지에게 평점 C를 주었다.

존 우들리 씨는 아들이 평범한 성적을 받자 매우 화가 났다. 그는 예고도 없이 학교를 방문하여 불쾌한 감정을 토로하였다. "내 아들은 어떤 학교도 갈 수 있는 아이예요. 내 아들에게 이 학교는 별로 대단하지 않은 학교입니다."

헨더슨 선생은 조지가 웨스트필드 고등학교를 스스로 선택했고, 이 학교의 음악 프로그램은 결코 뒤떨어지지 않는다고 말했다. 우들리 씨는 아들이 뛰어난 음악적 재능과 풍부한 공연 경험을 갖고 있으니 A를 받아야 한다고 강하게 주장하였다. 헨더슨 선생은 우들리 씨가 생각하는 평가 기준만으로는 충분하지 않다고 분명히 말했다.

조지가 웨스트필드 고등학교에서 2학년을 보내는 동안 합창단 활동에 대한 참여도와 학교공연은 1학년 때와 크게 달라지지 않았다. 헨더슨 선생은 조지의 성적을 판단할 때 공정성의 측면을 포함하여 더욱 폭넓은 면을 고려했다고 생각하였다. 우들리 씨가 이민자 가족의 생계를 위한 주 수입원이라고 말하는 가족공연에 참여한다는 이유로 조지가 학교생활을 소홀히 하는 것을 계속해서 허용해야 하나? 조지에 비해 훨씬 더 많은 노력을 기울이는 듯 보이는 다른 학생들에게 불공정하지 않게 헨더슨 선생이 이 상황을 처리할 수 있는 방법은 무엇인가?

합창 수업이 있기 전 헨더슨 선생과 조지의 대화를 몇몇 학생들이 어쩌다 듣게 되었다. 이때 조지는 자신과 같은 경우에는 A를 달라고 조르고 있었다. 이 말을 듣고 학생들은 격앙되어 이 문제에 대한 자신들의 의견을 말하기 시작했다. 헨더슨 선생은 대화를 중단하고 황당해하는 학생들을 교실로 돌려보내며 이 상황을 정리했다.

토의할 문제

1. 조지는 가족의 생계와 관련하여 어느 정도까지 책임을 다해야 하는가? 학교와 관련해서는? 콜버그(Kohlberg, 1981)의 정의윤리 이론을 통해 조지의 딜레마를 어떻게 설명할 수 있겠는가? 길리건(Gilligan, 1982)의 돌봄윤리 이론을 통해서는? 다른 이론가의 윤리 이론을 통해서는?

2. 모든 학생은 수업에 참여하는 정도에 따라 평가된다는 규칙을 누가 만들었나? 이러한 기준에 대한 기초는 어디에 두고 있다고 생각하는가? 이것은 공정한 규칙인가? 누구에게 공정한가? 누가 이 규칙으로 인해 혜

택을 받는가?

3. 조지는 성적 부여 기준에 관한 규칙을 알고 있었다. 그런데 그는 규칙을 준수할 의무가 없었는가? 왜 그런가? 아니면 왜 그렇지 않은가? 만일 조지가 사전에 규칙에 대한 얘기를 들은 바가 없다면, 여러분의 대답은 달라지겠는가? 조지의 아버지는 처음부터 헨더슨 선생에게 가정의 생계를 위해 조지가 해야 할 일을 알렸다. 그렇다고 해서 헨더슨 선생이 조지를 다른 학생과 다르게 대해야 하는가? 일부 학생을 다른 학생과 다르게 대해야 하는가? 왜 그런가? 아니면 왜 그렇지 않은가? 이런 개개인에 대한 차별화된 대우에 대해 찬반 의견을 토의하시오.

4. 조지의 권리는 무엇인가? 조지 아버지의 권리는? 학부모 한 명의 항의로 인해 학교가 규칙을 바꾸어야 하는가?

5. 여러분은 개인적으로 이러한 상황에서 어떤 일을 할 수 있다고 생각하는가? 여러분이 학교에 근무하는 책임 있는 전문가라면 이런 상황이 어떻게 전개되어야 한다고 생각하는가? 개인적 차원과 전문직의 차원에서의 대답이 같은가, 다른가? 왜 그런가? 아니면 왜 그렇지 않은가?

6. 이 딜레마에서 조지를 위한 최선의 이익이 되는 해결책은 무엇인가? 다른 학생을 위한 최선의 해결책은? 이러한 대답은 달라야 하는가? 아니면 양측을 만족시킬 해결책이 있는가? 모든 관련 당사자를 위한 최선의 해결책은?

제7장
종교 대 문화

이 장에서는 학생과 교사의 종교적 가치와 신념이, 학교문화 및 교육과정의 실천과 적용에서, 모순이나 갈등을 낳는 상황을 다룬다. 이 장에서는 전통적으로 이어져 온 학교 방침과 관례에 반하는 개인의 신념과 관련된 윤리적 문제를 제기한다. 교육 리더는 이런 딜레마를 통해 전문직의 위치에서 개개의 학생과 교사를 위한 최선의 방책을 생각할 기회를 갖는다.

공립학교 설립 운동이 시작된 이후로, 종교에 관한 이슈는 보통교육의 주요 관심사 가운데 하나가 되었다(Yodof, Kirp, Levin, & Moran, 2002). 법률적인 관점에서, 미국 대법원은 공립학교에서는 어떤 종교적 행위도 분명히 불법이라고 판결했다. 예를 들면, 과거처럼 학교에서 아침 기도나 성경 읽기로 하루 일과를 시작해서는 안 된다는 것을 교직원들은 알고 있다. 교직원은 학교 체육경기나 행사를 할 때 학생들에게 기도를 하게 하거나 졸업식에서 종교적 설교를 하면 안 된다. 이와 같은 행동은 미국의 수정헌법 제1조에 위배된다.

교직원은 다른 종교와 비교해서 특정 종교를 선교하는 일을 해서는 안 된다. 또한 종교를 갖지 않은 학생에게 입교를 권유할 수 없다. 교육과정과 관련해서, 공립학교 교사는 비교종교 과목과 같은 수업에서는 종교에 관해 가르칠 수 있지만, 이 같은 범위를 벗어나 종교를 가르치거나 선교할 수 없다. 또한 공립학교 교직원은 특정 종교를 선교해도 안 되지만, 특정 종교에 대한 적대감을 표시해도 안 된다. 그러나 공립학교가 종교학교에 교통편, 서적과 기타 물품 및 지원활동을 하는 일은 법에 어긋나지 않는다. 주 정부의 다양한 법률 및 학교 방침에 따라 달라질 수 있으나 '옵트-아웃(opt-out)'[1] 방식처럼, 공식적인 교육과정과 관련하여 종교적 갈등을 겪는 학생 또는 특정 종교의 기념일 때문에 휴업이나 휴가를 요구하는 학생과 교사가 있을 때, 이러한 요구에 대해 법은 일반적으로 학교에서 이를 허용하도록 하고 있으나, 대체로 의무적으로 이행하게 강제하지는 않는다. 마지막으로, 만일 학교가 비종교적 동아리에게 시설을 개방하거나 교육과정 이외의 클럽을 운영하도록 허용한다면, 동일한 수준으로 종교적 동아리에게도 기회를 주어야 한다. 학부모 또한 바우처 이용이 가능하다면 비공립학교에 다니는 자녀의 교육을 돕기 위해 주 정부의 바우처 제도를 이용할 수 있다.

동시에, 학생주도의 기도(student-led prayers)의 합법성, 그리고 수업이나 가정에서 특정 종교를 선교하기 위한 수단의 성격을 지닌 과제를 학생들이 해야 하는지를 포함한 많은 이슈에 관해 법원은 그러한 종교적 활동을 위법한 것으로 규정한 바 있다. 게다가 일부 주에서 허용하는, 학교에서 잠깐의 침묵시간을 부여하는 일에도 기도를 위한 의도가 내포되어 있다면 위헌이라고 규정하였다. 때때로 폭넓은 문화적 다양성의 이슈, 그리고 일반적으로 사회가 기대하는 공립학교의 모습과 결합되는 이러한 법적 갈등 측면은 교육 리더의 역할에 심각한 윤리적 딜

1) 역주: 학교, 병원 등의 기관이 자치단체 당국의 관리를 받지 않고 자체적으로 운영하는 것.

레마를 안겨 준다.

제6장에서 언급한 바처럼, 지속적으로 다양성이 증가하는 다원적 사회에서 다양성은 공교육을 강화하고, 다양한 관점을 접하는 일은 모든 학생이 자신의 위치에서 생활을 잘하는 데 도움이 된다. 저명한 교육 역사가인 데이비드 타이악(David Tyack, 1974)은, 공립학교가 모든 학생을 교육하고자 하는 목적의 보통학교로 설립되었다는 점을 지적하고 있다. 따라서 우리는, 바우처 혜택을 받는 경우에도 자녀를 종교학교에 보내거나 홈스쿨링 교육을 받게 하는 부모가 증가하는 현실에서 부모의 그러한 선택권을 존중하는 것처럼, 각 공립학교의 문화와 종교적 다양성을 포함한 모든 유형의 차이가 중요함을 인정한다. 이 장에서는 녹록하지 않은 도전 과제인 이런 다양성에 대해 중점적으로 다루고자 한다. 종종 윤리적 딜레마는 종교와 문화적 다양성에 대한 존중이 학교의 규범과 기준, 가치, 교육과정의 실제와 상충할 때 일어난다. 스트라이크 등(1998: 127)은 "학교는 학생이 다양한 관점과 생활양식을 열린 마음으로 수용할 수 있도록 세심하게 지도해야 하고, 학생이 그러한 관점이나 생활양식을 인정하지 않을 권리 또한 존중해야 한다."며 우리의 주의를 환기시키고 있다.

제7장에서는 네 가지 사례를 들어 윤리적 딜레마를 다룬다. 세 가지 사례는 K-12 학교에서 일어난 일이고, 다른 한 가지 사례는 고등교육 환경에서의 일이지만 K-12 상황에도 잘 적용될 수 있을 것이다. 이 사례에서 제시된 각 딜레마의 내용은 특정 문화, 종교 또는 문화와 종교가 복합되어 두드러지게 나타난 단편적인 경험을 바탕으로 구성했다.

여기에 소개된 딜레마에서, 우리는 종교와 문화가 아주 복잡하게 뒤얽혀 있어 떼어 놓고 생각하기 어려운 상황에 의도적으로 초점을 맞추었다. 또한 21세기 학교문화에서 부각되고 있거나, 이전의 학교문화에서 소홀히 다루어졌던, 또는 이 둘 모두에 해당하는 특별한 여러 인종, 민족, 종교 집단 가운데 일부를 선택했다. 이러한 선택은, 나날이 다양해지는 사회에서 교직원이 겪게 될 수 있는 관점의 폭을 설명하기 위해서뿐만 아니라, 우리가 오랫동안 좀 더 '전통적' 종교를 다루어 온 방법과의 가능한 관계 설정을 보여 주기 위한 노력의 일환이었다. 다양한 문화와 종교적 배경을 가진, 그리고 시간을 할애하여 여기에 소개된 딜레마를 쓴 학생들과 함께한 것이 행운이다.

사례연구 7.1 '불교와 동물 돌보기'는 교육과정에서 인정된 교과내용을 가르치는 과정과 학생의 종교적 신앙이 충돌하는 윤리적 갈등을 보여준다. 이 딜레마에서, 어느 초등학교 3학년 학생은 교실에서 기르는 동물에게 살아 있는 먹이를 주는 과학과 교육과정을 따르지 않는다. 교장과 교사는 이 학생이 믿는 종교의 교리를 고려하면서 과학과 교육과정을 고수하는 방법을 판단해야 한다. 이 딜레마는 제4장에서 기술한 사례와 흥미롭게 대조해 볼 수 있다. 제4장에 있는 '생체해부: 대학생 수업의 딜레마'란 시나리오에서는, 한 학생이 개구리의 뇌와 척수를 제거하는 일에 관해 종교적 문제가 아닌 윤리적 문제를 제기한다.

사례연구 7.2 '의식의 권리'에서는, 인디언계 교장이 학교도서관 개관 행사에서 지역의 전통의식에 따라 축하의식을 하고자 한다. 그런데 이런 축하의식이 공립학교에서 적절한지에 관해 교사 한 명이 이의를 제기한다. 이 사례에서, 다수의 신념과 개개인의 권리와 관련하여 일어날 수 있는 윤리적 문제를 고찰해야 할 뿐만 아니라 문화적 전통, 종교적 믿음과 관련한 윤리적 문제를 해결하기 위한 고민도 해야 한다. 어떤 이는 이 상황이 기독교가 압도적인 학교공동체에서 학생이 주도하는 기도와 견줄 수 있다고 말할 수도 있다. 만일 그렇지 않다면, 왜 두 상황이 다른가?

사례연구 7.3 '종교의식을 위한 근무면제'에서는, 종교의식 참여에 관한 학교의 휴가 규정에 대해 이의를 제기한, 임용된 지 얼마 되지 않은 두 교사의 문제를 다룬다. 교장은 학교와 지역공동체 구성원의 문화적 전통을 존중하는 일과 휴가 규정의 시비를 가리는 일에 직면해 있다. 이 사례는 가톨릭 인구가 압도적인 미국령 괌(Guam)에서 있었던 일이다. 그리나 독자들이 이 책의 사례뿐만 아니라, 종교의식 참여와 관련하여, 학교 구성원 대다수가 결근이나 결석을 해야 하는 종교 기념일을 학교 재량으로 휴교일로 정하거나, 학생이나 교사가 개별적으로 휴업일 또는 휴무일로 사용할 수 있게 인정한 다른 사례들도 비교하고 검토하기를 바란다.

사례연구 7.4 '종교와 개인 및 사회와의 상충'에서는, 어느 교수가 일부 학생들이 종교적 이유로 거부감을 갖는 동성애에 관한 이슈를 계속해서 다루어야 할지 고민하는 딜레마에 직면해 있다. 교수는 다양성에 관한 이슈를 여전히 존중하면서, 중요하다고 생각하는 강의 주제를 가장 잘 전달할 수 있는 상황을 염두에 두고 해결책을 찾기 위해 고심해야 한다. 이 사례는 무슬림 여학생에 관한 것이지만, 이와 비슷한 상황은 기독교 근본주의자 또는 정통 유대교 같은 다른 종교와 관련해서도 일어날 수 있다.

이러한 상황에서, 스트라이크 등(1988: 127)은 "동성애가 죄악이라고 가르치는 종교를 믿는 학생에게, 학교는 동성애가 죄악인가 아닌가와 상관없이 동성애자도 동등한 권리를 부여받았다는 것을 설명해야 한다. 그러나 학교는 이런 학생에게 동성애를 단순히 대안적인 생활양식으로 바라보도록 역설할 필요는 없다."고 하였다. 여러분은 돌봄, 비판, 전문직윤리 같은 다른 윤리적 패러다임을 통해 여기에서 소개한 시나리오를 면밀히 고찰할 뿐만 아니라, 이러한 관점도 고려해 주기를 바란다.

사례연구 7.1 불교와 동물 돌보기

그린힐(Green Hill) 초등학교는 브라이튼(Brighton) 교육구에 속한 도시 소재의 학교다. 그린힐 초등학교에는 K−6학년으로 이루어진 600명의 학생이 재학하고 있다. 브라이튼 교육구는 백인, 히스패닉과 중국, 대만, 일본, 한국 등에서 온 이민자 등 인구적 구성이 다양하게 혼성된 지역사회다. 따라서 지역사회의 종교와 문화적 배경도 다양하다. 이 학교의 미션은 다음과 같다.

> 학부모 및 지역사회와 동반자 관계인 그린힐 초등학교는 모든 학생이 자신의 능력을 개발하여 평생학습자가 되게 한다. 그린힐 초등학교는 다음과 같은 목표를 갖는다. ① 모든 학생의 읽기와 쓰기 능력을 향상시킨다. ② 모든 학생의 수학적 추론능력과 문제해결능력을 향상시킨다. ③ 과학과 수학에 관한 학생의 관심을 향상시킨다. ④ 모든 학생이 서로의 다양한 가치를 존중하게 한다. ⑤ 학습계발 단계를 통해 진보를 이룰 수 있고, 적절한 사회관계 능력을 개발할 수 있는 교육과정을 제공한다. ⑥ 다른 세계관에 대한 이해를 강화하고 평생학습을 장려한다.

소피아 신 리앙(Sophia Shin Liang)은 그린힐 초등학교에 등록한 8세의 대만계 여학생이다. 가족은 소피아가 태어나기 전에 대만에서 브라이튼 교육구로 이주했다. 비록 소피아 가족은 미국 시민이지만, 자신들의 전통과 신앙을 중요하게 생각한다. 불교는 리앙 가족의 종교이며 생활의 근원이다. 불교의 주된 가르침은 지상에 있는 모든 살아 있는 생명을 잘 보살피는 일이다. 이 신념에 따르면 인간은 살생을 해서는 안 된다.

2003년 8월 가을에 소피아는 3학년으로 진급하여 컬런(Cullen) 선생의 과학 수업을 듣게 되었다. 그린힐 초등학교 3학년 과학과 수업에서는 교육과정에 따라 먹이 사슬을 가르치기 위해 교실 내 수족관에서 개구리를 길렀다. 그리고 개구리에게 살아 있는 벌레를 먹이로 주었다. 그린힐 초등학교에서 개구리 기르기는 게리 굿맨(Gary Goodman) 교장의 감독하에 지난 5년 동안 이루어진, 3학년 과학과 교육과정의 일부였다. 학교운영위원회는 초등학생의 학습활동과 과학적 재능 개발을 위해 개구리 기르기를 과학과 교육과정의 일부로 인정했다.

수업 첫날, 컬런 선생은 학급에서 기를 개구리와 살아 있는 벌레를 보여 주며, 이와 관련하여 한 학기 동안 배울 내용을 소개했다. 학생 각각은 일주일씩 개구리에게 살아 있는 벌레를 주며 개구리를 돌보는 임무를 맡았다. 소피아는 불교를 믿는 사람은 지구상의 살아 있는 어떤 생명도 해쳐서는 안 된다는 가르침 때문에 개구리에게 살아 있는 먹이를 줘야 한다는 사실이 마음이 내키지 않았다. 다행히도 소피아는 10월 첫 주까지는 개구리에게 먹이를 주지 않아도 되었다. 소피아는 마음속으로 그때까지라면 교사와 부모에게 이 상황에 대해 이야기하고 당번을 면할 수 있는지 알아볼 수 있다고 생각했다.

하지만 3주가 지난 어느 날, 소피아는 몇몇 친구들이 개구리에게 살아 있는 벌레를 주는 모습을 목격했다. 소피아는 끔찍한 광경이 눈앞에서 벌어지자 질색하여 큰 충격을 받았다. 9월 셋째 주 금요일, 소피아는 교실에 아무도 없는 쉬는 시간에 개구리와 벌레들을 밖으로 가져가 풀어 주었다. 소피아는 자신의 이 같은 행동을 아무도 본 사람이 없다고 생각했다. 하지만 학급 친구 두 명이 그녀의 행동을 보고 이 상황을 따져 물었다.

라울(Raul): 안녕, 소피아, 너 뭐했니? 네가 개구리와 벌레를 풀어 주는 걸 봤어.

스테이시(Stacey): 그래 나도 봤어. 넌 도둑이야. …… 우리 반에 있는 걸 네가 훔쳤어. 이제 개구리와 벌레가 없어졌어! 선생님께 이를 테야.

소피아: 난 도둑이 아니야! 걔네들이 원래 있던 곳으로 돌려보낸 것뿐이야. 개구리에게 먹이로 살아 있는 벌레를 주는 일은 옳지 않아. 지구상에서 보호받아야 할 생명체를 우리는 죽이고 있어. 이런 일은 옳지 않고, 불교 신앙에 어긋나는 일이야! 나는 벌레와 개구리가 불쌍해서 놓아주었을 뿐이야.

쉬는 시간이 끝난 후, 라울과 스테이시는 컬런 선생에게 이 사실을 알렸다. 컬런 선생은 소피아를 교실 밖으로 데리고 나가 무슨 일이 있었는지 물어봤다.

컬런 선생: 소피아, 쉬는 시간에 무슨 일이 있었는지 말해 주겠니? 동물들을 놓아준 것이 사실이니?

소피아: 선생님, 죄송해요. 불교에서는 어떤 작은 생명이라도 해쳐서는 안 된다고 가르쳐요. 저도 그렇게 믿기 때문에 놓아주었어요. 개구리에게 살아 있는 벌레를 먹이로 주는 일은 옳지 않아요. 왜냐하면 지상에 있는 생명체를 죽이는 일이기 때문이에요. 살아 있는 어떤 생명체도 죽이거나 해쳐서는 안 된다고 생각해요.

컬런 선생: 어떤 생명도 해치는 것을 원치 않는 네가 걱정하는 바를 이해한다. 하지만 개구리와 벌레들은 학급 친구들 모두의 것이고 학습에 필요하다. 이제 우리 학급은 학습에 필요한 동물이 없다. 우리

학급의 수업을 위해 다른 것들을 구입할 수 있을 것 같지도 않구나. 너에게 무척 실망했다. 너는 착한 학생이지만 이 같은 행동을 하기 전에 이야기를 했어야 해. 교장 선생님께 너를 보낼 수밖에 없구나.

소피아는 교장실로 보내졌다. 굿맨 교장은 소피아가 동물을 놓아 주었다는 얘기를 듣고 기분이 상했다. 학부모에게 연락해서 소피아를 집으로 데려 가게 하리라고 마음먹었다. 리앙 부부는 굿맨 교장에게서 온 전화를 받고 당황했다.

"어째서 소피아가 이런 황당한 일을 겪어야 하나요?" 부부는 서로에게 물었다. "소피아는 말 잘 듣고 착한 아이인데……." 소피아의 엄마가 남편에게 말했다. 굿맨 교장과 전화 통화한 지 20분이 채 안 되어 소피아 부모는 학교에 도착했다.

굿맨 교장: 이처럼 빨리 와 주셔서 감사합니다. 소피아는 과학시간에 사용할 동물을 놓아 준 이유를 나에게 말했습니다. 부모님께서 소피아에게 무엇을 잘못했는지 깨우쳐 주셨으면 합니다.

리앙 부부: 소피아는 어린아이일 뿐이에요. 깊게 생각하지 못하고 우리가 믿는 종교의 가르침을 따랐을 뿐입니다. 우리는 어떠한 생명도 해쳐서는 안 되고, 심지어 미물도 살 권리가 있다고 믿습니다. 예, 맞습니다. 개구리에게 먹이를 주어야지요. 하지만 개구리가 자연 서식지에서 스스로 살아가고 먹이를 찾게 하지 않고 인간이 벌레를 먹이로 주는 과정에 관여한다면, 이런 벌레를 죽이는 것을 도와주는 일이 되겠지요.

굿맨 교장: 부모님의 깊은 믿음을 이해합니다. 그러나 이런 동물은 교육

과정의 중요한 부분입니다. 다른 학부모나 학교운영위원회에서 이 상황을 가볍게 지나치리라고 생각하지 않습니다.

리앙 부부: 우리도 교육과정의 중요성을 압니다. 그러나 소피아가 불교 교리를 잘 지킨 일로 벌을 받아서는 안 되지요. 학교와 교장 선생님은 학교의 미션을 잘 지켜야 합니다. "모든 학생이 서로의 다양한 가치를 존중하게 한다."는 미션에 특별히 초점을 맞추어 주길 바랍니다. 교장 선생님은 우리의 신앙을 존중하고 우리 가족의 다양성을 가치 있게 여겨 주시기 바랍니다. 부탁드립니다. 소피아가 한 일로 인해 처벌을 받지 않게 해 주세요. 그리고 소피아가 왜 동물들을 놓아주었는지에 관한 진실을 친구들에게 말씀해 주세요.

굿맨 교장: 두 분 말씀에 공감합니다만 학교운영위원회에서 5년 전에 과학과 교육과정으로 교실에서 동물을 기르는 것을 인정했습니다. 그리고 이와 관련하여 지금까지 어떤 불평도 들어 본 적이 없습니다. 오히려 몇몇 학부모는 아이가 교실에서 동물을 기르며 겪는 특별한 경험으로 인해 과학에 대한 관심이 높아지고 학습에 의욕을 보인다고 칭찬을 합니다. 교장에게 맡겨진 책임을 다하기 위해, 이번의 경우는 드문 사례이고, 학생의 학습 의욕을 고취하기 위해 교실에서 동물 기르기를 계속하는 것이 바람직하다고 학교운영위원회에 말하겠습니다. 과학 수업의 효과를 높이는 일이 대다수 학생을 위한 최선의 방책이라고 생각합니다. 하지만 이 지역의 주민으로서, 다양성을 수용하고, 다른 신앙을 존중하며 가치 있게 여기는 일에 대한 저의 개인적 신념이 매우 혼란스럽습니다. 이 상황에 관해 며칠 더 생각해 보고 최선의 결정을 내리겠습니다. 그때까지 소피

아 어머님께서는 다른 학생이 개구리에게 먹이를 주는 것을 소피아가 보지 않도록 말씀해 주시기 바랍니다. 어쨌든 소피아에게 벌을 주진 않겠지만, 오늘은 소피아를 집에 데리고 가 주시면 고맙겠습니다.

토의할 문제

1. 과학과 교육과정에서 개구리에게 먹이를 주는 것은 학생에게 어떤 면에서 이로운가? 이 사례의 과학과 교육과정은 개인의 권리에 우선하여 모든 학생에게 더 큰 이익을 준다고 생각하는가? 왜 그런가? 아니면 왜 그렇지 않은가? 이 상황에서 돌봄에 관심이 있는 교장이라면 무슨 일을 할 수 있는가?

2. 누가 이 교육과정을 결정하는가? 개구리에게 살아 있는 벌레를 먹이지 않는다면, 불교 외의 다른 종교를 가진 부모는 이에 반대하여 무슨 얘기를 하리라 생각하는가?

3. 전문직윤리가 굿맨 교장의 결정에 어떻게 영향을 미칠 것인가? 이 사례에서, 여러분의 판단에 영향을 미치는 점은 무엇인가?

4. 굿맨 교장의 전문직적 신념, 돌봄윤리, 공동체의 이해관계 사이에 어떤 갈등이 있다고 보는가?

5. 모든 윤리적 틀을 고려하여, 현대적인 과학과 교육과정을 지지하는 굿맨 교장과 어떤 살아 있는 생명도 해치지 않으려는 불교 신앙을 가진 리앙 가족의 믿음 사이에서, 이 두 입장을 수용하여 절충할 수 있는 어떤 해결 방안이 있는가? 여러분의 답변을 설명하시오.

사례연구 7.2 의식의 권리

디네(Diné) 고등학교는 백합과 식물인 유카(yucca)와 쑥이 자연 군락을 이루며, 넓은 주위에는 봉우리가 평평한 절벽을 이루어 에워싸고 있는 낮은 골짜기 초원 지역에 자리 잡고 있다. 반경 260km 내에 35곳의 공립학교가 있으며, 디네 고등학교는 나바호(Navajo) 인디언 보호구역에 있다. K-8학년을 가르치는 인디언 보호국 부속학교가 디네 고등학교와 가장 인접해 있다. 디네 고등학교의 학생 구성은 약 90%가 나바호와 호피(Hopi) 인디언계, 10%가 앵글로계 학생들이다. 이 지역사회에는 우체국, 교회, 부족 자치협의회가 저녁 식사 또는 특별한 선거 때 회합을 하는 지역공동체 마을회관, 병원, 미국주택도시개발부가 설립한 인디언부족주택국이 있다.

새 학년 개학이 일주일도 채 남지 않은 8월 7일, 트소시 교장(Ms. Tsosie)은 방학을 마치고 돌아오는 교직원을 위해 임시시간표와 업무에 관한 계획을 세우고 있었다. 교사들은 매일 한두 명씩 학교로 복귀하고 있고, 나머지 모든 교직원들도 일주일 내에 모두 복귀할 예정이다. 대부분의 다른 학교처럼 디네 고등학교도 학년 초는 매우 바쁘다.

이날도 이 학교 졸업생인 비아(Bia) 씨가 아들을 9학년에 등록하기 위해 왔다. 학교에 들어오자마자 완성된 새 도서관을 보고는 내부를 둘러보고 싶었다. 트소시 교장이 막 전화 통화를 마쳤을 때, 비아 씨는 교장실 문을 노크하고 인디언 말로 자신을 소개했다. “안녕하세요. 제 이름은 테드(Ted) 비아입니다. 저는 비터워터(Bitterwater) 부족입니다.” 예를 갖춰 소개를 마친 후에, 비아 씨는 트소시 교장을 만나게 되어 매우 반갑다고 말하였다. 그리고 새 도서관을 지은 트소시 교장을 칭찬했다.

"도서관을 증축하여 새롭게 완공된 것을 보니 디네 고등학교 졸업생으로서 정말 기쁩니다. 아이들을 위해 이 건물을 짓느라 정말 애를 많이 쓰셨군요. 새 도서관은 지역 전체를 위한 특별한 곳이 될 겁니다. 특별히 바라건대, 몇 가지 새로운 첨단 장비를 갖추면 좋겠네요. 도서관을 잠시 둘러봐도 좋을까요?"

교장과 비아 씨는 복도를 따라 걸어갔다. 비아 씨는 교장이 열어 준 문틈으로 살짝 엿보았다. 교장은 비아 씨가 도서관을 둘러볼 수 있게 하여 마음이 흡족하였다. 왜냐하면 비아 씨가 학교 일에 관심을 나타낸 것은 이번이 처음이 아니기 때문이었다. 종종 지역 모임에 가는 경우에 비아 씨가 늘 참석했던 것을 기억하였다. 사실 학부모로서 비아 씨는 지역의 도서관 건립을 발의하여 신축이 가능하게 한 중요한 후원자였다.

도서관을 나가면서 비아 씨는 교장에게 말을 걸며 아주 낮고 진지한 목소리로 물었다. "도서관 개관을 위한 블레싱 웨이 세레모니(Blessing Way Ceremony)[2]는 언제 열리나요?" 교장은 멈춰 서서 잠시 머뭇거리며 대답했다. "다음 주 학생들이 도착하기 전날에 있습니다." 교장과 복도를 걸어가던 비아 씨는 걸음을 멈추며 말했다. "좋습니다, 아들과 함께 참석하기에 딱 맞는 시간이군요."

비아 씨는 아들 손을 잡고 건물 밖으로 나갔다. 교장은 교장실로 돌아와 비아 씨와 나눈 대화를 떠올리며 잠시 생각에 잠겼다. 책상에 앉아 고개를 아래로 향하며 책상에 붙여 놓은 메모를 보았다. 8월 11일 새벽에 학교에서 있을 블레싱 웨이 세레모니에 참석하는 주술사와 주

2) 역주: 나바호 부족의 전통의식. 개인 및 부계친족이나 모계친족이 함께 거주하는 확대가족(extended family)의 화합과 우의를 다지게 하기 위해 종종 이러한 의식이 이루어진다.

술사의 부인, 그리고 지역공동체의 초청 인사들을 맞이해야 한다.

교장은 나바호 부족의 원로인 주술사가 먼 곳에서 와서 새벽에 의식을 주관해야 한다는 것을 떠올렸다. 교장은 의식에 참여하고자 하는 사람들의 요구를 충족시키고 싶었다. 비록 블레싱 웨이 세레모니는 전통적으로 4일 동안 열리지만, 이번의 경우 주술사와 교육감, 지역인사들은 약식으로 행사를 하는 데 동의했다. 교장은 도서관 개관식을 시작으로 새 학기에도 좋은 일이 많이 생기리라는 기대로 마음이 설레었다.

저녁에 귀가한 후에 교장은 비아 씨와 나눈 대화를 다시 생각했다. 행사에 대해 약간 걱정스러운 마음이 든 그는 잘 진행되고 있는지 확인하기 위해, 교육감인 비게이(Begay) 박사에게 전화를 하여 다음 날 아침에 만나기로 약속했다.

다음 날 아침에 교장은 약속을 했음에도 꽤 오랜 시간을 기다려서야 비게이 박사를 만날 수 있었다. 교장은 교육감을 만나자 간단한 질문으로 대화를 시작했다. "새 학년을 시작할 때 새 도서관 개관 기념식을 하기로 했지요?"

비게이 박사는 달력을 들척이며 눈여겨 살펴보고는 말했다. "여기 있네요, 8월 11일 도서관, 맞지요?"

"네, 제 달력에도 적이 놓았지만 확인 차원에서 말씀드렸습니다." 교장이 응답했다.

그러고 나서 교장은 다시 물었다. "주술사는 연락이 되었나요?"

교육감은 진지한 목소리로 대답했다. "네, 사실 아침 일찍 주술사와 부인을 데리러 가야 합니다. 도착하면, 주술사와 초대 손님들을 위해 교직원 몇 분이 커피와 다과를 준비해 주시겠어요? 아마 50명쯤 참석하게 될 것 같습니다."

트소시 교장은 준비하겠다고 간단히 응낙했다.

교육감을 만나고, 교장은 학교로 돌아 왔다. 10분 후에 교장실 전화벨이 울렸다. "굿모닝, 트소시 교장입니다. 무엇을 도와 드릴까요?"

"트소시 교장님, 저는 미즈 디(Ms. Dee)입니다." 미즈 디는 교육구에 속한 다른 학교에 근무하는 선생인데 업무차 교육구청을 방문하여 블레싱 웨이 세레모니에 관한 안내문을 보았다. "여쭤 볼 말이 있습니다. 저는 지금 교육구청에서, 도서관 개관을 위한 블레싱 웨이 세레모니를 연다는 안내문을 보았습니다. 제 생각으로는 교장 선생님이 옳은 일을 하고 있다고 생각하지 않습니다."

교장은 디 선생이 말을 멈추길 기다려 이유를 물어 보았다. "왜 그런가요?"

디 선생은 말을 계속했다. "학교에서는 블레싱 웨이 세레모니를 열어서는 안 된다고 생각합니다. 저는 이런 종류의 의식을 이해할 수 없어요. 학교에서 왜 이런 행사를 하는지 그 이유를 알 수 없습니다. 제 아이도 디네 고등학교를 다닙니다. 우리 집에서는 이런 의식을 믿지 않습니다. 왜 학생들에게 이런 일을 시키는 건가요?"

교장은 분명히 말했다. "지역인사들과 교육구 여러 인사들이 참석할 예정입니다. 초대장은 모든 고등학교와 학생회에 발송되었습니다. 하지만 오지 않겠다고 말한 사람은 한 명도 없습니다."

디 선생은 약간 당황스러운 목소리로 말을 이어갔다. "어쨌든 이 일은 나의 믿음과 다르고, 나와 같이 생각하는 사람들도 많을 겁니다. 블레싱 웨이 세레모니와 같은 전통의식을 믿지 않고, 지역에 있는 여러 교회에 다니거나 다른 신앙을 가진 교직원이 많다는 사실을 교장 선생님도 아실 겁니다. 이 지역의 많은 젊은이도 학교에서 이와 같은 전통의식을 해야 한다고 생각하지 않습니다. 사람들이 자신의 자녀에게 이런 종류의 일을 배우게 하고 싶거나 이런 행사에 참여하게 하고 싶다면, 집에서나 하면 되지 학교에서는 아니라고 생각합니다."

전화로 길게 대화하기보다는 직접 만나 이야기하는 것이 더 적절하다고 생각하여, 교장은 디 선생에게 직접 만나 얘기하자고 제안했다.

그러나 "제 생각을 이미 말씀드렸고, 더 이상 이야기할 필요는 없다고 생각합니다."라고 대답한 디 선생은 교장의 대답도 듣지 않고 인사도 하지 않은 채 일방적으로 전화를 끊었다.

이 딜레마를 해결하기 위해 최선을 다했다고 생각한 교장은 책상 위에 놓인 달력으로 시선을 돌리며, 달력의 8월 11일 칸 안에 큰 글씨로 적었다. 블레싱 웨이 세레모니. 그리고 달력 위에다 스마일 표시를 그려 넣은 다음에 퇴근했다.

토의할 문제

1. 블레싱 웨이 세레모니는 종교와 공식 업무의 분리 원칙에 위배되는가? 만일 그렇다면, 어떻게 그리고 왜 그런가? 만일 그렇지 않다면, 그 이유는? 문화는 학교에서 종교활동을 포함시키거나 배제하는 결정에 어떤 영향을 미쳐야 하는가?

2. 블레싱 웨이 세레모니를 진행하고자 하는 교장의 결정에 동의하는가? 만일 여러분이 교장이라면, 이 딜레마를 어떻게 해결하겠는가? 여러분의 논리를 설명하시오.

3. 돌봄의 관점에서 이 딜레마를 해결할 수 있는 최선의 방법은 무엇인가?

4. 이 시나리오에서 누가 규칙을 정하는가? 이 규칙은 누구의 가치를 대표하는가? 만일 기독교가 우세한 학교공동체라면 이 상황이 달라지겠

는가? 만일 학생들이 이 행사를 제안하고 주도한다면?

5. 학교행사를 정하고 계획하는 데 학생의 목소리와 관점은 어느 정도 영향을 미쳐야 하는가? 학교행사를 정하고 계획하는 데 교직원의 목소리와 관점은 어느 정도 영향을 미쳐야 하는가?

6. 여러분은 학교 환경에서 문화활동과 종교활동을 어떻게 구별하는가?

7. 이 책에서 언급한 윤리 체계에서, 이 사례의 딜레마를 해결할 때 가장 잘 적용될 수 있는 한 가지 이상의 윤리 요소나 구조가 있는가? 만일 그렇다면, 어느 것을 제시할 수 있는가? 이유는?

사례연구 7.3 종교의식을 위한 근무면제

미국령인 조그만 섬 괌에는 대략 140,000명의 주민이 살고 있다. 섬 주민의 대부분인 괌 원주민 외에도, 히스패닉, 일본인, 한국인, 필리핀인, 베트남인, 백인, 아프리카계 미국인, 푸에르토리카인, 인디언이 거주한다. 지역의 공립초등학교로는 중부, 북부, 남부초등학교가 있으며 K–5학년을 수용하고 있다. 각 학교의 교사는 지역민만큼 다양하고, 대다수는 괌 원주민이며 독실한 가톨릭 신자다. 연중 특정 시기에 묵주기도 기념예식이 성당과 주민들 가정에서 열린다.

5월 30일, 기념일 주말 다음 날이자 학년말을 2주 남겨 놓은 날, 중부초등학교 교사들과 행정가들은 학년말 시험과 예산 편성 준비로 아주 분주했다. 중부초등학교 교사들은 최근 은퇴한 동료인 마리아 크루즈(Maria Cruz) 선생이 주말에 작고했다는 소식을 방금 들었다. 모두가 좋아한 마리아 선생은 중부초등학교에서 30년 동안 재직했었다. 마리아 선생을 위한 묵주기도가 마을 성당에서 화요일 정오와 오후 6시에 열릴 예정이었다. 로버트 페레즈(Robert Perez) 교장은 크루즈 선생을 위한 묵주기도에 관한 안내문을 모든 교사들이 돌려 보게 했다. 안내문에는 다음과 같이 쓰여 있었다.

> 우리의 동료였던 마리아 크루즈 선생님이 슬프게도 주말에 작고했습니다. 선생님을 위한 정오 묵주기도가 성당에서 있습니다. 선생님을 위한 정오 묵주기도에 참석하기를 희망하는 분은 해당 시간에 대체 보강이 가능하다면 참석할 수 있습니다. 묵주기도에 참석하기 위해 요구되는 공식적 서류는 없습니다. 제 비서인 아니타 바자(Anita Baza)에게 참석 희망 여부와 누가 수업을 대신할지를 알려 주시면 감사하겠습니다.

오전 중에, 페레즈 교장은 복도에서 1학년 담임인 로제 토레스(Ms. Rose Torres) 선생을 만났다. "토레스 선생님, 안녕하세요! 크루즈 선생님 묵주기도에 참석하시나요?" 토레스 선생이 대답했다. "네, 2반 티나 마프나스(Tina Mafnas) 선생님과 합반해서 교대로 시간을 맡기로 했어요."

교장은 대답했다. "좋아요. 번갈아 수업을 한다면 조퇴 양식에 서명할 필요가 없습니다. 합반 시간에 정해진 진도를 나갈 수 있게 해 주시고, 바자 비서에게 선생님의 일정을 알려주세요."

그런데 일본 출신 4학년 선생인 사시 타카구미(Mrs. Sashi Takagumi) 선생과 파키스탄 출신인 브린다 야타(Ms. Brindha Yatar) 선생은 교사 휴게실에서 이 안내문을 읽고 발끈했다. "우리가 5년 동안 근무하는 동안 이런 일은 처음이네요." 타카구미 선생은 불평했다. "지난주, 우리 교회에서 매년 열리는 '추석예식(harvest moon ceremony)'에 참여하려고 연차 휴가를 내고 한 시간 내에 돌아와야 했어요." 타카구미 선생은 계속해서 불평을 늘어놓았다. "야타 선생님, 이 일은 정말 말도 안 되는 것 같아요! 다음번에 연차 휴가를 낭비하지 않으려면 묵주기도에 참석하겠다고 말해야겠네요."

야타 선생이 응수했다. "어휴, 그렇지만 우리가 어떻게 하겠어요? 이 지역에서는 종교에 관한 한 우리는 소수파인데요. 페레즈 교장 선생님은 독실한 가톨릭 신자라서 이 같은 일을 소중하게 여기는 '학교문화'를 이어 갈 텐데요."

"시시비비를 가릴 필요가 있어요." 타카구미가 대답했다. "상황이 더 진전되게 내버려 두면 우리가 바보지요. 이제 우리는 수습교사 기간을 통과하기 위해 애쓰는 신임교사가 아니에요. 우리 종교의식에 참가하는 데 똑같은 연차 휴가 규정을 적용받든지, 다른 모든 선생님들도 종교행사 참여와 관련하여 수업을 빠지게 되는 경우 연차 휴가를 내야 하는 것 아니겠어요?"

"무슨 뜻인지 알겠어요, 타카구미 선생님." 야타 선생이 말했다. "하지만 진짜 초점은 전문직으로서 취해야 할 적절한 조처가 무엇인지에 두어야 해요. 내 말 뜻은 공립학교를 벗어나 종교와 업무가 이슈가 되어서는 안 된다는 거예요. 단 한 시간이라지만 합반을 한다는 것을 상급기관, 특히 살라스(Salas) 교육감이 안다면 그냥 넘기리라고는 생각하지 않아요. 그리고 자녀가 합반 수업을 한다면 학부모는 어떨까요? 자녀가 어떤 종교적 행사를 하는지에 상관없이, 두 반을 합반하여 수업한다면 언짢게 생각하겠지요. 한 시간 동안 교육과정상의 수업을 하기보다는 한 시간 때우기 식이 되지 않겠어요? 많은 학생들을 감독하고 집중시키는 일은 너무 어려워서 제대로 합반 수업을 할 수 없어요. 합반을 하게 되면 대개 도서관이나 대강의실로 이동할 텐데 30분은 그냥 지나가 버리겠지요." 야타 선생이 말했다.

"네, 야타 선생님 말이 맞아요." 타카구미 선생이 맞장구쳤다. "이번 경우의 '연차 휴가 외의 타임오프'(time off)[3]를 조사해 달라고 살라스 교육감에게 탄원을 할 필요가 있어요. 이 같은 경우에 우리가 아닌 아이들이 피해를 보거든요. 우리는 학생들을 가르치기 위해 최선을 다하는 데 초점을 맞추어야 합니다."

타카구미 선생과 야타 선생은 이 문제에 관해 살라스 교육감에게 공식 서한을 보내기로 결심했다. 게다가 교장의 '연차 휴가 외의 타임오프'에 반대하는 동료 교직원의 서명을 첨부할 계획을 세웠다.

'연차 휴가 외의 타임오프'에 동의하는 네 명의 선생이 탄원에 대한 이야기를 듣고서 교장실로 찾아 왔다. 이들 가운데 한 명인 바자 비서가 말을 꺼냈다. "교장 선생님, 타카구미 선생님 그리고 야타 선생님과 이야기 좀 하셔야겠어요. 만일 살라스 교육감이 그들의 탄원을 받아들이면, 우리가 사랑하는 세상을 떠난 크루즈 선생님께 애도를 할 수 없게 됩니다."

"맞아요." 작고한 마리아 크루즈 선생의 조카인 조 크루즈(Joe Cruz) 선생도 동의했다. "교장 선생님께서는 다른 이를 위한 돌봄과 관심을 중시하는 우리 학교의 문화를 전달할 필요가 있습니다."

"크루즈 신생님 말이 맞습니다. 하지만 타카구미 선생님과 야타 선생님은 우리 섬과 우리 학교 문화에 아직은 비교적 익숙하지 않습니다. 우리는 타카구미 선생님과 야타 선생님이 우려하는 바도 포용할 필요가 있습니다. 그리고 두 분 선생님에게 우리 학교가 그들의 종교와 의식도 존중한다는 사실을 알려야 합니다." 세실리아 마프나스(Cecilia

---

3) 역주: 근무시간 면제 제도.

Mafnas) 선생이 말했다.

"그들은 불평할 아무 이유도 없어요." 네 번째 선생이 의견을 말했다. "그들의 자녀를 태워 갈 필요가 있을 때 타임오프를 허락하잖아요. 만일 그들이 다른 어떤 장례식에 참여하기 위해 담당자에게 연차 서류를 제출한다면, 교장 선생님 잘못이 아니에요. 그들은 연차를 내지 않고 의식에 참석하겠다고 요청한 적이 없잖아요. 그들은 우리 학교의 문화와 전통을 제대로 이해하지 못하고 있어요. 우리는 서로 동료를 배려하고 챙겨 줍니다. 우리는 이런 사람들이에요. 어떤 종교의식으로 치르는 장례식이든 상관없이, 돌아가신 선생님의 가족에게 마지막 존경과 위로를 드릴 정도로 우리는 충분히 서로를 배려하고 돌봅니다."

네 선생들의 의견을 듣고 나서, 교장은 대화하기 위해 타카구미 선생과 야타 선생에게 교장실로 와 달라고 했다. "타카구미 선생님과 야타 선생님, 교장실로 와 주셔서 고맙습니다. 종교의식에 참석하기 위한 '연차 휴가 외의 타임오프' 때문에 마음이 상하셨다고 들었습니다. 두 분 선생님은 지난 5년 동안 우리 학교의 가족으로 지내셨습니다. 작고한 선생님께 마지막 인사를 드리는 우리 학교의 문화와 전통을 알고 이해해 주시면 고맙겠습니다. 전문직의 규칙과 규정을 지키려는 두 분 선생님의 뜻을 충분히 이해합니다. 근무지에서 벗어날 때는 연차 휴가나 외출의 형식을 취해야 합니다. 반면에, 저는 이 지역공동체와 우리 학교의 전통에 관심을 갖고 문화를 잘 보전할 수 있도록 교장으로서 노력해야 합니다. 두 분 선생님이 교육감에게 탄원서를 제출하기 전에, 내가 이 상황을 가장 잘 처리할 수 있는 방법을 생각할 수 있도록 이틀의 시간을 주면 고맙겠습니다."

타카구미 선생과 야타 선생은 페레즈 교장의 말에서 진심을 느낄 수 있었다. 그리고 학교의 리더인 교장을 존경했다. 교육감에게 탄원서를 제출하기 전에 이틀을 기다리기로 했다. 이제 교장은 '연차 휴가 외의 타임오프'를 찬성하는 쪽과 반대하는 쪽 양측의 주장을 생각하면서 이 딜레마를 해결하는 방법을 찾아야 한다.

토의할 문제

1. 이 사례에서 법적인 이슈가 있는가? 만일 없다면, 이유는 무엇인가? 만일 있다면, 법적인 이슈는 무엇이고, 어떻게 해결할 수 있는가? 이 상황을 다룰 수 있는 가장 공정한 방법은 무엇인가? 돌봄을 위한 최선의 방법은?

2. 여러분이 생각하기에, '연차 휴가 외의 타임오프'가 5년 동안 통고 없이 이루어질 수 있었던 이유는 무엇인가? 지역공동체 및 학교의 문화가 교육기관의 방침 또는 교육현장에서의 적용에 영향을 미쳐야 하는가? 여러분의 대답을 설명하시오.

3. 전문직윤리 관점에서, '연차 휴가 외의 타임오프'를 시행하는 페레즈 교장의 입장을 지지할 수 있는가? 왜 그런가? 혹은 왜 그렇지 않은가? 학생을 위한 최선의 이익을 고려할 때, 살라스 교육감은 이 딜레마에 어떻게 대처해야 하는가?

4. 여러분이 페레즈 교장의 조처에 동의하지 않는 교사라면 어떻게 행동하겠는가? 타카구미 선생과 야타 선생은 이 딜레마를 해결하기 위한 적절한 전략을 선택했다고 생각하는가? 왜 그런가? 혹은 왜 그렇지 않은가? 두 교사가 할 수 있을 것 같은 그 밖의 일은 무엇인가?

5. 이른바 시간 때우기 식의 수업을 받아야 할 상황에 처한 아이들 부모의 부정적 반응에 대해 페레즈 교장은 어떻게 대처해야 한다고 생각하는가? 이

상황에서 윤리적 이슈가 제기될 수 있는가? 만일 그렇다면, 윤리적 이슈는 무엇인가? 이 윤리적 이슈를 어떻게 해결할 수 있겠는가? 만일 제기될 윤리적 이슈가 없다면, 이유는 무엇인가?

사례연구 7.4 종교와 개인 및 사회와의 상충

주립대학교에서 가을 학기가 시작되기 전날, 여성학과 교수인 다이앤 모건(Diane Mogan) 박사는 강의 준비에 바빴다. 그녀는 10년 동안 재직하면서 모아 온, 학생들이 제출한 수백 편의 논문에 둘러싸인 조그만 연구실에 앉아 있었다. 많은 논문이 연구실 바닥에도 쌓여 있었고, 책장에도 여성주의, 여성주의 교육학, 동성애자의 권리, 여성학, 종교학, 심리학 발달 등에 관한 많은 책으로 가득 차 있다. 왼쪽 벽에는 커다랗고 화려한 구술 장식 목걸이가 걸려 있는 거울이 있었다. 책상 위에는 조그만 사진이 담긴 액자 두 개가 놓여 있었다. 하나는 모건 교수와 아들, 다른 하나는 친구들과 함께 찍은 사진이었다. 많은 자격증과 인증서와 함께 이전에 가르친 학생들이 쓴 감사의 글이 벽에 걸려 있었다. "저의 가치관을 깊게 성찰할 수 있게 해 주시고, 제가 누구인지 깨닫게 해 주셔서 감사합니다. 이제 사물을 다르게 볼 수 있습니다. 저의 정체성은 교수님의 강의를 듣고서 많이 변했습니다. 교수님은 제가 누구인지를 비판적으로 바라볼 수 있게 해 주셨고, 다른 사물의 실재를 올바르게 볼 수 있게 해 주셨습니다."

낮 12시에 간단하게 점심을 서둘러 먹고서 오후 4시가 거의 된 지금도 모건 교수는 연구실에서 여성학 입문 강의를 준비하느라 정신이 없다. 과사무실 조교인 세라(Sarah)가 문을 두드렸다. 교재를 살펴보느라 여념이 없었던 모건 교수는 노크 소리를 듣지 못했다. 세라는 문을 두드리며 문을 열면서 다음과 같은 대화를 시작했다.

세라: 안녕하세요, 말씀하신 복사물을 가지고 왔습니다.

모건 교수: 아, 갖다 줘서 고마워요.

세라: 복사하는 동안 교수요목(syllabus)을 대강 읽어 보았습니다. 여러 가지 민감한 주제를 교수님께서 어떻게 다루는지 여쭤 봐도 될까요?

모건 교수: (웃으면서) 쉽지는 않지.

세라: 몇 주 전에 대학행정부서와 함께 주최한 대학총동문회 모임 자리에서 논의된 사항 가운데 하나는, 우리 대학이 사회적 중요 이슈에 관심을 갖지 않고 있다는 점이었어요.

모건 교수: (한숨을 쉬며) 아쉽게도, 많은 사람들이 이런 이슈를 무시하고 억압하는 사회 구조를 옹호하는 경향이 있어요. 사회적으로 지배계층과 어울리지 못하는 이들은 뒤처지고 억압받고 있어요. 나는 성, 계층, 인종, 문화 및 성지향성에 기초한 우리 사회에서의 이러한 권력 관계를 학생들이 이해하고 개선하기를 바라고 있어요. 나는 개인적으로, 많은 사람이 우리를 하나로 묶기보다는 분열시키고 있다고 생각해요.

세라: 다른 문화적 배경과 다른 성, 인종 및 성지향성을 가진 학생들이 이러한 이슈에 관해 겪는 갈등을 어떻게 조화롭게 조정할 수 있나요?

모건 교수: 바로 그 점을 온종일 고민하고 있어요. 강의 첫날에, 도입 배경으로 나 자신에 관한 이야기로 강의를 시작할 생각이에요. 나는 감독교파(Episcopalian) 교인이고 동성애자인 십대 자녀를 둔 엄마예요.

> 중산층 미국 가정 출신이지요. 나의 이야기를 밝힌 다음에 학생들에게 자신들의 경우를 돌아보게 하는 것이 첫 번째 단계라고 생각해요.

세라는 고개를 끄덕였지만 모건 박사의 말에 동의하지 않는 학생과 행정가의 윤리적인 문제, 때로는 정치적인 불만을 어떻게 다룰 수 있는가에 관해 여전히 궁금했다.

모건 교수의 여성학 입문 강의가 시작된 지 8주가 지났다. 이 수업에 아주 다양한 학생이 수강신청을 했고, 강의 중 때때로 열띤 토론이 이루어졌다. 성, 문화, 종교 교리, 성지향성 등 민감한 문제에 대해서 모든 학생이 편안하게 속마음을 털어놓을 수 있는 분위기를 조성하려고 노력했다. 하지만 이러한 이슈에 관한 논의를 진행하는 과정에서, 때때로 논란이 되는 사회정의에 관해서는 말하기를 꺼려하는 것을 느꼈다. 모건 교수는 학생들이 이러한 어려운 문제에 대해서도 질문하고 나름의 결론에 도달하도록 하기 위해 강의 내용에 이러한 문제를 포함시킨 것이었다.

그날 아침 강의실에서는 동성결혼에 관한 토론이 벌어지고 있었다. 학생들은 한 책상에 네 명씩 조별로 앉아 있었다. 그들은 이 주제에 관한 기사를 읽고 토론하기 시작했다. 각 조별로 토론을 한 후에는 수강생 전체에게 조에서 토론한 내용을 발표해야 한다. 모건 교수는 조별 활동에 대해 한마디 하였다. "여러분 각자는 이 주제에 관한 나름대로의 의견을 갖고 있습니다. 하지만 열린 마음으로 상대방의 관점을 존중해 주길 바랍니다. 이 강좌와 관련된 이슈를 생각하기 바랍니다. 성차별, 정체성 계발, 성의 사회적 구조, 법적인 규제, 현재의 사회적 · 정치적 · 문화적 변화와 같은 이슈를 생각하면 좋겠습니다."

모건 교수는 그룹 토의를 활발하게 하고 학생들의 대화를 듣기 위해 강의실을 왔다 갔다 했다. 다양한 조원으로 구성된 한 조가 모건 박사의 시선을 끌었다. 억압받는 여성에 관심이 있는 아랍 무슬림 여학생인 팻마(Fatmah), 대학 내에서 게이나 레즈비언과 같은 동성애자, 양성애자, 성전환한 학생들과 교직원을 지지하는 등 다양한 분야에서 앞장서 활동하는 대학운동가이자 게이인 마이크(Mike), 여성의 권리에 관심을 갖고 있으며 여성학을 전공하는 미국 국적의 백인인 수잔(Susan), 청소년들의 건강한 성정체성 계발을 지지하고 지역공동체의 힘을 기르는 데 관심이 있으며 종교학을 전공하는 대학원 학생이자 근본주의 개신교 목사인 데이비드(David)가 조원이었다.

이들은 처음에는 토론을 점잖게 시작했으나, 서로 다른 배경과 의견이 충돌하면서 금방 뜨거워졌다. 모건 교수는 평소에는 대체로 토론에 적극적인 팻마가 오늘은 이상하게도 조용하다는 것을 느꼈다. 팻마는 토론에는 참여하지 않고 딴생각을 하는 듯 노트에다 낙서를 하고 있었다. 표정도 많이 불편해 보였고 거의 이야기를 하지 않았다. 수업 후에 모건 교수가 토론에 참여하지 않은 이유를 묻자, 팻마는 이 일에 관해 나중에 개인적으로 얘기하고 싶다며 면담을 요청했다. 팻마가 토론에 참여하지 않은 이유가 궁금하여 모건 교수는 그날 오후 3시에 만나기로 약속했다. 약속 시간 무렵에 모건 교수는 연구실 컴퓨터 앞에 앉아 일을 하고 있었다. 아침부터 세 건의 미팅, 강의 한 시간, 그리고 이제는 팻마와의 약속이 연이어 계속되어 피곤이 밀려오고 있었다. 모건 교수는 누군가가 조교 세라에게 자신이 어디에 있는지를 묻는 소리를 듣고서 팻마를 맞이할 준비를 했다. 모건 교수는 연구실 문을 열고 팻마를 맞이했다.

모건 교수: 그래 오늘 강의에 관해 나에게 말할 게 있다고요?

팻마: 네, 모건 교수님.

모건 교수: 다이앤이라고 불러도 돼요.

팻마: 그렇게 부르는 것이 제겐 좀 어색합니다. 아시다시피, 우리나라에서는 교수님을 그렇게 부르는 것이 아주 예의에 어긋나거든요.

모건 교수: 좋아요, 오늘 강의 때 평소와 다르게 조용히 있는 모습을 보고 의아했어요.

팻마: (머뭇거리며) 이런 말을 어떻게 드려야 할지 모르겠지만, 오늘 수업 시간에 한 토론 때문에 아주 불편한 기분이 들었습니다.

모건 교수: 그것 괜찮군요! 이번 강의 시간에 팻마가 '편안'하기를 바라지 않아요. 만일 팻마가 '불편'하게 생각했다면 실제로 학습이 이루어지고 있는 것이라고 생각해요. 이 강좌에서는 논쟁거리를 다루고 있어요. 만일 이러한 논쟁거리가 팻마를 골치 썩이게 하지 않는다면, 이 강의를 들을 필요가 없어요. 그런데 무엇 때문에 기분이 상했나요?

팻마: 이 수업 시간에 정말로 관심이 많아요. 왜냐하면 이 수업에서는 여성을 위한 사회정의를 많이 다루고 있다고 생각해요. 저도 제가 사는 곳에서 이와 관련한 어려움을 겪고 있거든요. 하지만 우리나라에서는 게이와 레즈비언에 대한 이슈를 금기시하고 있어요.

모건 교수: 흠, 미국에서 이 주제는 여전히 많은 사람들에게 논란거리예요.

팻마: 네, 제가 속한 조에서 나눈 의견에서도 알 수 있어요. 그러나 이 주제는 저 개인적으로 문화적, 종교적 갈등을 겪게 만들어요. 문화적으로, 우리나라에서는 일반적으로 이와 같은 주제는 말할 것도 없이, 성에 대해 말하는 것도 상상할 수 없어요. 성교육은 초등학교, 중학교, 고등학교, 그리고 대학교 중 어떤 교육 단계에서도 교육과정에 들어 있지 않아요.

이와 같은 토론에 참여하는 일은 정말로 제게 고역이네요. 이 주제는 문화 이상의 것이에요. 이는 종교의 문제입니다. 이슬람에서는 동성애를 인간 본성에 반하는 것으로 믿어요. 그리고 대죄입니다. 동성애는 후천적으로 선택하는 것일 뿐 타고나는 것은 아니라고 우리는 믿습니다. 우리가 지내는 환경이 이와 같은 정체성 형성에 큰 영향을 미칩니다.

모건 교수: 한 가지 질문이 있어요. 팻마의 고국에서는 이 같은 주제가 이슈가 되지 않는다고 생각하나요?

팻마: 모르겠어요. 하지만 우리 종교에서는 이에 관한 사회정의 구현을 위해 투쟁하는 것은 말할 것도 없고 이런 것을 말하는 것조차 절대 허용되지 않아요. 이슬람은 이 이슈에 관해 매우 엄격합니다. 이 수업의 토론 목적을 충분히 이해하지만 제가 자라면서 믿어 온 모든 것에 위배되는 일이에요. 단지 이 토론에 참여하는 일조차 '죄'를 짓게 되는 일일지 몰라요. 저는 매우 심각한 어려움을 겪고 있어요. 우리 조 가운데 한 학생이 '게이'라는 사실을 알고 놀랐습니다. 이 학생을 정말로 좋아했는데……. 이제는 어색한 입장이 되었어요. 저는 다른 사람에게, 특히 이 학생에게 상처를 주고 싶지 않아요. 동시에 제가 믿는 신앙과 저 자신을 속일 수는 없어요.

모건 교수는 누군가가 이런 식으로 게이를 바라볼 수 있다는 데 마음이 약간 상했다. 게이인 그녀의 아들이 곱지 않은 시선 때문에 겪었을 일을 몇 번이고 생각하게 되었다. 모건 교수는 자신이 학생 스스로 자신의 관점을 변화시키길 기대하며 지도하는 위치라는 것을 상기했다. 모건 교수는 속으로 한숨을 내쉬며 대답했다. "팻마, 이 강의는 팻마의 사회나 신앙을 바꾸려는 게 아니에요. 이 강의를 통해 자신이 속한 사회나 종교를 돌아보며 사회정의에 대한 이해의 폭을 넓히려는 것이 목적입니다. 미국에서 이 문제는 사회적으로 큰 이슈입니다. 강의를 듣는 많은 학생도 이 이슈에 큰 관심을 갖고 있습니다."

팻마는 아무 말 없이 물끄러미 모건 교수를 쳐다보며 속으로 혼자 생각했다. "교수님께서는 제가 처한 상황을 이해하지 못하시네요. 교수님께서는 이 이슈를 강의 내용에 포함시켜 저를 억압하고 있어요! 이 강좌는 여성의 이슈에 관해 초점을 두기로 한 것이지 게이나 레즈비언을 주제로 하는 것은 아니었잖아요."

동시에, 모건 교수는 지난 몇 년 동안 강의를 하며 혹시나 있었을지 모를, 팻마와 비슷한 성향을 지닌 다른 학생에 관해 생각하고 있었다. 지난 두 학기 동안 똑같은 교수요목을 사용했다. 강의를 마무리할 무렵에는 강의 평가를 실시했다. 대부분의 학생은 강의를 통해, 자신의 실제 생활과 관련한 중요한 이슈에 대한 편견을 직시하게 되었고, 새로운 견해를 형성할 수 있게 되었다는 긍정적인 피드백을 하였다. 하지만 그녀가 한 어떤 강의에서도 무슬림 학생을 만난 적이 없었다. 모건 교수는 '죄'에 대한 이슬람 종교의 개념을 제대로 알지 못했고, 이 강의에서 팻마가 어떤 반응을 보일지도 미처 몰랐다. 모건 교수는 강의 내용에서 주제의 중요성을 굳게 믿었다. 강의 과정 중 읽고서 과제를 제출해야 하는 참고문헌을 선정하는 데도 많은 주의를 기울였다. 긴 침묵이 흐른 후, 모건 교수는 팻마에게 다음 시간에는 강의에 참석하지 않아도 된다고 말했다. 그리고 주말에 다시 면담하러 오라고 했다.

모건 교수는 강의 중에 팻마가 겪는 고충을 해결할 수 있는 방법을 찾고 싶었다. 주말에 팻마가 면담하러 왔을 때, 모건 교수는 말했다. "억압받는 여성에 관심이 많다는 것을 기억해요. 팻마를 위한 한 가지 방법을 생각했어요. 미국에서 이 운동이 사회적으로, 역사적으로 어떻게 발전했는가에 초점을 맞추는 것입니다. 예를 들면, 사람들이 억압받는 여성의 권리를 위한 사회운동을 할 때 어떻게 조직을 하고, 역할을 분담하고, 사회운동의 단계를 겪어 왔는지를 알 수 있을 거예요. 이에 관해 팻마가 알고 있는 내용을 고국 여성의 사회운동에 대한 이슈에 적용하여 강의와 관련한 소논문 주제로 삼아 제출할 수 있을 겁니다."

모건 교수가 말할 때, 팻마는 이것이 합리적인 과제일 수 있다고 생각했다. 하지만 그녀의 생각은 여전히 강의 시간에 문제가 되는 동성애 이슈에 사로잡혀 있었다. 팻마는 강의를 듣고 있는 다른 학생도 이런 문제를 제기할 수 있으리라 생각했다. 팻마는 자신을 위해 시간을 내준 모건 박사에게 감사의 인사를 하며, 수강을 취소할 수 있는 기간까지 남은 며칠 동안 이 같은 선택에 대해 생각해 보겠다고 말했다.

모건 교수는 수강을 취소할 수도 있다는 팻마의 말에 신경이 쓰였다. 모건 교수는 성차별에 기인한 사회체제 때문에 침묵하는 사람들의 목소리를 강의의 토론 주제로 삼고 싶었다. 그리고 동성애에 관한 이슈는 중요한 강의 주제 가운데 하나라고 생각했다. 비록 팻마가 종교적으로 관용할 수 있는 경지에 도달하기를 바라지만, 자신의 결정은 "인간의 삶에 대한 재구조화를 이룬다."(Foster, 1986: 33)고 인식했다. 모건 교수는 팻마의 특수한 우려에 대해 적절한 해결책을 찾으려고 노력했지만 이 주제를 버릴 수 없었다.

토의할 문제

1. 모건 교수의 다원적인 윤리적 딜레마를 토의하시오.

- 여성학 강의에서 토론할 이슈로 동성애와 게이의 결혼 문제를 포함시킨 모건 교수의 결정에 대한 여러분의 의견을 말해 보시오.

- 모건 교수의 개인적 생활과 가치는 동성애를 강의 주제로 포함시킨 결정에 어떤 영향을 미쳤는지 설명하시오.
- 이 딜레마를 고등교육 기관에서의 학문의 자유와 어떻게 관련지어 설명할 수 있는지를 토의하시오.
- 여러분은 모건 교수가 사회체제 기준을 깨고 있다고 생각하는가? 설명하시오.

2. 윤리적 관점에서, 일부 학생은 논란이 되는 이 주제를 불쾌하게 느끼고 있고 모건 교수도 이 사실을 알고 있는데도, 모건 교수가 이 이슈를 계속해서 진행하기로 결정한 이유는 무엇이라고 생각하는가? 모건 교수는 학생 대다수를 위한 최선의 이익을 생각했는가? 각각의 학생을 위한 최선의 이익은 무엇인가? 여러분의 대답을 설명하시오.

3. 이 주제는 다른 학생에게도 민감한 성격이었는데, 팻마만이 조별 토론에 동등하게 참여할 수 없다고 느끼는 이유가 무엇인지를 토의하시오.

4. 비판적 관점에서 이 딜레마를 어떻게 바라볼 수 있겠는가? 권력, 특권, 형평과 관련이 있는가? 만일 그렇다면, 어떻게 관련되어 있으며 이 문제를 다루기 위해 어떤 일을 할 수 있겠는가?

5. 이 딜레마를 해결하는 데 최선의 돌봄의 방법은 무엇이겠는가? 이유는? 모건 교수의 제안이 팻마의 종교적 우려를 해결할 수 있다고 생각하는가? 설명하시오.

6. 다양한 윤리적 패러다임에 비추어, 여러분이 모건 교수라면 어떻게 하겠는가? 어떤 대안적인 해결책을 팻마에게 제공할 수 있겠는가?

제8장
평등성 대 형평성

이 장에 제시된 사례연구는 통합교육, 연공서열, 교육기회의 접근성에 관한 이슈를 다룬다. 이런 딜레마에서, 책임 있는 위치에 있는 행정가와 교사는 옳은 일을 하고자 한다. 하지만 어느 한 개인이나 집단에게 옳은 일이라도 다른 사람 또는 다른 집단에게는 그렇지 않을 수 있다는 사실을 알아야 한다.

오늘날의 다양하고 복잡한 사회에서는 평등성(equality)과 형평성(equity)의 개념 사이에 패러독스가 존재한다. 스트라이크 등(Strike et al., 1988: 45)이 논의한 바와 같이, 우리는 평등성을 동등한 또는 공평한 대우의 '루블릭(rublic)'[1]으로 정의한다. 즉, "특정한 상황에 처한 사람이 어떻게 대우받는가에 비추어서, 이와 똑같은 상황의 다른 사람도 동등한 대우를 받아야 한다."는 것이다. 이 방식에 따라 정의된 평등성은 우리에게 자신을 둘러싼 개인과 상황을 살피도록 요구한다. 인종, 성, 사회계층, 민족과 같은 범주에 기초한 집단 간 차이에는 초점을 두지

1) 역주: 설계안을 작성해서 평가하는 방식이나 도구. 체크리스트와 비슷하게 항목별, 수준별 표로 구성된다.

않는다. 이 관점은 동화(assimilation)의 일종이다. 왜냐하면, 일단 사회화한 개인은 '전통적 예외나 정형에 의해 방해받지 않고, 자신의 삶을 선택하고 원하는 어떤 것이든 할' 권리를 가진다는 입장을 취하기 때문이다(Young, 1990: 157). 이는 긍정적이고 고무적인 개념, 즉 추구할 가치가 있는 이상이다.

반면에 이 책에서 정의하는 바처럼 형평성은 차이를 다루며, 평등한 대우를 받지 못하거나 동등한 활동 무대를 갖지 못하는 집단이 사회에 많다는 사실을 고려한다. 이 집단은 종종 주류 사회에 비해 열등감을 느끼게 되며, 일부는 억압을 받기도 한다. 영(Young, 1990: 158)은 형평성을 달성하기 위해 "사회정책은 때때로 어떤 집단에게 특별한 대우를 해 준다."고 말하였다. 따라서 형평성의 개념에 따르면, 시간이 지나면서 불리한 조건을 지닌 사람들을 불평등하게 대우해야 할 경우가 생긴다. 즉, 기회가 필요하고 기회의 차별을 받는 사람들에게 혜택 혹은 특별 프로그램의 형태로 일종의 보상적 차원의 대우를 해 줄 수 있다.

운동은 형평성이나 사회정의를 위해 투쟁할 때 상당한 영향을 미친다. 미국 원주민운동의 경우에서, 동화의 개념에 대항한 싸움이 발생했다. '인디언 영토에 자치정부를 세울 권리'에 대한 투쟁이었다(Young, 1990: 160). 이는 또한 미국 원주민에게 특별한 정체성을 부여하는 언어, 관습, 기술의 존속에 대한 일방이기도 했다.

집단적 운동을 통한 압력은 종종 기회 부여를 위한 입법으로 연결된다. 예를 들면, 여성운동은 1972년 미국 수정헌법의 교육법 Title IX이 의회를 통과할 수 있게 했다. Title IX에 의하면, 연방정부의 재정지원을 받는 어떠한 교육 프로그램에서 성별에 의해 차별을 하면 법에 어긋난다(American Association of University Women, 1992: 8). Title IX의 의회 통과는 성 형평성과 관련하여 여러 프로그램과 프로젝트가 만들어지는 계기가 되었고, 이러한 프로그램 및 프로젝트는 여성이 아직 남아 있는 성차별의 장벽을 극복하고 권리를 되찾는 데 큰 영향을 주었다(American Association of University Women, 1995). 그러나 평등성 대 형평성의 패러독스가 발견되는 곳은 인종차별, 민족차별, 성차별 폐지 운동뿐만이 아니다. 만일 다양성이라는 포괄적인 용어에 관심을 갖고 광범위하게 정의한다면, 인종, 민족, 성뿐만 아니라 사회계층, 장애인, 성지향성 및 예외성을 포함하는 차이의 영역을 발견할 수 있다(Banks, 2001; Banks & Banks, 2006; Cushner et al., 1992; Gay, 2000, 2003; Shapiro et al., 2001).

평등성 대 형평성의 패러독스는 이 책에서 윤리적 딜레마를 분석하기 위해 사용하는 네 가지 패러다임에 따라 다르게 다루어진다. 네 가지 패러다임 가운데 첫 번째에 주목하면, 정의윤리는 평등성과 형평성을 포함할 만큼 아주 폭이 넓다. 이처럼 모든 것을 포용하는 정의는 아리스토텔레스까지 거슬러 올라간다. 아리스토텔레스에 따르면, 정의란 같은 것은 같게, 같지 않은 것은 같지 않게 다루는 것이다(Strike & Soltis, 1992: 46). 스트라이크와 솔티스는 이러한 아리스토텔레스의 정의관을 원용하여, "만약 고등학교 학력이 대학입학의 조건이라면, 똑같은 학력을 가진 두 사람은 똑같은 대우를 받아야 한다. 둘 다 입학이 허용되든가, 둘 다 탈락해야 한다."고 주장했다. 이 설명은 평등성의 원칙을 세우는 데 정의의 패러다임이 사용되고 있음을 보여 준다. 그러나 아리스토텔레스는 '다르게 대우해야 하는 어떤 적절한 특성에 대해 다른 견해를 취해야 하는 경우'를 또한 깨닫고 있었다. 스크라이크와 솔티스는 시력이 정상인 학생이 읽기에 적당한 책을 시각 장애가 있는 학생에게도 주는 경우를 공정하지 않은 사례로 제시했다. 이들은 '이러한 경우에 공정성(fairness)을 충족시키려면 다른 대우가 필요하다.' 고 주장한다. 이 설명은 정의의 패러다임과 관련한 형평성의 개념을 활용한다. 따라서 정의윤리의 측면에서, 평등성과 형평성은 둘 다 인정된다.

이 책의 네 가지 패러다임 가운데 돌봄윤리는 도덕적 논증의 불편부당성과 객관성에 의문을 제기한다(Gilligan, 1982; Noddings, 1992, 2002, 2003). 불편부당성(impartiality)의 개념은, 모든 종류의 이익에 동등한 가중치를 부여함으로써, 오히려 사람들 사이의 관계를 소원하게 만드는 경향이 있다. 돌봄의 프레임은 현실과 동떨어진 것이 아니라, 불우한 사람을 특별히 배려하고 평등성보다 형평성을 중시하는 태도에서 찾을 수 있는 것이다. 돌봄에 관심이 있는 이들은 다양한 집단의 목소리, 특히 과거에 차별의 벽에 막혀 온 이들의 목소리에 정말로 귀를 기울인다. 이들은 우리 사회의 전통과 우리가 갖는 신념에 내재한 불편부당이란 이상과는 동떨어져 있다(Young, 1990). 대신 과거의 잘못을 고치려고 노력함으로써, 오랫동안 다른 집단을 부당하게 대우해 온 역사와 차별을 인정하고자 한다.

비판윤리의 측면에서는, 사회의 다양한 집단을 어떻게 대우할지에 관한 어려운 문제가 제기될 수 있다. 이러한 질문은 억압, 지배, 차별과 같은 이슈를 불러일으킬 수 있다. 마땅히 받아야 할 특권에 대한 신화(Fishkin, 1983)와 우리 사회 내 모든 집단을 위한 재화와 용역의 분배 문제 또한 검토될 수 있다. 게다가 이 패러다임 내에서, 최근의 인구학적 경향을 긍정적인 측면뿐만 아니라 비판적인 측면에서 살필 수 있다. 빈곤아동, 편부모가정, 특수학생에 수반되는 문제처럼, 미국에서 전례 없이 팽창하고 있는 인종이나 소수민족, 사회경제적 · 문화적 집단에 대한 문제를 비판윤리 패러다임을 통해 검토하고 논의할 수 있다(Hodgkinson, 1992; Utley & Obiakor, 1995).

전문직윤리로 눈을 돌리면, 우리는 학교, 단과대학, 종합대학교가 밀레니엄 시대의 국가적 성공을 결정지을 학생과 사회의 새로운 요구에 대해 얼마나 고심하고 있는지 알 수 있을 것이다. 우리가 직면하게 될 큰 도전에는, 교육자가 우리 사회의 집합체를 해치지 않고 어떻게 차이를 수용하고 지지의 균형을 잡을지가 포함된다. 이러한 균형은 교육 리더가 쉽게 이룰 수 있는 것이 아니며, 이 패러다임에는 해결해야 할 중요한 문제가 있다. "학생을 위한 최선의 이익을 추구할 때 필요한 것은 평등성인가, 형평성인가? 아니면 이 두 가지의 결합인가?"

이 장에서는, 평등성과 형평성의 이슈와 관련하여 윤리에 대한 분석적 사고를 촉진하고자 딜레마를 제시한다. 사례 또는 각각의 딜레마에 따르는 질문에서는 해결방책과 해결의 수준을 다룬다.

사례연구 8.1 '통합교육학교'에서는, 주정부 통합교육의 선도적인 역할 모델로 평가되는 학교의 문제를 다룬다. 이 사례의 딜레마는 초등학교 정규학급에서 문제를 일으키는 정서불안장애 학생에 초점을 맞춘다. 교사는 일정 기간 동안 이 학생을 지도한 후, 이 학생이 학급에서 지속적으로 문제를 일으키고 있다고 파악했다. 교사는 문제의 학생이 다른 학생의 학습권을 침해하는 등 많은 피해를 끼치고, 통합교육학급에서는 이 학생에게 필요한 관심과 지원을 제대로 받을 수 없다고 생각한다.

사례연구 8.2 '흑인과 백인 그리고 회색 그림자'에서는, 신임 소수민족(minority) 교사들이 재정문제로 인해 해고되어야 한다. 이 문제와 관련한 전통적 방침은 '나중 채용자 우선 해고'다. 소수민족 학생이 증가하고 있는 교육구의 아주 어려운 상황에 직면한 이 학교에 교장이 부임했다.

사례연구 8.3 '대학 진학 준비과정의 접근기회'에서 라틴아메리카계 학부모는 자신의 자녀가 대학 진학을 준비할 수 있는 학급에 편성될 수 있도록 교장에게 압력을 가한다. 상담교사와 담당 지도교사는 이 학생이 대학 진학 준비를 할 자격이 되지 않는다고 평가한다. 교장도 이 학생이 공부를 별로 잘하지 못한다고 생각한다. 사례연구 8.3에서는, 이 상황을 처리하는 교장의 입장에서 직면하게 되는 갈등에 대해 논의한다.

사례연구 8.4 '청각장애교육의 학문적 순수성'에서는, 청각장애아 교육을 하는 학교에서 특수교육 프로그램 감독 책임을 맡고 있는 교감이 표준화학력평가에서 감독 지침과 다른 입장을 취하는 교사를 설득해야 한다. 교감은 규정을 지켜야 할지, 학생들의 필요를 반영하여 규정을 수정해야 할지를 결정해야 한다. 이 사례에서는 '청각장애를 가진 학생들을 위해, 표준화학력평가에서 평등한 여건을 마련해 주려면 어떠한 조치가 이루어져야 하는가?' 라는 질문을 던지고 있다.

사례연구 8.5 '기부금과 학교방침이 충돌할 때'에서는, 기부금에 크게 의존하는 조그만 유아교육 센터에 초점을 맞춘다. 거액을 기부하는 할아버지는 손자를 이 학교에 입학시키고 싶어 한다. 하지만 척추장애를 가진 다른 학생이 다음 입학 차례를 기다리고 있다. 이 학교의 책임자는 자신의 결정으로 인한 파장을 염두에 두면서 누가 입학해야 할지를 결정해야 한다.

사례연구 8.1 통합교육학교

특수교육과장 짐 마틴(Jim Martin)은 집을 향하면서 생각을 정리했다. 그는 지난 몇 주 동안 빈번하게 일어난 일을 생각했다. 프리덤 초등학교(Freedom Elementary School)가 장애학생에 대한 통합교육의 시범학교가 된 지 3년이 되었다. 프리덤 초등학교를 담당한 교육구 특수교육 책임자로서, 마틴 과장은 프로그램을 개발하느라 많은 시간을 보내며 이루어 낸 성과에 큰 보람을 느꼈다. 그는 또한 통합교육이야말로 교육구와 지역사회가 지원하고 확대해야 하는, 아동 중심의 협동적인 방법이라고 믿었다. 더불어 이 학교의 모든 학생은 대체로 정규학급을 자유로이 선택할 수 있었다. 하지만 초기에는 성공적이었지만, 최근 들어 잦은 논쟁으로 인해 모든 이들을 안타깝게 하였다. "모든 이들을 하나로 뭉치게 해 주었던 일이 어떻게 이토록 불화를 일으킬 수 있을까?" 마틴 과장은 이해가 되지 않았다.

마틴 과장은 11년 동안 특수교육 책임자로 일해 왔다. 그는 직원들과 동료들에게 존경을 받으며 잘 지내 왔고, 로즈 오브라이언(Rose O' Brien) 교장과의 관계도 좋았다. 마틴 과장은 아이들에게 관심을 기울이는 동시에 높은 전문성을 갖추도록 교직원의 능력개발을 촉진하는 자신의 일에 늘 자부심을 갖고 있었다. 그는 리더십을 공유하는 분산적 리더십을 발휘하여 자신의 일을 잘 처리하였다.

통합교육학교 설립에 관한 아이디어는 그와 몇몇 핵심적인 교사들의 헌신적인 노력의 결과였다. 이 팀은 통합교육 모델에 대한 탐구, 개발, 실행을 통해 정말로 선도적으로 일했다.

이 생각을 실제 과정으로 옮기는 일은 쉬운 일이 아니었다. 하지만 모든 이들의 노력과 확고부동한 믿음은 무엇이 모든 이에게 이익이 되는지를 판단하는 데 큰 도움이 되었다. 몇 안 되는 교직원만으로 시작했던 일을 이제는 학교와 지역사회 전반이 폭넓게 지원하게 되었다. 교사들 대부분은 진심으로 모든 아이가 동년배의 친구와 함께 정규교육 환경에서 가장 좋은 교육을 받을 수 있다고 생각하였다. 결국, 장애가 있는 학생들을 통합하고자 하는 프리덤 초등학교의 노력은 주 전체의 관심을 끌기 시작했다. 다른 교육구에서 찾아온 교육자가 '프리덤 초등학교 모델' 을 연구하기 시작했다. 행정가와 교사가 집단을 이루어 학교를 방문하였다. 교사들은 통합교육 사례 발표에 관한 전국적인 회의에 참석해 달라는 요청을 받았다. 마틴 과장은 최근 전문 학술지에 기고한 글이 곧 출간되리라는 연락을 받았다. 이 글의 제목은 '프리덤 초등학교: 모든 아이들을 위한 통합교육의 모델'이다. 완전통합교육 옹호자들은 사랑과 관심을 갖고 아이를 돌보는 최일선 현장 교육자들이 개발한 실천 사례의 성공적인 예로 프리덤 초등학교 모델을 지지했다.

교직원들은 나중에 '초기의 성공' 혹은 '황금기'로 불리게 된 2년의 기간을 보냈다. 통합교육은 쉬운 일이 아니었지만 효과적이고 협동적인 노력으로 난제를 극복했다. 어떤 아이라도 정규학급 밖에서 교육받을 필요를 느끼지 않도록 교직원 배치와 학교 행정 서비스가 적절히 이루어졌다. 학생도 자신의 역할을 잘 해냈고 장애아 부모는 전보다 더 만족했다. 비록 장애를 지닌 학생에게 불공정하게 편향된 관심의 정도를 우려하는 일부 학부모도 있었지만, 이들은 사친회 모임에서 소수에 지나지 않았다. 이 학교는 통합교육을 특성화하여 전국적으로 위상을 높였다. 학교와 지역사회는 학교의 이 같은 특성화에 자부심을 갖고 있었다.

3년째에 접어들면서, 정서장애가 있는 4학년 학생 코디 스미스(Cody Smith)가 입학했다. 과거에 문제행동을 일으키는 학생을 통합교육한 경험이 있지만, 코디의 행동장애는 모두에게 새로웠다. 코디는 오랜 동안 공격적인 성향과 폭력적인 행동을 보여 왔고, 또래나 교사와의 상호작용이 아주 떨어졌다. 이전에는 정서장애를 지닌 학생을 위한 독립된 교실에서 지냈었던 코디는 이 프로그램에서 어느 정도 잘 생활했으나, 이 프로그램 담당자는 좀 더 폭넓은 후속적인 지원 프로그램이 필요하다고 생각했다. 통합교육 지원 팀은 코디에 관한 서류를 통해 알 수 있는 교육 및 정신병리적 정보에 대해 이야기하고자 코디의 부모를 만났다. 약간의 망설임이 있었지만, 부모는 예외 없는 통합교육에 동의했다. 만일 그들이 이루어 낸 학교의 철학에 충실하다면, 어떤 학생도 분리할 수 없었다. 코디의 부모 스미스 부부는 이 모든 점이 조금은 혼란스러웠나. 코디가 처음 학교생활을 할 무렵엔, 아들이 분리되어 정규학급에서 수업을 받지 못한다는 이유로 학교와 다투었었다. 그런데 이제 분리된 특수교육 서비스에 익숙해질 무렵, 새로운 전문가들이 정규학급에서의 통합교육이 아이를 위해서 가장 좋으리라 말하고 있는 것이었다.

지원 팀은 코디를 정규학급 4학년 교실에서 교육하는 데 필요한 지원과 서비스의 윤곽을 잡기 위해 그다음 주에 모였다. 추가적인 인원, 교육과정 및 수업내용과 방법의 수정 및 적용을 포함한 폭넓은 지원 계획이 수립되었다. 마틴 과장은 지원 팀이 이 과제에 직면하여 뛰어난 개별화 프로그램을 개발하자 자부심으로 마음이 벅찼다. 코디의 부모도 완전히 마음이 쏠려 매우 만족했다. 학교에서 새 생활을 시작한 후 한 달 동안, 코디가 겪은 어려움은 대수롭지 않은 것뿐이었다. 코디에게 필요한 것이 있으면 조정과 지원이 이루어졌고 코디도 살 행동했다. 모든 이들이 또 다른 성공 사례를 기대하였다. 코디는 배우며 새 친구들을 사귀고 행복해하였다.

하지만 새 학년에서 두 달째로 접어들자, 코디의 행동에 큰 변화가 생겼다. 거의 하룻밤 사이에, 협동적이고 상냥하던 아이가 공격적이고 폭력적인 아이로 돌변하였다. 책과 음식물을 던지고, 어른에게 대놓고 욕을 하고, 기본적인 요구를 따르지도 않고, 다른 학생을 해치겠다고 위협했다. 담임인 애플바이(Appleby) 선생은 종종 코디 곁이나 복도에서 코디의 흥분을 가라앉히고 더 이상의 난폭한 행동을 막기 위해 애를 써야 했다. 모두가 이제는 어떤 문제 행동이 있는지를 알고 있었다. 지원 팀은 협력하여 해결하기 위해 즉각 모였다. 하지만 이것은 끝이 아닌 시작에 불과했다.

코디가 흥분할 경우 '진정'시킬 수 있는 행동지원계획을 수정했다. 하지만 성과를 거두지 못했다. 코디를 지원하는 개인보조원이 배정되었다. 코디는 계속해서 욕설 등으로 감정을 폭발시켜 교실 분위기를 망쳤다. 교사들은 순번을 지어 일대일로 담당을 하기 시작했다. 지원에 빈틈이 없는지를 조사하여 대비했다. 지원 팀은 코디의 생활에서 이러한 어려움을 유발할 수 있는 요인을 연구하였다. 기대를 걸고 한 일도 별 효과가 없었다. 가족치료도 신통치 않았고, 의학적 처방도 효과가 없었다. 사회복지사와 심리치료사와의 상담도 마찬가지였다.

석 달이 지나자 한계에 부닥쳤다. 대부분의 학부모가 코디를 분리해야 한다고 요구하였다. 일부 학부모는 자녀가 코디와 떨어져 생활할 수 있게 다른 반으로 옮겨 줄 것을 요청했다. 잠복해 있던 통합교육 반대 의견이 처음으로 표면화되었다. 마틴 과장은 교직원과 학생 그리고 학부모의 불만을 진정시키느라 이곳저곳을 뛰어다녔다. 상황은 이러했지만 코디와 그의 부모는 여전히 정규학급에 배정된 생활을 만족스럽게 생각했다.

그런데 결국 문제가 터졌다. 지원 팀이 힘은 부쳤지만 협력하여 또 다른 계획을 세우기 위해 모였다. 마틴 과장이 코디의 사태를 진정시키기 위한 최근의 계획에 관하여 발표하는 중에 코디의 담임인 애플바이 선생이 말을 끊으며 말했다. "이제 우리 반에서 코디가 나가길 바랍니다! 이 상태는 코디에게나 다른 아이들에게도 좋지 않습니다." 다른 두 명의 팀원이 동조하였다. "정규학급에서는 코디의 요구를 충족시킬 수 없습니다. 다른 학생들 교육에 너무 지장을 줍니다. 정규학급은 코디가 지내기에는 너무 벅찹니다. 우리도 코디를 지도하기에 너무 버겁습니다.” 마틴 과장은 완전히 꼼짝할 수 없는 상황에 처했다.

“모든 학생이 정규학급에서 통합교육을 받는다는 우리의 교육철학은 어떻게 되나요?”라고 마틴 과장이 물었다.

“지금까지로 충분합니다!” 선생들은 화난 듯 강력하게 말했다.

코디의 엄마를 포함한 다른 몇몇은 가능성 있는 지원교육에 관한 마틴 과장의 말을 더 듣고 싶어 했다. 지원 팀 내의 논쟁이 가열되기 시작했다. 비난과 질책하는 말이 오갔다. 마틴 과장은 분위기를 진정시키기 위해 다음 날 아침에 다시 모일 것을 제안하였다. 지원 팀원들은 흥분하여 지역의 교원단체와 장애단체에 알리겠다고 말하며 나갔다.

지역사회와 학교 전체에 빠르게 소문이 퍼졌다. 마틴 과장의 사무실은 중앙상황실로 바뀌었다. 교직원들은 그들의 좌절을 토로하기 위해 사무실에 들렀다. 확실한 지원자인 오브라이언 교장조차도 심각한 우려를 표명하였다. 학부모들은 자신들이 들은 수많은 소문을 확인하기 위해 전화를 했다. 통합교육 옹호자들은 통합교육이 훼손되지 않도록 재확인해 달라고 요구하였다. 코디의 아버지도 다음 날 열릴 회의에 변호사를 참석시키겠다고 알려 왔다. 또 다른 안 좋은 일이 일어나지 않을까? 전화벨이 또 울렸다. 교육감의 목소리였다. 코디에 대한 계속적인 통합교육에 반대하는 어조였으며, 한 마디 한 마디를 다 기억할 수는 없지만 이 상황을 재빨리 해결하라는 메시지는 분명히 알 수 있었다.

마틴 과장은 집을 향해 운전해 가면서, 통합교육에 관한 자신의 소신에 의문을 갖게 되었다. “만일 통합교육이 모든 아이를 위한 것이라고 말한다면, 이런 상황에서 적응하지 못하고 실패를 겪는 아이를 분리하는 일이 옳은 일인가? 이 모든 일이 쓸데없는 일인가? 만일 학교에서 반대의 목소리가 높아진다 해도 이 과정이 가치 있는 일일까? 교육감의 지시대로 이 상황을 해결할 수 있을까?" 다음 날 모임과 그 이후에 무슨 일이 일어날지 걱정이 되었다.

토의할 문제

1. 짐 마틴 과장이 받았던 지지를 상실한 상황을 고려한다면, 그는 이 프로그램을 계속해야 하는가? 마틴 과장이 결정하기 전에 고려해야 할 프로그램 지속에 대한 찬반 여부를 토의하시오.

2. 어떤 이가 다수와 반대되는 주장을 할 때, 그의 요구를 묵살하는 것이 공정한 일인가? 개인을 위해 다수가 희생하는 것이 공정한 일인가? 만일 그렇다면, 어떤 상황하에서 그러한 희생이 정당화되는가? 이것은 코디가 겪고 있는 상황에도 적용되나? 돌봄의 원칙이 집단의 요구에도 적용되는가? 아니면 개인의 요구에 제한되는가? 개인의 권리와 공공선 사이의 경계는 어디이고 어떻게 경계를 지을 수 있는가? 이 사례에서, 양측의 입장을 반영할 수 있는 윤리적 선택이 있는가? 만일 그렇다면 무엇인가?

3. 장애가 있는 개인을 보호하는 중요한 법이 있지만, 교사가 모든 아이를 교육하도록 요구하는 법도 있다. 이러한 두 법이 상충된다고 생각하는가? 왜 그런가? 아니면 왜 그렇지 않은가? 누가 이런 법을 만들었는가? 누구를 보호하기 위해 이런 법을 만드는가?

4. 통합교육에 관한 마틴 과장의 개인적인 소신과 전문직 소신 사이에 어떤 갈등을 느낄 수 있는가? 이 시나리오에서 무엇이 이러한 결론을 내리게 하는가?

사례연구 8.2 흑인과 백인 그리고 회색 그림자

북부지역교육구(Northern Regional School District)는 지난 10년 동안 급속한 변화를 겪고 있다. 10년 동안 경제가 활기를 띠면서 조용한 시골이면서 거의 농업에 종사하는 백인만 있던 이 지역이, 이제는 제법 붐비고 도시 변두리 같은 다문화 지역사회로 변모했다. 이러한 경제적 팽창의 결과로, 급격한 인구 증가와 더불어 노던(Northern) 고등학교의 학생 인구 구성에도 큰 영향을 미치는 변화가 왔다. 단지 10년 사이에, 백인 98%, 흑인 2%였던 인구 구성이, 백인 70%, 흑인 22%, 그리고 동양인 8%의 비율로 바뀌었다. 하지만 노던 고등학교 교직원의 인구 구성에는 별 변화가 없었다. 경기가 좋아지기 전에는 30명의 교사 모두가 백인이었다. 1991년 무렵에는 교직원의 수가 85명으로 늘어났는데, 단 두 명만이 소수민족이었다. 한 명은 흑인이었고 나른 한 명은 동양인이었다.

존 디카프리오(John DiCaprio) 박사가 교장으로 부임한 2년 전부터 변화가 일어나기 시작했다. 그는 20여 년 전에 노던 고등학교를 졸업한 뒤, 훌륭한 자격을 갖춘 교장이 되어 모교로 돌아왔다. 하버드 대학교에서 박사학위를 취득하였고, 몬로(Monroe) 시 근교에 있는 명성 높은 교육구에서 5년간의 교육행정 경험을 쌓았기 때문에 교육위원회는 그의 능력을 신임하였다. 그러나 그가 교장으로 임명된 것은 학생 때 노던 고등학교에서 거둔 그의 성적의 영향이 컸다. 그는 학생회 대표, 국가 우등생협회 회원, 미식축구 팀 주장이었고, 학교에서 레슬링 주 챔피언이 된 유일한 학생이었다. 그가 교장으로 임용되자 지역 주민들은 애지중지하는 아들이 돌아온 듯이 그를 환영했다.

그를 반기는 지지에도 불구하고, 디카프리오 박사는 재직하는 동안 몇 가지 난관을 헤쳐가야 했다. 디카프리오 교장의 의견으로는, 가장 민감하고 중요한 이슈 가운데 하나가 학생과 교직원의 인구 구성 집단 간의 인종적 불균형이었다. 그가 처음 부임하였을 때, 2.5%의 소수민족 교직원이 30%를 차지하는 소수민족 학생을 가르치고 있었다. 디카프리오 교장은 소수민족 교직원 채용을 늘리고자 부단히 애를 썼다. 그러나 반대가 만만치 않았다. 기존 교사의 인종별 불균형이 한 가지 원인이 되기도 하였다. 1992년 봄에 소수민족 학생의 장기결석 사태로 인해 분위기가 바뀌기 시작했다. 지난 여름에 3명의 신임교사가 채용되었는데 이 가운데 두 명이 흑인이었다. 소수민족 교사가 교직원의 5.7%를 차지하게 되었다. 디카프리오 교장은 교육구가 올바른 방향으로 가고 있다고 생각하며 만족했다.

주 경제개발 당국자의 미래 전망에 의하면, 뉴서식스(New Sussex)의 이 지역이 경제성장 선도 지역으로 지정되어 있었다. 주가 제공한 자료를 바탕으로, 교육구는 학생 수가 지속적으로 증가하여 향후 15년 내에 두 배가 될 것으로 예측하였다. 더욱 중요한 것은, 이 학생 가운데 상당수가 흑인과 동양인일 것으로 예상된다는 점이었다. 디카프리오 교장은 이러한 통계 수치에서 도전과 동시에 기회를 엿볼 수 있었다. 그는 등록 학생 수가 많아지면 교직원 채용도 증가하게 되고, 신규채용을 통해 소수민족 교직원 수를 늘릴 수 있다고 생각하였다.

디카프리오 교장의 계획은 아주 쉬워 보였다. 하지만 경제 상황이 다시 바뀌었다. 노던 고등학교에는 주로 두 곳의 피더(feeder)[2] 교육구에 속한 학생들이 지원한다. 이 두 곳의 발전에 힘입어 제퍼슨 카운티(Jefferson County) 지역의 대부분이 개발되었다. 한 곳은 32km가 채 떨

2) 역주: 학생 자원을 제공하는 구역.

어지지 않은 몬로 시의 첨단기술 산업 덕분에 팽창하였고, 또 다른 한 곳은 50km도 채 떨어지지 않은 퍼시픽(Pacific) 시에서 증가하는 카지노 업소 수의 증가 덕분에 인구 유입이 많아졌다. 카지노는 남부 뉴서식스 해안가를 따라 형성된 부동산 가격을 아주 높이 상승시켜 평범한 수입의 전문직 종사자가 주택을 구입하기 어렵게 만들었고, 구입하기에 적당한 주택을 찾기 위해 많은 사람이 제퍼슨 카운티로 오게 되었다. 그런데 갑작스런 경제 침체로 인해 카지노가 쇠퇴하여 몬로 시 경기도 급속하게 냉각되었다.

이러한 상황은 노던 교육구에도 즉각 영향을 미쳤다. 향후 2년 동안 학생 인구 증가는 기대하기 어려웠다. 일부는 감소하리라는 예상도 했다. 이것이 디카프리오 교장에게는 재앙의 전조였다. 교직원을 감축해야 할 상황이었기 때문이다. 감원은 교원단체가 아주 꺼리는 일이었다. 왜냐하면 감원은 정년을 보장받은 교사와 직업 안정성에 영향을 미치기 때문이다. 누가 나가야 할지를 결정할 때, 노조는 '나중 채용자 우선 해고' 라는 원칙을 고수하였다.

감원은 디카프리오 교장이 심혈을 기울이는 소수민족 교직원 채용 프로그램에 치명타를 안겼다. 교장은 아주 훌륭한 자격을 갖춘 후보자를 찾기 위해 이리저리 알아보았는데 이러한 노력은 헛되지 않았다. 두 명의 신임 흑인 교사들이 노던 고등학교에서 2년 동안 맡은 일을 훌륭하게 해냈다. 그는 해고하고 싶은 12명의 정년보장 교사들을 쉽게 떠올릴 수 있었다. 비록 '나중 채용자 우선 해고' 라는 원칙을 어떻게 해서든 깨고 싶었지만, 그렇게 한다면 일이 커져 교직원들이 들고일어나거나 파업과 같은 과격한 행동을 하리라는 것을 알고 있었다.

4월 첫째 주였다. 교육구는 다음 해 교직원 인사에 관해 월말까지 상급 기관에 보고해야 한다. 디카프리오 교장은 교육감을 예기치 않게 만나 한 명을 감원해야 한다는 지시를 받았다. 당연히 이 결정에 따른 감원으로 인해 수학이나 영어 과목의 학급당 학생 인원이 증가하게 될 것이다. 얼마나 얄궂은 일인가! 두 명의 신규채용 흑인 교사 가운데 한 명은 영어교사, 다른 한 명은 수학교사였다. 둘 중 한 명은 그만두어야 했다. 교장은 마음이 불편했다. 다른 여러 방안을 제시했지만 성과를 거두지 못했다. 다른 방법이 있으리라 생각하였다.

피터 와이스(Peter Weiss) 선생은 사회 과목을 2년간 가르쳤다. 교장은 사회과 대표인 바바라 메이어(Barbara Meyer) 선생과 종종 와이스 선생에 관한 이야기를 나누었다. 와이스 선생은 교수법과 학생들과의 관계에 있어 약간 문제가 있었다. 문제의 핵심 중 하나는, 학생들의 집단 장기결석 사태가 일어난 다음 해부터 시행된 흑인 역사 과목을 백인인 와이스 선생이 맡고 있다는 점이었다. 와이스 선생이 수업 중에 소수민족 학생들이 나타내는 느낌과 반응에 둔감하다는 확실한 증거는 없었다. 불만은 주로 학부모에게서 터져 나왔고, 이 불만은 본질적으로는 철학적인 문제였다. "흑인의 투쟁을 백인이 어떻게 이해할 수 있나요?"라는 질문을 여러 차례 받았다.

이 과목 외에도, 디카프리오 교장과 메이어 선생은 와이스 선생의 수업을 관찰한 결과, 밋밋한 수업 때문에 와이스 선생의 능력을 신뢰할 수 없었다. 디카프리오 교장은 이 점을 우려하였지만, 다른 한편으로는 모든 신임 교사들에게 교수법을 익힐 기회가 주어져야 한다고 생각하였다. 그는 자신이 초임 교사였던 지난 몇 년 동안의 일을 떠올렸다. 그는 별로 우수하지 못했다. 그래서 믿음직하고 훌륭한 교사가 되기 위해서 3년 정도의 시간이 필요하다고 생각하였다. 그는 와이스 선생에게도 똑같은 기회를 주고자 했었는데, 이제는 교장으로서 중요한 우선순위를 다르게 정해야 했다. 그는 분명 와이스 선생의 능력에 회의를 품었지만, 1년의 시간을 더 주고자 하였다. 한 명의 교직원을 감원할 필요에 당면하게 되자, 교장은 이제 다른 조치를 취해야 하였다.

조지 테일러(George Taylor) 선생은 1년 전에 채용된 흑인 영어교사였다. 대학을 갓 졸업했으며 미혼이었다. 테일러 선생은 교실 안팎에서 일을 잘하는 뛰어난 교사였다. 그는 흑인문화 동아리의 공동 지도교사였으며 '우리 학생'이란 위원회를 자발적으로 운영하고 있었다. 디카프리오 교장은 학생 장기결석 사태가 있은 후 이 동아리가 노던 고등학교에서 인종 간 이해를 돕고 있다는 점을 알았다. 테일러 선생은 첫해 이 동아리를 운영하였지만, 그의 바쁜 일정으로 인해 더 이상 운영하기가 어렵다는 것을 알고 있었다. 테일러 선생이 채용될 때, 이 일을 맡아 줄 것을 부탁받아 아주 훌륭하게 일을 잘 수행하였다. 테일러 선생은 또한 사회과 복수 자격을 갖고 있었다.

만일 피터 와이스 선생이 재임용되지 않는다면, 테일러 교사는 영어과에서 사회과로 전과하여 계속 가르칠 수 있다. 이렇게 하면 영어과나 수학과에서 한 명을 감원하라는 교육감의 지시를 따를 수도 있고, 재능 있는 소수민족 교사를 유지시킬 수 있으며, 흑인의 역사를 흑인 교사가 가르치게 할 수 있고, 소수민족 교직원을 충원해 교직원 인구 구성에 변화를 주고 싶어 하는 디카프리오 교장의 계획을 유지할 수 있을 것이다. 물론 이와 같은 일은 와이스 선생이 2년을 근무하고 그만둔다는 가정하에서만 가능한 일이었다. 하지만 이것은 교사의 수업 전문성이 정립되기 위해서는 적어도 3년의 기간이 필요하다고 오랫동안 생각해 온 디카프리오 교장의 신념과 배치되는 일이었다.

그날 교장실을 떠나면서 어떻게 해야 할지 자신할 수 없다는 생각이 오랜만에 들었다. 복도 코너를 돌 때 교장은 와이스 선생과 마주쳤다.

"안녕하세요, 교장 선생님, 뭔지 아시겠어요?" 와이스 선생은 말하면서 손에 든 사진을 흔들었다.

"뭔가요?" 디카프리오 교장이 물었다.

"초음파 촬영 사진입니다. 우리 부부는 쌍둥이를 낳을 예정입니다."

토의할 문제

1. 디카프리오 교장이 내릴 가장 공정한 결정은 무엇인가? 돌봄을 가장 고려하는 결정은? 공정성과 돌봄, 이 둘은 서로 다른가? 와이스 선생에 대한 공정성이나 돌봄과 조지 테일러 선생에 대한 공정성이나 돌봄은 같은 것인가? 공정성이나 돌봄에 대해 결정할 때 고려해야 할 다른 사람은 또 있는가? 있다면 누구인가? 왜 이들이 특별히 고려되어야 할 사람들인가?

2. 만일 '나중 채용자 우선 해고'라는 원칙을 깬다면, 교장이 어떤 일을 겪게 되리라고 추측하는가? 더 높은 도덕적 차원을 달성하기 위해 원칙이나 법을 어길 때가 있는가? 이 상황이 이러한 경우 가운데 하나라고 생각하는가? 그렇다면, 또는 그렇지 않다면 그 이유를 설명하시오.

3. '나중 채용자 우선 해고'라는 원칙이 어디에서 유래했다고 생각하는가? 이 말의 원래 목적이 무엇이었는지에 대해 추측해 볼 수 있겠는가? 이것이 단지 관례라고 생각하나? 이 원칙이 정당하다고 믿는다면, 이 원칙이 절대적이라고 생각하나? 아니면, 이 원칙이 다르게 적용될 어떤 상황 또는 전혀 적용될 수 없는 상황이 있는가? 이 원칙은 누구의 규칙인가? 이 시나리오에서 이 규칙으로 이익을 보는 이는 누구인가? 일반적으로 이러한 규칙에서 이익을 보는 이는 누구인가?

4. 이 상황에서 디카프리오 교장이 할 수 있는 가장 도덕적인 결정은 무엇이라고 생각하는가? 만일 여러분이 디카프리오 교장이라면 어떻게

하겠는가? 여러분이 이러한 행동이나 조치를 취하려는 이유는 무엇인가? 이 상황에서, 여러분의 개인적인 신념과 전문직적인 신념이 같은지, 다른지를 설명하시오.

사례연구 8.3 대학 진학 준비과정의 접근기회

하포드 카운티(Harford County)에 있는 유일한 고등학교인 매켄지(Mackenzie) 고등학교는 소수민족 학생이 55% 정도다. 이 학교는 7~12학년 학생이 다니고 있고 학생 수는 매년 2,500~3,000명 사이에서 유동적으로 증감했다. 이 학교는 다섯 곳의 초등학교에서 신입생을 받고 있고, 학생 인구 구성이 아주 다양하다.

매켄지 고등학교가 자리 잡고 있는 교육구는 저학년인 7~9학년과 고학년인 10~12학년으로 구분되어 편성된 고등학교 한 곳과 다섯 곳의 초등학교로 이루어져 있다. 고등학교를 제외한 모든 학교가 지리적으로 대략 반경 40km 이내에 인접해 있다. 초등 피더 스쿨(feeder school)[3] 학생의 인적 구성은 부모의 사회적 지위가 다양한 것이 특징이다. 사회경제적으로 아주 부유한 지역사회에 자리한 두 곳의 초등학교는 소수민족의 비율이 20% 미만이다. 소수민족이 90%를 차지하는 아담스런(Adams Run) 초등학교는 정반대의 열악한 환경이다. 브라운(Brown) 초

3) 역주: 상급학교 진학을 준비하는 학교라는 의미로 프렙 스쿨(prep school)이라고도 한다. 초등학교의 진학 담당자는 상급학교 입학 담당자와 긴밀한 관계를 유지하고, 고등학교는 대학교 입학사정관과 긴밀한 관계를 유지한다. '피더 스쿨'은 상급학교에 훌륭한 인재를 제공한다는 의미를 내포한다.

등학교와 잭슨(Jackson) 초등학교는 중간 정도의 환경으로 소수민족 비율이 각각 30%와 40%이며 저소득층과 중산층 자녀를 수용한다.

학생들은 인종적, 사회경제적 신분 및 교육적 욕구의 측면에서 다양하지만, 매켄지 고등학교 교직원들은 동질적인 인적 구성을 보이고 있다. 행정가, 상담사, 사서교사, 교사로 이루어진 120명의 전문직 직원 가운데 15%는 소수민족이고, 이 가운데 75%가 여성이다.

매켄지 고등학교는 정치적으로 매우 적극적인 블루칼라 계층이 모여 사는 하포드 카운티의 중심부에 자리를 잡고 있다. 하포드 카운티는 흑인, 동양계, 히스패닉, 그리고 유럽계를 포함한 다양한 인종으로 이루어진 인구 구성을 보이고 있다. 하포드 카운티는 갓 사회생활을 시작한 젊은 부부, 안정된 가정을 꾸린 가장, 그리고 장년층이 적절하게 잘 분포된 균형 잡힌 지역사회다. 하포드 카운티는 인근의 번창하는 많은 사업체에서 일하는 근로자층이 주를 이루고 있다.

젯플랜트 항공우주연구소, 하포드 카운티 메디컬센터, 그리고 제너럴모터스 자회사인 자동차 공장이 하포드 카운티 경제의 기반이다. 이런 사업체들은 하포트 카운티에서 오랜 동안 수많은 고용을 창출하고 있다.

본래 백인과 아일랜드, 폴란드에서 온 근로자 계층, 그리고 독일계 후손이 주를 이루던 하포드 카운티는 지난 10년 동안 눈에 띄게 변화하였다. 다양한 배경의 사람들이 현저하게 유입되었지만, 백인은 여전히 지역사회의 주류를 이루고 있다. 하지만 소수민족 시민들이 지역사회와 매켄지 고등학교에 강력한 영향력을 발휘하고 있다. 이들의 존재는 매켄지 고등학교의 교육적 사명뿐만 아니라 하포드 카운티의 문화생활에도 영향을 미치고 있다.

루벤(Ruben)과 가브리엘라 솔러(Gabriella Soler) 가족은 10년 전쯤에

푸에르토리코(Puerto Rico)에서 하포트 카운티로 이주해 왔다. 솔러 가족은 하포트 카운티의 다양한 이주자의 대표적인 예라고 할 수 있다. 알베르토(Alberto)는 세 자녀 가운데 막내다. 그의 형과 누나는 매켄지 고등학교를 졸업하여 근처 메티컬센터와 제너럴모터스 공장에서 일하게 되었다. 하지만 알베르토의 부모는 막내의 장래를 위해 더 많은 것을 원했다. 그들은 알베르토가 학교 교육을 통해 하포드 카운티의 공장에서 얻을 수 있는 일자리보다 나은 직업을 갖고 살 수 있기를 기대했다.

알베르토가 어렸을 때 그의 부모는 목표를 높게 세우도록 가르쳤다. 더욱이, 부모는 학교 측에 영어를 유창하게 잘 할 수 있는 프로그램으로 가르쳐 달라고 간청하였다. 알베르토의 부모는 영어를 잘하는 것이 알베르토가 이 지역을 벗어날 수 있는 관건이라는 점을 알았다. 영어를 잘하지 못하면 그의 형이나 누나처럼 이 지역에 발목을 잡힐 것이라고 생각했다. 알베르토는 매우 성실한 학생이지만, 그의 언어와 문화가 주류사회의 학생들과 다르기 때문에 배우는 일은 쉽지 않았다. 그 결과, 알베르토는 일학년 때부터 하급반에 편성되었다. 매켄지 고등학교에 입학할 무렵 부진아반에서 대략 8년 동안을 지낸 셈이었다.

매켄지 고등학교는 하포드 카운티 지역사회에서 중요한 역할을 하였다. 지역사회의 인종 및 인구적 상황에 변화가 시작될 때, 매켄지 고등학교는 언어교육을 강조하고, 학력보충반을 개설하고, 더욱 폭넓은 직업교육 프로그램을 마련하고, 다문화과정을 개설하여 백인과 주류사회 위주의 동질화 과정을 완화시키고자 시도하였다. 하지만 이런 최근의 혁신적인 노력에도 불구하고, 미래에 대한 우려가 커져 가고 있었다. 수십 년 동안 공장과 인근 회사에서 일해 온 주류 백인들은 특히 최근 이주한 새로운 주민 때문에 앞으로 자녀의 기회가 침해받을 것을 걱정하게 되었다. 그들은 경제 변화와 인구 증가를 자녀가 앞으로 겪을 어려움의 조짐이라고 생각하였다.

소수민족을 대표하는 학부모들도 똑같은 위기감을 느낀다. 양측은 자신들의 자녀를 위한 더 많은 것을 원한다. 그들은 매켄지 고등학교가 자녀의 더 나은 미래를 위한 교육적인 준비를 할 수 있기를 바란다. 그들은 또한 자녀가 대학에 입학하여 스스로의 힘으로 더 나은 생활을 꾸려 가기를 바란다. 궁극적으로 대학 진학에 도움이 되는 프로그램에 대한 요구가 증대되었다. 최근 몇 년 동안, 자녀를 대학에 진학시키고자 하는 학부모의 희망으로 아카데미 카운슬링과 대학 준비과정에 더욱 많은 학부모가 참여하고 있다. 더욱이, 저소득 가정 고등학생의 대학 진학률을 높이는 프로그램으로 개설된 과정(college preparatory courses)은 진로 배치뿐만 아니라 다양한 프로그램에 학생들을 배정하는 선발 과정에 엄청난 주의를 집중하고 있다.

소수민족 학생에 대한 교육기회의 평등성과 지식 접근에 대한 이슈에 관심이 집중되면서 경쟁이 가열되고 있다. 소수민족 학생은 주로 직업교육반을 신청하는데, 대체적으로 많은 교사가 소수민족 학생은 지적 능력이 평균 이하이기 때문에 학업성취도가 낮다고 믿고 있다. 그들은 젠센(Jensen)의 연구결과에 동의한다. 젠센은 흑인과 라틴계 그룹의 평균 지능지수는 백인과 동양계 그룹의 평균 지능지수에 비해 일관되게 낮으며, 이 같은 결과는 아마도 이들 그룹 구성원들 간의 지적 능력에는 유전적으로 결정된 차이가 있기 때문이라고 주장했다(Jesen, 1969).

매켄지 고등학교 공동체는 현재의 상태에 만족한다. 교직원들은 학생들을 위해 학교가 적절하고, 어떤 면에서는 뛰어난 교육을 하고 있으며, 하포드 카운티에 꼭 어울리는 방식으로 기여하고 있다고 생각한다. 학생이 개인적 관심을 추구할 수 있도록 교육과정을 균형 있게 운영하고 있고, 교사가 개별 학생의 교육적 요구를 반영할 수 있다고 생각한다.

진로 진학 팀은 프로그램 선정과 배치 과정에서 적극적인 역할을 한다.

매켄지 고등학교 교장으로 8년 동안 재직하고 있는 파트리샤 메이어로비치(Patricia Meyerowitz) 박사는 공정하고, 합리적이며, 꽤 인정받는 행정가로 알려져 있다. 매켄지 고등학교의 교육 사명을 달성하기 위해 헌신해 온 그녀는 강력한 권위의식과 열정을 보여 주고 있다. 또한 지난 5년 동안, 교사의 태도와 성취가 점차 나아지고 있음을 주의 깊게 파악하고 있다. 또한 많은 교사가 소수민족 학생에게는 높은 수준의 학업성취를 기대할 수 없다고 생각한다는 점도 알았다. 이런 생각은 학생에게 제공되는 수업의 질뿐만 아니라 학생이 프로그램에 배치되는 방식에도 영향을 미친다.

이러한 상황을 고려한다면, 교장이 알베르토의 엄마인 솔러 여사의 걱정에 공감하는 것은 당연하다. 라틴계 학생인 알베르토는 매켄지 고등학교에 7학년으로 입학하기 전에는 잭슨 초등학교에 다녔다. 그리고 초등학교 때부터 9학년이 되기까지 줄곧 낮은 성취를 보이는 그룹에서 생활해 왔다.

솔러 여사는 매켄지 고등학교 교직원의 태도에 신경이 쓰였다. 그녀는 지난 2년 동안 가이던스[4] 카운슬러와 아주 여러 차례 만났던 경험을 통해, 매켄지 고등학교에서는 소수민족 학생을 공정하게 대하고 있지 않다는 의구심을 갖게 되었고 알베르토를 가르치는 선생들에 대한 불신이 싹트기 시작했다. 알베르토는 자신의 흥미나 교육을 통해 얻고자 하는 바람을 거의 충족시키지 못한 채 2년을 보냈다.

이제 알베르토는 매켄지 고등학교 상급 과정 준비를 하고 있으며, 대학에 진학하기를 열망하고 있다. 따라서 그는 저소득층 자녀를 위한 대

---

4) 역주: 학생의 교육과정 선택 또는 취업 등 진학과 진로에 관한 지원 지도.

학 진학반에 들어가기를 원한다. 솔러 여사는 진로 진학 팀의 책임자인 메어리앤 폴칼스키(Ms. Maryanne Polkalsky) 선생이 알베르토를 제대로 판단하지 못하여 잘못 대하고 있다는 결론을 내렸다. 왜냐하면 그녀가 알베르토를 대학 진학반에 배정하지 않았기 때문이다.

학교에서 중추적 역할을 하는 폴칼스키 선생은 하포드 카운티에서 널리 알려진 인물이다. 그녀는 매켄지 고등학교와 영원히 함께할 듯하다. 그녀는 수년 동안 대부분의 학부모에게 상담과 조언을 해 왔고 많은 근로자층과 저소득층 학생을 취업반에 배정하였다. 폴칼스키 선생은 학부모와 학생의 비난에 익숙했고, 그녀의 직책에 따른 권위를 이용하여 그녀가 적당하다고 생각하는 바대로 학생들을 능숙하게 유도하였다. 그러나 그녀의 결정은 소수민족 학생들이 하포드 카운티 인근의 공장에서 평생 일할 수밖에 없는 결과를 낳았다.

최근에는 소수민족 학생과 학부모가 공평한 교육기회에 접근할 수 없다는 점 때문에 원성이 빗발쳤다. 학부모와 학생은 그녀의 권한 남용과 잘못을 공공연하게 이야기하였다. 판단하고 결정하는 사람으로서, 폴칼스키 선생은 알베르토가 대학 진학반에서는 잘할 수 없어 취업반에 배정해야 한다고 생각하였다.

솔러 여사는 대부분의 비소수민족 학생이 대학 진학반에 배정되어 대학에 들어갈 준비를 하는 것을 고려할 때, 대학에 진학하고자 하는 알베르토의 꿈을 폴칼스키 선생이 앗아갈 권리가 없다고 생각한다. 더욱이 솔러 여사는 라틴계와 흑인 학생이 취업반에 지나치게 많이 배정된 것을 알았다. 사실, 솔러 여사는 알베르토에 대한 폴칼스키 선생의 처사가 편견에 따른 것임을 확신하였다. 또한 이는 매켄지 고등학교에서 소수민족 학생을 차별하는 한 가지 예에 불과하다고 생각하였다. 그녀는 대부분의 소수민족 학생이 근로현장에 투입되거나, 실습 프로그램에 지원하거나, 또는 군에 입대하도록 권유받는다는 사실을 알았다. 대학 진학을 권유받는 학생은 있다 하더라도 극소수에 불과했다.

소수민족 학생은 심각한 불이익을 당할 수밖에 없기 때문에, 그들의 학업성취가 높을 수가 없다고 솔러 여사는 확신한다. 교사들은 민주적인 교실 분위기를 조성하거나 돌봄과 관심의 태도를 보이지 않는다. 기본적으로 알베르토는 백인 학생이 누리는 것과 똑같은 기회를 가질 권리가 있다. 그래서 솔러 여사는 알베르토가 고등학교를 마친 후에 대학에 진학하고자 하는 꿈을 이루는 데 필요한 배경, 기능 및 지식을 습득할 수 있는 공평한 기회를 요구한다.

메이어로비치 교장은 폴칼스키 선생에게 솔러 여사의 생각을 전달했다. 폴칼스키 선생은 알베르토의 흥미를 고려하여 이루어진 결정임을 교장에게 분명히 말하였다. 폴칼스키 선생은 표준화학력평가 결과 등 알베르토가 이전에 달성한 학업성취 기록과 지도한 선생들의 건의에 근거하여 취업 프로그램을 추천하였다. 그리고 객관적인 평가결과는 대학생활을 잘하는 데 필요한 적성과 언어 발달에 미치지 못한다고 확신하였다.

더욱이, 대학을 다니는 데 따르는 재정적 부담을 고려한다면, 대학 진학을 권유하는 일이 알베르토와 가족을 잘못 안내하는 우를 범하는 결과를 낳을 것이라고 강조하였다. 알베르토가 달성할 수 있는 목표, 즉 고등학교를 졸업하고 취업하도록 안내하는 일이 전문가인 그녀의 임무라고 생각하였다. 교장은 그녀의 진심과 선의를 의심하지 않았다. 하지만 폴칼스키 선생의 결정이 알베르토의 장래를 위한 최선의 방안이라고는 생각하지 않았다.

교육자로서, 폴칼스키 선생은 알베르토가 앞으로의 인생에서 어떤 길을 걸을지를 결정하는 위치에 있다. 그녀는 자신의 분야에서 전문가로 인정받는다. 수년 동안 해 온 일이고, 일을 잘 처리해 많은 사람에게 도움을 주었다. 반면에, 학교의 수업지도자이자 교장인 메이어로비치는 폴칼스키 선생이 소수민족 학생에 대해 매정한 결과를 낳은 과거의 사례에 지나치게 매달리고 있다는 점을 인지하고 있다.

알베르토가 자신의 목표를 달성하는 데 필요한 기능과 지식을 습득하기 위한 공평한 기회와 양질의 수업을 받을 권리가 있는가? 교장은 어떠한 조치를 취해야 하나?

토의할 문제

1. 어떤 사람은 알베르토가 초등학교 1학년 때부터 부진아반에 배치되었기 때문에, 시작부터 불공평한 교육을 받아 대학 진학 준비에 필요한 경쟁력을 갖출 기회를 갖지 못했다고 주장할 수 있다. 이 말에 동의하나? 이 말이 사실이라고 가정한다면, 학교는 이 상황을 개선하기 위한 도덕적 의무가 있나? 만일 그렇다면, 어떻게 해야 하나?

2. 진로 트래킹(tracking)[5]이 공정한가? 트래킹이 일반적으로 학생들을 위한 최선의 이익을 고려하여 학생들에게 가장 유리하게 이루어지는가? 어떤 학생에게 가장 유리하게 이루어지는가? 다른 것보다 더 공정한 트래킹 방식이 있는가? 만일 그렇다면, 무엇이 그러한가? 만일 그렇지 않다면, 그렇지 않은 이유는 무엇인가?

3. 트래킹의 이점은 무엇인가? 트래킹의 나쁜 점은 무엇인가? 트래킹은 대개 일종의 경제적 이슈인가? 만일 그렇다면, 어떤 면에서? 만일 그렇

5) 역주: 능력 및 적성별 학급편성.

지 않다면, 이유는? 학생들을 교육할 때 고려되어야 할 필요가 있는 다른 사항으로는 무엇이 있나? 누가 트래킹에 관한 규칙을 만들고, 무슨 목적으로 만드나?

4. 이 상황에서 돌봄에 관심이 많은 행정가라면 어떻게 하겠는가? 돌봄에 관심이 많은 가이던스 책임자라면?

5. 전문직의 관점에서 살펴볼 때, 트래킹 윤리에 대한 여러분은 평가는 어떠한가? 개인적 관점에서는?

6. 이 특별한 시나리오에서, 여러분은 교장 또는 폴칼스키 선생의 생각에 동의하는가? 이유를 설명하시오. 만일 여러분이 교장의 입장이라면, 윤리적으로 결정을 하기 위해 어떻게 하겠는가? 만일 여러분이 폴칼스키 선생이라면, 가장 윤리적 방법으로 이 상황을 어떻게 처리하겠는가?

7. 여러분은 솔러 씨 가족에게 뭐라고 말하겠는가? 만일 알베르토가 정말로 대학 준비 프로그램을 해낼 수 없다고 생각한다면, 그에게 말해 주겠는가? 알베르토가 실패할 권리를 갖고 있다고 생각하는가? 교장이나 폴칼스키 선생에게 알베르토가 실패하지 않도록 보호할 책임이 있는가? 만일 그렇다면, 어떤 조치를 취해야 하는가? 만일 그렇지 않다면, 이유는? 공부를 잘하든 못하든, 모든 학생은 자신이 바라는 어떤 과정이든 선택할 수 있어야 하는가? 왜 그런가? 왜 그렇지 않은가? 만일 그렇지 않다면, 판단과 결정의 경계선은 어떻게 정하나?

사례연구 8.4 청각장애교육의 학문적 순수성

존스턴(Ms. Johnston) 선생은 3월의 어느 상쾌한 아침에 평소보다 일찍 주차장에 들어서서 차를 주차했다. 발전하고 있는 도시 근교에 자리한 대규모 공립학교인 페어웨이(Fairway) 고등학교 학생들이 아주 중요한 주정부 표준화학력평가를 치르는 첫째 날이었다. 학교의 여느 다른 선생처럼, 존스턴 선생은 1년 내내 꾸준하게 고등학교 졸업 시험에 나오는 필수 학습 요소를 가르치고 또 가르쳤다. 하지만 다른 선생과 다른 중요한 차이점은 두 가지 언어, 즉 읽기와 쓰기를 가르치기 위한 영어와 미국 수화(American Sign Language: ASL)[6]를 사용하여 학생을 가르친다는 점이다. 태어날 때부터 청각장애를 가진 교사로서, ASL 분야에서 잘 알려진 선도 교사인 존스턴 선생은 학생이 두 가지 언어를 배우는 일, 즉 이중언어-이중문화 접근을 중요하게 생각하고 있다.[7] 그래서 두 가지 언어를 가치 있게 여기며 공부하는 교실을 개설하였다.

특별히 중요한 이날 아침에 학생들을 맞이하고자 건물로 들어서면서, 존스턴 선생은 학교에서 특수교육 프로그램 감독 책임을 맡고 있는 험프리(Mr. Humphries) 교감과 나눈 날선 대화가 떠올랐다. 청각장애 학생이 시험을 치를 때의 편의 제공에 관해 열띤 토론을 하는 중에, 존스턴 선생은 이전에 자신이 가르쳤던 학교의 청각장애 학생에 비해, 현재의 학교에서 ASL을 사용하는 청각장애 학생은 불리한 입장에 놓여 있다고

---

6) 역주: 미국에서는 청각장애인의 85% 이상이 음성언어와는 문법과 구문이 다른 ASL을 제1언어로 사용한다.

7) 역주: 청각장애 학생의 문화와 언어를 이해하면서 건청인의 말과 글을 교육하는 방법론을 이중언어-이중문화 접근이라고 한다.

지적했다. 존스턴 선생이 보기에 가장 큰 문제는 영어로 인쇄된 시험지를 수화로 옮기는 과정과 관련된 것이었다. 이것은 건청(健聽) 학생에게 큰 소리로 읽어 주는 것과 같다고 생각되었다. 시험을 치를 때 문제를 수화로 옮겨 주는 일과, 읽기 능력이 아주 떨어지는 학생에게 문제를 읽어 주는 일은 특별한 관심이 필요한 학생을 위한 개별화 교육 프로그램에서 제공되는 편의다.

주정부의 평가 매뉴얼에 따르면, 교사는 수화를 사용하여 인쇄된 영어 어순 그대로 문제를 전달해야 한다. 존스턴 선생은 수업 중에 ASL을 사용하고 있었는데, ASL은 영어 단어를 수화로 바꾸어 주는 언어가 아니기 때문에, ASL을 사용하여 인쇄된 영어 어순 그대로 전달하는 일은 올바른 스페인어 문법을 사용하는 대신에 회화체 스페인어로 단어를 일일이 바꾸는 것과 같이 이치에 맞지 않는 일이라고 상세히 설명했다. 존스턴 선생은 주정부의 현재 방침을, 그가 학교를 옮기기 전 다른 주정부하에서 경험한 방침과 비교하였다. 이전의 주정부에서는, 시험 중의 학생 편의를 위해 평소 수업 중에 사용한 것과 같은 종류의 수화를 제공하는 것을 허용하였다. 이러한 조처는, 글을 못 읽지만 들을 수 있는 학생에게 큰 소리로 시험지를 읽어 주는 것과 동일한 수준으로 청각장애 학생도 자신의 언어로 시험지에 인쇄된 정보에 접근할 수 있게 보장하려는 뜻이 담겨져 있었다. 대화 끝 무렵에, 험프리 교감은 수화 편의 제공에 관한 존스턴 선생의 관점을 이해한다고 말했지만, 주정부의 방침이 '말 그대로' 이기 때문에 따를 수밖에 없다고 강조했다.

시험 첫날 아침에 학생들이 교실로 들어갈 때, 험프리 교감은 안 들리거나 난청인 학생들의 교실 근처 복도에 서서, 학교에는 정말 다양한 청각장애 학생이 있다고 생각하였다. 어떤 학생들은 청각장애 교육의 '구술(oral)' 방법이라고 종종 일컬어지는 회화체 영어로 편의를 제공받고 싫어하고, 일부는 수화의 일종인 큐드 스피치(cued speech)의 편의를 제공받으려 하고, 또 다른 그룹은 ASL을 통해 편의를 제공받고자 한다. 험프리 교감의 궁금증을 불러일으키는 그룹은 바로 마지막 그룹이었다.

오늘 치를 시험을 위해, ASL을 사용하는 학생들은 두 반으로 나뉘었다. 절반은 존스턴 선생 반으로, 나머지 절반은 ASL을 사용하는 부서에서 청각장애교육을 담당하고 있는 스미스(Ms. Smith) 선생 반으로 나뉘었다. 험프리 교감은 시험 진행 과정을 확인하기 위해 먼저 스미스 선생 반으로 들어갔다. 모든 것이 순조롭게 진행되고 있음을 알 수 있었다. 비록 그는 수화 초보자였지만, 스미스 선생이 수화를 사용하여 시험지 내용을 '말 그대로' 옮기고 있다고 확신하였다. 하지만 존스턴 선생 반으로 들어가자, 존스턴 선생의 표현이 스미스 선생과는 아주 다르다는 것을 알 수 있었다. 존스턴 선생은 표현할 때 각 문항마다 더 많은 시간을 보내는 듯했다. 험프리 교감은 존스턴 선생이 정말로 '말 그대로' 표현하고 있는지 확신할 수 없었다. 선생의 표현은 학생이 시각적으로 더 잘 이해할 수 있게 의미를 덧붙이는 것처럼 보였기 때문이다. 존스턴 선생은 들을 수 없는 장애가 있고, 이 분야를 선도하는 전문가이기 때문에 자신이 개입하면 방해가 될 것 같아 이 상황과 관련하여 어떠한 말이나 보고를 하지는 않았다.

석 달 후에, 험프리 교감은 사무실에 앉아 청각장애 학생의 성적을 유심히 살폈다. 그런데 스미스 선생 반에서 시험을 치른 학생과 비교할 때, 존스턴 선생 학급에서 시험을 치른 학생의 성적이 훨씬 높은 것을 알고 깜짝 놀랐다. 다른 모든 학생이 비교적 비슷한 능력 수준임을 고려한다면, 이는 아주 놀랄 만한 일이었다. 험프리 교감은 그가 목격한 시험 당일을 떠올렸다. 그날 존스턴 선생은 시험지를 수화로 표현하면서 학생이 더 잘 이해할 수 있게 시각적 설명을 더 많이 덧붙인 것 같았다.

험프리 교감은 이 일에 관해 존스턴 선생과 대화를 나눌 시간을 정했다. 대화 중에, 존스턴 선생은 ASL을 '올바르게' 이용하여 표현하면 학생이 문제에 대해 좀 더 분명한 이미지를 떠올려 이해하는 데 도움을 준다고 생각하기 때문에 영어 단어 어순을 '말 그대로' 옮기는 대신에 '개념적으로 정확한' ASL을 사용하여 전달했다고 인정했다. 그녀는 또한 자신이 가르치는 학생을 위해 공평하게 가르치려 했을 뿐이고, '말 그대로'를 요구하면 학생의 상태가 뒤처진다고 말했다. 존스턴 선생의 마지막 말이 험프리 교감을 당황하게 했다. "저는 듣지 못하는 학생들의 권리를 위해, 그리고 들을 수 있는 학생에게 주어지는 기회와 이점이 듣지 못하는 학생에게도 똑같이 주어지도록 하기 위해 싸울 도덕적 의무가 있습니다. 만일 주정부에 보고하기를 원한다면, 저의 허락을 받아야 합니다. 저는 양심에 따라 옳은 일을 했다고 믿습니다."

존스턴 선생이 방을 나가자 험프리 교감은 어려운 결정을 내려야 한다고 생각했다. 높은 점수 결과에서 알 수 있는 바처럼 존스턴 선생은 방침을 위반했다. 존스턴 선생이 나쁜 의도로 행동한 것은 아니고, 단지 학생을 위해 최선을 다하고 싶어 했다는 것을 험프리 교감은 또한 알고 있었다. 교감은 청각장애 교육에 대해 해박한 공립학교 선생들도 거의 없고, 아무도 이 상황을 알 것 같지 않아 불문에 부치기로 하였다.

토의할 문제

1. 네 가지 윤리적 패러다임 가운데 어느 패러다임이 이 상황에 가장 잘 적용될 수 있는가?

2. 이 윤리적 딜레마에 대한 어떠한 해결책이 존스턴 선생 반에서 시험을

치른 학생들을 위한 최선책이 되겠는가? 스미스 선생 반에서 시험을 치른 학생들에게는?

3. 험프리 교감이 판단 과정에서 해결책을 구하기 위해 동료 교감에게 이 상황을 알렸다고 가정하자. 동료 교감은 "미심쩍은 일이 있으면 보고해! 중요한 시험은 규정에 따라 치르면 되지. 이상 끝."이라고 대답했다. 만일 여러분이 험프리 교감이라면, 이 말에 어떻게 반응하겠는가?

4. 여러분이 페어웨이 고등학교 교장이라고 가정하자. 험프리 교감이 이 상황에 대해 논의하기 위해 여러분과 함께 앉아 있다. 여러분은 청각장애를 가진 학생에 관한 지식이 별로 없다고 생각한다. 이 상황에서 여러분은 어떻게 조언하고 판단하겠는가?

5. 여러분은 교사와 행정가가 때로는 지역교육구 정책, 주교육부 정책, 연방교육부 정책에 반하는 판단이나 결정을 내릴 윤리적 의무를 지니고 있다고 생각하는가? 만일 그렇다면, 아주 이해관계가 큰 고부담 시험과 관련한 상황도 포함되는가?

사례연구 8.5 기부금과 학교방침이 충돌할 때

로스(Ms. Ross) 원장은 스몰스쿨(Small School)에서 4년 동안 재직하고 있고, 이곳의 일을 맘에 들어했다. 스몰스쿨은 다양한 학습자를 대상으로 유치원 진학 준비를 시키는 사립 조기 유아교육 센터로 자부심이 대단하다. 신청한 아이의 입학 여부를 결정할 때, 스몰스쿨에서는 인종적으로 다양한 배경의 아이, 특별한 관심이 필요한 아이, 그리고 영어를 사용하지 않는 가정의 아이를 우대하였다. 이 센터에 자녀를 입학시키고 싶어 기다리는 사람은 많았지만, 대기자를 위한 기회는 아주 적었다.

이 센터는 높은 수준의 조기 유아교육 프로그램을 운영하여 지역사회에서 인정을 받고 있으며, 아동의 학령기 초기에 어떤 특별한 교육이 필요한지를 알기 위해 아동 하나하나와 접촉하는 특수교육자, 학교상담사, 사회복지사가 근무하고 있다. 최근에 지역의 한 대학이 이 센터의 프로그램에 참여한 아이들의 사회성과 인지적 측면이 상대적으로 더 발달하여 대체로 유치원에 들어갈 무렵에는 또래들보다 앞선다는 연구 결과를 발표하였기 때문에, 아주 다양한 배경에 관계없이 부모라면 모두 자녀를 이 센터에 입학시키고 싶어 한다.

로스 원장은 이 학교가 다른 취학 전 교육기관과 다르며, 자신과 교직원이 어린아이들과 함께 지내며 하는 일은 주위의 기대를 아주 만족시키고 있다고 생각했다. 로스 원장은 스몰스쿨에서 교사 생활을 하다 처음으로 원장이 되었으며, 지금까지는 원장 직분에 쉽게 적응하는 듯하였다. 로스 원장은 원장으로서 많은 역할을 하였다. 지역사회에서 이 센터의 '얼굴' 역할을 맡는 일도 이 일들 가운데 하나였다. 센터 내에서 로스 원장은 운영 책임뿐만 아니라 교직원의 전문성을 개발시키는 일과 센터에 입학한 아동의 가정과 긴밀한 관계를 유지하는 일을 비롯해 교사들을 장학하는 일도 하였다. 게다가, 교육구와 긴밀한 협조를 하는 일과 (센터의 기금 상당 부분을 외부에서 조달해야 하기 때문에) 기부를 할 수 있는 인사를 만나는 일도 원장의 역할이었다.

그녀가 행정가로서 처음 일을 시작할 때와 비교해 지역의 경제 상황이 나빠졌기 때문에, 많은 기부자가 과거만큼 기부할 수 없다는 사정을 알고 있었다. 하지만 원장은 이 센터가 특별한 사명을 띠고 있으며 인구 구성도 특수하기 때문에 교육구는 이번에도 센터의 목적을 달성할 수 있도록 지원해 주리라고 낙관하였다.

불행하게도, 로스 원장은 다음 해 센터의 예산안을 다시 검토할 필요가 있다는 교육구의 서신을 받았다. 기대하는 예산 지원이 이루어지지 않았다. 운영 계획과 예산을 변경하지 않는다면 아이들에게 미칠 영향이 클 것이다. 로스 원장이 사무실 컴퓨터에서 예산안 파일을 막 열었을 때, 묵직한 세 번의 노크 소리가 났다. "들어오세요."

스몰스쿨을 졸업한 아이의 할아버지이자 기부자인 시몬스(Simmons) 씨가 들어왔다. 시몬스 씨는 때때로 센터를 방문하여 상당한 액수를 기부한 적이 있어 로스 원장은 깜짝 놀랐다. 그런데 얼굴 표정으로 보아 이번에는 기부에 대한 일이 아니라는 것을 알 수 있었다.

"안녕하세요, 로스 원장님, 일 때문에 찾아뵙습니다." 원장이 앉으라는 말도 하지 않았는데, 시몬스 씨는 원장의 책상 맞은편 의자에 앉으면서 말했다.

"괜찮습니다, 무슨 일이신지요? 마실 것 좀 드릴까요?" 로스 원장은 냉랭한 분위기를 바꾸려고 미소를 띠며 권했다. "됐습니다. 빨리 일을 끝내야 합니다. 지난주 마트에서 선생님 한 분을 만났는데, 두 살 아이들 반에 자리가 생길 것이라고 했습니다. 그런데 첫째, 왜 이런 일을 기부자에게는 알리지 않는지 그 이유를 모르겠어요. 왜 뉴스레터에 싣지 않나요? 둘째, 내 손자 해리슨(Harrison)이 여기에 오고자 하고, 아이 엄마도 조기 유아교육 프로그램에 입학시킬 준비를 해 놓고 있어요. 분명히 우리 아이는 이곳에 다니고 싶어합니다."

로스 원장은 화가 났다. 교사가 어떻게 그렇게 말할 수 있을까? 교직원 회의 때 교사들에게 전달한 이슈 가운데 하나는 보안의 필요성, 특히 등록에 관한 일이었기 때문이었다. 대기자는 많았고, 대기자 중 다음 순번인 캘럽(Caleb)은 두 번이나 학교를 방문하였다. 척추장애를 가진 캘럽이 센터에 들어오면 여러 가지 도움을 받을 수 있다.

"하시는 말씀을 충분히 이해합니다. 하지만 대기자 명단에서 해리슨이 어디쯤에 해당되는지 한 번 더 확인하겠습니다. 이해해 주시리라 믿습니다."

"로스 원장님, 나는 이해 못합니다. 지난 2년 동안 3백만 달러를 기부했습니다. 나는 손자를 입학시키고자 합니다."

로스 원장은 시몬스 씨가 이처럼 성을 내는 일을 본 적이 없었다. "대기자 명단에는 어떤 사정으로 꼭 이 프로그램에 들어와야 하는 아이가 있습니다. 아이는 가족과 함께 두 번이나 방문했고, 우리는 결원이 생기면 그 아이를 2주 안에 등록할 계획을 갖고 있습니다."

시몬스 씨는 잠시 생각을 한 후, 벌떡 일어섰다. 그리고 문을 향해 걸어갔다. 그는 문고리를 잡은 채, 몸을 돌려 로스 원장을 향해 말했다. "네, 원장 선생님의 입장을 이해합니다. 하지만 이번은 내 차례입니다. 아시다시피 나는 학교에 평소 많은 돈을 기부했습니다. 만일 해리슨이 입학한다면 지난해 기부액의 두 배를 내겠습니다. 만일 입학하지 못한다면, 기부자 명단에서 빼 주십시오. 더 이상 센터에 기부하고 싶지 않습니다."

시몬스 씨가 사무실을 나가는 것을 본 로스 원장은 머리를 감싸며 어떻게 해야 할지를 고민했다. 원장은 자신의 착오로 자리가 채워졌다고 캘럽의 가족에게 전화를 한 후 해리슨을 입학시키거나, 아니면 해리슨의 엄마에게 전화해 자리가 충원되었다고 이야기할 수도 있다. 후자의 선택을 따른다면 재정적 손실을 보충하기 위해 교육구의 긴밀한 협조를 얻도록 노력해야 한다.

로스 원장은 만일 캘럽을 선택한다면, 캘럽은 필요한 관심과 지원을 즉시 받을 수 있다는 점을 알고 있었다. 원장은 특별한 지원이 필요한 아이들이 센터에서의 경험 덕택에 성장하고 발전하는 것을 보아 왔고, 이는 원하는 바였다. 반면에 해리슨을 선택하지 않는다면 센터에 절대적으로 필요한 재원을 잃는 위험을 감수해야 한다. 이 돈이 있으면 궁극적으로 센터가 특수한 아이들에게 특별한 지원을 제공할 수 있다. 시몬스 씨가 기부하지 않는다면 이러한 지원 가운데 상당 부분이 축소되거나 폐지되어야 한다. 이렇게 되면 모든 아이들에게 피해가 돌아간다. 로스 원장은 이러지도 저러지도 못하는 처지에 빠져 난감해하였다.

토의할 문제

1. 시몬스 씨는 자신의 손자를 이 센터에 입학시킬 권리를 갖고 있는가? 만일 센터에서 기부자의 역할에 대한 분명한 대우나 지침이 없다면, 로스 원장은 이런 이해관계를 어떻게 다루어야 하나? 정의의 패러다임을 통해? 돌봄윤리를 통해?

2. 로스 원장은 대기자 명단 수칙에 따라 다음 차례인 캘럽이란 아이를 입학시켜야 하나? 왜 그런가? 아니면 왜 그렇지 않은가?

3. 만일 로스 원장이 캘럽을 선택하고, 이 때문에 학교에 부정적인 영향을 미친다면, 이 일이 로스 원장의 직무 유지에도 영향을 미친다거나 또는 미치지 않는다고 생각하나? 왜 그런가? 아니면 왜 그렇지 않은가?

4. 로스 원장의 결정이 센터의 문화에 어떤 영향을 미치거나 변화시킬 수 있을까? 비판윤리 측면에서 이 딜레마를 어떻게 조망할 수 있을까?

5. 어떤 결정이 이루어지면, 스몰스쿨의 어떤 면에 문제가 생기거나 위기가 닥칠까? 로스 원장? 시몬스 씨? 캘럽? 해리슨?

제9장
책무성 대 책임성

이 장에서는 책임성(responsibility)과 관련하여 책무성(accountability)의 문제를 다룬 딜레마를 제시한다. 이 장에서 소개하는 다섯 가지 사례에서는 고부담 시험이 문제의 핵심이며, 형평성, 평등성, 개인적 권리, 전문직윤리, 학생을 위한 최선의 이익에 초점을 맞춘 다양한 윤리적 이슈와 관련이 있다.

미국 교육에서는 책무를 아주 강조한다. 하지만 책무성은 새로운 개념이 아니다. 이 개념은 1970년대 처음 나타났고 시간이 경과하면서 더욱 더 자주 접할 수 있게 되었다. 혹자에 따르면, 캘리포니아 납세자들은 자신들이 낸 세금이 공교육에서 제대로 쓰이지 않는다고 불평하며, 1978년에 캘리포니아 주에서 통과된 Proposition 13[1]을 통해 세금 납부에 대한 거부 의사를 표시한 시점을 전기로 책무성에 대해 강조하게 되었다고 한다(Shapiro, 1979). 또 다른 이들은 1983년에 미국 수월성교육위원회(National Commission on Excellence in Education)에서 발표한 『미국교

---

1) 역주: 납세자의 주권을 강조한 권리회복 운동. 조세저항 운동의 일환으로 주민투표를 통해 조세 및 행정서비스의 정부 독점을 제한하고 시민의 선택권을 존중하게 했다.

육의 위기: 긴급한 교육개혁(*A Nation at Risk: The Imperative for Educational Reform*)』이 책무성 운동의 초석이었다고 생각한다. 'America 2000: An Education Strategy'(1991), 'Goal 2000: Educate America Act'(1993), '낙제방지법(No Child Left Behind: NCLB, 2002)'과 같은 국가보고서나 법령은 책무에 대한 강조의 연장이다. 사실 낙제방지법은 이전보다 향상된 평가결과를 요구하는 등 더 막중한 책무를 요구한다.

비록 이 모든 보고서가 책무성을 강조하지만, 책무성에 관한 모든 개념이 예산을 의사결정 과정의 중심에 두는 회계장부(accountant's ledger)에서 유래하였음을 이해해야 한다. 회계에서 비롯된 이 말의 유래에도 불구하고, 예산에 관한 강조와 더불어 이 용어 자체는 복잡하고 많은 의미를 내포한다. 실제로 열 가지 종류 이상의 책무가 있다. 여기에는 정치적 책무, 법률적 책무, 관료적 책무, 전문직적 책무, 시장적 책무가 포함된다(Darling-Hammond & Snyder, 1992). 이 외에도 부모의 책무, 학생의 책무, 재정 및 회계의 책무, 개인적 형태의 책무가 있다(Gross, Shaw, & Shapiro, 2003). 마지막으로 공공책무가 있다(Gold & Simon, 2004).

이 용어가 지니는 본래의 다양한 의미에도 불구하고, 많은 이들이 책무성을 어떤 형태로든 학교개선에 중요한 요소로 여긴다. 일반 대중뿐만 아니라 수많은 교육자도 책무성은 학교를 긍정적인 변화로 이끄는데 아주 필요한 요소라고 밝히고 있다. 특히 엄격한 책무성은 상당수 납세자들이 납득할 만한 수준으로 예산을 확실히 제어할 수 있다. 최근 교육기관이나 교육구에서 어린 학생들을 성공적으로 교육시키는 책무를 다하고 있는가를 판단하기 위한 목적으로 고부담 표준화학력평가 결과가 종종 사용된다. 교육기관이나 교육구뿐만 아니라 개별 학생도 이에 따른 영향을 받는다. 고부담 시험에서 받은 점수가 미래에 이 학생들이 받을 교육기회를 결정할 때가 많다. 시간이 지나면서, 평가의 역할은 학교나 학생이 얼마나 성공적으로 교육활동을 하고 있는지에 대한 수치를 제공하는 일 이상으로 확대된다. 이러한 평가는 종종 교육과정에도 영향을 미친다. 더욱더 많은 교사와 행정가가 이러한 평가를 학교에서 그들이 가르쳐야 할 지침으로 삼는다. 일각에서는 계속적인 평가, 신문이나 잡지에 보도되는 평가 점수, 그리고 교육과정에 영향을 미치는 평가를 긍정적으로 인식한다. 반면에 다른 일부에서는 이는 부정적인 활동이며, 공공연하게 학생과 교육자 모두를 혹사시키고 어떤 경우에는 학생과 교직원에게 부정행위를 조장하고 있다고 간주한다 (Nichols & Berliner, 2007).

따라서 책무성은 교육적 성취와 종종 관련되지만, 또한 상당히 많은 비난을 야기하는 개념으로 여겨지기도 한다. 납세자, 입법부, 행정부는 표준화학력평가 결과의 단순 수치에만 관심을 갖고, 이를 통해 학생들이 어떻게 공부하고 있는가를 판단하고 학교에 대해 비난을 쏟을 수 있다고 생각한다. 빈곤, 약물, 환경적 위해요소, 범죄와 같이 학습에 부정적인 영향을 미치는 다른 요인은 흔히 무시되기도 한다.

하지만 학교가 잘하고 있는지, 부족한 면이 있는지와 관련하여 충분히 사용되지 않는 또 다른 용어가 있다. 바로 책임성이다(Gross & Shapiro, 2002). 책임성은 책무성과 비슷하나 더욱 포괄적으로 받아들여질 수 있다. 그리고 학교뿐만 아니라 공공기관, 입법부, 그리고 학부모와 교사와 같은 모든 사회 구성원에게 학생의 학습이 성공하였는가, 실패하였는가에 대해 책임 있는 답변을 제공한다. 책임성은 항상 비난을 내포하거나 의사결정의 중심에 재정이나 예산을 두지 않는다. 대신에, 모든 이들에게 교육활동 과정의 중심에 학생을 두고 학생의 학습을 위한 책임을 공유하도록 요구하는, 교육과 관련한 또 다른 개념을 제공한다. 책임성은 고부담 시험 결과를 망라할 뿐만 아니라, 학생이 배운 바를 판단하는 인증된 그리고 대안적 형태의 평가에서 얻은 증거와 증빙자료를 포함하기도 한다.

이 장에서 제시된 사례에서는, 책무성 대 책임성의 패러독스에 초점을 맞춘다. 각각의 다섯 가지 사례에서 핵심 이슈는 평가다. 하지만 이들 가운데 캐나다에서 일어난 사례를 포함한 네 가지 사례는 K-12 환경에서 이루어졌고, 마지막 다른 하나의 사례는 대학에서 있었던 딜레마다. 첫 번째 딜레마인 사례연구 9.1 '평가제공자의 비밀 모임'에서, 교사는 자기 반 학생들이 고부담 표준화학력평가에서 반드시 좋은 점수를 받아야 한다는 압박을 받고 있다. 학생들이 통과 점수를 얻지 못하면 주정부가 학교를 인수하거나, 예산이 삭감되거나, 감원이 불가피하리라는 말을 교장에게서 들었다. 교장은 책무성에 대한 부담감과 압박 때문에, 학생들이 반드시 시험을 잘 치르는 데 필요한 모든 일을 하도록 교사들을 몰아쳤다. 이제 책임 있는 위치(전문직)의 교육자로서, 교사는 자신이 해야 할 일을 결정할 순간에 직면해 있다.

사례연구 9.2 '누구에게 가장 큰 이익이 돌아가는가'에서, 교장은 최근 표준화학력평가에서 학교가 속한 교육구가 잘하고 있으나, 향후 2년 내에 많은 학생이 시험에 통과하지 못할 것으로 예측된다는 말을 들었다. 이 같은 예측에 대한 준비로, 교육위원회의 지지를 받고 있는 교육감은 사전 대처를 호소하며 주정부의 표준화학력평가에 대비한 맞춤형 신교육과정을 제시했다. 교장은 보직교사들에게 제안된 개정안을 설명했으나 반대에 부딪혔다. 보직교사들은 불쾌했다. 왜냐하면 연구에 근거하고 가장 적합하며 효과적인 현장의 사례를 적용하여 교육과정을 개발했고, 이런 과정을 거쳐 아주 정교하게 다듬어진 현재의 교육과정이 현재의 학생에게 합당하고, 궁극적으로도 학생의 미래에 유익하다고 믿기 때문이다. 따라서 보직교사들은 그들에게 제시된 대폭적인 개정안에 마음 내켜 하지 않았다. 교장은 가장 적합하고 효과적이라고 인정되어 현재 적용 중인 교육과정을 지지하는 교사의 입장과, 새로운 교육과정의 필요성과 도입을 요구하는 교육위원회와 행정가의 입장이 충돌하는 상황에 직면하여 윤리적 결정을 내려야 한다.

사례연구 9.3 '고부담 시험'은 의무적으로 시행되는 고부담의 읽기와 쓰기과목 평가관리와 관련하여 학습부진 학생이 직면하게 되는 문제에 초점을 맞춘다. 이 사례에서는 고부담 시험을 치를 때 특별 편의 제공을 요구하는 학부모와 관련된 문제를 다룬다. 하지만 평가지침에서는 학부모가 요구하는 특별한 대우를 허용하지 않는다. 교장도 이 지침을 잘 알고 있다. 교장은 학부모의 기대 수준과 아이들이 시험을 치르게 될 현실 상황을 매우 염려하고 있다. 교장은 특히 학교가 돌봄, 협동, 모든 학습자를 존중하는 풍토에서 성취, 효율성, 경제성을 중시하는 풍토로 변화되는 것을 염려한다.

사례연구 9.4 '능력, 성숙, 학부모의 시각'에서는, 한 아동에 관해 학부모와 교사 간에 의견이 일치하지 않는 딜레마를 다룬다. 1학년 때부터 유급 관련 학교행정 문제로 갈등을 겪어 온 3학년 자녀를 둔 학부모가 있다. 부모는 아이의 미성숙을 이유로 다시 한 번 더 유급되기를 원한다. 반면에 교사는 아이가 다음 학년으로 진급할 준비가 되어 있다고 생각한다. 교장은 학부모의 요구에 굴복하여 유급을 선택하든지, 아니면 교사의 결정을 수용해야 한다. 그런데 이 같은 일은 평가결과뿐만 아니라 전문직 종사자로서 할 수 있는 최선의 판단에 기초하나, 학년을 마치면 의례히 하는 진급으로 여겨질 수 있다. 책무를 강조하고 모든 학생이 기초학력 미달에서 벗어나기를 요구하는 오늘날에 이와 같은 일에 대한 결정은 가볍게 다루어지지 않는다.

사례연구 9.5 '성적우수 장학금'[2)]에서는 대학의 장학금 기회와 관련하여 소외계층 우대책(affirmative action)[3]이란 까다로운 이슈를 다룬다. 이 사건은 작은 미드웨스턴(Midwestern) 대학에서 일어났다. 이 사례는 장학금을 신청한 우수한 두 명의 학생 가운데 누구를 선정해야 할지를 고민하는 딜레마다. 두 신청자 간에는 대학입학을 위한 표준화학력평가 결과, 그리고 인종·민족, 성과 같은 외적인 차이가 있다. 이 사례에서는 외부 집단의 압박을 받는 총장과 항상 장학생 선정 업무를 전담하여 처리하는 입학처장이 갈등을 겪는다. 총장은 전통적 관례를 깨면서 장학생 선발 과정에 대한 입학처장의 전문적 판단을 훼손하며 권한을 행사하려 한다.

사례연구 9.1 평가제공자의 비밀 모임

준 로페즈(June Lopez) 선생은 도시에 소재한 PS235 초등학교 교사다. 비록 그녀는 이 학교에서는 신임 교직원으로 여겨지지만 사립학교에서 7년을 가르친 교육경험이 풍부한 교사다. 도시에 소재한 대규모 공립학교에서 가르치는 일은 처음이었지만 로페즈 선생은 아주 빈곤한 지역에 자리한 이 학교에서 근무할 준비가 되어 있다고 생각했다. 처음부터 학교의 분위기에 큰 감명을 받았고, 짧은 시간에 동료, 학생, 학부모, 행정가와 좋은 관계를 맺었다. 하지만 이 학교에서 현재까지는

---

2) 역주: 저소득층에게 지원되는 장학금을 need-based scholarship, 학업 성적이 우수하거나 예술, 스포츠 등에서 우수한 성과를 거둔 학생에게 지원되는 장학금을 merit-based scholarship이라고 한다.

3) 역주: 소수민족에 대한 차별 철폐와 여성과 장애인의 권리 확대를 목적으로 하는 소수집단 우선 정책의 일종.

평가나 이를 위한 준비 기간을 아직 경험하지는 못했다. 따라서 평가를 둘러싸고 많은 걱정과 긴장감을 드러내 보이는 학교 분위기에 놀라움을 금치 못했다. 교직원 식당에서는 서로 말이 별로 없어 적막한 기분마저 들었다. 하지만 닫힌 교실 문을 지나면서 창문 틈으로 살짝 들여다본 몇몇 교실에서는, 평소와 전혀 다른 특이한 기분을 느낄 수 있었다.

제임스 로즈(James Rose)는 PS235 초등학교의 교장이다. 그는 지난 10년 동안 이 학교를 책임지고 있고, 교감과 영어과 장학사로 재직한 적이 있는 경험 많은 행정가다. 그는 빈곤한 지역에 소재한 학교에 근무하는 일이 처음은 아니었다. 이전에도 저소득층 자녀가 상당히 많은 두 곳의 학교에서 근무한 적이 있었다. 물론 이 학교도 예외는 아니었다. PS235 초등학교의 모든 학생은 무료로 아침과 점심을 먹는다. 많은 아이가 어머니나 할머니가 홀로 양육하는 결손가정에서 생활하거나 입양되어 생활하고 있다.

생활 빈곤자인 학부모의 참여를 독려하기 위해 학교에서 제공하는 여러 활동에도 불구하고, 학부모의 약 25%는 학부모총회에 참석하지 않는다. 예를 들면, 최근에 학교에 신간 도서가 들어왔다. 일단 교사들이 이 책을 교재로 사용할 충분한 준비를 갖춘 후에, 학부모를 위한 교양교육 기회를 제공했다. 비록 학부모와 입양 후견인 몇 명밖에 참석하지 않았지만, 로즈 교장은 교사와 학생의 가족이 함께 어떤 활동을 한다는 것이 얼마나 중요한지를 잘 알고 있다. 그리고 학부모는 자녀 교육의 일부요 동반자라는 점을 충분히 인식한다. 하지만 평생교육과 배움을 책임지는 교수-학습에 중심을 둔 교육의 리더 역할을 중요하게 여기며 끊임없이 노력하는데도 학업성취가 밑바닥을 향해 가는 학교라는 혹평을 받는다.

비록 실패한 학교라는 딱지가 붙어 있지만, 로페즈 선생은 사립학교에서 지낸 자신의 배경과 경험을 고려할 때, PS235 초등학교의 동료 선생들은 학생에게 힘을 북돋아 주며 이끌고, 힘써 돌보는 환경을 이루고 있다고 생각한다. 교사들과 학생들 모두 출근율과 출석률이 92~94%에 이르고 있다는 사실도 이러한 긍정적 측면을 입증한다고 짐작할 수 있다. 로페즈 선생이 이 학교를 신뢰하는 또 다른 이유는, 학생들이 행복하고 편안하며 안전해 보인다는 것이 방문객들의 소감이었기 때문이다. 로페즈 선생은 교장과 동료 교직원의 능력과 현명한 분별력을 자신하고 있지만, 시험 점수와 관련된 문제는 교직원 사이에서 끊임없이 우려를 낳고 있다.

하지만 이러한 걱정에도 불구하고, 대다수의 교사는 주어진 환경과 자원을 활용해 최선을 다하고 있다고 믿는 듯했다. 교사들은 읽기, 쓰기, 수학, 과학 과목에서 학생과 지역사회를 위해 할 수 있는 책임을 십분 다하고 있다고 생각한다. 몇 가지 예를 들면, 교사 대부분은 전인적 개발과 성장을 위해 학생에게 음악, 미술, 체육, 시민교육 등을 가르쳐야 한다고 믿고 있다. 하지만 교사의 생각이 어쨌든 간에, 이 학교 학생의 표준화학력평가 결과가 형편없다는 사실을 부인할 수 없는 일이고, 교사들도 무언가를 해야 한다고 생각하고 있다.

평가에 대한 우려가 금요일 교직원 회의 때 공식적으로 거론되었다. 이 자리에서 로즈 교장은 성적이 향상되지 않는다면 심각한 결과를 맞게 되리라고 교직원들에게 말했다. 교장은 회의실 문이 닫혀 있는지를 확인하며 비밀스럽게 낮은 목소리로 말했다. "여러분이 해야 할 일을 하세요." 교사들은 무거운 짐을 진 듯 앓는 소리를 내며 이야기를 시작했다. 다음의 대화는 회의 후 교사들이 로페즈 선생 책상에서 나눈 대화의 내용이다.

그린(Ms. Greene) 선생: 지난해에 로즈 교장 선생님은 기초학력 미달에 그친 학생들을 나에게 되돌려 보내며 말했어요, "이 학생들이 통과할 수 있도록 선생님이 해야 할 일을 하세요."

골든(Ms. Golden) 선생: 오, 저런! 그렇다면 학생이 시험 중에 계산기를 꺼내 놓아도 내버려 두겠어요.

데이비스(Ms. Davis) 선생: 전 학생에게 시험에 관한 유의 사항뿐만 아니라 문제와 답도 읽어 줄 생각입니다. 오답이면 얼굴을 찡그리고 정답이면 미소를 지어 학생들에게 답을 알려 준 PS92 학교의 어느 교사에 관한 이야기를 알고 있어요.

그린 선생: 행정가들은 학생이 학습내용을 실제로 제대로 익혔는지, 익히지 못했는지보다 점수를 올리는 데 더 관심이 많아 보입니다. 더는 참을 수 없어요. 전근을 신청해야겠어요.

데이비스 선생: (로페즈 선생을 바라보며) 로즈 교장 선생님이 "여러분이 해야 할 일을 하세요."라고 말한 것을 들었지요? 말도 안 되는 이 학교에서 살아남기 위해 할 수 있는 일이라는 게 바로 그거지요.

로페즈 선생: 만일 일이 잘못되면 직장을 잃을 수도 있다는 걱정은 안 하세요?

모든 교사들: (일제히) 안 합니다! 행정가들은 오직 점수를 올리는 일에만 관심이 있지요.

골든 선생: 로페즈 선생님, 선생님은 책상 위에 사전을 꺼내 놓게 할 수도 있어요. 그리고 만일 학생들이 질문하면 주저하지 말고 답을 이야기해 줘요. 꼭 기억하세요. 이것이 시험에 관해 할 수 있는 모든 것이에요.

그린 선생: 게다가 다른 학교에서는 이처럼 하지 않는다고 생각하시나요?

데이비스 선생: 다른 학교도 마찬가지에요.

골든 선생: 우리는 오랫동안 이처럼 해 왔어요. 우리가 어디로 가고 있는

지를 보세요.

샌퍼드 선생: (샌퍼드 선생은 이 모든 대화를 조용히 듣고 있었다.) 여러분 모두는 여러분이 원하는 일을 할 수 있어요. 그렇지만 교사의 자존심이 걸린 문제예요. 다른 사람 때문에 교사 자격을 박탈당하고 싶지 않아요. 여기 아닌 다른 학교에 있는 어떤 선생이 답을 고쳤다고 들었어요. 이는 매우 위험한 일입니다. 나는 우리가 궁지로 몰리는 이유를 이해합니다. 하지만 나는 가만히 있지 않을 겁니다!

로페즈 선생은 매우 당황하여 자리에서 일어났다. 적어도 로페즈 선생 근처에 있었던 교사 대다수는 부정을 모의하고 있는 듯 보였다. 그리고 로페즈 선생은 어찌 해야 할지를 몰랐다. 그녀는 학생들에게 어떻게 해야 하는지를 확신할 수 없었다. 특별히, 만일 다른 교사가 쉬운 길로만 가려 한다면, 그들 학생의 시험 결과에 대체로 어떤 영향이 미칠까? 그녀는 묻지 않을 수 없었다. 시험 규정을 지킨다면, 그녀가 가르치는 학생의 성적이 다른 반 학생보다 낮게 나올까? 이 결과는 교사로서 그녀를 어떻게 보이게 할까?

토의할 문제

1. 이 딜레마에 묘사된 상황에 비추어, 로페즈 선생이 취할 수 있는 가장 공정한 행동 방향은 무엇이겠는가? 교사는? 교장은? 학생과 학부모는? 지역공동체는? 만일 인근 다른 학교에서도 이와 똑같이 하고 있다는 것을 로페즈 선생이 안다면 차이가 있는가? 주정부가 학교를 인수하게 된다면[4] 교육구에는 재난과 같은 일이고, 결국에는 교사들이 실직하게 되고 학생들에게는 나쁜 결과를 가져올 수 있음을 고려해야 하는가? 만일 이 사례의

학교가 여기에 해당된다면 교사들의 행동은 정당화될 수 있는가?

2. 로페즈 선생이 로즈 교장과 교사들의 행동을 명령 계통에 있는 고위층 누군가에 보고한다면 사려 깊은 일일까? 아니면 침묵하는 것이 사려 깊은 일일까? 이유는? 만일 여러분이 생각하기에 로페즈 선생이 이 문제를 보고해야 한다면, 누구에게 보고해야 하나? 여러분이 그렇게 생각하는 이유를 설명하시오.

3. 만일 로페즈 선생이 비판적 이론의 관점을 취한다면 어떠한 행동을 취해야 할까? 로페즈 선생이 확인하거나 밝힐 수 있는 권력과 지배에 대한 이슈는 무엇인가?

4. 전문직의 관점에서 로페즈 선생에게 기대할 수 있는 것은 무엇인가?

5. 로페즈 선생의 어떠한 역할과 행동이 학생을 가장 위하는 일이 되겠는가?

사례연구 9.2 누구에게 가장 큰 이익이 돌아가는가

'회의가 더 악화되었을 수도 있었다.' 센트럴(Central) 고등학교의 찰리 프랑켄(Charlie Franken) 교장은 막 끝마친 보직교사들과의 회의에서 드러난 의견 차이를 떠올리고는 교장실에 앉으면서 이같이 생각하며 스스로를 위로했다. 제안된 신교육과정에 대해 보직교사들은 공개적

---

4) 역주: 표준화학력평가에서 전교생의 75% 이상이 통과하지 못하면 주정부가 학교운영권을 회수하거나 폐쇄하는 경우가 많다.

으로 적극 반대하는 반응을 보였고, 프랑켄 교장으로서는 선택의 여지를 거의 찾을 수 없었다.

센트럴 고등학교 학생들은 주정부의 표준화학력평가에서 주 평균과 같거나 평균 이상의 점수를 유지하는 좋은 성적을 거두고 있었다. 이 학교는 주에서 규정한 연간적정진보(adequate yearly progress: AYP) 목표를 계속해서 달성했다. 아쉽게도 교육위원회의 가장 큰 관심과 염려는 이 학교가 거둘 미래의 성취였다. 해가 거듭되면서 주정부의 기준에 부합하는 목표 점수는 더욱 상향 조정되었다. 이러한 높은 기대 때문에 상당히 많은 교육구는 향후 주정부의 목표를 충족할 수 없으리라 예상되었다. 교육위원들은 그들의 교육구가 이러한 주정부가 제시하는 기준에 미달되는 일이 없도록 하고 싶었다.

현재 수준에서, 만일 기준에 부합하는 점수를 달성하는 센트럴 고등학교 학생의 수가 증가한다면, 2년 안에 주정부의 '위험 상태' 명단[5]에 들어갈 수 있다. 이렇게 되면 우수 교육활동에 대한 주정부의 재정지원이 없어지고, 주정부에 교육구 인수의 문을 열어 주게 될 수도 있을 것이다. 미래의 불길한 결말이 예상되는 상황에서 교육위원들은 주정부의 표준화학력평가에 맞춰 학생의 성취를 증가시키는 방안을 신중하게 생각했다. 교육위원회는 교육감인 칼 혼(Carl Horne) 박사에게 특별히 주정부의 표준화학력평가에 대비한 맞춤형 교육과정을 설계하도록 주문했다. 교육위원회의 진지하고 심각한 분위기를 감지하고 중압감을 느낀 혼 박사는 교육과정계획안을 개발하여 프랑켄 교장에게 제시했다.

---

5) 역주: 표준화학력평가에서 학교와 교육청의 등급을 ① excellent with distinction, ② excellent, ③ effective, ④ continuous improvement, ⑤ academic watch, ⑥ academic emergency의 6등급으로 분류하는데 5, 6등급이 위험 상태가 된다.

혼 박사는 프랑켄 교장과의 회의에서 교육위원회의 우려에 대처할 수 있는 신교육과정의 개요를 발표했다. 주정부의 표준화학력평가에 특별히 초점을 맞춰 설계된 해당 교육과정은 9학년부터 12학년까지의 핵심적인 네 개 교과에 각각 개설될 예정이다. 신설되는 여덟 과정은 표준화학력평가를 잘 치를 수 있게 집중적으로 연습하는 과정이 될 것이다. 주정부의 표준화학력평가에서 다루는 내용에 초점을 맞춘 이 교육과정은 주정부의 성취 기준에 부합하지 못하는 학생들에게 의무적으로 적용될 계획이다. 처음으로 실시될 이러한 정책에 대한 연방정부나 주정부의 재정지원이 없기 때문에, 이 신교육과정은 현재 근무하는 교직원을 활용하여 이루어질 계획이다. 프랑켄 교장은 제안된 신교육과정에 대해 별로 달가워하지 않는 반응을 보였다. 교장의 반응을 알아챈 혼 박사는 신교육과정이 교육구를 위한 최선의 방안이고 많은 이익을 가져오리라는 점을 설명했다. 지역공동체는 교육구가 그동안 달성한 업적을 칭송했고 주에서 이 교육구가 차지하는 위상에 자부심을 가졌다. 그런데 만약 주정부의 기준 이하로 떨어져 '위험 상태' 군으로 분류된다면 지역공동체의 신뢰와 지지가 훼손될 수 있다. 이러한 상황으로 인해 발생할 혼란을 생각하기조차 싫었다. 결과적으로 문제가 발생하기 전에 필요한 조치를 취해야 한다. 혼 박사가 자리를 뜨기 전에 한 말이 프랑켄 교장의 뇌리에 깊이 새겨졌다. "교장 선생님은 문제의 일부이거나 해결의 일부입니다. 교장 선생님의 향후 조치를 나에게 알려 주십시오."

프랑켄 교장은 '추진 명령'을 받았기 때문에, 그에 대한 첫 단계로 보직교사회의를 열었다. 교장은 현행 교육과정을 개발할 때의 과정이 생각나서 이 회의가 마음에 내키지 않았다.

프랑켄 교장이 발휘한 '동료 간 협력적 리더십', 그리고 존경받는 영어과 부장 얼리셔 웨스턴(Alicia Weston) 등 보직교사의 지원에 힘입어 센트럴 고등학교의 모든 학생이 요구하는 바에 가장 적합한 교육과정을 개발할 수 있었다. 교직원들은 이타주의적 이상을 지닌 최고의 학생으로 성장하도록 교육하기 위한 목적으로 연구하고 협동하였다. 개발하고 적용하기까지 5년 이상이 걸린 현행 교육과정은, 학생이 졸업 후 진로계획에 기초하여 준비하도록 돕기 위해, 공부할 방향을 세 가지로 정했다. 각 교과는 학생이 일반대학 진학, 직업기술학교 진학, 졸업 직후 취업을 준비할 수 있는 과정으로 구성되었다. 각 학년 수준에서 다른 분야의 핵심 교과목을 접할 수 있게 했다. 학생은 자신에게 가장 적합한 개별화 교육계획을 세우기 위해 제시된 교과목 가운데서 자유롭게 과목을 선택했다. 비록 과목은 상시평가가 진행됨에 따라 수정되었지만, 기대한 목표를 성공적으로 달성하는 것으로 나타나 교직원들은 현행 교육과정을 높이 평가하고 있다. 프랑켄 교장은 마음속으로 이런 생각을 하며 보직교사들에게 신교육과정안을 제시했다.

예상대로 보직교사들은 개정안을 받아들이지 않았다. 현행 교육과정에 미치는 충격이 클 것이다. 처음에는 현실적으로 고려해야 할 실제적인 면에 논의의 초점이 맞추어졌다. 새로운 교사의 충원이 없고, 직업기술학교를 지망하는 학생과 졸업하고 곧바로 취업할 학생에게 제공되는 과정은 사실상 폐지되고, 이들 학생들 대부분은 새로운 교육과정을 의무적으로 이수해야 할 처지가 된다. 이러한 방향은 성공적인 학업성취를 앞세운 주정부의 혹독한 목표 조정에 따라 향후 더욱 악화될 것이다.

그런 다음 논의는 더욱 철학적 관점으로 바뀌었다. 시험 치르는 기술을 가르치는 일이 타당한지에 대한 의문이 제기되었다. "그러한 기술이 실제 생활에 쓸모가 있나요? 게다가 학생이 선택한 영역에서 성공할 수 있는 필요한 지식과 기술을 가르쳐야 할 교사에게 시험 치르는 기술을 가르치라니 말도 안 되는 일입니다."

더욱이 학교는 학생과 학부모의 선택권을 배제하고 신교육과정을 의무적으로 수강하도록 배정할 것이다. 신교육과정에서 요구하는 과정을 이행하는 데는 교사가 필요하지 않다며 웨스턴 선생이 격렬하게 반대의 목소리를 높이는 일은 당연했다. 시험 치르는 기술을 훈련시키는 일은 교사가 아닌 다른 사람들로도 충분할 테니까.

웨스턴 선생은 만일 신교육과정을 적용하라는 지시가 내려지면, 보직에서 물러나 평교사로 돌아가겠다고 말하여 교장을 깜짝 놀라게 하였다. 그녀는 자신이 생각하기에 비윤리적이라고 생각하는 프로그램을 이행하는 지도자가 되고 싶지 않았다. 웨스턴 선생이 발끈하여 이같이 말했을 때, 프랑켄 교장은 단순히 한 번 해 보는 소리가 아니라는 것을 잘 알고 있었다. 교장은 웨스턴 선생의 의견에 대한 다른 보직교사의 반응을 헤아렸으나, 누가 웨스턴 선생을 따를지를 제대로 분별할 수 없었다.

프랑켄 교장은 교장실에 앉아 자신이 처한 딜레마를 생각했다. 교육감과 교육위원회의 명령을 수행해야 한다는 것을 알고 있었지만, 학생에게 이익이 되는 최선의 방책이 아니라면 어찌해야 되나? 그런 다음 생각을 위해 잠시 한숨을 돌렸다. 무엇이 학생에게 이익이 되는 최선의 방책이라는 최종 판단을 누가 하나? 권한은 분명 교육위원회에 있으나 보직교사들은 교육과정과 교수법을 결정할 수 있는 최고의 자질과 자격을 갖추고 있지 않나? 만일 교육과정 개정이 일방적인 지시로 이루어진다면, 학생과 학교의 사기, 문화에 어떤 영향을 미칠까? 보직교사들의 편을 들어 힘을 합해 개정안의 단점을 설명한다면, 혼 박사나 교육위원회는 자신들의 견해를 재고할까? 프랑켄 교장은 진행 상황과 관련하여 혼 박사에게 보고할 첫 번째 공식 문서를 작성하면서 마음속에 이는 이런 의문에 빠져들었다.

토의할 문제

1. 프랑켄 교장이 학생과 교직원 모두에게 공정한 조처를 하려면 어떻게 해야 하는가? 프랑켄 교장에게 추천할 만한 조처로는 무엇이 있겠는가? 왜 그런가? 혹은 왜 그렇지 않은가?

2. 교육구의 일에 관심을 갖고 협조하는 일이 학생들을 돌보는 일과 같은 의미인가? 돌봄윤리의 측면에서, 교장이 취해야 할 가장 최선의 해결책은 무엇인가? 돌봄윤리는 이 딜레마를 조망해 볼 제1의 렌즈이어야 하는가? 왜 그런가? 혹은 왜 그렇지 않은가?

3. 오늘날 교육에서 책무성이 중요하게 여겨지는 이유는 무엇인가? 획일적인 표준에 기초한 교육과정이나 교육체제에서는 누구에게 이익이 돌아가는가?

4. 프랑켄 교장의 최종 책임은 무엇인가? 혼 박사에게 제출할 진행 상황에 관한 첫 번째 보고서에는 무엇이 담겨야 하는가? 교장은 이 이슈에 관해 보직교사의 편에 서야 하나? 왜 그런가? 왜 그렇지 않은가?

5. 전문직의 관점에서 프랑켄 교장에게 기대할 수 있는 것은 무엇인가? 학생에게 가장 유익한 조처는 무엇이겠는가?

사례연구 9.3 고부담 시험

길리언 굿윈(Gillian Goodwin) 교장은 골치가 아팠다. 그녀는 학부모에게서 온 네 통의 편지를 '우선 응답함'에 넣었다. 캐나다의 서부지역에 위치한 로즈론(Roselawn) 중등학교 교장인 굿윈 교장은 교육감과의 통화를 막 끝냈다. 학부모들이 편지에서 제기한 이슈와 요구에 학교가 어떻게 대처할지에 관해 교육감과 오랜 대화를 한 것이다. 어느 정도 꺼림칙한 구석은 있었지만, 굿윈 교장은 가능한 한 신속하게 '미연에 방지'할 필요가 있다는 데 교육감과 뜻을 같이 했다. 그녀는 의자에 기댄 채 눈을 감았다.

10학년에 재학하는 학생 가운데 네 학생의 학부모가 의무적으로 치러야 하는 중등학교 문해시험(Secondary School Literacy Test: SSLT)의 시행에 관한 안내문을 받고 교장에게 편지를 보냈다. 시험과 관련하여 학부모마다 특별한 요구를 했다.

중등학교 문해시험은 졸업을 하기 위해서는 반드시 통과해야 하는 중요한 시험이다. 이 시험은 기초적인 읽기와 쓰기 능력을 측정하는데, 만일 통과하지 못하면 12학년을 마치기 전에 세 번의 시험 기회를 더 가질 수 있다. 학부모협의회장인 존슨(Johnson) 여사를 포함한 네 명의 학부모는 시험을 앞둔 자녀의 문제에 관해 존슨 여사의 집에서 논의한 후에 편지를 썼다. 존슨 여사의 아들은 주의력결핍과잉행동장애로 진단받아 개별화 교육(individual education)을 받고 있다.

학부모 모임에서 존슨 여사는 하루 동안에 시험을 치르는 다른 학생과 달리, 아들에게는 오후 일과를 이용하여 이틀 동안 치르게 해 달라고 학교담당자에게 요청할 계획이라고 학부모들에게 말했다. 존슨 여사는 아들이 점심식사 직후 약을 먹고 나면 상태가 훨씬 좋아진다고 생각했다. 나머지 아이들은 진단을 받지 않았고, 단지 시험 성적이 좋지 않았다.

존슨 여사와 대화를 마친 후에, 학부모들은 추가 시간과 휴식, 보조 장치, 또는 기술공학적 측면과 같은 몇 가지 특별한 편의를 제공받아야 한다고 생각했다. 존슨 여사는 참석한 학부모들에게 그들의 자녀 모두는 이런 편의를 제공하는 개별화 교육이 필요하다고 말했었다. 학생들이 개별화 교육을 받기 위해서는 개인적으로 심리상담사를 찾아 테스트를 받고, 시험을 보는 데 특별한 계획과 준비가 필요하다는 진단을 받아야 한다.

네 통의 편지를 읽은 후에 굿윈 교장의 생각 속에 몇 가지 의문이 떠올랐다. 그녀는 생각했다. 왜 자신이 과거에 애착을 가졌던 수업(instructional)과 관계 리더십(relational leadership)의 역할을 교장의 역할(principalship)에서 배제하고 문제의 싹을 미리 자르자는 교육감의 뜻에 동의하게 되었을까? 언제부터 자신의 역할이 관례적이고 기술적 데이터 위주이며, 숫자 싸움을 하는 역할이 되었을까? 어쩌다 나날이 자질구레한 일로 씨름하고 뒤치다꺼리를 하느라 좁은 공간에 갇히게 되었을까? 학생에게 가장 유익한 대안적 해결책을 학부모와 함께 창의적으로 찾아낼 자유와 교장으로서의 전문적 자율성을 갖고나 있는 것일까? 최근의 이 딜레마는 협상에서 타협안을 도출하는 데 에너지를 집중할 교장 자신의 역량, 의지, 능력에 회의를 품게 만들었다.

충분히 숙고하여 살펴본 후에 굿윈 교장은 생각했다. 재빨리 자세를 고쳐 똑바로 앉고 응답함에서 네 통의 편지를 꺼내 다시 읽었다. 이제는 행동에 옮길 시간이었다. 그녀는 학부모와 개별적으로 연락하여 다음 날 만날 시간을 정했다. 그런 다음에 특수교육 책임자인 젠킨스(Jenkins) 선생을 가능한 한 빨리 교장실로 오게 했다. 젠킨스 선생이 도착하자마자 그녀는 그에게 편지의 내용을 간략하게 이야기하고, 다음 날 있을 미팅에 대해 설명한 뒤에, 네 통의 편지를 읽을 시간을 주었다. 다음의 내용은 굿윈 교장과 젠킨스 선생이 나눈 대화의 일부다.

굿윈 교장: 선생님께서 이 편지를 읽고 황당해하리라 생각합니다. 황당해하는 것도 당연하지요. 하지만 교육감과 나는 평가주관기관의 지침을 강조하기로 했습니다. 지침에는 평가 자료의 보안을 유지하고 결과의 타당성과 신뢰를 담보하기 위해, 존슨 여사의 아이를 포함한 전 지역의 모든 학생이 동시에 시험을 치러야 한다고 되어 있습니다. 다른 학부모에 관한 한, 이미 자녀들의 기록을 뽑아 놓았습니다. 우리 학교 선생님들이 해당 학생들이 참여하는 수업과 부여된 과제에서 장점과 필요한 점을 분명하게 기술하고 있더군요. 자녀에게 개별화 교육이 필요하다고 주장하는 부모의 주장을 뒷받침할 확실한 근거는 없습니다. 부모의 걱정을 불식하기 위해 자녀가 시험을 잘 치르지 못하면 재시험의 기회가 주어진다는 점을 알려 줄 생각입니다.

젠킨스 선생: 교장 선생님께서 하신 말씀을 듣고 보니 마음이 놓이지만, 부모들이 주장을 굽히지 않으면 어쩌지요? 만일 그런 일이 발생하면, 누가 이 개별화 교육계획을 작성할까요? 이 아이들은 IPRC[6] 과정을 공식적으로 거치지 않았기 때문에, 특수교육 교사들의 책임이 아닙니다. 당장 우리에게 요구되는 서류 처리를 거의 할 수 없습니다. 우리가 할 수 있는 책무적인 조처와는 거리가 멉니다!

---

6) 역주: '확인하여 배치하는 검토위원회' 라는 뜻의 영문인 Identification, Placement, Review Committee의 약어.

굿윈 교장: 교육감과 나는 선생님이 말한 모든 시나리오를 짜 놓았습니다. 존슨 여사에 관한 한, 평가주관기관을 통한 요청이 받아들여지리라고 생각하지 않습니다. 나머지 다른 부모들에 관해서는 현재까지의 모든 증빙 자료들을 통해 개별화 교육이나 특정 편의 제공은 불필요하다는 점을 강조하려고 합니다. 이는 내일 학부모들에게 전할 핵심 내용입니다. 여기에서 '각개격파'의 방법을 취하는 것이 가장 중요하다고 생각합니다.

젠킨스 선생이 자리를 뜬 후, 굿윈 교장은 다음 날 개별 학부모에게 요구를 받아들일 수 없다고 말했을 때, 학부모가 제시할 수 있는 반대 의견에 대한 대응책을 미처 생각하지 않았음을 인정해야 했다. 굿윈 교장은 부모들을 탓하고 싶지 않았다. 굿윈 교장은 배려하고, 협동하고, 모든 학습자를 존중하는 학교로 만들기 위해 열심히 노력했지만, 성취, 효율, 경제논리를 가치 있게 여기는 경쟁적인 학교 분위기에서 이 학부모들이 유리한 위치를 차지하려고 하는 것은 당연한 일이 아니겠는가?

그녀를 정말로 흔들리게 한 것은 교육감과 젠킨스 선생에게 자신이 말한 내면의 소리였다. 그녀는 "우리는 '각개격파' 방법을 써야 합니다."라고 말했고, 교육감과 젠킨스 선생은 이 입장을 아주 지지했다. 어찌하여 자신이 이와 같은 생각을 하게 되었을까? 이런 생각은 교장의 역할을 통해 실현하고자 노력해 온 참여 리더십(inclusive leadership) 및 자신의 모든 신념과 가치에 반하는 일이었다.

한 번 더 자신의 신념에 비추어 생각하자, 교육감이나 젠킨스 선생과 미처 논의하지 못한 한 가지 방안이 떠올랐다. 얼마 되지 않지만 교장 재량으로 사용할 수 있는 예산이 기억난 것이다. 개별화 교육을 받지 못하여 목소리를 내는 세 학부모의 염려를 수용하는 데 이 예산을 사용할 수 있다는 생각이 떠올랐다. 해당 학생들이 시험 준비를 하는 특정 시기에 이 예산을 활용할 수 있고, 존슨 여사의 자녀에게도 도움이 될 수도 있다. 하지만 소문이 나서 다른 부모가 뭐라고 하면 어찌될까? 그들의 자녀에세도 필요하다면? 특별히, 아직 목소리를 내지 않는 다문화가정 학생들의 부모들은? 이들의 모국어는 영어가 아니잖은가? 이들도 역시 특별히 고려할 대상이 아닌가?

직감적으로, 만일 어떤 형태로든 이들에게도 편의가 제공되지 않는다면, 이 특별한 이야기는 해당 학부모든 학교든 둘 중의 어느 한쪽에게는 좋지 않은 결말이 될 것임을 교장은 느꼈다. 양쪽으로 편이 나뉘어 더 많은 회의가 열리고, 각각의 입장을 앞세워 옥신각신 다투게 될 것이다. 요청(request)은 요청으로 그치지 않을 것이다. 왜냐하면 '안 돼요.' 라는 대답은 더는 받아들여지지 않을 것이기 때문이다. 정중한 요청인 것처럼 꾸민다 해도, 요청은 결국 거절을 용납하지 않는 요구(demand)일 뿐이다 이들은 'No' 라는 대답을 결코 바라지 않을 것이다.

머릿속에서 냉소적 생각이 꼬리를 물자 깜짝 놀란 굿윈 교장은 스스로에게 물었다. 학부모, 교육자, 교육 분야의 서로 다른 이해당사자 간의 협력적인 문제해결을 통해, 모든 이를 위한 교육의 형평성과 수월성을 달성할 수 있다는 자신의 능력에 대한 확고한 믿음이 정확히 언제부터 흔들리게 되었을까? 그는 다른 학교에서도 이런 문제가 있는지, 어떻게 해결하는지를 전화로 물어본 후, 내일 있을 회의를 어떻게 주관할지, 교육감과 젠킨스 선생에게 어떤 변화된 전략을 통고해야 할지를 다시 곰곰이 생각했다.

토의할 문제

1. 굿윈 교장이 법조항을 준수하려고 노력한다면, 이 상황에 어떻게 대처해야 하나? 법의 정신은 무엇인가? 이러한 해결방법은 같은가, 차이가 있는가? 이유는?

2. 굿윈 교장이 돌봄의 정신을 최대한 발현할 수 있는 조처는 무엇인가? 이 돌봄윤리는 누구를 지향해야 하는가? 왜 이 사람(들)인가?

3. 누가 이 지침을 결정하는가? 왜 표준화학력평가를 졸업 자격 요건으로 삼아야 하는가? 이 상황에서, 가장 이익을 볼 수 있는 위치의 사람은 누구인가? 그 반대의 사람은? 여러분의 대답을 설명하시오. 할 수만 있다면, 이 상황을 평등하게 처리하기 위해 어떤 일을 할 수 있는가?

4. 지원이 좀 더 필요한 이들을 위해 편의를 제공하거나 또는 모든 이를 똑같이 대하는 것이 개별 학생을 위한 최선의 이익을 가져오는가? 이유는?

5. 전문직의 관점에서 굿윈 교장에게 기대하는 것은 무엇인가? 만일 있다면, 일반적인 공동체에 대해서뿐만 아니라 다문화공동체에 대해 굿윈 교장이 수행할 의무 또는 책임은 무엇인가?

사례연구 9.4 능력, 성숙, 학부모의 시각

존 돌런(John Dolan)은 현재 해피타임즈(Happy Times) 초등학교 3학년이다. 해피타임즈 초등학교는 애틀랜틱 시 중부의 외곽에 있는 비교적 큰 규모의 교육구에 속해 있다.

존은 예비 1학년에서 몬테소리 프로그램을 이수하고 1학년에 입학했다. 선생은 1학년 초에 존의 읽기 능력이 떨어진다는 사실을 인지하였다. 존은 독서수업 전문가(reading specialist)[7]의 지원을 받아 보라는 권유를 받고 신청하여 이 서비스에 적합하다는 판정을 받았다. 1학년 10월 중순경, 하루 일과를 시작하면서 존은 독서교사에게 30분 동안 보충지도를 받았다. 존의 읽기 능력이 조금 진보를 보이기 시작했다. 다른 모든 과목에서는 숙달 또는 평균 이상이었다.

교사 및 카운슬러와의 학년중간협의회에서, 돌런 부부는 아들이 미성숙하다는 이유로 유급하여 1학년을 다시 다니게 해 줄 것을 요청했다. 돌런 부부는 50대 초반이다. 존은 다른 형제들과는 열 살 이상 차이가 나는 늦둥이다. 존은 방과 후나 주말에 이웃에서 함께 놀 만한 또래 아이들이 없었다. 교사와 카운슬러는 돌런 부부에게 존의 읽기 능력이 향상되고 있다고 설명했다. 교사와 카운슬러는 읽기 지원 교육이 효과가 있다고 믿었다. 이들은 수학, 과학, 사회 같은 다른 과목에서 존이 얼마나 잘하고 있는지를 부모와 함께 이야기했다. 하지만 존이 지석을 받거나 뜻대로 되지 않을 때 짜증 내는 문제를 걱정했다. 이런 문제를 다루기 위해, 학교는 행동교정계획을 고안했다. 돌런 부부는 행동교정계획을 받아들였고 학교의 계획에 협조하겠다는 뜻을 밝혔다. 돌런 여사는 일주일에 한 번씩 읽기 개인지도를 받게 하려고 자신이 카페테리아 직원으로 일했던 다른 기관의 교사를 섭외해 놓았다고 밝혔다. 존을

---

7) 역주: 교육의 핵심 기본으로서 독서교육을 강조하는 미국에서는, 일반 교과 교사들이 수업에 독서를 접목하는 프로그램을 계획하는 데 도움을 주거나, 학교 전체의 전반적인 독서교육을 책임 관리하는 독서수업 전문가를 둔다.

지도한 학교 지원 팀은 존에 대한 데이터를 근거로 진보상황에 관한 종합평가를 하기 위해 4월 말에 다시 만나기로 했다.

4월 말에 교장, 교사, 카운슬러, 독서교사, 부모는 함께 존의 상태가 얼마나 향상되었는지를 검토하기 위해 만났다. 학교 지원 팀은 존이 그동안 보인 진보를 살펴볼 수 있는 읽기 관련 자료를 부모에게 제시했다. 하지만 발전의 폭은 미미하고 더뎠다. 존의 선생은 또한 읽기 능력에 관해 존이 평소 느끼는 낮은 자존감과 좌절감을 목격하였다. 지원 팀은 존이 읽기에 대해 특수한 학습장애를 가지고 있을지도 모른다는 결론을 내리려고 하였다. 왜냐하면 존은 읽기에서는 계속해서 기준보다 낮은 수행능력을 보였지만, 다른 과목은 매우 잘했기 때문이었다. 돌런 여사는 남편과는 다른 의견이었지만 아들을 유급시켜 줄 것을 요청했다. 학교 지원 팀은 존의 점수가 말해 주듯 다른 과목에서는 잘하고 있기 때문에, 같은 학년을 반복하는 것은 존에게 득이 되지 않는다고 우려했다. 교장과 지원 팀은 어떤 학습장애가 있는지를 밝히기 위해 학교 심리상담사에게 교육심리검사를 받아 볼 것을 권했다. 부모는 이 권유를 받아들여 검사에 동의하는 학부모 서명을 했다.

존은 읽기 이해력, 해독(decoding), 작문 표현 영역에 특수한 학습장애를 갖고 있는 것으로 밝혀졌다. 존의 전반적인 지능지수는 121이었다. 학부모가 참여한 개별화 교육 프로그램이 수립되었고, 존은 2학년 초부터 개별화 교육 서비스를 받기 시작했다. 2학년 동안에 존의 읽기 능력이 꾸준한 진전을 보이기 시작했다. 존이 격한 감정을 표출하는 일은 여전했지만 심각하게 우려할 만한 수준은 전혀 아니었다. 존의 부모는 아직도 그를 '아기'로 여겼다. 2학년 말에 다시 한 번 부모는 미성숙을 이유로 존의 유급을 원했다. 부모는 자신들이 존의 문제행동의 원인이 되고 있다는 사실을 알지 못하는 듯 보였다.

이제 3학년을 맞아 학교 지원 팀은 미성숙을 이유로 아들의 유급을 원하는 존 부모의 요청을 다시 한 번 겪게 되었다. 교장의 딜레마는 다양한 측면에서 복잡하다. 돌런 부부는 앞으로의 일을 논의하기 위해 특수교육 교사와 일반 교과 교사와의 면담을 요청하였으나, 이 면담 자리에 교장은 참석하지 않도록 특수교육 교사에게 당부했다. 교장은 부모의 요청에 황당해하며 특수교육 교사에게, 유급 문제가 논의된다면 특수교육 장학사를 참석시키라는 조언을 했다.

이 모임은 수 주 전에 있었다. 돌런 부부는 존을 개인지도하는 다른 기관의 교사와 함께 왔다. 회의 동안에 지원 팀은 존의 진보를 검토하였고, 올해 존이 읽기에서 거둔 성과에 대해 이야기를 나누었다. 존은 읽기에서 단지 6개월 뒤처져 있었다. 교사들은 모든 교과에서 존이 발전하고 있다는 데 의견을 같이했고, 행동도 개선되어 무척 기뻐했다. 그들은 돌봄과 노력이 결합한 특수교육 지원을 통해 이와 같은 확실한 결실을 거둘 수 있었다고 믿었다. 그러나 유급에 대한 부모의 태도는 완강했다. 개인교사 또한 유일한 해결 방법은 유급이라는 의견을 강하게 밝혔다. 장학사는 부모에게, 요청을 서면으로 제출할 권리가 있다고 알려 주었다. 요청서가 자료와 함께 서면으로 아동연구 팀(Child Study Team)에 제출된 후에, 부모와 의견을 나누고, 그런 다음에 교장이 최종 결정을 내리게 된다. 하지만 회의에서 나타난 존 부모의 태도로 보아, 그들은 존의 개인교사에게 받은 정보를 근거로 마음을 굳힌 것이 분명했다.

부모는 화가 나 있고 힘든 요구를 하고 있다. 이제 교장, 특수교육 장학사, 초등교육국장과 면담을 갖고 그들의 우려를 논의하는 것조차 거부한다. 학교 측은 부모와의 약속 일정을 잡으려고 수많은 시도를 했다. 그러나 부모는 학교가 할 수 있는 최선의 노력을 계속 무시한다.

부모가 아들이 유급을 해야 더욱 '성숙'해지리라고 강하게 믿고 있기 때문에 딜레마는 이어진다. 학교 지원 팀은 그동안 존이 이룬 성과를 뒷받침할 수 있는 자료를 갖고 있다. 지원 팀의 개입은 학업향상과 행동개선 측면에서 효과를 거두었다. 존이 유급을 한다면 존에게 득이 될 일이 없다. 말할 필요도 없이, 이러한 상황에서도 의문은 여전히 남아 있다.

토의할 문제

1. 부모는 자녀의 미성숙을 이유로 유급을 요구할 권리가 있는가?

2. 이 사례에서 유급에 대한 학부모의 요청을 인정하는 경우에 어떤 예외조항이 있어야 한다고 생각하는가? 아이, 부모, 교사, 행정가에 대한 정의윤리와 이 사례는 어떤 관련이 있는가?

3. 이 사례의 딜레마에 묘사된 모든 전문가는 전문직윤리에 입각하여 움직이고 있는가? 만일 그렇지 않다면, 예를 들어 설명하시오.

4. 단지 미성숙에 기초하여 학생을 유급시키는 일이 공정한가? 이 개념이 비판윤리와 어떤 관련이 있는가?

5. 자녀를 위해 유급을 요청하는 부모는 돌봄윤리에 입각하여 행동하고 있는가? 설명하시오. 부모는 자녀가 유급되었을 때 자녀가 느낄 기분과 자녀에게 미치는 영향을 숙고했는가?

6. 교장, 교사와 같은 학교 지원 팀은 학생의 유급에 대한 그들의 선택과 관련하여 돌봄윤리를 실천하고 있는가? 설명하시오.

7. 교장은 어떤 결정을 해야 하는가? 여러분의 대답에 대한 구체적인 이유를 말하시오.

사례연구 9.5 성적우수 장학금

제시카 월터스(Jessica Walters)는 책상 위에 놓인 두 권의 서류철을 바라보았다. 미드웨스트(Midwest)에 자리한 비교적 규모가 작은 인문대학의 입학처장인 그녀와 직원들은 매일 입학 업무로 인해 시달리고 있었다. 20년 동안 입학 업무를 맡고 있지만 이번 경우처럼 힘든 적은 없었다. 분명히 이곳 미드베일 대학(Midvale College)에서 겪어 본 가장 큰 어려움이었다.

문제의 두 신청서는 고등학교 상급생 한 명에게만 제공되는 장학금을 놓고 경쟁하는 두 명의 최우수 학생이 제출한 것이었다. 두 명의 학생은 각각 명문 학교에 다니고 있다. 학교에서 어려운 과목을 수강하고, 동아리를 이끌며, 단체를 조직했고, 성적은 졸업반에서 상위 10% 안에 들었다. 이러한 비슷한 점에도 불구하고 이들의 가정 상황, 성, 인종 및 민족적 배경은 달랐다. 히스패닉 남학생인 후안 에르난데스(Juan Hernandez)는 편부모 가정 자녀였지만 아버지는 변호사였다. 백인 여학생인 코트니 롤런즈(Courtney Rolands)는 부모 모두 생존하고 있으나 대학을 다니지 못했고, 둘 다 시간제 노동으로 생계를 꾸려가고 있었다.

학구적 능력에서 두 학생 모두 강력한 후보지만, 한 가지 중요한 차이가 있었다. 이들의 ACT(American College Testing)[8] 점수였다. 히스패

8) 역주: 아이오와 대학교 교수인 린드퀴스트(E. P. Lindquist)가 ETS의 SAT와 방향을 달리해서 만든 대학입학시험. 린드퀴스트는 대학입학시험은 타고난 능력을 측정하는 데 초점을 두지 말고, 대학에서 효과적으로 잘 공부하기 위해서 고등학교에서 배우는 지식과 능력을 측정해야 한다고 주장했다.

닉 남학생은 백인 여학생보다 종합 ACT 점수에서 4점 뒤졌고 이는 상당한 차이라고 할 수 있었다. 장학생 선발에 관한 대학의 지침에 따르면, ACT 점수가 높은 롤런즈가 장학금을 받게 된다. 월터스 처장은 서류를 다시 검토했다. 이번에는 학생들의 신청서에서 신청자를 재평가할 수 있는 다른 중요한 차이가 있는지를 살폈다. 장학생 선발에 부가점 요인으로 간주될 수 있는 어떤 특수한 사항도 찾을 수 없었다. 중요한 차이는 이들의 ACT 점수뿐이었다.

이 대학은 월터스 처장이 재직하는 동안 입학 학생들의 성적을 중시해 왔고, 이 때문에 문제가 악화되었다. 월터스 처장은 빈틈없는 마케팅 담당자였다. 그녀의 팀은 더 훌륭한 자질을 갖춘 더 많은 학생들을 유치할 수 있었다. 아쉽게도 신입생들의 ACT 성적이 더욱 높아지면서 유색 인종 학생의 입학이 더욱 어려워졌다. 월터스는 대학원에서 표준화학력평가의 차이에 관한 분야를 연구했기 때문에, 유색 인종 학생이 어려움을 겪는 입학 상황을 정확히 알 수 있었다. 일반적으로 인정하는 바와 같이, 히스패닉 입학생 수는 완만하게 줄었으나 일부에서는 이 사실에 주목하기 시작했다. 미드베일 대학에 입학하는 히스패닉 학생 수가 감소하자 학생단체와 교직원들은 동요하기 시작했고, 총장도 달아오르는 분위기를 감지하고 있었다. 미드웨스트의 다른 여러 중소도시처럼 이곳도 히스패닉 인구가 급증하고 있다는 사실과 관련하여 히스패닉 학생 수 감소가 이슈화되기 시작했다.

한편으로는, 월터스 처장은 이들의 우려를 이해할 수 있었다. 다양한 학생 구성원을 입학시키는 일은 납득할 만한 이슈였고, 대학은 학생을 선발하는 데 있어 인종을 하나의 요소로 고려할 정도였다. 하지만 미국 전역의 대학교와 대학은 해당 대학의 입학정책이 합법적인지를 확실하게 재평가해야 한다는, 미시간 대학교(University of Michigan)와 관련한 대법원 판례(Gratz v. Bollinger, 2003; Grutter v. Bollinger, 2003)는 월터스 처장을 주저하게 하였다.

대법원 판결은 입학제도에서의 인종 문제를 다루었다. 그러나 이 판결을 둘러싼 논의의 상당 부분에서 소수 학생에 대한 장학금제도와 재정지원 문제가 다음 목표가 되리라는 것을 짐작할 수 있었다. 말하자면, 판결의 요지는 대학입학에서 다양성을 확보하려고 할 때 인종은 한 가지 요인이 될 수 있지만, 소수민족 학생을 위한 할당제도는 도입할 수 없다는 것이었다. 많은 요인이 고려될 수 있다는 점에서 입학정책은 유연하고 매우 개별적일 필요가 있다. 2003년 그래츠(Gratz) 대 볼링거(Bollinger) 판결에서 다루어진 입학정책은 위법으로 판결받았다. 왜냐하면 소수민족 집단을 대표한다고 보기에는 충분하지 않은 지원자 모두에게 자동적으로 20점의 부가점이 주어졌기 때문이었다.[9]

미드베일 대학은 '적극적 행동'의 하나인 소수집단 우대정책을 도입한 적이 없었다. 그리고 일반인들에게 공시된 입학정보에서도 이 대학은 입학사정을 할 때 인종을 고려하지 않는다는 것을 알 수 있다. 미드베일 대학 장학금 신청 사례에서, 인종을 묻기는 하지만 서류의 형식은 장학생 선발에 전혀 영향을 미치지 않는 선택 사항이라는 것을 분명히 밝히고 있다. 만일 월터스 처장이 장학생 선발 과정에서 이러한 정보의 일부라도 이용하려 한다면, 자신이 비윤리적이라고 느낄 것이고, 법에 저촉될 수도 있다. 하지만 월터스 처장은 이 상황에서 인종을 고려해야 할지 말아야 할지를 고민했다. 왜냐하면 입학 허가와는 상관없는 장학금 수여 문제이기 때문이었다. 결국 두 학생 모두 이 대학에 입학할 예

9) 역주: 1996년 캘리포니아에서 발효된 Proposition 209에 따르면, 캘리포니아 주 모든 공립 대학교에서는 인종, 피부색, 출신 국가, 성별을 고려한 입학사정을 금지한다.

정이었다.

월터스 처장이 어느 학생이 장학금을 받아야 할지를 두고 여전히 고민하고 있을 때, 총장은 월터스 처장에게 전화를 걸어 대학의 여러 이사들에게 언짢은 전화를 받았다고 말했다. 히스패닉 이사는 낮은 시험 성적 때문에 어떤 소수집단 학생이 장학금을 놓칠 수 있다고 분개했는데, (사실, 신청한 학생도 거의 없었지만) 총장은 어떤 소수집단 학생도 이 장학금을 받은 적이 없고, 올해는 다수집단 학생이 아닌 누군가가 장학금을 받아야 한다는 점이 중요하다고 지적했다. 총장은 온갖 압력에 넌더리가 나서 월터스 처장이 소수집단 학생에게 장학금을 '당연히' 수여해야 한다는 점을 대놓고 이야기했다. 전화를 끊고서 월터스 처장은 자신이 지금껏 해 온 일 가운데 가장 도전적이고 어려운 결정을 해야 한다고 생각했다. 전통적으로, 누가 장학금을 받아야 할지에 관한 결정은 늘 입학처장의 몫이었다. 총장과 압력단체가 장학금 수여자를 결정하도록 허락해야 하는가? 아니면 입학처장 스스로 결정해야 하는가?

토의할 문제

1. 미드베일 대학 총장은 어느 윤리적 패러다임의 영향을 가장 많이 받는 듯 보이는가? 총장의 지시는 합법적인가? 그리고 정의로운가?

2. 만일 우리가 정의윤리 패러다임을 적용한다면, 월터스 입학처장은 어떤 결정을 해야만 하는가?

3. 이 사례에서 월터스 입학처장은 돌봄윤리를 어떻게 사용할 수 있을까? 이 사례에서 모든 입장을 배려하는 일이 가능할까? 만일 그렇다면, 어

떻게? 만일 그렇지 않다면, 그렇지 않은 이유는?

4. 비판윤리의 관점에 의거하여, 이 시나리오에서 사회계층, 인종 · 민족, 평등, 권력, 억압과 관련 있는 윤리적 이슈는 무엇인가?

5. 여러분이 입학처장이라고 가정하면, 장학금을 받아야 하는 학생은 누구인가? 여러분이 결정을 할 때, 한 가지 또는 한 가지 이상의 어떤 윤리적 패러다임을 사용할지에 대해 주의 깊게 숙고하여 설명하시오.

제10장
프라이버시 대 학교안전

이 장에서 우리는 학교의 안전을 유지하기 위하여 프라이버시권을 희생해야 하는 범위를 탐색해 보기로 한다. 다섯 개의 사례가 제시되는데, 갱단과 약물 복용 의심 문제에서부터 사이버 폭력, 섹스팅, 휴대폰 사용 문제에 이르기까지 학교의 안전과 관련한 딜레마를 다룬다.

학생에 대한 질 높은 수업 제공을 보증하는 것은 교육 리더의 가장 원초적인 책임이지만, 이러한 목표도 학교가 안전하지 못하면 달성될 수 없다. 학교를 안전하게 유지하고 학교공동체에 안전감을 보여 주는 것도 중요한 책임인데, 이 책임을 다하지 못하면 심각한 반향을 일으키게 된다. 동시에 우리들 대부분은 개인 프라이버시 또한 우리가 가진 가장 중요한 권리의 하나라고 인정한다. 브랜다이스 대법관(Justice Brandeis, 1856. 11. 13~1941. 10. 5)[1]은 다음과 같이 말한다.

1) 역주: 1916~1939년 미연방대법원 대법관. 켄터키 루이스빌에서 출생했으며 부모는 유럽 출신 이민자였다. 하버드 대학교 법대에 입학하여 하버드 역사상 최우수 성적으로 20세에 졸업하였으며, 프라이버시권에 관한 권위자다.

> 미국 헌법 초안자들은 사람의 영성과 감정, 지성의 중요성을 인정했다. 그들은 물질에서 얻을 수 있는 것은 삶의 고통과 기쁨, 만족 중 극히 일부라는 것도 알았다. 또한 미국인의 신념, 사상, 정서, 감상을 보호하려 했다. 정부 측 입장과 달리 초안자들은 '홀로 있을 권리(the right to be let alone)'를 부여했다. 이것은 가장 포괄적인 권리이자 문명인이 가장 가치 있게 여기는 권리다. 이 권리를 보호하기 위해, 어떠한 방법에 의하든 개인적 프라이버시에 대한 정부의 부당한 침해는 미국 제4수정헌법에 위배되는 것으로 본다[Olmstead v. United States, 1928, p. 478, Brandeis, J. dissenting(강조 추가)].

미국 권리장전이 영장 없는 수색과 자백으로부터 개인의 자유를 보장한다는 것은 확실하다. 그러나 미국 헌법 초안자들은 공립학교체제가 얼마나 커지고, 이러한 기본권에 도전하여 안전을 위협하게 될 것인지 예상하지 못했었다(Stefkovich & Miller, 1999). 그 결과, 학교 상황에서, 프라이버시와 안전 사이의 경계는 매우 흐릿하다. 자녀가 어린 시절을 보낼 장소가 학교 외에는 흔치 않고, 이를 학부모 대다수가 받아들일 수밖에 없다는 사실이 이러한 학교 상황의 원인이 된다(Levin, 1986). 프라이버시와 안전 사이의 경계를 더 흐릿하게 만든 것은, 아베 포타스 대법관(Justice Abe Fortas)의 팅커 대 데스 모인스 독립교육구 판례(Tinker V. Des Moines Independent Community School District, 1969: 506)다. 이 판례에서는 '학교 환경의 특수한 성격'으로 인해 학교가 학생과 교사의 권리를 제한할 수 있는 능력을 갖게 된다고 하였다. 이러한 특수한 성격의 의미는 "학교에서의 개인의 권리에 대한 사법적 판단의 중심이 되어 왔다"(Warnick, 2009: 200).[2)]

교육 전문가의 관점에서 볼 때, 교육자는 학교에서 질서와 규율의 유지에 대하여 항상 염려해 왔다. 그러나 학교안전의 이슈는 미국에서 1990년대에 절정에 달했다. 1990년의 총기금지구역법(Gun-free Zones Act)은 미국 대 로페즈 판례(U.S. v. Lopez, 1995)에서 위헌으로 판결되었고, 이후의 1994년 총기금지학교법(Gun-free School Act: GFSA)에서는 학교 관할권 내 무기 소지 학생에 대하여 최소한 1년 정학을 명하는 입법을 주정부로 하여금 통과시키도록 강제하였다. 사안별로 예외가 허용될 것으로 기대했지만 주에서 이 법은 무관용법이 시행되는 결과를 가져왔는데, 이 법은 본래 총기의 문제에 국한된 것이었지만 나중에는 학생의 다른 행동으로까지 확대되었다(Smith, 2009). 총기금지학교법(GFSA)은 2002년에 폐지되었지만 낙제방지법(No Child Left Behind: NCLB)이 다시 제정되었다. 거의 동시대에 일어난 1999년 콜로라도 교외 컬럼바인 고등학교(Columbine High School) 총기 난사 사건은 학교 폭력의 잠재적 위협을 느꼈던 미국인들을 더 무서운 공포로 몰아넣었다. 이 사건에서 2명의 학생이 12명의 학생과 1명의 교사를 사망케 하고 23명에게 부상을 입혔다(Associated Press, 2009). 이런 종류의 사건이 처음은 아니었지만 컬럼바인 고등학교 사건은 가장 널리 알려지고 광범한 매체의 주의를 끌게 되어 학교에서의 따돌림, 기강 해이, 무기 소지라는 심각한 이슈를 불러일으켰다.

학교에서 약물 사용을 근절하기 위한 노력이 또한 계속되고 있다. 1994년, 초중등교육법(Elementary and Secondary Education Act: ESEA)에 따라 학교·지역사회안전 및 약물금지법(Safe and Drug-free Schools

---

2) 역주: 대표적인 이 판례에서, 미연방대법원은 공립학교 학생들은 공적인 관심사에 관한 그들의 생각을 표현하기 위한 수단으로 교실에서 완장을 착용할 수 있는 권리를 갖는다고 판결했다. 이 권리는 오로지 그러한 표현이 교육에 상당한, 그리고 중요한 방해를 야기하거나 다른 이의 권리를 침해한다고 판단할 만한 타당한 이유가 있을 경우에만 제한될 수 있다.

and Communities Act: SDFSCA) 주·지방보조금 프로그램이 공식화되었다. 청소년의 약물과 알코올 복용을 예방하는 프로그램에 대하여 재정지원을 함으로써, 이러한 시도는 "모든 아이들이 도전하는 학업성취 도달을 돕는 안전하고, 질서정연하며, 약물로부터 자유로운 학습환경 형성을 북돋우는 연방정부 노력의 핵심 부분이 되었다"(Bilchik, 1999). 이 프로그램이 공식화된 후 8년 내에 미국 각 주 대법원은 특정 조건하에서 공립학교 학생에 대한 무선표집 약물검사를 허용하는 두 건의 판결을 하였다. 첫 번째 판결은 버노니아 대 액션(Vernonia v. Action, 1995)으로, 운동 경기 시 학교가 학생에게 무선표집으로 약물검사를 하도록 허용한 것이다. 두 번째는 교육위원회 대 얼스(Board of Education v. Earls, 2002)로, 과외활동에 참여하는 학생에게 무선표집으로 법적 약물검사를 하도록 규정한 것이다. 이 두 소송에 대한 판결에서는 약물 복용이 학교안전 유지를 위협하는 것으로 보았다.

2009년 대법원은 의사의 처방 없이는 소지할 수 없는 진통 소염제(이부프로펜)를 소지한 혐의가 있는 중학생에 대한 알몸수색에 관한 사례인 새포드 대 레딩(Safford v. Redding)의 소송을 다루었다. 법원은 학생 측의 손을 들어 주는 판결을 하였지만, 판사들은 더 심각한 약물 때문에 수색이 이루어졌더라면 자신들의 판결이 어떠했을지 말하기를 주저하였다. 그러나 판사들은, 법이 불분명하기 때문에 알몸수색이 불법임을 학교 당국자들이 확실히 알지 못했다고 지적하면서 금전적 손해배상에 대하여는 교육구를 면책하였다. 이 같은 일이 학교안전을 위해 필요하며 합법적이라고 인정한 하급법원의 의견도 있었다(Cornfield, 1993; Williams, 1991). 이러한 모든 판결은 뉴저지 대 티엘오(New Jersey V. T.L.O., 1985)에서 대법원에 의해 마련된 '이성의 기준'에 근거하고 있다. 이 판결에서 대법원은 학교 질서와 기강 유지를 위한 학교 당국자의 의무에 반하는 학생의 프라이버시권, 그리고 학교에서의 훈육 또는 안전과 직결되는 책임성 사이에서 균형을 잡았다.

학교안전은 교육자와 정책결정자 모두에게 가장 중요한 이슈가 되어 안전 기술, 학교에 대한 법 집행관 배치, 무관용 정책을 포함한 개정된 학교 기강 설차 등에 주의를 기울이는 대응 조치를 강화하게 되었다. 어떤 경우에는 학교의 '특성(special characteristics)'으로서 개인권보다 안전을 우선시하기도 했다. 어떤 학자들은 보안이란 명목하에 일어나는 권리 침해의 필연성에 의문을 제기하기도 하였지만(Casella, 2003; Chen, 2008; Martinez, 2009), 형사범에 대한 비난보다 오히려 미국 어린이의 안전을 보장해야 한다는 집단 책임성의 의미가 강조되었다(Lickel, Schmader, & Hamilton, 2003).

급진적으로 발전하는 테크놀로지에 따른 사이버 폭력, 사회적 네트워킹 웹사이트, 즉석 메시지 보내기, 디지털 사진 공유 같은 휴대폰 이슈 등으로 학교안전 문제는 점점 늘어나고 있다. 대크놀로지와 관련하여 광범하게 글을 써 온 캐나다 학자 샤힌 샤리프(Shaheen Shariff)는 학교안전의 법적 차원을 넘어 도덕적 차원으로 심화되고 있는 이 분야를 연구하는 학자 중 한 사람이다(Gorman & Pauken, 2003; Noddings, 2002; Starratt, 2003; Stefkovich, 2006; Stefkovich, Crawdord, & Murphy, 2009). 샤리프는 사이버 폭력에 관한 책에서 이를 교육자와 정책결정자의 도전으로 기술하고 있다.

> 전통적인 법의 규칙이 지배적일 때, 그리고 질서와 권위가 죄 없는 시민을 보호하기 위하여 존재하는 때일지라도 조직사회에서 문명과 시민 행동을 유지하는 일은 여간 어려운 일이 아니다. 전통적인 규칙과 권위가 무너지면 어떻게 되겠는가? 학교가 이 전자시대에 사이버

> 폭력에 대응하고 궁극적으로 학생에게 알맞은 도덕적 나침반을 형성하기 위하여 법적이고 도덕적인 도전을 하려고 할 때, 이런 질문이 학교가 부닥치게 되는 딜레마다(Shariff, 2009: 2-3).

이 장에는 개인의 프라이버시 대 학교안전의 이슈를 다루는 다섯 가지의 사례가 들어 있다. 사례연구 10.1 '학생의 안전 유지: 어느 정도여야 충분한가' 는 약물 복용의 민감한 이슈와 학교 리더가 어느 정도까지 자발적으로 약물 없는 학교와 학교안전을 유지하기 위하여 노력할 것인가에 대하여 말하고 있다. 사례에서 학생의 품행과 신체적 용모의 변화에 근거하면, 그는 생활에서 어떤 형태의 위기를 경험하고 있는 것이 분명했다. 학교 카운슬러와 행정가는 이 학생이 약물을 복용하고 아마도 불법적으로 약물을 팔기도 할 것이라고 가정했다. 학교에서의 약물 오용에 대응하고 학생과 지역사회의 안전을 지키기 위하여 카운슬러는 지금까지와는 아주 다른 고강도 몸수색을 실시하였다. 이 사례는 마약에 대한 막연한 두려움이 오히려 마약 자체보다도 더욱 심각한 문제를 낳을 수 있다는 것을 보여 준다.

사례연구 10.2 '처벌, 복학, 처벌 경감 사유' 에서는 갱 문제가 학교안전에 대한 심각한 위협으로 제기되고 있다. 이 사례에서 학교 공동체와 더 넓은 지역사회는 심각한 갱 문제를 뿌리 뽑고 이러한 위협을 제거하기 위한 방침을 정하였다. 학교 방침은 갱 활동을 조장하는 어떤 학생이라도 정학에 처하는 것이었다. 이 사례에서 한 중학생이 급우를 갱단에 입단시키려고 하여 정학 처분을 받았다. 학교에 복귀하기 전에 부모는 반드시 학교에 출석해야 한다. 학생의 어머니가 정부 지원에 의지해야 할 사람이고, 연락하기조차 지극히 어려울 뿐만 아니라 어머니 본인이 자녀 문제의 한 원인이라는 것을 학교 리더들이 알게 되었을 때 더욱 심각한 딜레마에 빠지게 되었다. 이 상황에서는 기강 문제에 더하여, '가정의 프라이버시'와 '개별 학생과 모든 학생의 안전' 사이에 선을 그어야 하는 더 큰 문제에 봉착하게 된다.

이 장에 제시된 나머지 세 개의 딜레마 사례에서 테크놀로지는 중요한 역할을 한다. 지난 30년 동안 테크놀로지의 활용은 급격하게 성장하여 우리 사회에 많은 발전을 가져왔고, 또 우리가 학습하는 방법을 향상시켜 왔다. 하지만 또한 과거의 문제를 악화시키는 것은 물론이고 프라이버시 및 안전과 관련된 새로운 우려를 낳게 하였다. 이들 사례는 과거의 학교 리더가 생각조차 못했지만, 이미 공공연하게 만연하고 있는 이슈 몇 가지를 다루게 된다. 예를 들면 사례연구 10.3 '학교 기강: 형사고발 혹은 정상참작'은 섹스팅을 다루고 있는데, 예를 들면 성적 노출 사진을 전화로 송신하는 문제다. 이 사례에서는 한 중학생이 여학생 급우에 대한 장난으로 이 정보를 보낸 사건을 다루고 있다.

사례연구 10.4 '21세기 신송 폭력: 중학교에서의 사이버 폭력'은 인터넷을 통한 폭력이 전통적 폭력 문제를 바꿔 놓은 것이다. 이 딜레마에는 중학교 급우 중 한 명이라고 말하며 실명을 밝히지 않고 익명의 메신저 이름으로 Babe-ah-licious555를 사용하는 여자에게 사이버 폭력을 당한 중학생 샘 웰시(Sam Walsh)가 연루되어 있다. 가해 학생은 샘을 조롱하고, 황당한 상황을 만들어 사진으로 찍어 창피를 주고, 이 정보를 유튜브에 올리고, 교내 다른 학생에게 e-메일로 퍼뜨렸다. 여기서 학교 당국자는 학생의 언론자유권과 가정에서의 사생활 측면의 경계를 고민하면서, 또한 학생의 안전과 학급의 혼란도 진지하게 다루어야 한다.

마지막으로 사례연구 10.5 '사랑과 학교에서의 공정성'은 휴대폰 관리를 소홀히 하여 개인 정보가 유출된 교사의 프라이버시에 관한 것이다. 이 딜레마에서는, 채용된 후 5년간 학교를 위하여 많은 일을 해 온 젊고 아주 인기 있는 교사가 휴대폰으로 인해 사적인 정보가 노출되고 나서 직장 유지에 위협을 느끼게 된다. 이 사례에서 교사는 서류를 가지러 교실을 나가다가 주머니에서 휴대폰을 떨어뜨린 채 휴게실로 갔다. 수업은 아직 시작되지 않았지만 학생들이 교실에 도착하기 시작했다. 한 학생이 휴대폰을 주워 열어 보고 그 안에 들어 있는 개인 사진을 발견하고, 교사의 성적 성향을 나타내는 사진을 친구들과 돌려 보게 되었다. 이 사건으로 교사는 학급을 통제할 수 없게 되고 마침내 가르치는 일에도 영향을 받게 되었다. 학부모들이 교사의 성적 성향이 아니라 학급의 붕괴에 대하여 불평하게 되자 프라이버시 문제는 안전의 문제로 변하게 되었다.

사례연구 10.1 학생의 안전 유지: 어느 정도여야 충분한가

마타요(Matayo) 교장은 현관을 지나 천천히 복도를 따라 교장실로 들어가 문을 닫으려고 했다. 그는 아직 문손잡이를 잡은 채 문 뒤에 머리를 떨구고 기대어 섰다. 9년간 교사로, 4년 간 교장으로 재직해 왔지만 지금 눈앞에서 발생한 사건에 대처할 준비를 하지 못한 것이다. 아직 어떻게 해야 할지 분명치 않은 상태에서 그가 알고 있는 사실은 교장실 밖에서 기다리고 있는 두 명의 화난 학부모와 한 명의 회한에 찬 학교 상담사, 그리고 겁에 질린 한 명의 고3 학생과 몇 분 내에 부닥쳐야 한다는 것이다. 몇 번 심호흡을 하고 이 불길한 날을 초래한 것이 무엇인지 생각해 보았다.

아이언사이드(Ironside) 고등학교는 비교적 좋은 인구 구성 비율을 가지고 있으며 산간지역에 위치해 있다. 학교가 위치한 지역사회는, 굳이 이름을 붙이자면 시골지역이라고 할 수 있지만 도시의 기반이 광산이고 주로 이 광산을 통해 생계를 유지하는 가정으로 구성되어 있다. 이러한 여러 가정에서 온 1,200명 이상의 학생이 아이언사이드 고등학교에 재학 중이었다. 이 주에 있는 대부분의 학교와 교육구에 자원을 제공할 수 있는 세금의 기반을 광산이 제공하고 있다. 이들 자원 속에는 예를 들면 실내 육상 트랙과 수영장, 소규모 학급을 유지할 수 있는 충분한 예산의 재정 지원, 학생과 교직원을 위한 '고요한 멋진 정원', 학업에 관해 조언해 주는 전담 상담사와 정서 지원 전담 상담사, 약물과 알코올 지도 전담 상담사 등 3명의 전업 전문 상담사를 위한 공간과 재정 지원 등이 포함되어 있다. 최근에는 직접 자동차를 몰고 등교하는 학생 수가 증가함에 따라 학생 주차장을 확장하기 위하여 잉여 예산을 사용하였다.

하지만 좋은 일 다음에는 항상 나쁜 일이 따르는가 보다. 아이언사이드의 학생들은 많은 돈을 쉽게 버는 반면, 돈을 신중하게 사용하는 책임을 지지 못하는 것 같았다. 자동차 판매장에서 방금 나온 교직원 차같이 보이는 반짝반짝 빛나는 신형 차를 타고 학생들이 등교하는 모습을 볼 때마다 마타요 교장은 놀라지 않을 수 없었다. 그리고 지역사회에서 불법 약물 문제로 체포된 여러 명의 학생들로 슬픔에 잠기곤 하였다. 불행하게도 이 도시는 멕시코와 캐나다 사이의 약물 유통로로 활용되는 일종의 국제 통로를 따라서 형성되었다. 이 도시의 위치는 마약 딜러들에게는 아주 좋은 휴식처이지만 정작 도시는 고통으로 찌들어 가고 있었다. 마타요 교장은 학교에서 아직 약물이 발견되지 않은 사실에 감사하고 있었지만 이것도 시간문제일 뿐이라는 것을 잘 알고 있었다. 이 학교 학생들은 마음만 먹으면 어떤 약물도 살 수 있는 돈과 자원 둘 다 가지고 있는 셈이기 때문이다. 교장은 이를 어떻게 돌파할 것인가를 고민하고 있었다. 교장이 학교에 재직하는 동안에는 어느 학생이 약물과 알코올에 관련되고 어느 학생이 여기에 포함되지 않았는지 밝혀내야 했다. 그렇게 하면 대부분이 운동선수 학생과 모범학생으로 나뉘기 쉽다. 바로 2년 전 약물 복용으로 한 학생을 잃은 고통스런 기억이 되살아났다. 그 학생은 모든 경기를 휩쓸 만큼 훌륭한 학생이었는데 어느 날 그 애 어머니는 차고 바닥에 죽어 나자빠진 아들을 발견하였다. 그날 미식축구 연습을 훌륭히 해내고 30분간 심장마비로 고통을 받다 죽어 간 것이었다. 메타암페타민(필로폰) 복용으로 인한 사망이었다.

마타요 교장은 당장 벌어진 문제를 해결하기 위해 뒤돌아서야 했다. 아주 능력 있고 세심한 약물과 알코올 전문가인 티혼(Teahorn) 상담사는 약물과 알코올 예방을 위한 일념으로 학생들을 교육시키기 위하여 혼신의 노력을 다하였다. 티혼 상담사는 약물 복용의 흔적을 찾아 필요한 도움을 주려고 학생들 신체에서 예리한 눈초리를 떼지 않았다. 지난달 일과가 끝나 갈 무렵 나타샤 카디에프라는 한 학생에게서 약물 반점이 보였다. 티혼 상담사는 평상시 외향적이고 상냥했던 이 여학생이 움츠러들고 별로 말이 없어진 것을 알게 되었다. 이 학생이 평상시 보여 주었던 최첨단 패션 감각의 옷이 운동선수들이 즐겨 입는 헐렁한 트레이닝복으로 바뀌었다. 그동안 자연스럽게 뒤에서 묶어 아래로 드리웠던 말총머리는 골똘히 생각하는 유형의 학생처럼 잡아 올린 모양으로 바뀌고, 더 이상 어떤 메이크업도 하지 않았다. 요즘 나타샤가 약물을 복용할 뿐만 아니라 친구들에게도 권한다는 등의 소문을 티혼 상담사는 수없이 들었다.

티혼 상담사는 나타샤와 여러 번 이야기하려고 시도하였다. 심지어는 나타샤의 갑작스런 변신의 원인이 밝혀지리라는 희망을 갖고 친밀한 관계를 형성하려는 시도로 여러 번 학급에서 별도로 불러내기도 하였다. 그러나 오히려 역효과를 나타냈다. 나타샤는 '찍힌 기분'을 느꼈고, 티혼 상담사가 자기를 그냥 내버려 두었으면 좋겠다고 마타요 교장에게 불평하였다. 자기가 좋아하는 수업시간에 불러내면 화가 난다고도 하였다. 티혼 상담사와 이야기한 후 교장은 나타샤를 좀 편안하게 놔둘 필요가 있고, 나타샤의 안전을 위해서 거리를 두고 지속적으로 주시하는 것이 좋겠다고 결정하였다. 만일 나타샤가 약물을 사용한다면 나타샤뿐만 아니라 나른 사람까지 위험에 빠지게 될 것이었다.

마타요 교장은 교장실 밖에 모여 있는 사람들의 이야기를 들으려는 목적으로 네 사람과의 예정에 없던 회의를 하기 위해 자기 의자를 옮겼다. 먼저 티혼 상담사가 잠깐 눈을 마주치며 먼저 들어왔다. 그녀는 의자에 앉으며 등 뒤 벽에 걸려 있는 그림으로 재빨리 눈을 돌렸다. 이어서 학부모인 카디예프 부부가 들어왔는데 카디예프 씨는 방어적인 것처럼 두 팔로 어깨를 감싸고 있었다. 그의 검은 갈색 눈 속에는 분노와 결연함이 역력했다. 카디예프 부인은 손수건으로 얼굴을 가리고 흐느껴 울고 있었다. 이어서 마지막으로 들어온 나타냐의 손을 카디예프 부인이 감싸고 있어 가족의 결속을 접촉으로 강화하려는 것같이 보였다.

마타요 교장: 처음부터 이야기해 봅시다. 티혼 선생님, 무슨 일이 있었는지 설명해 주시겠어요? 나타샤, 할 말이 있으면 얘기해도 돼요. 학생 입장에서의 이야기도 중요해요. 티혼 선생님의 말이 정확치 않다면 꼭 말해 줘요.

티혼 상담사: 오늘 아침 복도에서 나타샤 옆을 지나쳐가는데 눈이 쑥 들어가고 검붉어져서 울고 있는 것같이 보였어요. 나타샤가 전에 좀 내버려둬 달라고 한 것은 알지만 제 가슴은 미어지는 것 같았어요. 그래서 3교시에 나타샤를 불러내기로 하고, 나타샤와 스터디 홀에서 이야기했어요.

마타요 교장: 예, 계속하세요.

티혼 상담사: 상담실에 도착하자마자 나타샤는 울부짖으며 제가 하는 상담 일을 들먹였어요. 저는 약물 복용 흔적에 대해서 알고 있다고 말하고, 약물을 복용했으면 말하라고 하였어요. 나타샤는 '아니'라고 했지만 진실이라고 믿을 수가 없었어요. 달리 방법이 없어 교실로 되돌려 보내기로 하였어요. 그때 나타샤가 책가방을 제 의자에 집어던지자 물건이 바닥에 떨어졌어요. 나타샤가 다시 가방을 뿌리쳤고 제가 도와주려고 엎드리자 내버려 두라고 소리쳤어요. 저는 단지 도와주려고 했을 뿐이라는 것을 재확인시키고 싶었습니다. 그래서 손을 들어 나타샤의 어깨를 잡으려고 다가갔는데, 나타샤가 가방을 뒤로 감추며 재빨리 나가려고 했어요. 나타샤가 약물을 가지고 있기 때문에 이런다는 생각이 들어 가방의 내용물을 꺼내라고 했어요. 나타샤는 거절하며 제게 그럴 권리가 없다고 했어요. 교육구의 방침에 따라 저는 책가방을 비우라고 요구할 수 있다고 나타샤에게 설명했어요. 나타샤는 자신의 트레이닝복 상의를 잡아당기며 비틀었어요. 그런 다음 엉덩이 쪽에 쑤셔 넣으려고 해서 약물을 주머니에 넣으려고 하는 것이라고 생각했습니다. 그래서 안에 티셔츠를 입었는지 확인할 수 있도록 트레이닝복 상의를 벗으라고 하고, 하의의 주머니를 비워 보이라고 요구하였습니다 …….

마타요 교장: 그래서 선생님은 나타샤가 약물을 사용하고 있고, 그것을 책가방이나 주머니에 가지고 있다는 두 가지에 관심을 집중하였군요?

티혼 상담사: 예, 틀림없지요. 지난 몇 년 동안 약물 때문에 우리는 너무나 곤혹스러웠기 때문에 저는 옳은 일을 하고 있다고 생각합니다.

마타요 교장: 계속하세요.

티혼 상담사: 그런데 나타샤는 자기를 그냥 가게 하지 않을 것임을 알고 자기 트레이닝복 상의를 끌어당기고는 책가방의 내용물을 바닥에 쏟았던 것 같아요. 그리고 그다음엔 …….

나타샤: 그리고 그다음엔 "자, 이제 행복하세요?"라고 말했지요.

마타요 교장: 그래서 카디예프 부부를 불렀군요.

티혼 상담사: 예.

나타샤: 완벽한 상담사가 틀릴 수 있다는 것을 보고 좀 놀랐어야 하는데요. 티혼 선생님, 찾아낸 것을 말씀해 보세요. 잠깐, 아마 …… 상담 선생님은 이 우스꽝스러운 크고 둥근 내 배와 책가방에서 임신 · 육아에 관한 책을 발견했겠죠. 그리고 약도 좀, 맞죠?

마타요 교장은 모든 일이 서서히 이해되었다. 그리고 그가 하고 있는 일에 회의를 느꼈다. 티혼 선생이 나타샤와 다른 학생을 약물로부터 보호하기 위하여 필요하다고 느끼는 일이라면 무슨 일이라도 하려고 했다는 것을 마타요 교장은 잘 알고 있다. 또한 카디예프 부부는 매우 훌륭한 부모이고, 카디예프 씨는 이 일로 책임질 사람을 원한다는 것도 알고 있었다. 마타요 교장은 한 번 더 주위를 둘러보았다. 그는 스스로 잘못한 것을 깨닫고 있는 상담사, 자기 딸이 임신했다는 사실을 방금 알게 된 부모, 그리고 수치심과 깨어진 신뢰로 뒤범벅이 된 조숙한 여학생을 보았다.

토의할 문제

1. 위에 제시된 윤리적 딜레마는 무엇인가? 정의윤리, 돌봄윤리, 비판윤리, 전문직윤리의 렌즈로 이 시나리오를 분석해 보시오.

2. 학교에서의 학생의 안전과 프라이버시권 사이의 긴장을 이 시나리오는 어떻게 설명하고 있는지 토론해 보시오. 어느 것이 더 중요한가?

3. 나타샤의 책가방이나 하의 주머니에서 약물을 발견할 수 있을 것이라는 티혼 상담사의 가정은 정당화되는가? 여러분이 마타요 교장이라면 나타샤의 부모에게 이러한 행동의 정당성을 어떻게 설명할 것인가? 교육위원회에는?

4. 마타요 교장은 티혼 상담사를 심하게 질책해야 하는가? 아니면 질책하지 않아야 하는가? 그렇다면 그 결정에 대한 이유는 무엇인가?

5. 이 시나리오는 개인윤리와 전문직윤리 사이의 갈등에 어떻게 도전하는가?

사례연구 10.2 처벌, 복학, 처벌 경감 사유

윌버메도스(Wilbur Meadows) 초등학교는 중소도시에 자리 잡고 있다. 도시 인구의 약 55%는 흑인이고, 30% 정도가 백인, 15% 정도가 히스패닉계와 기타 인종으로 구성되어 있다. 최근에 도시에서 갱 활동이 확산되고 많은 수의 갱단이 도시에서 활동 중인 것으로 확인되었다. 폭력과 약물 복용의 증가가 기록으로 나타나고 있다. 이 도시의 지도자들은 초기에는 문제가 있다는 것을 부정했지만, 최근에 오면서 문제를 인정하고 갱단에 대하여 공격적 조치를 취하기 시작하였다. 교육위원회도 또한 갱대처(anti-gang)정책으로 대응해 왔다. 이 정책에는 5~9일 정학, 갱대처 프로그램 태스크포스에의 통보, 법적 청문회, 갱대처 프로그램에의 회부 등이 포함되어 있다. 그리고 각 지역교육구는 피닉스 교육과정[3]의 테두리 안에서 각자 갱대처 프로그램을 설정하도록 하였다. 이 프로그램은 목표설정, 개인적 선택, 책임감 개발에 초점을 두었으며 (Youngs, 1989), 4~8학년 학생을 대상으로 적용되고 있다.

윌버메도스 초등학교가 약물과 폭력문제로 골치 아픈 지역사회를 위해서 노력한다는 것을 인정한 스미스(Ms. Smith) 교장과 학교 리더 팀은 교직원들이 아동 갱에 대하여 충분히 알아야 할 시점이라고 믿게 되었다. 그래서 교직원들에게 연수를 실시하기 위하여 주경찰 갱담당자를 초청하였다. 또한 학생들을 설득하여 갱조직에서 나오게 하기 위해 한때 수감되기도 했지만 이제는 새로운 삶을 사는 갱단원도 초청하였다.

윌버메도스 초등학교의 7학년 특수교육 학생인 자말 샌더스(Jamal Sanders)는 갱임을 나타내는 섬광 사인을 몸에 새긴 용의자였다. 스미스 교장과 알렉스(Mr. Alex) 학교상담사는 갱문제로 여러 차례 자말과 상담을 하였다. 상담회의에 참석하도록 자말의 어머니를 불렀을 때 어머니 대신 대리인이 참석하였다. 결국 자말은 다른 학생을 주니어 후즈(Junior Hoods)란 지역 갱단에 입단하도록 유인한 죄로 체포되었다. 결국 자말은 정학당하고 그의 이름은 지역 갱태스크포스에 통보되었다. 스미스 교장과 알렉스 학교상담사는 상황의 심각성을 알리기 위해 자말과 다시 만났다. 자말이 학교에 다시 복귀하기 위해서는 사전에 반드시 학부모상담에 참석해야 한다는 것을 자말의 어머니에게 통보하여 주었다. 여러 번 메시지를 남겼음에도 불구하고 응답이 없었다. 마침내 학교사회복지사가 직접 편지를 전달하였다. 자말을 위하여 무언가 해야만 하고, 학부모에 대한 개입이나 지원과 같은 어떤 형태의 조처가 분명히 필요했다. 자말이 복귀할 수 있는 방법, 또는 스미스 교장에게

3) 역주: 학교폭력 예방 및 대책과 분쟁조정에 관한 교육과정.

기대할 수 있는 지원에 관하여 부모들이 어떤 생각을 갖고 있는지 궁금했다.

자말의 어머니가 상담을 하겠다고 학교 직원에게 통보했다는 말을 듣고 교장과 학교상담사는 놀란 표정으로 서로를 바라보았다. 자말 어머니는 소매가 없고 가슴이 깊게 파인 블라우스 복장으로 사무실에 들어왔다. 그녀의 팔뚝 상단부에는 고양이 발톱 모양의 문신(Hoods 갱단의 상징)이 둥그렇게 새겨져 있고, 양 젖가슴 중앙에도 고양이 발톱 모양의 문신이 있었다. 스미스 교장은 고개를 내저었다. 이런 상황을 대비하여 그녀에게 제공할 어떤 교육 프로그램도 준비하지 못했다. 어디서부터 어떻게 시작할 것인가? 교장 앞에 두 가지 의문만이 아른거렸다. 다급한 때 흔히 사용하는 어떤 전략적인 외교적 접근이 필요하지 않겠는가? 알렉스 학교상담사가 이 사태를 수습하는 데 도움이 되는 어떤 번뜩이는 방법을 가지고 있거나, 아니면 적어도 교장이 이끄는 대로 따르기를 기대하는 수밖에 없을 것 같다.

토의할 문제

1. 스미스 교장은 주어진 상황에서 어떻게 자말을 보호할 수 있을 것인가? 자말 어머니의 갱 활동에 교장은 어떻게 대처해야 하는가?

2. 자말에 대하여 어떤 형태의 훈육 조치를 취해야 할 것인가? 스미스 교장은 자말을 제적하기 위한 청문회를 교육구에 의뢰하거나, 자말과 자말의 어머니에 대해 경찰청에 보고해야 하는가?

3. 이런 상황에서 자말의 재활 가능성은 있는가? 이런 상황을 다루는 데

가능한 돌봄의 방법은 무엇인가? 스미스 교장은 위험에 처한 아이를 위한 아동복지기관(Child Welfare)에 자말 어머니에 대해 알려야 하는가?

4. 교육구의 정책은 자말과 같은 학생에게도 공정한가? 아니면 예외규정이 있어야 하는가? 만일 그렇다고 생각하면 이 규정과 정책을 어떻게 적절히 다룰 것인가?

5. 비판이론이나 사회정의 관점에서 이 상황은 어떻게 다뤄야 할 것인가?

사례연구 10.3 학교 기강: 형사고발 혹은 정상참작

커뮤니티홀(Community Hall) 중학교 론델(Rondell) 교장은 한 손으론 아직 뜨거운 아침 커피 한 잔을 들고, 다른 한 손으론 전화기를 놓으며 파크(Ms. Park) 교감을 망연히 쳐다보고는 이렇게 말한다. "교실에서 그레이스를 데려오세요." 교장의 지시를 들은 파크 교감은 더 이상 묻지 않고 몇 분 후에 굳은 결의를 한 것처럼 보이는 8학년 학생을 데리고 왔다. 이 아이는 겪게 될 상황을 알고 있는 듯 당황스러움과 어색함을 감추지 못하고 있었다.

공교육 교사로 20년, 교장으로 8년간 재직한 결과 이제 도시 교육구에서 가장 가고 싶은 중학교로 바꾸어 놓았다는 게 론델 교장과 파크 교감의 생각이지만, 론델 교장은 이 학교에서 새로운 종류의 문제에 직면해 있다. 지난 몇 년에 걸쳐 소셜네트워크 웹사이트와 카메라폰을 사용하는 학생이 증가하면서 부적절한 방법으로 이들 테크놀로지를 사용하는 사건이 벌어지고 있다. 그러나 이런 문제는 대체로 심각하지 않은 따돌림, 혹은 순간적으로 잘못 판단하여 일어난 소소한 일이어서 경험 있는 중학교 교육자들이 적절히 대처할 수 있었다. 하지만 론델 교장은 이러한 테크놀로지를 얼마나 허용하느냐가 학교 기강과 규칙에 대한 미묘한 도전이 된다는 것을 알았다. 교장은 커뮤니티홀 중학교에서 개인적 책임의 존중, 프라이버시, 문화 등을 화제로 때로는 학생과, 때로는 학부모와 대화하면서 지난 사건을 다루어 왔다.

어색한 자세의 8학년 학생이 론델 교장과 파크 교감 앞에 서 있다. "안녕, 그레이스(Grace), 방금 네 어머니와 전화 통화를 하였다. 어머니가 전화 할 줄 알았지?" 교장이 말문을 열었다. 그레이스는 의자에 앉으며 고개를 약간 끄덕였다. "휴대폰으로 사진을 주고받았니?"

그레이스가 휴대폰을 건네주며 다시 고개를 끄덕였다. "교감 선생님이 사진을 열까? 아니면 네가 열어 보여 줄래?"

"모두 지워 버렸어요. 열어 보시면 알 거예요. 받았던 날짜와 시간이 있을 거예요. 그런데 꼭 보실 필요는 없을 거예요. 교감 선생님이 보시기에는 볼썽사나운 8학년 남자아이 알몸 사진이었어요."

파크 교감은 잠시 한숨을 내쉬었다. 요즘 10대들 사이에 섹스 사진 보내기, 성적으로 자극적인 메시지 보내기, 때로는 노골적인 문자나 사진을 휴대폰으로 보내는 일이 증가하고 있다는 말을 들은 바 있다. 그러나 막상 우리 학교 학생이 이런 행동을 했다는 것을 확인하고는 놀라지 않을 수 없었다.

"걱정하지 마, 그레이스. 나는 그동안 남자아이들이 저지른 더 나쁜 행동들도 많이 처리했다." 파크 교감이 말하였다.

그레이스는 잠시 말없이 파크 교감을 똑바로 올려다보았다. 그레이스는 낮으나, 고통스럽고 분명한 목소리로 침묵을 깨며 말하였다. “아마 교감 선생님은 저 같은 일을 겪은 아이는 본 적이 없을 거예요.”

파크 교감은 그레이스의 학급 친구인 밥이 그레이스에게 보낸 사진을 볼 수가 없었다. 일단 증거가 받아들여지자 그레이스는 관련된 이야기를 좀 더 하고 학급으로 돌아갔고, 리더십 팀만 남아 대책을 세우고 있었다. 파크 교감은 사진을 보낸 밥과 또 다른 8학년 학생인 레이첼을 면담하고 나서 정황을 분명하게 파악할 수 있었다. 그러나 사건을 어떻게 다루어야 할지 막막했다.

이야기는 그레이스 어머니가 전화로 설명한 것과 일치하였다. 이틀 전 미술 시간에 밥이 그레이스에게 젖가슴을 보여 달라는 의미로, 부적절하고 성적인 말을 하였다. 그레이스도 “그래, 너 먼저 해 봐.”라며 가볍게 유머로 되받아쳤다. 그날 밤, 그레이스는 발기된 성기를 찍은 사진 메시지를 밥에게서 받았다.

그레이스는 너무 당황하였고 두려움과 불안 때문에 처음에는 아무에게도 이것을 말할 수 없었다고 말했다. 다음 날 학교에서 그레이스는 친구 레이첼과 상의하였다. 레이첼은 저녁에 사진을 자기에게 보내 달라고 하였다. 그런데 그레이스 모르게 레이첼은 다음 날까지 대부분의 8학년 학생들에게 그 사진을 발송했다. 이 사실을 알고 그레이스는 두려움에 휩싸여 어머니에게 모든 사실을 털어놓았다. 다음 날 아침 그레이스의 어머니는 밥과 레이첼의 부적절하고 저속한 행동을 알아야 한다고 론델 교장에게 전화를 걸었다.

론델 교장과 파크 교감은 어려운 결정을 해야 했다. 그리고 이 결정을 하는 데 있어 그레이스 어머니가 밥과 레이첼에게 형사책임을 묻느냐 묻지 않느냐로 고민하고 있다고 말한 사실을 고려해야만 했다. 론델 교장은 형사책임 여부를 타진하기 위하여 교육구 변호사에게 전화를 걸었다. 그 결과 자기 자신이나 친구의 나체 사진을 찍거나 돌려서 청소년포르노법에 의해 처벌받은 선례가 있다는 것을 확인하였다. 그레이스의 어머니는 학교를 반드시 개입시킬 필요 없이 고발할 수도 있다. 학교 기강에 관한 한, 론델 교장과 파크 교감은 성희롱을 포함하여 여러 위반 행위에 대해 누구의 조처가 적절한지 확인하려고 했다. 학교 밖과 일과시간 후에 사진을 찍고 보냈다는 사실 때문에 상황이 복잡했다. 이것을 학교 기강의 문제로 다루는 것이 잘못이 아닌지도 걱정되었다.

법적으로 말하자면, 학교 밖에서 취한 밥의 행동에 대해 교장과 교감은 책임질 수 없다고 그레이스의 어머니에게 말하고 이 문제에서 손을 털고 빠져나올 수도 있을 것 같았다. 그러나 그레이스의 어머니로 하여금 형사고발을 하게 떠미는 격이 되고, 또 두 가정에게 심각한 상황을 조성하는 격이 된다. 뿐만 아니라 8학년 전체가 탈선에 빠지고 있다는 사실에 대해 아무 조치도 취하지 않는 셈이다. 또 지난 8년 동안 교장, 교감 두 리더가 정성을 들여 열심히 조성해 온 긍정적인 학교 분위기에 독약을 뿌리는 상황이 된다. 그렇다면 이것은 학교 기강의 문제이고, 이 상황의 결과가 론델 교장의 손에 달려 있다고 생각하는 학부모의 마음에서 이 학생들의 문제 행동을 처리할 수는 없는 것인가?

뿐만 아니라 반사회적 행위를 저지른 밥과 난처한 상황에 빠진 그레이스에게 어떻게 이 사건 전체를 통해 배우고, 치료를 받고, 올바른 방향으로 나아가도록 필요한 지원을 하느냐에 대해서도 론델 교장과 파크 교감은 관심을 집중하고 있다. 또한 두 학교 리더는 사이버 안전에 대하여 올바른 선택을 하도록 학생들을 교육시키려면 어떻게 해야 할지에 대해 고심하고 있다.

론델 교장과 파크 교감은 문을 닫고, 학생과 학부모, 교사, 혹은 경찰까지 포함될지도 모르는 곤란한 결정을 하기 위해 회의실 테이블 앞에 않았다. 시간은 없는데 틀림없이 모든 이해당사자들은 원하는 대답을 기다리며 전화벨을 울리기 시작할 것이다.

토의할 문제

1. 론델 교장은 사진 보는 것을 파크 교감에게 떠맡겨야만 하는가? 왜 교장이 보는 것을 피해야 한다고 생각하는가? 사진을 안 보는 게 책임을 떠넘긴 것이었는가? 증거로 사진을 보는 일은 파크 교감의 의무였는가?

2. 론델 교장은, 사건이 학교 안 또는 일과 중에 일어나지 않았기 때문에 밥의 부모와 함께 밖에서 일을 처리하라고 그레이스의 어머니에게 권고함으로써, 학교의 개입을 피해야 하는가? 교장이 학부모가 경찰과 접촉하지 않도록 설득하는 것이 윤리적인가? 만일 사진이 누드가 아니거나 다른 형사적 문제가 없다면 여러분의 대답은 달라질 것인가?

3. 교육구의 상급자에게 이 사건을 보고할 론델 교장의 책임은 무엇인가? 만일 학부모가 학생 사이의 섹스팅 사건에 관하여 고발하는 전화를 교육구에 한다면 교육감이 취할 적절한 행동이나 대응은 무엇인가?

4. 어떤 학생에 대하여 학교 기강을 잡기 위한 조치를 취한다면 그레이스, 밥, 레이첼 모두 처벌을 받아야 하는가? 아니면 어떤 한 아이만 처벌하겠는가? 이들 모두 똑같은 처벌을 받아야 하는가?

5. 만일 그레이스의 어머니가 사친회(PTA) 회장이었다면 론델 교장의 대응은 달라질 것인가? 달라져야 하는가? 만일 밥의 어머니나 레이첼의 부모가 사친회 회장이었다면 어떻게 될 것인가? 만일 그레이스나 레이첼이 나쁜 행동으로 정학 처분을 받은 이력이 있고, 밥이 우수한 학생, 예

를 들면 전과목 A 성적의 학생이라면 어떻게 되었을까? 또 그 반대라면 어떻게 되었을까?

6. 교장, 교감 등의 학교 리더에게 어떤 충고를 하고 싶은가? 학교 리더가 전문직윤리와 법적 윤리 사이에서 균형을 잡으면서 학생을 위한 최선의 이익을 보장하려면 어떻게 해야 하는가?

사례연구 10.4 21세기 신종 폭력: 중학교에서의 사이버 폭력

헨리머서(Henry Mercer) 중학교 교장 잭 웹(Jack Web) 박사는 3주 전 한 학부모의 전화를 받았다. 에드워드 월시(Edward Walsh) 씨와 그의 아내는, 내성적이고 수줍어하는 12세의 외아들 샘이 최근 1주일 동안 이상한 행동을 하는 것을 알게 되었다고 설명하였다. 월시 부부는 과민해진 아들을 걱정해 왔다. 아들 샘은 자기가 학교에서 '인기가 없다'고 자주 말하곤 했다. 그는 자기의 몸무게, 서툰 운동기술, 지능, 노래 기피증과 노래를 잘 못하는 것으로 불안해했다. 그는 '글리클럽(Glee Club)'이란 말을 자주 했는데 학교에서 인기가 없는 남자아이를 나타내는 표현이었다.

샘이 두 번째 성적평가 기간의 첫 초급대수 성적이 53% 수준이라는 통지표를 받자 부모의 걱정은 커졌다. 불과 얼마전까지 A학점을 받았기 때문에 정말 이상한 일이었다. 샘의 성적이 어떻게 그렇게 급격하게 떨어질 수 있는지 이상했다. 부모는 아들의 의외의 행동과 관련이 있을 것으로 생각하고 계속해서 샘을 주의 깊게 살펴보았지만 샘의 심리적 상태는 더욱 나빠지고 있었다. 어느 일요일 저녁에 샘이 컴퓨터를 끄면서 방에서 흐느껴 우는 것을 아버지가 보았다.

"샘, 무슨 일이 있었는지 말해 봐. 엄마랑 아빠는 널 도와주고 싶다." 아버지가 말하였다.

"말할 수 없어요. 최악의 상태예요. 내일 학교 안 가고 집에 있게 해주세요. 학교에 갈 수 없어요." 샘은 흘러내리는 눈물을 주체하지 못하였다.

"샘, 그렇게 나쁘지는 않을 거야. 학교 빠지기 시작하면 안 돼, 특히 초급대수에서 그런 성적으로……. 무슨 일인지 말해 봐." 아버지가 말했다.

다시 샘의 눈물이 쏟아지기 시작하였다. 샘의 흐느낌에 놀란 엄마가 샘의 방문 앞에 나타났다. 남편 앞으로 가면서, "여보, 내가 샘과 함께 있을 테니 컴퓨터 기록을 확인해 봐요." 엄마가 낮은 목소리로 말했다.

아빠가 컴퓨터를 켜고 야후 메신저에서 샘의 채팅 기록을 체크하기 시작했다. 채팅을 읽자 금방 알 수 있었다. 샘이 온라인에서 괴롭힘을 당하고 있었다. 샘의 아버지는 괴롭힘을 받은 내용을 인쇄하여 웹 교장에게 알리고 2층 샘의 방으로 돌아왔다. 샘은 공을 끌어안고 아직도 훌쩍거리고 있었다.

증거가 드러나자 샘은 마침내 모든 것을 부모에게 털어놓았다. 샘은 채팅 방에 들어가서 긴급 메시지를 받았다. 자신이 샘과 같은 초급대수 수업을 듣는 학생이라고 밝힌 한 여자에게서 온 것이었다. 이 여자는 자기 실명을 사용하지 않았지만 메신저 프로그램에서 사용하는 이름은 Babe-ah-licious555였고, 실명보다도 샘의 호기심을 자극하기에 충분하였다. 이 여자는 샘을 꼬시며 희롱하는 식이었는데 샘은 아직 여자에 관심을 가질 준비가 되어 있지 않았다. 수수께끼의 여자는 점점 더 자극적이고, 꼬리치고, 놀림의 강도가 더해 갔다. Babe-ah-licious555는 샘과 같은 나이라고 보기엔 너무 조숙한 것 같았다. 샘은 여자가 보낸 메시지 내용을 어떻게 다루어야 할지 알 수 없었다고 말하였다. 뿐만 아니라 자기 부모를 이 문제에 개입시키는 것을 주저했다고 하였다. 그 이유는 컴퓨터 사용이 금지되었는데 몰래 사용했고, 또 자기 부모가 학교와 접촉하게 되면 더 심한 사이버 폭력에 시달리게 될 것으로 생각하여 두려웠다고 하였다.

샘은 그 여자가 누구인지를 알 수 없었다. 그리고 온라인으로 더 이상 연락하지 말라고 반복해서 요청하였다. Babe-ah-licious555는 학교의 모든 사람들에게 샘은 '여자도 좋아할 줄 모르는 놈' 이라고 말하여 망신을 줄 것이라고 하였다. 그래서 결국 샘은 글리클럽에 들게 되었다. 그 여자는 샘에게 게이라는 딱지를 붙여 마침표를 찍었다. 학교의 모든 사람들이 자기를 어떻게 볼지 걱정한 샘은 망연자실하였다. "그 여자는 초급대수 수업을 들을 텐데 누군지 알지도 못하니!" 하면서 계속 울었다.

이야기를 다 하고 나서 샘의 아버지는 웹 교장에게 도움을 요청하였다. 샘의 아버지는 집에 있는 컴퓨터를 치웠다. 그리고, 이 문제를 헨리머서 중학교 내에서 다룰 필요가 있다고 생각하였다. 샘은 희생당하고 있었다. 그리고 수업에서 겉돌게 되어 초급대수 성적에 영향을 받게 되었다. 샘 아버지는 Babe-ah-licious555가 누구인지 찾아내 학교에서 강력한 처벌을 해 달라고 요구하였다.

"월시 씨, 샘이 이렇게까지 된 것은 죄송합니다. 그러나 무엇보다 샘을 카운슬러에게 보내는 게 좋겠고, 제가 도와줄 수 있으리라 확신할 수 없습니다. 사실, 이 사건에 적어도 우리 학교 학생 한 명이 개입되었지만 분명히 학교 밖에서 일어난 일입니다. 학교 밖은 제 관할 밖인데 어떻게 제가 다 알 수 있습니까? 사실, 채팅 세계의 익명성으로 보아 이 여자가 우리 학교 학생이라는 확신도 없습니다. 그리고 제가 그 여자의 아이디를 추적할 수도 없고, 설사 제가 찾아낸다고 하더라도 학교 밖에서 한 일을 가지고 제가 꼭 정학을 시킬 수도 없습니다." 웹 교장이 말하였다. 교장의 말은 비록 정중하기는 했지만, 샘 아버지는 몹시 실망하며 전화를 끊었다.

3주가 지나간 후 웹 교장은 샘과 샘의 가족을 돕는 데 약간이라도 개입했어야 했다고 생각했다. 교장은 이 문제를 자기 학교 모든 학생의 입장에서 생각해 왔다. 교직원들은 최근에 사이버 폭력 문제의 심각성을 제기하고, 학생들이 이 문제를 잘 다룰 수 있도록 돕는 프로그램을 연구할 수 있는지 교장에게 묻곤 하였다. 학교 밖에 만연되어 있는 문제에 학교가 개입할 필요가 있는지에 대하여 웹 교장은 아직 중립적 태도를 취하고 있다. 그러나 오늘은 좀 더 적극적이어야 하지 않나 하는 생각이 들었다. 그날 아침 샘 가족의 갑작스러운 방문을 받았다. 월시 씨는 화가 나 있었다. 샘의 어머니는 지금까지 만난 적이 없었는데, 아주 차분해 보였지만 흥분한 표정이 역력했다.

교장이 샘의 아버지와 통화한 후 3주 동안 사건은 더욱 악화되었다. 처음에는 잘되어 가는 듯했다. 샘은 온라인에서 벌어지는 일에 관해 더 이상 혼자가 아니기 때문에 자신감이 붙었다. 샘은 지역 극장의 뮤지컬 연습에 몰입하여 남자 리더가 되었다. 그곳에서 출연자를 캐스팅할 때 친구를 사귀기까지 하였다. 더구나 샘 부모의 격려를 받고 초급대수 선생에게 이야기하여 마지막 시험은 재시험을 치르도록 허락을 받았다. 숙제 시간을 늘린 덕분에 당당히 시험에 통과하고 컴퓨터 사용 시간도 줄이는 결과를 가져왔다.

그러나 뮤지컬이 시작되는 첫날 밤 모든 것이 바뀌게 되었다. 바로 지난 금요일 밤이었다. 샘은 들떠서 차례를 기다렸다. 공연은 잘 진행되었다. 청중은 샘의 연기를 좋아하는 것 같았다. 그러나 중요한 순간에서 변

성기 중이었던 샘의 목소리가 갈라졌다. 단지 한 번이었지만 샘은 나머지 노래도 망쳐버렸다. 샘은 극도로 당황한 상태에서 무대를 떠나게 되었는데 청중 중에 몇 명의 학급 친구가 있는 것을 보고는 더욱 당황하였다.

샘이 맡은 나머지 부분은 엉키지 않고 진행되었다. 아주 잘했다. 긴장감을 느꼈지만 갈라졌던 목소리는 잊은 듯했다. 하지만 그다음에 상황이 더 나빠졌다. 공연 후 어느 날 밤 샘은 사회과목 보고서를 작성하기 위해 컴퓨터를 사용하겠다고 요청하여 부모에게 허락을 받았다. 샘의 엄마가 부엌으로 가자 샘은 재빨리 야후 채팅방에 들어갔다. 샘은 여자 공동 주연과 정보를 나누기 위해 온라인에서 채팅을 하려 했다고 나중에 부모에게 설명하였다. 그러나 자기가 원했던 대화 상대가 아니라 엉뚱하게 Babe-ah-licious555가 나타났다. Babe-ah-licious555는 지체 없이 계속해서 샘을 테러의 굴레 속에 집어넣었다. "이 바보 같은 영상을 보려고 했니? 나는 이걸 모든 사람들에게 다 보냈어, 알겠니?" 메시지는 이렇게 되어 있었다. 메시지에는 유튜브 링크가 포함되어 있었다. 샘이 재빨리 링크를 클릭하자 최악의 공포가 전개되었다. 연주 첫날 밤, 샘이 무대에 서 있고, 째진 목소리가 흘러나왔다. "오, 안 돼." 자기도 모르게 샘이 울부짖었다. 엄마가 방으로 달려와서 식탁에 엎드려 흐느끼고 있는 아들을 보았다.

샘의 어머니가 아들을 설득해서 가족에게 비디오를 보여 주게 했을 때 모두 충격을 받고 분개하였다. 식구들이 보고 있는 동안 다른 메시지가 모니터에 나타났다. "즐겁지 않니? 그렇지?" 이런 메시지가 나타났다. "네가 재미있어 할 다른 링크가 있어, 이 꼬마야 ……." 샘 어머니는 마지막 메시지는 반복할 필요가 없다고 생각하였다. 샘의 부모는 링크를 클릭하기 전에 샘을 잠자리로 보내고 계속해서 보았다. 샘을 더 이상 비참하게 만들고 싶지 않았다. Babe-ah-licious555는 같은 이름의 비

보호 페이스북 계정을 열어놓고 있었는데 거기에 샘을 놀리는 유튜브 영상이 있었다. 그리고 친구들이 요구하는 대로 그녀가 아는 모든 사람들에게 퍼 날랐다. 이 영상 아래 10개의 댓글이 따라붙었다. 댓글 대부분은 샘을 비웃는 저속한 내용이었다. 어떤 것은 샘에게 이상한 옷을 입혀 놓기도 하였다. 또 다른 것은 과체중 뚱보로 부풀려 우스갯거리로 만들어 놓았다. 또 다른 것은 샘을 남성미를 잃은 아이로 묘사하였다. 최악의 것은 샘을 동성애자로 묘사하는 것이었다. 이 모든 댓글은 Babe-ah-licious555가 이끄는 아이들의 소행이었고, 샘은 그들의 댓글에 상처받을 수밖에 없었다.

그날 아침 샘은 학교에 가지 않겠다고 하였다. 샘을 꾸짖을 수가 없었다. 그래서 샘의 부모는 아들을 교장실에 데려온 것이다. 샘의 어머니는 샘을 전학시키는 문제를 고려했었으나 자신들의 원칙에 따라 정반대의 결정을 했다고 털어놓았다.

"그렇게 말해 주셔서 고맙습니다. 전학을 생각하기에는 좀 이른 것 같습니다. 그렇지 않습니까?" 웹 교장이 말하였다.

분을 삭이지 못한 샘의 아버지는 손바닥으로 책상을 치며 고함을 쳤다. "웹 교장 선생님, 3주 전에 내가 도움을 청했을 때, 당신은 일언지하에 거절했죠? 이제 내 아들은 학교에서 웃음거리가 됐어요. 우리 아이는 자신의 의지와는 아무 상관없이 테러를 당하고 있어요. 우리 아이를 여기서 보살펴야 하는 오직 한 가지 이유가 있어요. 그건 바로 여기가 이 아이가 다니는 학교라는 사실이에요. 이 애는 자신에게 맞는 교육을 받을 권리가 있어요. 그렇지 않나요? 그런데 당신은 이 애의 요구를 충족시켜 주지도 못하고, 더구나 안전도 지켜 주지 못하고 있어요. 이런 상황에서 우리의 권리에 대해 협의하기 위하여 변호사를 만나 봤어요. 아마 바로 고소장을 받게 될 거예요. 어쩔 겁니까? 최소한 그 여자아이를 찾아내 처벌해야 할 겁니다."

웹 교장에게 최악의 부분은 이 대화의 마지막 부분이었다. 샘은 눈을 똑바로 뜨고 교장을 바라보고 애걸하듯이 조용히 말하였다. "교장 선생님, 그 애가 더 이상 그런 짓을 못하게 중지시켜 주세요. 즉시 해 주셔야 합니다. 제발요." 웹 교장은 어떻게 다음 단계로 나아가야 할지 당장 생각이 떠오르지 않았다.

토의할 문제

1. 이 사례는 폭력이 학교 내에서 일어난 상황은 아니다. 이런 경우 학교 당국자는 사건에 개입할 윤리적 책임이 있는가? 왜 그런가? 왜 안 그런가?

2. 웹 교장은 어떤 윤리적 패러다임을 통해서 결정을 해야 하는가? 웹 교장은 샘과 샘의 부모에게 돌봄윤리와 전문직윤리를 보여 주었는가? 만일 그렇다면 어떤 면에서 그렇게 했는가?

3. 학교의 책임은 비방자를 학교에 출석하게 하느냐 출석하지 못하게 하느냐에 의해서도 달라지는가? 비방자의 신분이 밝혀질 수 없다면 어떻게 할 것인가?

4. 돌봄윤리와 전문직윤리를 통해서 학교는 학생의 건전한 '네티즌십'과 정체성을 길러 줄 수 있는가?

5. 샘에게 반복해서 게이라는 딱지를 붙였지만 샘의 성적 정체성은 알려지지 않았다. 만일 샘이 게이 학생으로 확인된다면 이 상황을 다루는 데 차이가 있는가? 왜 차이가 있어야 하는가? 아니면 왜 차이가 없어야 하는가?

사례연구 10.5 사랑과 학교에서의 공정성

그날 저녁 교육위원회에서 말하려는 내용을 마음속으로 정리하면서 미나 파텔(Meena Patel) 박사는 자동차 시동을 걸었다. 파텔 박사는 10년 동안 크레스트리지 고등학교(Crest Ridge High School)의 교장으로 재직하고 있다. 그전에는 12년 간 10학년 사회과, 특히 좋아하는 과목인 미국역사를 가르쳤다. 파텔 박사는 학생과 학부모, 교직원의 삶에 진정한 변화를 일으킬 수 있기 때문에 행정직을 대단히 좋아했다. 그런데 이제 이 행정직에 대하여 다시 한 번 더 생각하기 시작하였다.

크레스트리지 고등학교에서의 몇 년간은 학업성취 목표에 도달시키고 또 교육의 수월성에 대한 만족 수준을 유지하느라 노력하고 있다. 크레스트리지 고등학교의 미션은 '각 학생 그리고 모든 학생으로 하여금 생산적이고 책임 있는 시민이자 평생학습자가 될 수 있도록 완전한 잠재능력을 발휘하게 만드는 우수한 교육을 제공하는 것' 이다. 학교는 조그마한 시골 지역에 있지만 학생들에게 내재되어 있는 다양성에 맞게 다양한 교직원들로 구성되어 있다. 파텔 박사는 높은 교사 이직률을 줄이고, 가르치는 일에 열성적이고 자질 있는 신임 교직원을 유치하여 교사의 질적 수준을 높이려고 열심히 노력해 왔다. 그 결과 학생의 학업성취도가 극적으로 향상되었다.

자부심과 함께 아주 깊은 슬픔을 느끼면서 파텔 박사는 그날 저녁에 처리해야 할 소용돌이의 중심에서 가장 인상적인 교사 채용 건에 대하여 회상하였다. 9학년 사회과 교사 데이비드 윌슨(David Wilson)을 채용한 후 지난 5년 동안, 교직원 사이에서 그는 아주 헌신적이고 존경받는 교사라는 평판을 받아 왔다. 학생의 사랑을 받는 그는 크레스트리지 고등학교에서 가장 인기 있는 교사 중 한 사람이었다. 월슨 선생은 학생들로 하여금 학업에 도전하도록 격려하는 동시에 그들을 존중과 친절로 대하는 교사로 알려졌다. 월슨 선생은 교육과정을 변화시키는 데 큰 공헌을 했고, 학과위원회에 앞장섰으며, 학교 내에서 여러 리더 직책을 맡았다. 그는 '모든 학생이 읽을 수 있도록' 하는 방과 후 프로그램을 설계, 개발, 시범 시행하였는데 이 프로그램으로 최근에 주교육부 보조금을 받고, 이 자금으로 학생들의 학습을 과외로 돕는 데 필요한 자원을 확보할 수 있게 하였다. 뿐만 아니라 학생들이 방과 후에 즐길 수 있는 안전한 비교과 활동을 마련하기 위한 노력으로 교내 농구 프로그램을 시작하기도 하였다.

한 사람의 교사로서 월슨 선생은 항상 학생이 다가가기 쉬웠고, 항상 학생과 이야기를 나누며 그들의 이야기를 들어 주었다. 학생에 대한 월슨 선생의 개방적인 방침에도 불구하고 그는 개인적 관계성을 포함하여 자신의 생활을 사적으로 유지하기를 좋아했다. 다른 모든 선생은 월슨 선생을 독신으로 알고 있고, 그를 항상 자기들 친구나 친척의 한 사람으로 생각할 정도였다. 그는 교직 생활과 사생활을 분리해서 유지하는 게 중요하다고 말하는 경향이 있었다. 그의 헌신적인 교직생활에 대한 사람들의 존경심은 대단하였다.

문제는 몇 주 전의 단순한 사선에서 비롯되었다. 월슨 선생은 평소처럼 일찍 출근하여 일하기 시작해 1교시 수업을 준비하고 있었다. 수업 중 전화기를 끄는 방침에 따라 문자 메시지와 전화 녹음을 최종 확인하였을 때, 3교시에 필요한 사회과 퀴즈 시험문제를 교사 휴게실 복사기 위에 놓고 온 것이 생각났다. 수업 시작까지는 몇 분의 여유가 있어서 복사물을 가지러 달려나갔을 때 그의 1교시 학생 몇 명이 교실에 들어가고 있었다. 교사 휴게실에 이르렀을 때 서두르다 보니 휴대폰 끄는 것을 잊은 게 생각났다. 주머니를 뒤져 봤으나 전화기가 없었다. 주머니에서 떨어뜨린 것이 분명했다.

월슨 선생이 복사물을 가지러 휴게실로 간 사이 좀 엉뚱한 학생인 타일러(Tyler)가 교실 바닥에 떨어진 휴대폰을 발견하였다. 타일러는 그것을 집어 호기심 빈, 주인을 찾아주려는 마음 반으로 휴대폰을 열어 봤다. 타일러는 예상 밖의 것을 보게 되었다. 충격 그 자체였다. 월슨 선생과 어떤 다른 남자가 키스하는 장면이 담긴, 아주 의심스러운 사진 여러 장이 나왔다. 가장 노골적인 사진은 바닷가에서 찍은 것인데 한 사람이 다른 사람의 가랑이 사이에 앉아 키스하기 위해 비스듬히 머리를 들고 있는 모습이었다. 두 남자가 셔츠를 벗어 젖힌 것으로 보아 완전히 알몸인 것이 분명했다. 타일러는 기절할 지경이었고 믿을 수가 없었다. 타일러의 충격은 분노로 바뀌었고, 월슨 선생이 자원하여 자기와 자기 친구들을 개인지도 한 것과, 월슨 선생의 지도하에 방과 후 농구 프로그램을 하느라고 오랜 시간을 보낸 것을 떠올리며 배신감을 느꼈다. 교실에 더 많은 학생이 들어오기 시작하자 타일러는 자기가 휴대폰에서 발견한 사진을 친구들과 돌려보기 시작했고 결국 모든 학생들이 다 알게 되었다.

교실로 돌아온 월슨 선생은 어떤 흥분의 도가니에 빠진 것 같은 분위기를 느꼈다. 교실에 들어올 때 학생들은 휘파람을 불고 괴성을 질렀다. 좀 이상하다고 느꼈지만 보통의 10대들의 행동쯤으로 착각했다. 월슨 선생이 슬쩍 봤을 때 학생들의 눈길이 타일러 책상에 모여 있는 두 학생과 타일러에 쏠려 있는 것을 알았다. 월슨 선생이 가까이 다가가자 타일러는 재빨리 열려 있던 휴대폰을 닫았다. “거기서 뭐하고 있는 거야? 수업 시작하게 제자리에 가 앉아. 타일러, 손에 쥐고 있는 게 뭐냐?”

타일러는 교실 바닥에서 휴대폰을 주웠다고 말했다. "오케이, 그런데 교실에 휴대폰을 가져오면 안 되는 거 알잖아?" 월슨 선생이 다시 낮은 목소리로 말했다. 그리고 인내심을 발휘하며, "그걸 책상 위에 올려 놓을래?"라고 하였다.

"누구 휴대폰인지 알아보려고 열어 봤어요. 선생님 것 같아요, 월슨 선생님." 타일러가 말했다. 그 순간 월슨 선생은 휴대폰이 자기 것일 뿐만 아니라 학생들이 휴대폰에 저장된 사진을 모두 보았다는 것을 알아챌 수 있었다. 그는 일이 엉망이 되었다는 것을 알고, 이 문제를 즉각 처리하지 않으면 안 된다는 것도 알았다.

학생들에게 직접적으로 그리고 솔직하게 말하는 게 최선이라고 생각한 월슨 선생은 타일러에게서 휴대폰을 돌려받고 조용히 말하였다. "여러분 모두가 내 휴대폰에 있는 사진에 호기심을 가질 것이 틀림없습니다. 그러나 그런 것들은 사적인 일이니 내 사생활에 대하여 더 이상 이야기를 안 했으면 좋겠습니다." 월슨 선생은 휴대폰을 서랍에 넣고, 학생들 보고 제자리로 돌아가 앉아 사회 책을 꺼내고 수업 준비를 하자고 하였다. 자신의 사생활에 대하여 학생들과 이야기를 나누는 것은 정말 불편한 일이었고, 학생들이 자신의 프라이버시권을 존중해 주길 바랐다.

월슨 선생의 제의와 사건을 무마하려는 노력에도 불구하고, 학생들은 휴대폰에 있는 사진과 월슨 선생의 성적 성향에 대하여 계속 수군댔다. 월슨 선생은 학생들을 사회 수업에 집중하게 하느라 아주 곤혹스러운 시간을 보냈다. 하지만 월슨 선생의 학생들은 점점 더 소란스러워졌고 파괴적인 행동을 보이기도 하였다. 마침내 월슨 선생은 더 이상 수업을 진행할 수 없었기 때문에 포기하고 파텔 교장에게 교실로 와 달라고 요청하였다. 학생들도 주의집중이 안 되었고 휴대폰 사건에 대해 분노와 반항심을 보였다. 월슨 선생은 더 이상 통제하지 못하였고 1주일이 지나면서 상황은 더욱 악화되었다.

사건에 관한 이야기가 학교와 지역사회 전체에 재빨리 퍼져 나갔다. 파텔 교장은 성난 학부모로부터 항의 전화를 받기 시작하였다. 어떤 학부모는 사건 자체에 대하여 반응을 나타냈고, 일부 학부모는 윌슨 선생의 학급에서 자기 아이를 다른 반으로 옮기기를 요청하였다. 그러나 대부분은 자기 아이의 안전에 대하여 진실로 염려하는 학부모의 불평이었다. 사건 이래로 윌슨 선생은 자기 학급의 기강을 통제할 수 없었다. 더구나 학생 사이에 잦은 논쟁이 있었는데, 윌슨 선생의 프라이버시와 성적 성향을 보장할 필요가 있다고 옹호하는 일부 학생에 대해 대다수의 다른 학생들은 배신감을 느끼고 겁을 주기도 했다.

파텔 교장이 윌슨 선생의 교실에 갔을 때 상상했던 것 이상으로 상황이 심각하다는 것을 알았다. 교장은 대체교사를 배치하고 윌슨 선생을 교장실로 오게 하였다. 윌슨 선생은 자신의 사생활을 개인적인 일로 간직하고 싶었지만, 학생들이 사진을 보았기 때문에 이 문제를 처리할 필요가 있었다고 설명하였다. 그가 이 예기치 못한 사건을 처리해야겠다고 생각한 후에 자신이 한 말과 취한 행동을 자세하게 말하였다.

교사에게는 프라이버시권이 있으며, 불법을 저지르지 않는 한 개인생활에 대해서는 처벌받지 않아야 한다고 파텔 박사는 믿는다. 그리고 윌슨 선생이 그의 성적 성향 때문에 차별받아서는 안 될 권리를 가지고 있다는 것도 교장은 잘 알고 있다. 그러나 이 사건은 윌슨 선생의 교수행위에 영향을 미치고, 더구나 그의 학급에서의 기강 문란은 학생의 안전을 위협하는 결과를 낳기 시작하였다. 이 시점에서 사건이 해결될 때까지 윌슨 선생을 휴직시키는 방법 이외에 어떤 선택의 여지가 없다는 것을 윌슨 선생도 인정하지 않을 수 없었다. 교장은 울적한 마음으로 그날 저녁 열릴 교육위원회 회의를 기다리고 있었다.

토의할 문제

1. 파텔 박사가 월슨 선생이 휴직하도록 한 것은 올바른 결정이었나? 사실에 근거하여 볼 때, 월슨 선생이 완전히 통제력을 잃었거나 학생들이 위험 상태에 빠져 있다고 생각하는가?

2. 교육 리더에게는 학생의 안전을 보장하는 일이 중요하다. 안전의 문제로 교사가 프라이버시권을 잃게 되는 것은 어떤 상황인가?

3. 정의윤리, 돌봄윤리, 비판윤리의 시각에서 이 사건의 딜레마를 분석하시오. 어떤 결정을 해야 학생을 위한 최선의 이익이 보장되는가?

4. 전문직윤리의 시각에서 파텔 교장에게 무엇을 기대해야 하는가?

5. 이 상황에서 개인적 신념과 전문직윤리 사이에 생기는 갈등에 대하여 토론하시오.

제3부

학문 활동으로서의 교수

제3부에서는 교사가 되고자 하는 사람이나 교육자에게 윤리를 가르치고자 하는 사람에게 도움을 주고자 한다. 먼저 교육윤리 리더십을 가르치는 교수로서의 우리 자신의 사례를 통해 수업자에 초점을 맞춰 보기로 한다. 제3부에서는 독자 여러분을 반성적 여정으로 안내하고자 한다. 이 여정에서 우리는 ① 먼저 우리 자신의 개인윤리강령과 전문직윤리강령에 대하여 어떻게 생각하는지 기술해 보고, ② 우리의 교수행위를 형성하는 우리 생애의 주요 사건에 대하여 반성해 보기로 한다. 이 자기반성의 과정은 우리가 수업에서 우선시해야 할 것이 무엇인지 결정하는 데 도움이 될 것이다. 여기서는 윤리교수와, 우리가 당면하는 이슈, 우리의 교수법(pedagogy)을 뒷받침하는 이론적 지지대, 교육 리더십 프로그램과 일반적인 교육 프로그램에서의 윤리적 가치에 대한 우리의 접근에 대하여 다루게 될 것이다.

이에 더하여 제3부에서는 보이어(Boyer, 1990)가 카네기재단(Carnegie Foundation) 보고서인 『장학금 제도의 재검토(*Scholarship Reconsidered: Priorities of the Professoriate*)』에서 소개한 '학문적 교수'의 개념을 설명하기 위하여 하나의 모델을 제시하려고 한다. 우리가 13년 동안 개발해 온 자기반성과 동료검토의 형식을 통하여 학문 활동으로서의 윤리교수에 대하여 정의하기 시작하였다. 사실은 우리가 그동안 윤리에 관하여 저술 및 발표한 내용이, 교수법에 대한 것과 자기반성과 동료검토를 통하여 배운 것을 다루는 절에 포함되어 있다. 학문 활동으로서의 교수 개념은 슐만(Shulman, 1997, 1999)과 허칭스(Hutchings, 1998, 2000, 2002)의 권고로 이어진다. 이것은 우리가 진지하게 다루는 개념이다.

제3부에는 교육현장에서 다양한 활동을 하고 있는 수강생에게 윤리를 가르쳤던 우리의 경험이 포함되어 있다. 교육 리더, 특히 이 새로운 밀레니엄 시대의 변화와 혼돈을 겪고 있는 사회의 리더에게 이런 준비교육이 필요함을 우리가 어떻게 믿게 되었는지 설명하게 된다.

제11장
윤리와 윤리교수, 윤리교수법

학생들이 윤리적 가치와 세계관을 확립하도록 길러 내고 격려하는 '핵심적 관심', 그리고 엄격한 학문적 이상 사이에서 교수들이 어떻게 균형을 잡는지 우리는 거의 알지 못한다. 더구나 교육행정 프로그램의 실제를 담당하고 있는 교육자의 태도 신념, 개인적 여정에 대해서도 아는 바가 거의 없다 (Starratt, 1994a: 100).

학자들은 교육 리더에게 윤리가 중요하다는 것을 인정하지만 이 윤리를 어떻게 가르쳐야 할지, 가르칠 수 있을지 아직 해결하지 못하고 있다. 뿐만 아니라 이 문제에 대한 연구도 거의 이루어지지 않고 있다 (Beck & Murphy, 1994b). 이 장에서는 윤리 교육자에게 자기반성의 기회를 제공하고자 한다. 또한 다양한 학도들에게 윤리교수법에 대해 설명하고, 이 교수법에 어떻게 접근할 것인지에 관한 논의의 틀을 제공하려는 목적도 있다.

윤리교수: 저자의 관점

오늘날과 같은 불확실성 시대에 여러 가지 문제에 직면한 상황에서, 윤리를 가르치는 우리가 정체감 그리고 개인적 신념과 전문적 신념을 갖는 것은 지극히 중요하다고 생각한다. 저자들은 학생에게 개인강령 및 전문직강령의 개발과 같은 어려운 정신적 과제를 부여한 것과 똑같이 우리도 실행하는 것이 중요하다는 것을 알게 되었다. 더구나 교육행정 박사과정 집단에게 여러 해에 걸쳐 같은 내용의 윤리 과정을 가르쳐 온 교수로서 저자들은, 그러한 탐색을 통해 우리가 어떤 방법으로 윤리 과정을 가르치는지, 그리고 왜 그 방법을 선택했는지를 비교하고 대조할 수 있음을 알게 되었다.

저자들은 위더럴과 나딩스(Witherell & Noddings, 1991: 3)가 "교육한다는 것은 삶의 의미와 개인 생활의 의미 양자를 심각하게 탐구하는 것" 이라고 쓴 것을 믿는 경향이 있다. 저자들은 벡(Beck, 1994), 벨렌키 등(Belenky et al., 1986), 길리건(Gilligan, 1982), 길리건 등(Gilligan et al., 1988), 긴스버그 등(Ginsberg et al., 2004), 마허와 테트리올트(Maher & Tetreault, 1994), 나딩스(Noddings, 1992, 2002, 2003), 샤피로와 스미스-로젠비그(Shapiro & Smith-Rosenberg, 1989)의 저술, 그리고 능력 개발의 중요성을 강조하고 생활 이야기와 개인 경험이 강력한 효과를 발휘할 수 있다는 점을 인정한 다른 학자들의 저술에서 많은 영향을 받아 왔다. 이러한 이야기들로 인하여 개인적, 전문적 측면에서 오늘의 우리가 있게 되었다.

저자들은 또한 박틴(Bakhtin, 1981), 부버(Buber, 1965), 프레이리(Freire, 1970, 1993, 1998), 콜버그(Kohlberg, 1981), 퍼펠(Purpel, 1989,

2004)의 저술, 그리고 타인과의 관계에서 '자아'와의 대화와 '자아'에 관한 지식을 탐구하는 다른 학자들의 작품에서 영향을 받아 왔다. 자아개방(self-disclosure)에 이르는 어려운 대화는 가장 곤란한 과정이기는 하지만 우리들의 감춰진 윤리강령을 표현하는 데 도움이 될 수 있다. 더구나 자아개방적 대화는 '자아'에 초점을 두는 이기적 과정처럼 보일 수도 있고, 자신의 존재와 가치를 발견할 수 있도록 도와줌으로써 봉사하고 다른 사람을 보살피는 방법으로 활용할 수도 있다.

우리의 과정과 교수에의 적용에 대하여 자세히 다루기 전에 우리의 배경과 생활에 영향을 준 몇 가지 결정적 사건에 대하여 개관할 시간을 잠시 갖고자 한다. 많은 반성을 해 볼 때, 이 사건들로 인해서 우리의 개인윤리강령과 전문직윤리강령 개발에 이르게 되었다고 믿는다. 이러한 우리의 자아개방이 우리의 교수 접근에 대한 이해와 우리가 학생에게 어떻게 영향을 주었는지에 대한 이해를 더 잘할 수 있도록 도와주는 데 필요하다고 믿는다(Stefkovich & Shapiro, 1994).

공저자인 두 교수의 이야기

겉으로 보면 우리 두 사람은 아주 비슷해 보인다. 우리 둘은 백인 여성이고, 동북부 해안가 출신이고, 둘 다 아이비리그 명문 대학 교육행정 박사이고, 중류층으로 비슷한 연령대다. 그러나 이것으로 비슷한 점은 끝이다.

실상은 우리 둘은 아주 다른 개인이다. 우리가 받은 교육과 전문직 준비교육에도 차이가 있지만 이 공식적 교육과 사회화 과정만으로 말하기에는 충분치 못하다. 우리의 이야기와 이 이야기 속에 들어 있는 주요 사건은 우리가 누구냐, 즉 정체성을 형성하는 경향이 있다. 그래서 우리가 같은 윤리 과정을 다른 방법으로 접근하는 데 영향을 주었다고 느끼는 우리의 삶의 부분들을 선택하여 여기에 제시했다. 우리가 개방적인 생각을 가지고 이 과정에 오게 되었다고 말하기보다는 오히려 우리가 가져온 경험과 관점을 지적하는 것이 중요하다고 생각한다.

조앤 샤피로 교수의 이야기

내 자신의 개인윤리강령을 회상해 볼 때, 나는 스스로가 유태교의 종교적 뿌리와 내가 자란 미국 동북부 지역의 영향으로 형성되었다는 것을 알게 되었다. 동북부 지역은 개인이 열심히 일하고 경쟁하는 것을 건전한 가치로 여기는 청교도 직업윤리와 사회다윈주의(Social Darwinism)[1]를 강조하는 곳이다. 그 당시 미국 코네티컷 주의 중류층 아이로 자란다는 것은 곧 우리가 단지 열심히 일하기만 하면 모두가 동등한 기회를 가질 수 있다는 것을 의미했다.

그러나 나의 가치 규범과 윤리강령은 민권운동이 일어나던 때인 나의 대학 시절 동안에 깊이 형성된 것이라고 생각한다. 대학에 다니는 동안 차별의 개념에 대하여 많은 생각을 하였고, 민권운동과 시민 불복종운동에 관하여 부모님과 논쟁을 하면서 많은 시간을 보냈던 것으로 기억한다. 사실은 대학 졸업 직후 신혼여행 중에도 남편과 18세의 시동생과 함께 평화와 민권에 대한 노래를 부르고 다녔다. 우리 셋은 마틴 루터

1) 역주: 다윈(Charles Robert Darwin, 1809~1882)의 생물진화론(특히 생존투쟁 · 적자생존이라는 생물계의 원리)의 이론적 틀을 사회 변화에 적용시킨 이론을 말한다.

킹 2세가 연설하는 워싱턴 시 데모에 참가하는 유일한 백인이었을 정도로 격렬파였다. 내 가족과 친구는 정말 매우 괴상한 신혼여행이라고 생각했다.

나의 윤리강령은 또한 발전할 기회를 별로 갖지 못하는 노동자 계급의 아이들을 대상으로 런던에서 수년 동안 영국 역사를 가르치면서 형성되었다. 그때 이 아이들은 대학에 들어가느냐 아니면 11세의 철없는 나이에 낙오되느냐를 결정하는 고부담 시험인 11+ 시험에 합격하지 못했기 때문에 발전 기회를 잡지 못했다. 나는 백인 앵글로색슨 노동계층 가정에서 온 아이들이나 다양한 영연방공화국 유색 노동계층 가정에서 온 아이들로 구성된 현대중등여학교에서 가르쳤다. 이 학교 학생이 선택할 수 있는 길은 미장원이나 가게 보조 종업원, 기껏해야 근처 길가에서 비서로 일하는 것이었다. 영국 노동당 정권하에서 '종합중등학교(comprehensive)'에 간다고 해도 당시 나의 학생들이 고등교육을 받을 기회는 제도적으로 제한되어 있었다. 영국 중등학교에서 나는 인종이나 민족 혹은 그 둘 모두와 관련된 사회 계층화에서 기인하는 불공정을 목격하였다.

몇 년 후 영국으로 돌아와 런던 교육대학교(The University of London's Institute of Education)에서 대학 시절을 보냈다. 거기서 교육의 모든 부분에 스며든 교육철학의 깊은 전통을 접하게 되었다. 예를 들면 피터스(Peters, 1973)와 허스트(Hirst, 1974)의 철학 저술은 높은 평가를 받았다. 피터스와 허스트는 정의에 관한 자유주의적 전통에 정서와 돌봄의 특성을 결합할 수 있었다. 인지적 영역과 정의적 영역에 대한 이 두 학자의 존중은 나에게 긍정적 영향을 주었다.

가장 중요한 것은 영국에서 살았던 4년 동안, 공식적인 수업을 넘어, 중세 이후 아직도 존재하는 노블레스 오블리주[2] 정신과 사회주의를 결합하는 영국사회의 능력에 깊은 인상을 받은 것이다. 정부는 사람들에게 낙인을 찍지 않으면서도 국민건강관리, 가난한 학생을 위한 관대한 대학 보조금, 복리후생 혜택을 제공하였다. 학교에서 사회다원주의에 대하여 배운 다른 미국인과 달리, 나는 가능하다면 요람에서 무덤까지 적당한 방법으로 사회가 국민들을 보살펴야 할 의무를 진다고 느끼게 되었다.

내 생애에 있어서, 이때까지 나의 의식은 종교와 인종, 사회계급의 영역에서 길러졌지만 내가 성차별의 범주에 초점을 맞추게 된 것은 한 가지 결정적 사건 때문이다. 성(gender) 분야에서 나에게 전환점이 된 것은 엉클 막스(Uncle Max)의 장례식이었다.

엉클 막스의 장례식은 근본주의 유태인들의 집단거주지인 잉글랜드 북부 지방에서 치러졌다. 남편과 내가 엉클 막스의 집에 도착했을 때 한 여인이 막 집 밖으로 나가려고 하는 영구차 옆에서 슬픔에 빠져 울부짖고 있었다. 엉클 막스가 80대에 들어섰고 죽기 전에 지나치게 고통받은 것도 아닌데 이렇게 슬퍼하는 것이 나에게는 이상하게 보였다. 남편과 함께 나는 안장식에 참석하기 위해 장지로 갔다. 장지에서는 유족 중 유일한 여성이었던 그녀가 차에서 내리지 말라는 말을 듣는 것을 보고 나는 매우 놀랐다. 여성이 '땅을 더럽힐 수 있다.' 는 이유로 장지에 발을 내딛지 못하게 하는 것이 분명했다.

이것은 나에게 아주 고통스러운 경험이었다. 나는 최근에 보수적인 유태인 전통에 따라 아버지의 장례식을 치렀는데 나의 어머니와 자매, 나 세 사람은 공개적으로 자유로이 슬퍼하지도 못하고 장지에 갈 수도 없었다. 장지에서 마지막 작별인사를 하려던 엉클 막스의 45세 부인 아

2) 역주: 귀족과 같은 상류층의 의무.

운티 미니(Auntie Minnie)를 제지했던 랍비가 애도사를 낭독했던 그날도 여성에 대한 굴욕은 계속되는 것처럼 보였다. 내가 모욕으로 인식하고 있는 것을 내 주변에 있던 모든 여자들이 말 한마디 없이 받아들이는 것 같이 보였다. 그렇지만 나는 결코 그럴 수 없었다. 성 문제는 내 인생에 있어서 차이와 차별의 가장 중요한 범주가 되고 나를 페미니스트로 만들게 되었다.

미국 펜실베이니아 대학교 여성연구 프로그램의 공동소장으로 일하던 7년간 나는 단지 성차별 영역뿐만 아니라 인종, 종족, 사회계층, 성지향성, 신체장애 영역에서의 불의(injustice)에 대한 의식을 계속 고취해 왔다. 가부장제, 권력, 계층제에 대한 비판적 검토를 통해, 나는 사회의 대단한 영향을 인식하고, 또 다양한 집단이 어떻게 공존하도록 관리할 수 있을 것인가에 대하여 생각하기 시작하였다. 압박, 희생, 차이 등의 이슈를 다루면서 어떻게 권력을 가진 자들이 사회적 집단을 구성하고, 또 그 구성이 어떻게 십난 내 개인에게 영향을 주는지 이해하기 시작하였다. 집단성, 사회적 책임, 타인 배려는 나에게 심금을 울리는 개념이 되고 '불공평한 개인주의', 사회다윈주의와 멀어지게 하였다. 페미니스트 연구 장학금에 감사하면서 추상적인 정의, 권리, 법과 같은 용어에 의문을 갖기 시작하였다.

나의 배경, 내 생애의 여러 결정적 사건, 영국과 여성연구 영역에서 보낸 여러 해로 인해 나는 사회적 약자에 초점을 맞추기에 이르렀다. 그리고 모든 종류의 불의에 대하여 깊은 우려를 갖게 되었다. 나는 계속해서 묻는다. 누구를 빼놓았는가? 누구의 목소리를 놓쳤는가? 나는 누구의 윤리적 가치를 가장 중요시해 왔는가? 누구의 윤리적 가치가 사회적으로 가장 중요시되는가? 나는 종종 전체 공동체의 선은 물론 공동체 안의 다른 집단의 선에 대하여도 생각한다.

그러나 내가 지금 의식하는 나의 윤리강령은 그렇게 단순하지 않다. 한 사람의 신체와 생애에 관한 이슈하에서, 나는 개인의 자유(liberty)와 프라이버시에 대해 많이 생각하게 된다. 그래서 나는 어떤 경우라도 개인의 권리를 무시하지 않는다. 그리고 나는 자아를 넘어 우리보다 가난한 사람 또는 우리와 다른 사람에 대한(즉, 사회의 정의와 책임성의 개념에 대한) 도덕적 헌신을 지향하는 상황적 윤리학자다.

특히 중요시하는 윤리적 가치

> 리더는 깊이 반성하고, 적극적으로 사고하고, 핵심가치와 신념에 대하여 극적으로 표현할 필요가 있다(Bolman & Deal, 1991: 449).

맨 처음에 나는 내 과정의 대학원생에게 전통윤리에 대해 확실히 소개하고자 하였다. 나는 공리주의와 결과주의(consequentialist)[3]와 직관주의(non-consequentialist theory), 그리고 개인의 권리에 기초를 둔 서양철학의 기본적인 자유주의에 초점을 맞춰 주요 서양 사상가에 대한 개관을 하였다.

권리라는 용어는 스트라이크 등(Strike et al., 1988)의 저서에서 제기된 도덕적 딜레마를 다룰 때 더 상세하게 논의하였고, 이들 책에서 주창한 단계적 과정을 활용하도록 학생들에게 요구하였다. 이 단계적 과정은 ① 딜레마 사례의 발표, ② 논점의 제기, ③ 다른 주장의 설정, ④ 딜레마의 해소로 되어 있다. 이런 틀을 사용하였지만 나는 스트라이크가 제기한 논쟁을 비판하는 데 많은 시간을 보냈다. 이 기본 교재가 복음서

---

3) 역주: 한 행위의 옳고 그름은 그 행위를 수행함으로써 생겨나는 결과에 전적으로 의존한다는 철학. 이에 따르면 올바른 행위란 최선의 결과를 가져오는 행위를 의미하게 된다.

가 되지도 못하고, 또 이 책에서 다룬 딜레마에 대한 대답으로 활용될 수 있는 다른 접근이 있을 수 있다고 학생들이 생각하는 것이 중요한 것 같다. 여러 가지 방법으로 나는 이 교재에 나타난 자유민주철학에 도전하는 질문을 제기하고자 하였다.

권리, 정의, 법이란 용어를 빼놓지는 않았지만 학생들로 하여금 다른 사람의 목소리를 경청하고, 비판과 가능성 등의 용어는 물론 돌봄, 우려, 시간을 넘은 연결이란 말에 대하여도 생각하도록 하였다. 이러한 윤리의 형식은 대안적 윤리주의자에 의해 제시되었다.

특히 이런 대안적 형식의 윤리를 학생들에게 소개하기 위하여 퍼펠(Purpel)의 저서에 초점을 맞춰 수업하는 데 많은 시간을 보냈다. 퍼펠(1989: xi)은 그의 책 『교육의 도덕적 위기와 정신적 위기(*Moral and Spiritual Crisis in Education*)』에서 전통윤리와 비전통윤리 사이의 훌륭한 가교 역할을 한 복잡한 형식의 윤리에 대하여 기술하였다. 퍼펠은 스스로 '소크라테스(Socratic) 윤리와 예언(Prophetic) 윤리의 두 고대 전통윤리와 자유신학(Liberation Theology)과 창조신학(Creation Theology)의 두 신학운동'에서 차용했음을 지적하였다. 이러한 혼합으로 학생들이 법과 정의에 초점을 둔 자유민주윤리에서 사회정의와 동정의 영역으로 옮겨 갈 수 있도록 하였다.

퍼펠은 자기 저술 전체를 통하여 옳음과 그름이나 좋음과 나쁨의 단순성을 떠나 현대 세계의 복잡성과 모순성을 다루는 도전을 하였다. 퍼펠은 중요한 패러독스를 소개하였으며, 종종 오해를 낳는 잘못된 의사소통 영역을 강조하였다. 이들 패러독스에는 통제와 민주주의, 개인주의와 공동체, 가치와 성취, 평등성과 경쟁, 동정(compassion)과 감상(sentimentality)의 개념이 포함된다. 이러한 패러독스는 사회에 의해 유지되고 있으며, 우리의 학교에 스며들었다. 퍼펠은 자신을 비판론자로 분류하지는 않았지만 현 체제에 도전하는 사람들에게 무대를 마련해 주었고, 학교 교육과 관련지을 때 우리로 하여금 민주주의, 사회정의, 특권, 권력과 같은 중요한 개념에 대하여 반성하도록 해 주었다. 체제에 도전했을 뿐 아니라 '가능성의 언어(language of possibility)'라는 개념을 통해 대안을 제시한 지루(Giroux, 1991, 1994)의 저술을 학생들과 함께 논의할 준비가 되었다고 느끼면서, 나는 퍼펠의 책을 거쳐 비판론자의 여러 저술로 관심을 돌릴 수 있었다.

'가능성의 언어'라는 개념 아래 여러 명의 비판론자들이 행동주의와 사회변화를 권고하였다. 웰치(Welch, 1991)가 '공동체 내 결속을 위한 작업'이라 칭하는 집단 노력과, 서비스를 통한 학습, 현장 참여는 그러한 메시지의 일부다. 여러 면에서 비판론자들과 함께 퍼펠은 권리, 법, 정의와는 동떨어지고 중립적이며 객관적인 논의처럼 보이는 용어에서 멀어지고 윤리에서 감정(feeling), 정서(emotion), 동정이란 용어를 포함하는 방향으로 향하였다.

나의 수업에서 특히 강조한 다른 비전통적 교육윤리학자는 페미니스트 윤리학자다. 페미니스트 윤리를 설명하기 위해서 나는 먼저 길리건(Gilligan, 1982, Gilligan et al., 1988)의 저술, 그리고 나의 동료 캐럴 스미스-로젠버그와 내가 여성연구윤리 과정에서 함께 가르칠 때 수행했던 연구(Shapiro & Smith-Rosenberg, 1989)로 향하게 된다. 페미니스트 윤리학자, 특히 길리건의 저술에 대하여 살펴보기 전에 콜버그(Kohlberg)의 저술에 대하여 논의하는 시간을 잠깐 갖고자 한다. 도덕적 딜레마에 대하여 84명의 아이들(소년)이 보인 반응을 20년 동안 분석한 콜버그의 선구적 연구와 도덕성 발달 6단계의 고안에 대하여 논의할 것이다.

나는 콜버그의 연구를 존중하지만, 그의 학문을 단지 도덕성 발달단계 이론에 소녀들을 포함시킨 길리건의 연구를 소개하는 방법으로 사용하는 경향이 있다. 그런 다음 나는 콜버그의 단계 이론을 비판할 수 있었던 학자로서의 길리건에게 주의를 돌리게 된다. 그러한 비판을 통해 길리건은 콜버그가 참작하지 않은 반응을 밝혀냈다. 길리건은 우려(concern), 연결(connectedness), 시간에 따른 관련성, 돌봄의 목소리로 우리를 인내한다. 길리건은 이런 목소리가 중요하다고 느꼈지만 콜버그의 단계 이론에서는 찾아볼 수 없었고, 그 이후 어린이들을 보살피는 많은 남녀 학생은 종종 콜버그의 단계 이론을 사용하여 별다른 성과를 얻지 못하고 있다.

길리건의 비판과, 나딩스(Noddings, 1984)와 베렌키 등(Belenky et al., 1986), 그리고 그 밖의 학자의 저술에 의하여 나는 정의, 법, 권리에 초점을 맞추는 전통윤리 방법으로 분류되지 않는 모든 목소리를 의식하게 되었다. 이 사회에서 중요하고 가치를 두어야 하는 다른 목소리가 정말로 있다. 3년간 캐럴 스미스-로젠버그와 함께 학부학생에게 윤리학을 가르친 나 자신의 경험을 통해 나는 길리건과 나딩스가 저술하고 의미했던 바를 믿게 되었다.

더구나 우리는 그동안 우리가 해 온 강의를 통해 대안적인 윤리적 사고의 많은 예를 찾아볼 수 있었다(Shapiro & Smith-Rosenberg, 1989). 우리의 여성 연구 강의 안에서 돌봄과 우려, 연결의 목소리가 얼마나 강력했는지를 짐작하게 하는 학생들의 글을 살펴보면, 도덕적 딜레마를 해결하기 위해 그들이 사용한 여러 접근방법에 대해 알 수 있을 것이다.

생각해 보면, 추상적인 권리, 법, 정의의 목소리 대신 비판과 가능성의 목소리와 돌봄, 우려, 연결의 목소리를 우선시하는 경향이 있다는 것이 분명해 보였다. 그러나 내가 지금 가르치고 있는 대학원생 대부분이 이 모든 목소리를 들을 수 있는데도 일부분은 듣지 못하고 있다. 이것은 좀 실망스러운 사실이다. 그러나 과정 평가, 학생들의 저널 기록,

개인강령과 전문직강령, 윤리적 딜레마, 강의 안팎에서의 논평에 의하여 전반적으로 판단해 볼 때 대부분의 학생들은 과거에는 현 사회에서 의심의 여지없이 최선의 원칙으로 수용해 온 '극단적 개인주의(rugged individual)', 개인권, 추상적 정의 등의 개념에 대하여 최소한 한 발 뒤로 물러서서 보고 반성할 수 있다는 것을 알게 되었다.

이후 테러, 전쟁, 재정 불안 덕에 템플 대학교(Temple University)의 스티븐 제이 그로스(Steven Jay Gross)와 나는 그의 난류이론(Turbulence Theory)(Gross, 1998, 2004, 2006)의 개념과 윤리교수에서의 다원적 패러다임 사이의 연결을 탐색하기 시작하였다. 다원윤리 패러다임에다 난류계(turbulence gauges)를 추가하기 시작한 현재의 학생에 의하면 이러한 결합은 가치 있는 것으로 밝혀졌다(Gross & Shapiro, 2004; Shapiro & Gross, 2002, 2008). 난류 수준을 의식하게 되면서, 그리고 때로는 난류를 관리하게 되면서 교육 리더들은 윤리 딜레마를 해결하는 데 도움이 되는 네 개의 윤리 렌즈 이외의 다른 도구를 갖게 되었다.

2004년 초에 그로스와 나는 우리가 신민주윤리교육 리더십(New Democratic Ethical Educational Leadership: New DEEL)이라 부르는 교육운동을 창설하였다. 민주와 윤리에서 나오는 핵심가치와 함께, 신민주윤리교육 리더십은 30개 이상의 대학 교수, 그리고 캐나다, 잉글랜드, 오스트레일리아, 타이완, 스웨덴, 자메이카로부터 참여자들을 끌어들였다. 이들 중 많은 사람들은 매년 템플 대학교에서 열리는 신민주윤리교육 리더십 컨퍼런스에 참석하였다. 최근에 신민주윤리교육 리더십은 가치윤리 UCEA 센터(UCEA Center of Values and Leadership) 산하 국제대학 컨소시엄의 일부가 되었다.

신민주윤리교육 리더십의 중요한 물결은, 우리가 처음 교육자가 될 때 의미 있게 여겼던 이상을 재평가하는 것이다. 바라건대 우리는 근본으로 회귀함으로써 외면적 표준, 고부담 시험, 그리고 책무성을 비판적으로 평가하고, 시민적 책임과 사회정의의 가치에 활기를 불어넣을 수 있다. 뿐만 아니라 이 운동은 새로운 과정과 프로그램의 개발은 물론 연구와 학문의 방향을 안내하게 될 것이다.

재클린 스테프코비치 교수의 이야기

내 자신의 가치와 윤리강령은 여러 해에 걸쳐서 형성되었다. 나는 미국 서부 펜실베이니아 주 시골 가톨릭 노동계층 가정에서 자랐다. 내가 정직과 타인 존중, 열심히 일하기의 중요성을 배운 것도 여기에서였다. 이 마을에서 나는 대학에 간 1세대에 속했고, 우리 가정에서는 성취할 수 있는 가장 중요한 목표로 교육을 꼽았다. 교육은 목표이자 고달픈 인생에서 벗어나고 신분 상승을 이루는 수단이기도 했다.

1920년대에 내가 자란 지역사회는 북적대는 석탄 광산 지역이었지만 대공황이 휩쓸면서 광산도 폐광에 이르렀다. 나의 부모 세대인 이 마을 남자들 대부분은 철광 노동자로 일하기 위해 이웃 지역으로 가게 되었지만 그 부인들은 아이들을 키우면서 집에 머물게 되었다. 내 세대의 남자들은 대학에 가지 못하면 철광 노동자로서 어렵고 때로는 위험한 생활을 해야 했다. 여인들은 결혼해서 미용사가 되거나 혹시 교육을 받을 천금 같은 행운을 만난다면 교사가 되었다. 마을에는 결정적인 사회적 서열이 있었다. 가장 먼저 이주해 온 잉글랜드인과 웨일스인은 큰 집과 넓은 땅이 딸린 농장을 소유할 수 있었다. 다음에 이주해 온 아일랜드인은 대개 지역사회 일을 하는 직장을 갖게 되었다. 이 사다리의 맨 밑바닥에 길고 이상한 성(姓)의 꼬리표가 붙은 사람들, 즉 이탈리아인과 동유럽 사람들이 놓이게 되었다. 이들이 대다수를 이루었는데 나도 그들 중의 한 사람이었다.

내 이름을 정확히 발음하지 못했던 마을 약사는, 열한 살이었던 내가 약을 지으러 갔을 때, "넌 정말 성을 바꿔야겠다. 아니면 짧은 성을 가진 남자와 결혼하든지."라고 말했다. 이것이 내가 기억하는 최초의 차별이었다. 1916년 체코슬로바키아에서 온 나의 할머니가 긴 성이 붙은 이름을 배지처럼 달고 다녔기 때문에 얼마간 열등자 취급을 당했는데도 피아노를 치고, 5개 국어를 말하고, 젊은 남편이 광산 갱에서 죽은 후 홀로 일곱 아이들을 키운 것을 생각하면 항상 가슴이 먹먹해졌다. 나 또한 나의 성과 인종 때문에 생기는 제한과 타인의 멸시를 가족과 함께 나누어 가져야 했다. 이것은 내 어린 시절의 수많은 사건 중의 하나에 불과하지만 내 마음속에 아주 생생하게 남아 있다. 내가 어쩔 수 없는 어떤 것 때문에, 또 내가 누구였느냐 때문에 한계의 벽에 부닥쳐야 한다는 고통스러운 현실에 머리가 쪼개지는 듯한 고통을 느낀 첫 번째 경험이었기 때문에 잊을 수 없다. 비록 내 나이 열한 살이었지만 다른 사람들처럼 좋게 인식되고 잘되기 위해서는 이름을 고치는 일 이상의 어떤 것을 해야 할 필요가 있음을 깨달았다. 나의 정체성과 문화, 배경, 가족까지도 부정할 필요가 있다고 생각하였다.

이러한 지기부징은 그때나 수십 년이 지난 지금이나 결코 하고 싶지 않은 그런 것이었다. 나는 항상 이 기억을 내 마음속에 지니고 다녔지만, 적어도 의도적으로는, 어떤 다른 사람에게도 결코 나와 같은 아픔을 주거나 낙인을 찍지 않겠다고 다짐하고 또 다짐했다. 1960년대 후반 내가 대학에 들어갈 때까지 나는 다른 인종과 문화를 접해 보지 못했는데, 다른 인종에 속한 사람들의 이야기를 듣고 나서야 나의 고통은 그렇게 많은 다른 사람들의 고통에 비하면 얼마나 하잘것없는 것인지 알게 되었다.

이리하여 인간의 존엄성에 대한 존중, 그리고 독특한 개인으로서 인간이 지니는 가치(worth)에의 초점은 항상 나에게는 중요한 가치(value)가 되었다. 이러한 생각은 일찍이 시작되었지만 대학 시절에 확고해졌다. 나는 그때 심리학을 전공했는데 대학에서는 자유교양교육에 강점을 갖고 있었다. 아주 우연히도 나는 전통적인 유럽의 실존주의 심리학을 다루는 미국에서 몇 안 되는 대학 중 하나에 들어가게 된 것이다. 그래서 나는 미로에서 쥐 실험을 하는 대신 칸트와 샤르트르를 연구하고, 블루칼라 가정 출신으로 대학교육을 받는 여성 제1세대인 나에게는 아주 특이한 어떤 것, 즉 존재의 의미에 대하여 깊이 생각하게 되었다. 아무튼 이때의 경험은 현재의 나의 인생관은 물론 내가 강의하는 방법에 지대한 영향을 주었다.

개인적으로 풍부한 경험으로서, 기회의 문을 여는 열쇠로서, 인종 및 성과 관련하여 인지된 단점을 극복하는 보상으로서의 형식교육은 내 인생에 있어서 항상 큰 부분을 차지했다. 학부를 졸업하고, 약 13년간 공립학교와 주정부에서 일하고, 내 가족이 '좋은(안정된)' 직장으로 알고 있는 그 직장을 버리고 전업 대학원생으로 들어가 상담 석사학위를 받았다. 그 후 7년에 걸쳐 교육행정과 법학으로 박사학위를 마쳤다.

이들 교육 이력의 하나하나는 나에게 중요한 교훈을 주고, 또 여러 가지 다른 방법으로 나의 가치를 형성하게 해 주었다. 상담 전문직에서 핵심 개념인 공감의 의미를 배운 것은 나의 카운슬링 프로그램을 통해서였다. "'공감(empathy)'은 '동정(sympathy)'과 같은 뜻이 아닙니다." "공감은 다른 사람의 신을 신어서 그 사람이 느끼는 것처럼 느낄 수 있도록 하는 것이에요."라고 했던 지도 교수의 말을 기억한다. 내가 좋아하는 현대철학자의 한 사람이 존 롤스(John Rawls)라는 것은 하나도 이

상할 게 없다. 롤스는 한 사람이 주어진 도덕적 딜레마에서 어떠한 역할을 수행해야 할지 모르는 상황에 이르는 것이 바로 산출(outcome)이라고 믿는다.

교육행정 박사 프로그램의 일부로 콜버그에 관한 선택 과정을 택하여 도덕성 발달 이론의 바탕이 된 종단적 연구에 대하여 공부하게 되었다. 길리건의 연구에 대하여 처음 알게 된 것도 또한 여기에서였다. 내가 학생의 프라이버시권에 관한 박사학위 논문을 쓰고, 학교법의 첫 강의에서 사회 불평등성을 보완하기 위한 법의 권한과 한계라는 양면을 이해하기 시작한 것도 이 프로그램에서였다. 나는 형평성과 불형평성의 이슈에 대하여 알게 되었고, 또 교육받은 사람으로서 우리가 옳지 않은 것을 바로잡아야 하는 의무에 대하여 배우게 되었다.

법과대학에서 나는 정의에 대하여, 또는 적어도 '사람이 실현한 정의(manmade version of justice)'에 대해 배웠다. 나는 래니 기니어(Lani Guinier)[4)]의 과정을 선택하고, 투표권법(Voting Rights Act)을 연구하고 우리의 민주체제의 메커니즘을 깊이 생각하는 그녀의 대학원생으로서 공부하였다. 개인권에 대해 내가 오랜 동안 간직해 온 신념이 형평성에 관한 우려와 갈등을 일으킬 수 있다는 것을 알게 되기 시작한 것도 또한 법대에서였다. 시민의 자유와 시민권의 교차점은 나의 강의와 연구, 그리고 개인적 가치와 전문직 가치에 계속해서 영향을 주었다. 나는 둘 사이의 갈등을 우려의 근원으로서, 그리고 아직도 풀리지 않은 수수께끼

4) 역주: 1950. 4. 19. 출생한 미국의 변호사, 학자, 민권운동가, 최초의 아프리카계 미국인 여성 하버드 대학교 법대 종신교수. 저술로 『공변호사의 전문직 책임』 『민주주의와 법의 관계성』 『정치과정에서의 인종과 성의 역할』 『대학입학허가의 형평성』 『적극적 조치』 등이 있다.

로서 보게 된다.

성(性)에 대하여 언급했지만 나는 생애의 초기에는 성이 영향력 있는 요소 또는 제한 요소라고는 결코 인식하지 않았기 때문에 이 글의 후반에 이에 대하여 이야기하기로 한다. 나는 내 남동생보다 네 살 더 먹은, 두 남매 중의 맏이로 태어났는데 여러 면에서 나는 아버지에게는 첫째 '아들'이었다. 다른 첫째 아이의 경우와 마찬가지로 나에 대한 아버지의 기대는 매우 높았다. 나는 종종 부모님께 농담을 했다. 아들을 간절히 원했기 때문에 내 이름을 잭(Jack)이라고 지었다고 말이다. 나에게 재클린(Jacqueline)이라는 아주 여성적인 이름을 지어 주셨고, 내게 입힐 주름 장식이 많은 옷을 찾고 내 곧은 머리칼을 말아 올리느라 20대를 보낸 어머니는 그런 농담에 정색을 하고 반박하시곤 했다.

아버지가 날 부를 때 썼던 잭이라는 이름에서 알 수 있듯이 맏아들로서의 정체성과 어머니가 불러 준 재클린이라는 딸로서의 정체성으로 인해 나는 남녀양성으로 성장하였다. 분명히 나는 여성이었지만 나는 결코 여성을 제한점으로 보지 않았다. 나는 집에서나 학교에서나, 능력 있고 존중받는 사람으로 느껴졌다. 남성이 등장하는 영웅선을 읽을 때, 나는 항상 주인공의 정체감을 가졌다. 내가 좋아하는 모험담을 담은 영화 〈로빈 후드〉와 〈캡틴 블러드(Captain Blood)〉[5]를 볼 때 나는 언제나 메이드 마리언(Maid Marian)이자 로빈 후드였다. 또 올리비아 드 하빌랜드(Olivia de Havilland)일 뿐만 아니라 에럴 플린(Errol Flynn)이었다. 나에게 결코 사소한 역할은 없었고 오히려 모두가 보완적이었다.

사회계층 상승을 위해 열심히 일하고 공부하는 부모의 태도는 나에

5) 역주: 1935년에 만들어진 마이클 커티즈(Michael Curtiz) 감독의 영화. 캐러비안해에서 벌어지는 모험과 사랑의 해양 대서사시이자 해양영화의 고전.

게 깊은 영향을 주었다. 이러한 부모의 열망은, 내가 첫째 아이였고 또 공부에 더 흥미를 보였기 때문에, 내 남동생보다도 아마 나에게 더 영향을 주었을 것임에 틀림없다. 나의 성, 즉 여성을 제한 요소로 본 것은 단지 내가 성장하여 직업 세계에 들어오면서부터다. 나는 여성이라면 개인의 가치가 떨어질 수 있고, 기회는 단지 x염색체와 y염색체에 의하여 결정된다는 것을 알게 되어 약간은 낙담하고 동시에 큰 회의를 느꼈다.

이리하여 내 사고를 형성해 온 가치와 결합된 전통적이고 자유주의적인 민주철학을 강조하는 심리학과 법학의 배경으로부터 도출되는 윤리를 교수하는 일에 들어서게 되었다. 내 사고를 형성해 온 가치에는 각 개인의 가치와 기여에 대한 존중, 정의, 공정, 형평성에 대한 소망, 공감 능력에 대한 높은 관심 등이 포함된다. 이들 가치가 어떻게 나의 교수에 옮겨져 스며드느냐는 마치 조앤 샤피로 교수의 가치가 그녀가 무엇을 중요시하느냐를 좌우하듯이 아마도 내가 수업에서 강조하는 것에 가장 잘 반영되고 있을 것이다.

특히 중요시하는 윤리적 가치

> 윤리교육은 사전에 정해진 윤리적인 상황에서의 단순한 훈련이 아니고, 한 번 배운 교훈이 윤리적인 성인이 될 것을 보장해 주는 것도 아니다. 윤리교육은 평생교육이다. 윤리교육은 인간이 되려는 우리의 노력과 함께 일어난다(Starratt, 1994b: 135).

조앤 샤피로 교수와 마찬가지로, 나는 전통적 윤리를 개관하고 결과주의와 직관주의 이론은 물론 공리주의 개념을 설명하는 것으로 강의를 시작한다. 과정 초반에 우리가 전통윤리를 논의할 때 학생들은 당황하고 더 많이 질문하고, 읽고, 명료화하고, 토론하였다. 마지막에는 결국 서구 철학 전체를 한두 개의 짧은 교훈으로 요약하였다. 개괄적이고 간단한 서론으로 살펴보았던 것을 보완하기 위하여, 그리고 학생들이 전통적 접근에 대한 기틀을 다졌다고 분명히 느끼는 것을 확인하기 위하여 나는 강의 내내 이들 이론을 강조하고, 길리건, 포스터(Foster), 퍼펠의 전통적 저술보다 현대의 연구에 더 관련지어 그 의의를 강조하려고 노력하였다.

나는 또한 스트라이크 등(Strike et al., 1988)이 마련한 몇 개의 딜레마 상황을 토론의 출발점으로 사용하였다. 조앤 샤피로 교수와 달리 나는 교재에서 밝힌 단계적 과정을 따르지 않고, 대신에 나 자신의 질문을 제기하였다. 이러한 탐구과정에서는 일반적으로 "이 전체가 뭘 의미합니까?" 그리고 "그것이 여러분에게 개인적으로 무슨 의미가 있습니까?"의 이슈에 초점을 맞추었다. 윤리에 대한 이러한 접근은 스타라트(1994b)가 주장하고 그의 책 『윤리적 학교의 형성(*Building an Ethical School*)』에서 자세히 제시한 방법이다.

스트라이크 등(1988)의 저술은 내가 신봉하는 자유민주주의 전통과 일맥상통하는 것이지만 내가 그들의 분석과 딜레마 구성 방법에 항상 동의하는 것은 아니다. 어느 교장이 회의를 마치고 집으로 돌아오다가 술집에 들렀을 때 앓고 있는 엄마를 뒷바라지하기 위해 토플리스 웨이트리스 댄서[6]로 일하는 자기 학교 새침때기 영어 교사를 목격했다는 사례가 특히 그렇다. 이 여교사가 옛 베니스 금화 장식의 G선(sequined G-string) 복장을 한 채로 나중에 자기에게 와서 이야기할 때까지도 교

6) 역주: 상반신을 노출시킨 채 춤을 추는 댄서.

장은 믿을 수가 없었다.[7)]

대체적인 상황은 있을 법한 사례이지만, 한 여인이 전통의상을 벗어 버리고 요부로 변하는 '도서관 사서 마리언(Marian the Librarian)' 같은 이야기 형식이 흥미롭기는 해도 개연성이 부족하다고 느껴졌다. 뿐만 아니라 댄서가 상의를 걸치지 않는 술집에서 교장이 한 일에 대한 윤리적 이슈를 제기하는 것을 스트라이크가 간과하였음을 내 강의에 참여하는 많은 학생들이 지적하였다. 여기에 윤리적 문제가 있었다면 댄서와 마찬가지로 교장도 윤리적으로 얽매이지 않겠는가? 만일 교장이 여자였고 교사가 남자였다면 상황은 달라졌을 것인가? 이 책의 수정판에서 스트라이크는 이 이슈에 대하여 언급했지만 초판에서는 이와 같은 문제가 많았다.

나의 접근과 분석이 스트라이크와 그의 동료들의 방법과 다름에도 불구하고 그들 사례가 내가 학교법(교육법) 강의에서 가르친 법적 사례와 매우 밀접하기 때문에 그들이 제시한 딜레마에 매력을 느끼게 되었다. 예를 들면 학교를 비판하는 편지를 지방 신문에 기고한 교사가 이러한 시나리오에 포함되었다. '이건 바로 피커링 사례[8)]와 같다.' 고 생각했다. 혹은 적어도 그것의 수정본 같다고 생각했다. 실제로 윤리 문제와 법적 문제는 대개 똑같다고 스트라이크도 인정하였다. 내가 이런 말을 처음 들었을 때, 이유는 확실하지 않지만 와 닿지 않았다. 그러나 오랫동안 생각하고 열심히 노력해 보니 적어도 잠정적으로라도 이해하게 되었다.

---

7) 역주: 이 이야기는 스트라이크 등의 원서를 번역한 김성열 등의 『학교행정의 윤리적 쟁점』(교육과학사, 1998: 83-86)에서 더 자세히 볼 수 있다.

8) 역주: 공화당 출신의 조지 W. 부시(George W. Bush) 대통령이 민주당이 주축을 이루는 상원법사위원회를 통과하지 않고 찰스 피커링(Charles Pickering)을 연방항소법원 판사에 임명한 사례.

사법부는 종종 정의에 대해 언급한다. 이는 콜버그(1981)가 도덕성 발달 상위 단계에 해당하는 개념으로 제시한 것이기도 하다. 사실 법체계의 상징은 눈가리개를 하고 평형 저울을 손에 든 여성이다. 결과적으로 법원의 손에 넘겨진 법적 의견은 바로 결정으로 간주된다. 이런 해석을 통해 내가 스트라이크의 말에 대하여 이해하게 된 것이다. 교육자로서는 말할 것도 없고 법조인으로서 나는 법의 힘을 믿고 법의 정의를 목격한다. 나는 브라운 대 교육위원회 판례(Brown v. Board of Education, 1954), 미국 대법원의 유명한 흑백통합 결정(desegregation decision), 브라운에 관한 후속 결과, 연방의 후속 입법조치와 같이 여성, 소수민족, 그리고 장애를 가진 사람의 권리를 확립시킨 중요한 법적 결정에서 '선(the good)'을 보았다.

그러나 스타라트(1994c)가 지적한 것처럼 "법이 옳지 않다면 어떻게 되겠는가?" 인종 분리를 요구하는 짐 크로우법과 '분리가 평등'이라는 주장을 지지하는 프레시 대 퍼거슨(Plessy v. Ferguson)[9] 소송에 대한 판결에서 증명된 것처럼 정말로 법도 때로는 옳지 않을 때가 있다. 더구나 법은 때로는 상당 부분 해석에 맡겨지고, 결과적으로 법적 의무를 수행하는 데 있어서 많은 재량권이 정부 관리들, 예를 들면 공립학교 행정가들에게 넘겨지게 된다. 그러므로 나는 스타라트의 지적에 동의하는 한편, 많은 학생의 권리에 대한 사례는 물론 브라운의 판결에 뒤이은 오늘날 법원의 결정에 쉽게 적용될 수 있는 질문을 한다. "법이 충분히 손을 뻗치지 못할 때 어떻게 되겠는가?"

이 질문은 내가 가르쳤던 두 번째 윤리 강의의 마지막 시간에 학생들

9) 역주: 1954년 브라운 대 교육위원회 판례 이전까지 유지되었던 'separate but equal' 지침에 의한 인종 차별적 판결.

에게 던졌던 질문이다. 여기서 나는 조앤 샤피로 교수의 교수요목을 바꿔, 내가 종종 법 연구에 포함시키는 법원의 의견인 루이스 대 통합교육구 판례(Lewis v. Consolidated School District, 1993)에 의한 법적 분석이 아닌 콘필드(Cornfield)의 사실만을 추가시켰다. 이 사례는 한 남자 고등학생이 약물을 소지했는지 확인하기 위해 몸수색을 한 사건이다. 나는 내 강의에서 다음과 같이 지시한다. “여기에 법원 판결이 있다. 학교 직원이 취한 행동이 합법적이라고 가정하자. (제7순회 연방항소법원은 학교 직원의 행동은 사법적으로 합법이라고 하였다.) 그렇다면 학교 직원은 윤리적인가? 그리고 비슷한 상황에서 여러분이 학교행정가라면 여러분은 어떻게 행동하겠는가?”

이러한 연습을 활용함으로써 나는 학생이 정의에 관한 전통적 관점을 탐색할 뿐 아니라, 페미니즘이나 비판이론과 같은 비전통적인 관점까지도 적용하도록 격려한다. 나는 조앤 샤피로 교수와는 달리 비판이론을 강의하는 데 별로 시간을 쓰지 않는다. 초기에는 퍼펠과 포스터(Foster)의 책에서 조앤 샤피로 교수가 사용했던 장을 과제로 내주었지만 학생의 개인강령과 전문직강령, 궁극적으로는 몸수색 사례의 분석에 대한 토론의 출발점으로 사용했을 뿐이다. 시간이 지나면서 나는 이 장들을 사회정의에 관한 논문, 특히 서번트 리더십[10]과 진정성을 강조하는 논문으로 대체하였다.

반대로 나는 길리건의 작품에 매우 많은 시간을 들였지만 콜버그의 이론과 도덕성 발달단계에 대하여 광범하게 개괄한 다음에만 접근하였다. 아마 내가 심리학에서 먼저 훈련받았기 때문에 발달단계에 대한

10) 역주: 섬김과 사랑의 정신으로 봉사와 헌신을 통해 조직을 이끄는 리더십.

아이디어를 좋아했는지 모른다. 뿐만 아니라 앞에서 말한 것처럼 콜버그와 관련한 강의를 듣기도 했고, 항상 콜버그의 작품을 존경해 왔다. 그래서 콜버그의 연구 표집이 남자로만 구성되었기 때문에 여성과 관련지을 때 그의 초기 연구는 심각한 문제를 불러일으킨다는 점에 주목하면서 좀 더 자세히 그의 이론을 제시하였다. 나는 또한 강의에서 윤리적 측면에 주의를 기울여 이 개념이 정의의 의미와 어떻게 부합되는지 논의하도록 격려하면서 상당히 많은 시간을 보냈다.

나는 최근의 교수와 연구 노력에서 법과 윤리의 교차점과 관련된 이슈를 강조해 왔다. 특히 그러한 학생을 위한 최선의 이익에 적용될 때, 그리고 우리의 전문직 패러다임의 중심에 놓여 있는 개념에 적용될 때 더욱 그랬다. 이는 법적 의사결정과 윤리적 의사결정에 관한 내 세미나와 나의 최근 두 출판물(Stefkovich, 2006; Stefkovich & O'Brien, 2004)의 초점이 된다.

2007년부터 나는 컬럼비아 대학교 사범대학의 하계 교장아카데미(Summer Principals' Academy: SPA)의 한 부분으로서 법과 윤리의 한 과정을 팀티칭하는 특전을 가졌다. 첫 여름에는 뉴욕 주 교육감(former Commissioner of Education for New York State), 스카스데일(Scarsdale) 교육구 교육감을 역임했고, 현재 컬럼비아 대학교 사범대학 교수인 톰 소볼(Tom Sobol)과 SPA 코스를 공동교수하는 아주 즐거운 경험을 가졌다. 소볼 교수는 너그럽게도 강의 교수요목을 나와 공유하였다. 소볼 교수와 함께 일하면서 나는 현대 학자들은 물론 많은 고전 윤리학자에 대한 통찰을 얻을 수 있었다. 넬 나딩스(Nel Noddings)의 저술이 지니는 뉘앙스에 대한 소볼 교수의 반추는 돌봄윤리에 대한 나의 이해를 크게 향상시켜 주었다. 그리고 서지오바니(Sergiovanni, 1992)나 바다라코(Badaracco, 1997)와 같은 저자에 관한 소볼 교수의 논의는 돌봄과 정의의 패러다임에 대한 이해를 넓혀 주었다. 최고 수준의 교육에서 수년간의 연구와 실제 경험을 통해 얻은 소볼 교수의 지식과 지혜는 나와 우리 학생들에게 진실로 귀중하고 기억에 남을 만한 경험을 남겼다.

나의 모든 강의에서 대개 그랬던 것처럼, SPA 프로그램 학생들이 나에게 배운 것보다 내가 학생들로부터 배운 것이 더 많았다. 이 학생들은 미국 전역으로부터 왔지만 대부분 뉴욕 시 공립학교에서 일하고 있었다. 어떤 학생은 교육환경이 아주 열악한 지역에서 활동하고자 하는 교육학 비전공자를 가르치는 프로그램인 '미국을 위한 교육(Teach for America: TFA)'[11]에서 오기도 했다. 많은 학생이 차터스쿨에서 일하고 있었고, 또 자기 자신의 학교를 세우기도 했다. 지난 몇 년 동안 새로운 정보와 통찰을 반영했을 뿐만 아니라, 컬럼비아 대학교 사범대학과 펜실베이니아 주립대학교의 학생회와 우리 사회의 변화에 맞춰 나의 과정을 수정해 왔다. 근본적으로 나는 여러 국가와 문화를 아우르는 윤리적 의사결정을 반영함으로써 범세계적으로 적용될 수 있는 강의가 되도록 했다.

이러한 범세계적 접근의 많은 부분은 교육행정대학협의회(University Council for Educational Administration: UCEA)의 리더십과윤리연구센터(Center for the Study of Leadership and Ethics: CSLE)와 함께한 나의 연구의 한 부분에 해당된다. 조앤 샤피로 교수와 나는 이 센터(CSLE)의 2000년 연차학술대회에 참석하고 논문을 발표하기 시작하였다. 2003년에 우리 학과에서 센터의 소장으로 폴 베글리(Paul Begley)를 채용하면서 CSLE는 토론토 대학교에서 펜실베이니아 주립대학교로 옮겨 갔다. 센터의 베글리 소장의 리더십을 통하여 우리는 전 세계의 교육윤리 학자와 함

11) 역주: 국가의 가장 유망한 미래의 교육 리더를 참여시켜 교육 불평등을 제거하기 위한 운동을 벌이고자 하는 비영리기구 프로그램.

께 일할 수 있게 되었고 우리 학생들은 응용윤리 분야의 최신 저술을 직접 접할 수 있게 되었다. 2009년에 베글리 소장이 캐나다로 돌아오면서 CSLE는 내가 공동소장이었던 우리 센터와 펜실베이니아 주립대학교 록윤리연구소(Penn State's Rock Ethics Institute), 템플 대학교의 신민주윤리교육 리더십(New DEEL), 그리고 오스트레일리아, 캐나다, 홍콩, 스웨덴에서 온 관련 집단을 포함하여 확장되었다. 나는 현재 학교에서의 도덕적 문해와 관련한 이슈에 관하여 이 집단뿐만 아니라 록윤리연구소(Rock Ethics Institute)의 낸시 투아나(Nancy Tuana) 소장과 함께 밀접한 관계를 맺고 일하고 있다.

우리의 윤리교수법과 당면한 이슈

처음에 우리의 윤리교수는 모든 교육행정 박사과정 학생에게 필수로 요구하는 7주 과정으로 시작하였다. 많은 학생이 한 학기의 반으로는 충분치 못하다고 느꼈기 때문에 최근 14주 과정으로 확대되었다. 최근에 템플 대학교 교육대학의 스티브 그로스(Steve Gross) 교수는 모범사례와 가치에 초점을 맞춘 신민주윤리교육 리더십(New DEEL) 대학원 과정을 제시하였다. 이에 더하여 조앤 샤피로 교수가 템플 대학교 학문전략 컴퍼스(Temple University's Academic Strategic Compass) 기획 과정의 윤리기획자(Ethical Threader)로 일하였다. 이러한 역량을 가지고 조앤 샤피로 교수와 건강정보관리국(Health Information Management)의 동료 로린다 하만(Laurinda Harman) 교수는 템플 대학교 학부생을 위한 응용윤리 자격증을 개발하고 있다. 이 자격증 과정을 준비교육하면서 새로운 전문직윤리 과정과 공동교육과정 활동을 여러 학부 교육과정에 소개하게 될 것이다.

펜실베이니아 대학교에서는 2004년 가을학기부터 새로운 윤리 과정을 개설하였다. 이 과정은 공유집단 경험(cohort experience)[12]의 한 부분으로서 한 학기를 교육 리더십 박사과정 학생에게 제공하고 있을 뿐만 아니라 다른 대학원생에게도 수강 가능하도록 하고 있다. 2003년에 시작한 펜실베이니아 주립대학교도 법적 의사결정과 윤리적 의사결정에 관한 선택 세미나를 제공하고 있다. 모든 대학원생에게 개방된 이 과정은 법원의 판결과 관련된 윤리적 이슈를 다루고, 또 '학생을 위한 최선의 이익 보장'에 초점을 맞추고 있다. 2010년 봄학기[13] 시작과 함께, 펜실베이니아 대학교에서 에인절 덩컨(Angel Duncan) 교수는 윤리 및 교육과 관련한 과정을 개설했는데, 이 과정은 교사 준비교육 전공 학생은 물론 교육정책연구에 초점을 맞춘 학부 신입생을 대상으로 하고 있다. 2010년 여름학기에 공저자 중 한 사람인 스테프코비치 교수 자신은 컬럼비아 대학교 SPA 프로그램에서 법과 윤리를 강의하며 네 번째 해를 맞이하게 된다. 스테프코비치는 지난 3년간 텍사스 A&M 대학교 마리오 토레스(Mario Torres) 부교수와의 팀티칭에 참여해 왔다.

윤리를 여러 가지 방법으로 효과적으로 교수할 수 있다고 믿지만, 우리가 당면한 이슈, 즉 다양성에 관한 관심, 사전 준비교육, 자기반성이 요구되는 절차로서 항상 따라다니는 윤리에 대한 관점과 같은 이슈는 충분한 시간을 투여해야 더 쉽게 다룰 수 있는 성질의 것이다. 윤리를 교수하기는 어려운 일이라는 것을 인정하고 우리의 경험을 다른 사람

12) 역주: 일정한 기간 동안 한 집단이 공통의 특징이나 경험을 공유하는 것.

13) 역주: 우리나라의 2학기제 대신 4학기제를 채택하고 있는 미국에서는 가을학기, 겨울학기, 봄학기, 여름학기라고 지칭하고 있다.

과 공유하여 우리의 성공과 한계에서 배울 수 있게 하는 것이 우리의 바람이다. 우리가 윤리교수에서 당면한 우리의 교수법과 특별한 이슈를 여기에서 기술하는 이유가 이런 정신에 있다.

윤리교수법

조앤 샤피로 교수가 돌봄윤리와 비판윤리를 특히 중시하고, 재클린 스테프코비치 교수는 정의윤리를 우선시하고 있지만 교수법에 대한 우리 둘의 접근은 놀랍게도 비슷하다. 우리의 교육내용이 반성적이고 과정지향적이며 구성주의적이기를 기대하면서, 우리는 학생들로 하여금 강의노트와 윤리강령을 암기하는 대신 자신의 경험에 비추어 검토하고 그러한 경험을 통해 학습한 것에서 의미를 도출하라고 격려한다. 우리의 목표는 학생이나 교육현장의 전문가에게 '권한을 부여' 함으로써, 그들이 다시 또 다른 사람에게 권한을 부여하도록 하는 것이다. 우리는 같은 독서자료를 사용하고 정의, 돌봄, 비판, 전문직윤리의 패러다임을 통해 윤리에 관한 다양한 관점을 고려한다. 우리는 또한 강의, 토의, 인터넷 토의 게시판, 소집단 활동을 포함하여 다양한 교수적 접근을 하고 있다.

우리들은 학생들이 경험을 반영하는 데 도움이 되는 보조도구로 개인 저널(personal journal)을 쓰도록 기대한다. 뿐만 아니라 반성적 전문직윤리 딜레마를 쓰도록 요구하고 이들 딜레마에서 사례를 분석하고 해결하기 위하여 네 가지 패러다임, 즉 정의, 돌봄, 비판, 전문직윤리의 패러다임을 사용한다. 조앤 샤피로 교수는 또한 반성적 개인 딜레마를 과제에 포함시키고 있다. 모든 딜레마 사례를 수업에서 구두로 발표한다. 우리는 학생들이 개인윤리강령과 전문직윤리강령을 둘 다 기록해 온 다음 비교하고 대조해 보도록 하여 유사점과 차이점을 서로 공유하도록 하였다. 나중에 우리 둘은 새로운 테크놀로지의 사용과 토의 게시판을 통한 학생 대 학생 간 상호작용을 허용하는 혼합교수모형을 더 많이 포함하게 되었다. 윤리를 가르치면서 우리는 또한 진도를 나가기 전에 언급할 필요가 있는 도전과 이슈에 대처해야 했다.

강점이자 도전으로서의 다양성

1990에서 1999년에 이르는 기간 동안 템플 대학교에서 우리가 함께 일할 때 박사과정에서 필수적인 공유집단 경험의 일부로서 150명 이상의 대학생을 가르쳤다. 조앤 샤피로 교수는 2000년부터 현재에 이르기까지 윤리 과정을 계속해서 가르치고 있고, 재클린 스테프코비치 교수는 2004년 이래 펜실베이니아 주립대학교 교육행정 프로그램의 박사과정 학생에게 윤리 과정을 가르쳤을 뿐만 아니라, 2003년 이후에는 법과 윤리에 관한 대학원 세미나를 담당하고 있다.

우리 학생들에게 가장 놀랄 만한 일은 아마도 그들의 다양성이라고 할 것이다. 도시에 소재한 템플 대학교는 다양한 종족과 인종의 배경을 가진 학생을 유치할 수 있는 행운을 갖고 있다. 템플 대학교의 어떤 학생은 대학도 있고 미국 6대 도시 중 하나인 필라델피아에서 오기도 하고, 어떤 학생은 해리스버그(Harrisburg)와 스크랜튼(Scranton)과 같은 펜실베이니아 주의 작은 도시에서 오기도 한다. 어떤 학생은 뉴저지(New Jersey), 델라웨어(Delawarc), 메릴랜드(Maryland) 같은 다른 주에서 오기도 한다. 일부 학생은 벽지에서 통학하기도 하고, 어떤 학생은 교외의 부유층 지역에 살기도 한다. 템플 대학교의 한 강의에는 트리니다드 토바고(Trinidad and Tobago)에서 온 여성이 있고, 에티오피아(Ethiopia)에서 온 한 남성도 있고, 재정착한 뉴욕인도 있으며, 펜실베이니아 주 더치 카운티(Dutch county) 태생[14)]의 학생도 있다. 템플 대학교 학생들은 종종 템플 대학교 일본 캠퍼스와 현재 자메이카(Jamaica)에서 가르치는 교육 프로그램에서 오기도 한다.

펜실베이니아 주립대학교의 이 시골 캠퍼스에서 재클린 스테프코비치 교수도 다양한 출신의 학생을 가르치고 있다. 많은 학생이 펜실베이니아 중심부에서 오지만 어떤 학생은 수업에 참석하기 위하여 2, 3시간 통학하기도 하고, 대부분의 전일제 학생들은 미국 전역과 세계 도처에서 찾아왔기 때문에 광범한 민족, 인종, 종교적 배경을 대표한다고 할 수 있다. 펜실베이니아 주립대학교는 잘 갖춰진 국제비교교육(Comparative International Education: CIED) 복수학위 프로그램과 험프리 펠로우십 프로그램(Hubert H. Humphrey Fellowship Program)의 일부로서 신생국가에서 중견전문가를 4년간 초청하고 있다. 재클린 스테프코비치 교수의 윤리 강의는 이들 프로그램과 더욱 전통적인 전공 양쪽에서 국제학생을 유치하였다. 이들 국제학생은 자기 나라에 돌아가 대학이나 교육부에 근무할 목적 또는 미국에 남기 위한 수단으로 교육받고자 자기 나라에서 직접 오기도 한다. 펜실베이니아 주립대학교는 또한 미국에서 가장 장기간 동안 계속적으로 운영되고 있는 아메리카 인디언 리더십 프로그램(American Indian Leadership Program: AILP)에서 개인을 훈련시키고 있다. 이들 학생 대부분은 자기 종족 학교로 돌아가 일할 사람들이다. 이들은 자기들의 다양한 관점을 통해 재클린 스테프코비치 교수의 강의를 매우 풍성하게 만들었다.

우리 윤리 강의의 학생들은 종족과 인종적 다양성 외에도 여러 가지

---

14) 역주: 아미시 메노나이트(Amish and Mennonite), 즉 문명의 이기를 거부한 채 100년 전 방식으로 오늘을 사는 아미시 공동체의 본고장. 이들은 자동차와 전기, 전화를 사용하지 않으며, 아직도 말과 쟁기로 밭을 갈고 산다고 한다. 2008년 인구 22만 1천 명으로 인구증가율 4%대라고 알려져 있다.

로 서로 다른 것을 가져왔다. 재클린 스테프코비치 교수는 펜실베이니아 주립대학교에 근무하는 여러 해 동안 아메리카 인디언 교사와 여러 종족 학교의 행정가가 포함된 강의를 맡았다. 사우디아라비아, 브라질, 한국과 같은 다양한 나라의 교육부를 대표하는 학생도 있었고, 괌, 사이프러스, 인도, 카자흐스탄, 여러 아프리카 국가에서 온 교육자도 있었으며, 중국, 일본, 타이완에서 온 교사와, 중부 펜실베이니아 태생의 많은 교사와 행정가뿐만 아니라, 뉴욕과 필라델피아와 같은 도시에서 이주해 온 교육자도 있었다.

종교적 다양성으로 주의를 돌려 보면, 크리스천이나 유대교도가 많지만 템플 대학교 학생들은 이들 종교 내에서도 다양한 종파를 대표하는 것 같았다. 이들 종파는 십계명의 여러 버전이 울려 퍼지는 것같이 학생들의 개인적 강령과 전문직강령 형성에 영향을 주는 것 같다고 믿는다. 예를 들면 어떤 학생은 필라델피아 흑인침례교회에 속한다. 어떤 다른 학생들은 펜실베이니아의 바이블 벨트(Bible Belt)[15] 지역에서 온 백인 기독교 근본주의자들이다. 우리는 가톨릭 수녀와 신부, 정교회인, 보수파, 개혁유태교인, 흑인 무슬림, 힌두교인, 메노나이트교인(Mennonites)[16]을 가르치기도 했다. 우리는 또한 아주 광범한 프로테스탄트인을 가르치고 또 종교적 정체성을 전혀 언급한 적이 없는 학생을 가르치기도 했다. 펜실베이니아 주립대학교에서 종교를 갖고 있는 대부분의 학생은 크리스천이지만 아메리칸 인디언과 불교도, 힌두교도, 무슬림 등을 포함한 국제학생들은 다양한 종교를 대표한다.

---

15) 역주: 주로 엄격한 기독교 근본주의가 생활을 지배하는 미국의 남부지역을 의미한다.

16) 역주: 16세기 종교개혁기에 등장한 개신교 종파로 메노파라고도 한다. 앞의 역주에서 말한 아미시 공동체와 같이 전통적인 방식으로 생활한다.

템플 대학교와 펜실베이니아 주립대학교의 대학원생의 연령대는 20대 중반에서 60세에 이르기까지 광범위했고 전문직업 경험은 다양성 그 자체였다. 우리가 기대한 대로 공립학교 교사와 행정가들이 많았지만, 그렇지 않은 사람들까지 교육 리더십 박사과정에서 기대한 대로 똑같이 찍어내듯 교육계로 제한할 필요는 없다. 어떤 사람들은 기업체에서 오기도 하고, 어떤 사람은 고등교육기관에서 일하기도 하였다. 카운슬러, 심리학도, 생물학도, 영어 교사와 물리 교사도 있었다. 그리고 우리와 마찬가지로 특정 관심을 가진 교수들도 이런 경험을 얻기 위해 왔고 학생들도 그러했다. 우리의 교수활동을 통해 교수와 학생 모두 삶 속에서의 우리 가치와 결정적 사건에 대해 더 잘 이해하게 되었다.

이 다양성의 질이 강의의 최대의 강점이라고 믿는데 이는 윤리적 이슈에 대하여 토론할 때 서로 다른 관점을 제시할 수 있기 때문이다. 그렇지만 이 다양성으로 인하여 쉽게 정의를 내리기도 어렵고 쉽게 다루기도 어려운 복잡한 현상이 나타나기 때문에 가르치는 위치에 있는 우리들에게는 최대의 도전으로 다가오기도 한다. 우리가 수업을 할 때, 다양성은 그렇게 명료하지 않은 것으로 나타났다.

우리는 학생들 사이의 차이점을 현실적으로 해결할 수 없고 또 꼭 그래야 할 필요도 없었다. 그렇지만 우리가 할 수 있는 것은 학생들의 주의를 끌고, 또 자기 자신의 윤리강령뿐만 아니라 다른 학생의 관점에서도 반성하도록 하는 전략을 적용하는 것이었다.

윤리교수에 있어서 우리는 또한 어떤 종류의 고정관념에 빠지지 않도록 매우 조심했다. 예를 들면 인종, 성과 같은 가장 명백한 고정관념뿐만 아니라 종교, 문화, 성지향성, 지리적 위치, 직업, 받은 훈련에 근거한 보다 어려운 고정관념에도 빠지지 않도록 조심하였다. 우리는 교수로서 자신을 체크해야 할 뿐만 아니라 항상 편견에 젖은 가정과 뿌리

깊이 박힌 관념의 도전을 받는 학생도 체크해야 했다. 가르치는 사람으로서 우리가 다양한 문화, 배경, 의견을 다루려면 강의 중에 일어나고 있는 것에 계속 주의를 기울여 살펴야 한다.

교육 리더십과 관련하여 윤리를 가르칠 때, 다양한 학생 인구에 관련된 문화의 충돌과 싸우고 있는 우리 자신과, 다른 사람의 가치, 도덕성, 윤리강령의 의미를 다르게 만드는 성, 인종, 사회계층, 그 밖의 다른 차이의 범주에 대한 경계를 넘어 궁극적으로 우리 학생들을 위한 번역자로서 활동하고 있는 우리 자신을 발견하게 된다. 이런 과정을 통해서 우리는 또한 혜택을 받게 되고, 이런 경험을 통하여 가르치는 사람으로서, 인간이라는 존재로서 성장한다.

우리 강의의 이런 다양성의 강점과, 다양성이 가져오는 도전, 그리고 우리의 교수에서 이런 복잡성에 어떻게 대처하느냐 하는 문제로 인해, 가장 중요시하는 윤리적 가치와 교수에 관하여 우리가 앞에서 논의한 것과, 윤리 교육에는 '단 하나의 최고의 모델'은 있을 수 없다는 우리의 생각을 다시 강조하게 된다.

윤리 교육을 위한 사전 준비교육

우리에게 많은 도전을 주었던 이 다양성에 더하여 교수를 하는 데 직면하게 되는 또 다른 중요한 어려움과, 차이와 관련된 어려움은 우리 학생들 대부분이 윤리에 대한 배경이 거의 없거나 전혀 없다는 점이다. 그래서 결과적으로 학생들이 자기들에게 기대되는 것이 무엇인지 종종 전혀 확신할 수 없고, 학생들에게 익숙한 '전형적인' 교육행정 과정과 이 윤리 과정은 아주 다르다고 생각하게 된다.

우리의 어떤 강의에서는 학생들이 여러 윤리 과정을 접했는데, 이 스펙트럼의 다른 방향의 끝을 대표하는 몇몇 학생도 있고 때로는 이 윤리 과정을 종교 훈련의 부산물 정도로 생각하는 학생도 있었다. 그러나 그런 학생 대부분이 훈련받은 것 또한 자유민주주의 전통과 함께 유대-크리스천 전통이었기 때문에 강의에 임할 때 모호성에 부닥치게 되었다.

주류의 제1그룹은 보다 구조적인 것을 추구하여 이 모호성에 대응하였다. 예를 들면 개인적 강령을 쓰리고 요구하였을 때 여기서 얻는 게 무엇이냐는 질문이 항상 있었고, 각 강의에서는 하나의 개인윤리강령 샘플을 하나의 모델로 제시해 줄 수 있는지를 요구하는 사람이 항상 있었다. 반면에 윤리 훈련을 받은 극소수는 이 과제를 자연스럽게 받아들이는 것처럼 보였다. 이런 훈련을 받은 사람의 도전은 '진실'이라는 인습적 의미를 가능한 한 파괴하고 시야를 넓히는 것이었다.

과정 후반부에 학생들이 어느 정도 새로운 사고방식에 적응하게 되고 또 이 과정에서 비판적인 자기반성에 익숙하게 되자, 처음에 통상적이지 않은 것같이 보였던 수업 경험을 장점으로 보기 시작하였다. 이 시점에서야 많은 학생들은 이런 기회를 갖게 된 것에 감사를 표시하고 더 많은 시간이 있었더라면 하는 아쉬움을 표시했다. 이러한 요구로 인해 템플 대학교에서는 초기 반 학기였던 윤리 과정을 궁극적으로는 한 학기로 확대하였다.

한 학생은 저널에서 자신의 경험과 부닥쳤던 다양성을 반영하는 감상을 다음과 같이 깔끔하게 요약하고 있다.

> 강의에서 우리와 함께했던 참여자들이 어울리는 이런 과정이라면 모든 사람에게 많은 도움이 될 것이다. 학문적이고 비위협적인 분위기에서 우리 자신과 다른 사람의 신념과 사상을 진실로 '들을 수' 있는 기회를 얼마나 많은 사람이 가질 수 있겠는가? 정말로 이 공유집단은 내 대학원 전체 과정에서 이렇게 다양한 사람과 만날 수 있었던 유일

> 한 최초의 시간이었다. 우리 강의의 사람들이 가진 경험과 사고방식이 내 자신과 너무나 다르기 때문에 그들의 반응에 나는 계속 놀라지 않을 수 없었다. 이 과정은 진실로 활력적이었고 나는 많은 교류를 즐기고 있다.

과정으로서의 윤리

우리는 학생 입장뿐만 아니라 교수 입장에서도 윤리교수를 영원히 발전하는 과정으로 보게 되었다. 우리의 교수법에 관하여 의식적인 반성을 하면 우리가 가르치는 학생들에게 더 정직해질 수 있고, 또한 우리가 선택한 교수 접근이 가르칠 교재와 잘 맞는지 결정하는 데 도움이 된다고 믿는다. 교수의 자기반성은 또한 학생 자신이 도덕적 자기평가를 하는 방법의 모델이 된다.

예를 들면 우리 교수들이 윤리 과정을 수정할 때 학생들은 아주 훌륭한 피드백을 제공해 주었다. 학생들은 우리가 사용하는 여러 접근법에 대하여 아주 열성적으로 반응하였다. 한 학생은 다음과 같이 지적했다. "각 과제는 내가 생각한 것이 한 인간으로서 그리고 한 반성적 실천가로서 중요하다는 것에 대해 생각하게 하였다." 또 다른 한 학생은 "저널은 인지 과정의 길을 유지하고 또 참여자의 의식을 개발하는 아주 훌륭한 방법이었다."고 말하였다. 여기에 한 학생은 다음과 같이 덧붙였다. "저널 과제를 통해 나는 논문과 다른 글들을 더 비판적으로 읽게 되었다. 저널은 나의 지적 성장에 꼭 필요한 부분이었다." 다른 학생들은 윤리강령의 필요성에 대해 곰곰이 생각하였다. 한 백인 행정가 학생은 "행정가는 흔히 '직감(gut feelings)'에 의지한다. …… 이 과정은 가치와 윤리에 관한 나의 동기와 행동을 체계적이고 반성적으로 돌아보게 했기 때문에 나에게는 좀 어려웠다."고 털어놓았다.

우리 교수들이 사례에서 '단 하나의 최고의 모델'을 주장하지 않았지만 윤리에 바친 상당한 시간 때문에 우리 학생들은 강의의 반성적 성격에 대한 최초의 불안감을 극복할 수 있었다. 사실, 학생들이 윤리적 패러다임과 과정에서의 매우 비판적인 자기반성에 익숙해지면서 이러한 접근의 장점을 깨닫기 시작했고, 또 많은 학생들이 윤리 관련 교육과정에 더 많은 시간이 배정되길 원했다. 한 40대의 여성 행정가 학생은 "처음에 나는 어떤 사람의 윤리를 바꾸게 한다는 아이디어는 '비윤리적'이고, 아마도 '합당한 근거'도 없을 거라고 생각했었다. 그러나 지금은 그 사람에게 윤리나 도덕의 변화는 성장과 계발을 의미한다고 생각한다."고 밝혔다.

이 과정은 교수법의 반성적 성격에 대해 곤란을 느끼는 교수나 학생에게는 쉽지 않았다. 이 과정을 가르친 한 교수는 우리에게 "밤늦게 집에 돌아갈 때 교수는 남겨진 문제를 생각하고 또 생각해야 하기 때문에 어려운 과정이었다. 하지만 우리 학과의 모든 교수가 가르쳐야 하는 과정이다."라고 말했다.

이와 비슷한 고민이 20대의 교외에 사는 어느 젊은 여학생의 말 속에 반영되어 있다.

> 이 과정이 나에게 압력을 주는 것으로 생각되어 고통스러웠다. 회색보다는 흑백논리로 보기 쉬운데 윤리적 사고는 이를 허용치 않았다. 모든 시각을 다 탐색해 보고, 모든 목소리를 다 들어 보았을 때에만 하나의 결정이 공정할 수 있는데 그런 때일지라도 어떤 사람은 이미 내린 결정에 대해서도 항상 의문을 제기할 것이다. 그러나 나의 사고와 의사결정과정이 윤리적이었다면 나는 내 자신이 평화로울 수 있다고 생각한다.

윤리 과정의 반성적 성격과 소집단과 대집단에서의 동료와의 토의로 인해, 윤리 강의가 박사과정 공유집단에 긍정적인 효과를 준다고 많은 학생들이 말하게 되었다. 이 과정은 박사 공유경험의 첫해 봄학기에 개설되었다. 이러한 성장의 변화과정을 보고 겪은 세 명의 매우 다른 반성 사례를 보기로 한다.

> 강의의 토론이 사고의 재형성에 활력을 주는 것을 볼 수 있었다. 토론은 자극을 주고 대부분 마음의 변화를 주었다. 그리고 과정은 또한 우리 공유집단을 대개 바람직한 방법으로 결속시키는 원인이 된다는 것을 발견하였다. 소집단 토의에서 종종 옆길로 빠지기도 했지만 우리에게 도전감을 주고, 우리 내면의 신념, 감정, 동기를 털어놓게 하였다(아프리카계 미국인 남자, 도시 출신, 30대 중반).

> 지금의 강의에 참여하고 독서자료를 경험하면서 나는 전과는 다르게 공유집단 사람들과의 친밀감을 느끼게 되었다. 아마도 이것은 깨우침을 주고, 내가 들었던 다른 강의보다 부담을 덜 느끼고, 더 협동적이었기 때문이라고 생각한다. 우리의 도덕적 신념을 서로 나누기 위해 집단을 나눈다는 아이디어를 좋아한다. 이러한 방식은 이타심도 길러주고 이성적인 사람이 되게 한다(소도시 출신 백인 40대 남자).

> 이 과정은 우리 공유집단을 하나로 만들었다. 가을 학기에는 서로의 견해를 존중하지도 않고 차이점을 노출시키지도 않는 경우가 많았다. 우리들은 개인의 정체성을 지키기 위해 매우 방어적인 태도를 취했었다. 그러나 밤에 집단을 이루고 모여 앉아 개인윤리의 공동강령과, 경쟁심과 개별성에 사로잡힌 분위기 개선을 위해 함께 노력하여

마침내 새로운 수용의 분위기로 전환하기 위한 방법을 이루어 냈다(교외에 사는 20대 백인 여학생).

결론

이 장을 통하여 우리는 자신이 누구이고 무엇을 어떻게 가르칠 것인지와 같은 이슈에 초점을 맞추고 공동교수 간 대화의 중요성을 강조했다. 이런 대화를 하면 어떤 독서자료와 다른 자료들이 수업에서 특히 강조되는지 조심스럽게 내용을 분석할 수 있게 된다. 또 모든 학생들에게 내용이 잘 전달되고 있는지 확실히 하기 위하여 어떤 교수법 접근을 적용할 것인지 밝히는 데 도움이 된다. 심층적이고, 사려 깊고, 적극적인 토론을 하면 우리가 가르칠 때 어떤 목소리를 강조하는지 평가하는 데 도움이 되리라고 생각한다. 즉, 정의, 권리와 법의 목소리; 비판과 가능성의 목소리; 돌봄, 관심과 관계(connection)의 목소리; 대안으로 이들 목소리의 어떤 결합을 강조할지를 평가하는 데 도움이 된다. 정의, 돌봄, 비판윤리 패러다임 외에 하나의 추가적인 패러다임, 즉 전문직윤리의 필요성을 인정할 수 있었던 것도 이 경험을 통해서였다.

참고문헌

America 2000: An education strategy. (1991). Washington, D.C.: U.S. Government Printing Office.

American Association of School Administrators. (1981). *Statement of Ethics for School Administrators.* Arlington, VA: Author.

American Association of University Women. (1992). *How Schools Shortchange Girls: A study of major findings on girls and education.* Washington, DC: Author.

American Association of University Women. (1995). *Achieving Gender Equity in the Classroom and the Campus: The next step.* Washington, DC: Author.

Anyon, J. (1980, winter). Social class and the hidden curriculum of work. *Journal of Education, 162*(1), 67–92.

Anyon, J. (2005). *Radical Possibilities: Public policy, urban education and a new social movement.* New York: Routledge.

Apple, M. W. (1986). *Teachers and Texts: A political economy of class and gender relations in education.* New York: Routledge.

Apple, M. W. (2000). *Official Knowledge: Democratic education in a conservative age* (2nd edn). New York: Routledge.

Apple, M. W. (2001). *Educating the "Right" Way: Markets, standards, God, and inequality.* New York: Routledge.

Apple, M. W. (2003). *The State and the Politics of Knowledge.* New York: Routledge.

Apple, M. W. (2004). *Ideology and Curriculum. 25th anniversary* (3rd edn). New York: Routledge.

Apple, M. W. (2006). *Educating the "Right" Way: Markets, standards, God, and inequality.* (2nd edn). New York: Routledge.

Asbaugh, C. R. & Kasten, K. L. (1995). *Educational Leadership: Case studies for reflective practice* (2nd edn). White Plains, NY: Longman.

Associated Press. (2009). Columbine: 10 years later, p. 1. Retrieved January 4, 2010 from http://www.msnbc.com/id/30259632/.

Badaracco, J. L. (1997). *Defining Moments.* Cambridge, MA: Harvard University Press.

Bakhtin, M. (1981). *The Dialogic Imagination.* Austin, TX: University of Texas Press.

Banks, J. A. (2001). *Cultural Diversity and Education: Foundations, curriculum and teaching* (4th edn). Boston, MA: Allyn & Bacon.

Banks, J. A. & Banks, C. A. M. (2006). *Multicultural Education: Issues and perspectives* (6th edn). San Francisco, CA: Jossey–Bass.

Barth, R. J. (1990). *Improving Schools from Within: Teachers, parents, and principals can make the difference.* San Francisco, CA: Jossey–Bass.

Beauchamp, T. L. & Childress, J. F. (1984). Morality, ethics and ethical theories. In P. Sola (ed.), *Ethics, Education, and Administrative Decisions: A book of readings* (pp. 39-67). New York: Peter Lang.

Beck, L. G. (1994). *Reclaiming Educational Administration as a Caring Profession.* New York: Teachers College Press.

Beck, L. G. & Murphy, J. (1994a, April 6). *A Deeper Analysis: Examining courses devoted to ethics.* Paper presented at the annual meeting of the American Educational Research Association, New Orleans, LA.

Beck, L. G. & Murphy, J. (1994b). *Ethics in Educational Leadership Programs: An expanding role.* Thousand Oaks, CA: Corwin Press.

Beck, L. G., Murphy, J., & Associates (eds.). (1997). *Ethics in Educational Leadership Programs: Emerging models.* Columbia, MO: University Council for Educational Administration.

Beckner, W. (2004). *Ethics for Educational Leaders.* Boston, MA: Pearson Education.

Begley, P. T. (ed.). (1999). *Values and Educational Leadership.* Albany, NY: State University of New York Press.

Begley, P. T. & Johansson, O. (1998, July). The values of school administration: Preferences, ethics, and conflicts. *Journal of School Leadership, 9*(4), 399–422.

Begley, P. T. & Johansson, O. (eds.). (2003). *The Ethical Dimensions of School Leadership.* Boston, MA: Kluwer.

Belenky, M. F., Clinchy, B. M., Goldberger, N. R., & Tarule, J. M. (1986). *Women's Ways of Knowing.* New York: Basic Books.

Bennett, W. J. (1988). *Our Children and our County: Improving America's schools and affirming the common culture.* New York: Simon & Schuster.

Bennett, W. J., Finn, C. E., & Cribb, J. T. E., Jr. (2000). *The Educated Child: A parent's guide from preschool through eighth grade.* New York: Simon & Schuster.

Bilchik, S. (1999). *Promising Strategies to Reduce Gun Violence Report.* United States Department of Justice, Washington, D.C.: Office of Juvenile Justice and Delinquency Prevention. Retrieved January 4, 2010 from http://www.ojjdp.ncjrs.gov/pubs/gun_violence/173950.pdf.

Blackburn, S. (2001). *Being Good: A short introduction to ethics.* Oxford: Oxford University Press.

Blackburn, S. (2006). Personal communications, February 1.

Bloom, A. (1987). *The closing of the American Mind.* New York: Simon & Schuster.

Board of Education of Independent School District No. 92 of Pottawatomie County v. Earls, 536 U. S. 822 (2002).

Board of Education, Island Trees Union Free School District No. 26 v. Pico, 457 U. S. 853 (1981).

Bolman, L. G. & Deal, T. E. (1991). *Reframing Organizations: Artistry, choice, and leadership.* San Francisco, CA: Jossey–Bass.

Bourdieu, P. (1977). Cultural reproduction and social reproduction. In J. Karabel & A. H. Halsey (eds.), *Power and Ideology in Education* (pp. 487-511). New York: Oxford University Press.

Bourdieu, P. (2000). *Masculine Domination*. Stanford, CA: Stanford University Press.

Bowles, S. & Gintis, H. (1988). *Democracy and Capitalism*. New York: Basic Books.

Boyer, E. L. (1990). *Scholarship Reconsidered: Priorities of the professoriate*. San Francisco, CA: Jossey−Bass.

Brown v. Board of Education, 347 U. S. 483 (1954).

Buber, M. (1965). Education. In M. Buber (ed.), *Between Man and Man* (pp. 83-103). New York: Macmillan.

Burant, T. J., Chubbuck, S. M., & Whipp, J. L. (2007). Reclaiming the moral in the dispositions debate. *Journal of Teacher Education, 58*(5), 397−411.

Cambron-McCabe, N. H. & Foster, W. (1994). A paradigm shift: Implications for the preparation of school leaders. In T. Mulkeen, N. H. Cambron-McCabe, & B. Anderson (eds.), *Democratic Leadership: The changing context of administrative preparation* (pp. 49−60). Norwood, NJ: Ablex.

Campbell, E. (2000). Professional ethics in teaching: Towards the development of a code of practice. *Cambridge Journal of Education, 30*(2), 203−221.

Campbell, E. (2004). *The Ethical Teacher*. Maidenhead, UK: Open University Press.

Capper, C. A. (1993). Educational administration in a pluralistic society: A multiparadigm approach. In C. A. Capper (ed.), *Educational Administration in a Pluralistic Society* (pp. 7−35). Albany, NY: State University of New York Press.

Carnoy, M. & Levin, H. (1985). *Schooling and Work in the Democratic State*. Palo Alto, CA: Stanford University Press.

Casella, R. (2003). Zero tolerance policy in schools: Rationale, consequences, and alternatives. *Teachers College Record, 105*, 872-892.

Center for Effective Discipline. (2010). U.S.: Corporal punishment and paddling statistics by state and race, states banning corporal punishment. Retrieved January 3, 2010 from http://www.stoplitting.com/index.php?page=

statesbanning.

Chen, G. (2008). Communities, students, schools, and school crime: A confirmatory study of crime in U.S. high schools. *Urban Education, 43,* 301–318.

Comer, J. P. (1988). Is "parenting" essential to good teaching? *NEA Today, 6,* 34–40.

Cooper, J. M. (1995). *Teachers' Problem Solving: A casebook of award-winning teaching cases.* Boston, MA: Allyn & Bacon.

Cornfield by Lewis v. Consolidated School District No. 230, 991 F. 2d 1316 (7th Cir. 1993).

Crittenden, B. (1984). Morality, ethics and ethical theories. In P. Sola (ed.), *Ethics, Education, and Administrative Decisions: A book of readings* (pp. 15-38). New York: Peter Lang.

Cushner, K., McClelland, A., & Safford, P. (1992). *Human Diversity in Education: An integrative approach.* New York: McGraw–Hill.

Darling-Hammond, L. & Snyder, J. (1992). Reframing accountability: Creating learner-centered schools. In A. Lieberman (ed.), *The Changing Contexts of Teaching. Ninety-First Yearbook of the National Society for the Education* (Pt. 1, pp. 11–36). Chicago, IL: University of Chicago Press.

Delgado, R. (1995). *Critical Race Theory: The cutting edge.* Philadelphia, PA: Temple University Press.

DeMitchell, T. A. (1993). Private lives: Community control vs. professional autonomy. *West's Educational Law Quarterly, 2*(2), 218–226.

Dewey, J. (1902). *The School and Society.* Chicago, IL: University of Chicago Press.

Duke, D. & Grogan, M. (1997). The moral and ethical dimensions of leadership. In L. G. Beck, J. Murphy & Associates (eds.), *Ethics in Educational Leadership Programs: Emerging models* (pp. 141–160). Columbia, MO: University Council for Educational Administration.

Fine, M. (1991). *Framing Droputs.* Albany, NY: State University of New York Press.

Fishkin, J. (1983). *Justice, Equal Opportunity, and the Family.* New Haven, CT: Yale University Press.

Foster, W. (1986). *Paradigms and Promises: New approaches to educational administration*. Buffalo, NY: Prometheus Books.

Foucault, M. (1983). On the genealogy of ethics: An overview of work in progress. In H. L. Dreyfus & P. Rabinow (eds.), *Michel Foucault: Beyond structuralism and hermeneutics* (2nd edn, pp. 229–252). Chicago, IL: University of Chicago Press.

Freire, P. (1970). *Pedagogy of the Oppressed* (trans. M. B. Ramos). New York: Continuum.

Freire, P. (1993). *Pedagogy of the City* (trans. D. Macedo). New York: Continuum.

Freire, P. (1998). *Pedagogy of Freedom: Ethics, democracy, and civic courage* (trans. P. Clarke). Lanham, MD: Rowman & Littlefield.

Fullan, M. (2003). *The Moral Imperative of School Leadership*. Thousand Oaks, CA: Corwin Press.

Furman, G. C. (2003). The 2002 UCEA presidential address: Toward a new scholarship of educational leadership. *UCEA Review, 45*(1), 1-6.

Furman, G. C. (2004). The ethic of community. *Journal of Educational Administration, 42*(2), 215–235.

Gay, G. (2000). *Culturally Responsive Teaching: Theory, research and practice*. New York: Teachers College Press.

Gay, G. (ed.). (2003). *Becoming Multicultural Educators: Personal journey toward professional agency*. San Francisco, CA: Jossey Bass.

Gilligan, C. (1982). *In a Different Voice*. Cambridge, MA: Harvard University Press.

Gilligan, C., Ward, J., & Taylor, J. (1988). *Mapping the Moral Domain: A contribution of women's thinking to psychology and education*. Cambridge, MA: Harvard University Graduate School of Education.

Ginsberg, A. E., Shapiro, J. P., & Brown, S. P. (2004). *Gender in Urban Education: Strategies for Student achievement*. Portsmouth, NH: Heinemann.

Giroux, H. A. (1988). *Schooling and the Struggle for Public Life: Critical pedagogy in the modern age*. Minneapolis, MN: University of Minnesota Press.

Giroux, H. A. (ed.). (1991). *Postmodernism, Feminism, and Cultural Politics:*

Redrawing educational boundaries. Albany, NY: State University of New York Press.

Giroux, H. A. (1992). *Border Crossings: Cultural workers and the politics of education*. New York: Routledge.

Giroux, H. A. (1994). Educational leadership and school administrators: Rethinking the meaning of democratic public culture. In T. Mulkeen, N. H. Cambron-McCabe, & B. Anderson (eds.), *Democratic Leadership: The changing context of administrative preparation* (pp. 31–47). Norwood, NJ: Ablex.

Giroux, H. A. (2000). *Stealing Innocence: Youth, corporate power, and the poliltics of culture*. New York: St. Marin's Press.

Giroux, H. A. (2003). *The Abandoned Generation: Democracy beyond the culture of fear*. New York: Palgrave Macmillan.

Giroux, H. A. (2006). *America on the Edge: Henry Giroux on politics, education and culture*. New York: Palgrave Macmillan.

Giroux, H. A. & Aronowitz, S. (1985). *Education under Siege*. South Hadley, MA: Bergin & Garvey.

Glaser, J. W. (1994). *Three Realms of Ethics: Individual, institutional, societal*. Kansas City, MO: Sheed & Ward.

Goals 2000: Educate America Act. (1993). Washington, DC: U. S. Government Printing Office.

Gold, E. & Simon, E. (2004). *Public Accountability: School improvement efforts need the active involvement of communities to succeed*. XXIII(11), January 14, Reprint Department.

Goldberger, N., Tarule, J., Clinchy, B., & Belenky, M. (eds.). (1996). *Knowledge, Difference and Power*. New York: Basic Books.

Gollnick, D. M. & Chinn, P. C. (1998). *Multicultural Education in a Pluralistic Society* (5th edn). Columbus, OH: Merrill.

Goodlad, J. I., Soder, R., & Sirotnik, K. A. (eds.). (1990). *The Moral Dimension of Teaching*. San Francisco, CA: Jossey-Bass.

Gorman, K. & Pauken, P. (2003). The ethics of zero tolerance. *Journal of*

Educational Administration, 41(1), 24–36.

Gratz v. Bollinger, 539 U.S. 244 (2003).

Greene, M. (1978). *Landscapes of Learning.* New York: Teachers College Press.

Greene, M. (1988). *The Dialectic of Freedom.* New York: Teachers College Press.

Greene, M. (ed.) (2000). *Releasing the Imagination: Essays on education, the arts and social change.* New York: John Wiley & Sons.

Greenfield, W. D. (1993). Articulating values and ethics in administrators preparation. In C. A. Capper (ed.), *Educational administration in a pluralistic society* (pp. 267-287). Albany, NY: State University of New York Press.

Greenfield, W. D. (2004). Moral leadership in schools. *Journal of Educational Administration, 42*(2), 174–196.

Greenwood, G. E. & Fillmer, H. T. (1997). *Professional Core Cases for Teacher Decision–making.* Upper Saddle River, NJ: Prentice Hall.

Grogan, M. (1996). *Voices of Women Aspiring to the Superintendency.* Albany, NY: State University of New York Press.

Gross, S. J. (1998). *Staying Centered: Curriculum leadership in a turbulent era.* Alexandria, VA: Association for Supervision and Curriculum Development.

Gross, S. J. (2004). *Promises Kept: Sustaining innovative curriculum leadership.* Alexandria, VA: Association for Supervision and Curriculum Development.

Gross, S. J. (2006). *Leadership Mentoring: Maintaining school improvement in turbulent times.* Lanham, MD: Rowman & Littlefield.

Gross, S. J. & Shapiro, J. P. (2002). Towards ethically responsible leadership in a new era of high stakes accountability. In G. Perrault & F. Lunenberg (eds.), *The Changing World of School Administration* (pp. 256–266). Lanham, MD: Scarecrow Press.

Gross, S. J. & Shapiro, J. P. (2004). Using multiple ethical paradigms and turbulence theory in response to administrative dilemmas. *International Studies in Educational Administration, 32*(2), 47–62.

Gross, S. J., Shaw, K., & Shapiro, J. P. (2003). Deconstructing accountability through the lens of democratic philosophies: Toward a new analytic framework. *The Journal of Research for Educational Leadership, 1*(3), 5–27.

Grutter v. Billinger, 539 U.S. 306 (2003).

Gun-free Schools Act of 1990, 18 U.S.G. 922 (q) (1)(A).

Gun-free Schools Act of 1994, 20 U.S.G. § 8921.

Guthrie, J. W. (1990). The evolution of educational management: Eroding myths and emerging models. In B. Mitchell & L. Cunningham (eds.), *Educational Leadership and Changing Contexts of Families, Communities, and Schools. Eighty-ninth Yearbook of the National Society for the Study of Education* (pp. 210–231). Chicago, IL: University of Chicago Press.

Hansen, D. T. (2001). Teaching as a moral activity. In V. Richardson (ed.), *Handbook of Research on Teaching* (4th edn) (pp. 826–857). Washington, DC: American Educational Research Association.

Hersh, R. H., Paolitto, D. P., & Reimer, J. (1979). *Promoting Moral Growth: From Piaget to Kohlberg.* New York: Longman.

Hirsch, E. D. (1987). *Cultural Literacy.* Boston, MA: Houghton Mifflin.

Hirsch, E. D. (1996). *The Schools we Need and Why we Don' t Have Them.* New York: Doubleday.

Hirst, P. H. (1974). *Moral Education in a Secular Society.* London: University of London Press.

Hodgkinson, H. L. (1992). *A Demographic Look at Tomorrow.* Washington, DC: Institute for Education Leadership.

Hoffman, N. (1981). *Woman' s "True" Profession: Voices from the history of teaching.* Old Westbury, MY: Feminist Press.

Hostetler, K. D. (1997). *Ethical Judgment in Teaching.* Boston, MA: Allyn & Bacon.

Hutchings, P. (1998). Building on progress. *AAHE Bulletin, 50*(6), 10–11.

Hutchings, P. (ed.). (2000). *Opening Lines: Approaches to the scholarship of teaching and learning.* Menlo Park, CA: Carnegie Foundation for the Advancement of Teaching.

Hutchings, P. (ed.). (2002). *Ethics of Inquiry: Issues in the scholarship of teaching and learning.* Menlo Park, CA: Carnegie Foundation for the Advancement of

Teaching.

Hyman, I. A., & Snook, P. A. (1999). *Dangerous Schools: What we can do about the physical and emotional abuse of our children.* an Francisco, CA: Jossey-Bass.

Jensen, A. (1969). How much can we boost IQ and scholastic achievement? *Harvard Educational Review, 39*(1), 1-123.

Kasten, K. L. (1995). *Educational Leadership: Case studies for reflective practice* (2nd edn). White Plains, NY: Longman.

Katz, M. S., Noddings, N., & Strike, K. A. (eds.). (1999). *Justice and Caring: The search for common ground in education.* New York Teachers College Press.

Kirschmann, R. E. (1996). *Educational Administration: A collection of case studies.* Englewood Cliffs, NJ: Prentice Hall.

Kohlberg, L. (1981). *The Philosophy of Moral Development: Moral stages and the idea of justice* (Vol. 1). San Francisco, CA: Harper & Row.

Lareau, A. (1987). Social class differences in family school relationships: The importance of cultural capital. *Sociology of Education, 60,* 73-85.

Lareau, A. (2003). *Unequal Childhoods: Class, race and family life.* Berkeley, CA: University of California Press.

Larson, C. & Murtadha, K. (2002). Leadership for social justice. In J. Murphy (ed.), *The Educational Leadership Challenge: Redefining leadership for the 21st century* (pp. 134-161). Chicago, IL: University of Chicago Press.

Lebacqz, K. (1985). *Professional Ethics: Power and paradox.* Nashville, TN: Abingdon.

Lehrer, J. (2009). *How we Decide.* Boston, MA: Houghton Mifflin Harcourt.

Levin, B. (1986). Educating youth for citizenship: The conflict between authority and individual rights in the public school. *Yale Law Journal, 95*(8), 1647-1680.

Lickel, B., Schmader, T., & Hamilton, D. L. (2003). A case for collective responsibility: Who else was to blame for the Columbine High School shootings? *Personality and Social Psychology Bulletin, 29*(2), 194-204.

Loewen, J. (1995). *Lies My Teacher Told Me.* New York: Touchstone.

Maher, F. A. & Tetreault, M. K. T. (1994). *The Feminist Classroom*. New York: Basic Books.

Marshall, C. (1995). Imagining leadership. *Educational Administration Quarterly, 31*(3), 484–492.

Marshall, C., & Gerstl-Pepin, C. (2005). *Re-framing Educational Politics for Social Justice*. Boston, MA: Allyn & Bacon.

Marshall, C. & Oliva, M. (2006). *Leadership for Social Justice: Making revolutions in education*. Boston, MA: Allyn & Bacon.

Martinez, S. (2009). A system gone berserk: How are zero–tolerance policies really affecting schools? *Preventing School Failure, 53*(4), 153–157.

McBroom v. Board of Education, District No. 205, 144 I11. App. 3d 463, 98 I11. 864, 494 N.E. 2d 1191 (1986).

Merseth, K. K. (1997). *Case Studies in Educational Administration*. New York: Addison Wesley.

Mertz, N. T. (1997). Knowing and doing: Exploring the ethical life of educational leaders. In L. G. Beck, J. Murphy, & Associates (eds.), *Ethics in Educational Leadership Programs: Emerging models* (pp. 77–94). Columbia, MO: University Council for Educational Administration.

Meyers, P. A. (1998). The "ethic of care" and the problem of power. *The Journal of Political Philosophy, 6*(2), 142–170.

Morholt, E., Brandwein, P. F., & Alexander, J. (1966). *A Source-book for the Biological Sciences* (2nd edn). New York: Harcourt, Brace & World.

Morrison v. Board of Education, 1 Cal. 3d 214, 82 Cal. Rptr. 175, 461 P. 2d 375 (1969).

Murphy, J. (2005). Unpacking the foundations of ISLLC standards and addressing concerns in the academic community. *Educational Administration Quarterly, 41*(1), 154–191.

Murphy, J. (2006). *Preparing School Leaders: Defining a new research and action agenda*. Lanham, MA: Rowman & Littlefield.

Nash, R. J. (1996). *"Real World" Ethics: Frameworks for educators and human service professional.* New York: Teachers College Press.

National Commission on Excellence in Education. (1983). *A National at Risk: The imperative for educational reform.* Washington, DC: U.S. Government Printing Office.

National Policy Board for Educational Administration (NPBEA). (1996). *Interstate School Leaders Licensure Consortium: Standards for school leaders.* Washington, DC: Council of Chief School Officers.

National Policy Board for Educational Administration (NPBEA). (2008). *Educational Leadership Policy Standards: ISLLC 2008.* Washington, DC: Council of Chief State School Officers Retrieved January 3, 2010, from http://www.ccsso.org/content/pdfs/elps_isllc2008pdf, pp. 1–5.

New Jersey v. T.L.O., 469 U.S. 325 (1985).

Nichols, S. L. & Berliner, D. C. (2007). *Collateral Damage: How high stakes testing corrupts America's schools.* Cambridge, MA: Harvard Education Press.

Nieto, S. (2007). *Affirming Diversity: The sociopolitical context of multicultural education* (5th edn). Boston, MA: Allyn & Bacon.

No Child Left Behind, 20 U.S.C. § 1751(b) (1) (2002).

Noddings, N. (1984). *Caring: A feminine approach to ethics and moral education.* Berkeley, CA: University of California Press.

Noddings, N. (1992). *The Challenge to Care in Schools: An alternative approach to education.* New York: Teachers College Press.

Noddings, N. (2002). *Educating Moral People: A caring alternative to character education.* New York: Teachers College Press.

Noddings, N. (2003). *Caring: A feminine approach to ethics and moral education* (2nd edn). Berkeley, CA: University of California Press.

Noddings, N., Stengel, B. S., & Alan, R. T. (2006). *Moral Matters: Five ways to develop the moral life of schools.* New York: Teachers College Press.

Normore, A. H. (ed.). (2008). *Leadership for Social Justice: Promoting equity and excellence through inquiry and reflective practice.* Charlotte, NC: Information Age Publishing Inc.

O' Keefe, J. (1997). Preparing ethical leaders for equitable schools. In L. G. Beck, J. Murphy, & Associates (eds.), *Ethics in Educational Leadership Programs: Emerging models* (pp. 161–187). Columbia, MO: University Council for Educational Administration.

Oakes, J. (1993). Tracking, inequality, and the rhetoric of reform: Why schools don't change. In S. H. Shapiro & D. E. Purpel (eds.), *Critical Social Issues in American Education: Toward the 21st century* (pp. 85–102). White Plains, NY: Longman.

Olmstead v. United States, 277 U.S. 438 1928, p. 478.

Parker, L. & Shapiro, J. P. (1993). The context of educational administration and social class. In C. A. Capper (ed.), *Educational Administration in a Pluralistic Society* (pp. 36–65). Albany, NY: State University of New York Press.

Pennsylvania Code of Professional Practice and Conduct for Educators, 22 Pa. Code, §§ 235.1–235.11 (1992).

People v. Dukes, 580 N.Y.S. 2d 850 (N.Y. Criminal Court 1992).

Peters, R. S. (1973). *Reason and Compassion.* London: Routledge & Kegan Paul.

Purpel, D. E. (1989). *The Moral and Spiritual Crisis in Education: A curriculum for justice and compassion in education.* New York: Bergin & Garvey.

Purpel, D. E. (2004). *Reflections on the Moral and Spiritual Crisis in Education* New York: Peter Lang.

Purpel, D. E. & Shapiro, S. (1995). *Beyond Liberation and Excellence: Reconstructing t he public discourse on education.* Westport, CT: Bergin & Garvey.

Ravitch, D. (2003). *The Language Police: How pressure groups restrict what students learn.* New York: Knopf.

Ratvich, D. & Finn, C. E. (1987). *What Do Our 17–year–olds Know?* New York: Harper & Row.

Rebore, R. (2001). *The Ethics of Educational Leadership.* Upper Saddle River, NJ: Prentice Hall.

Roland Martin, J. (1993). Becoming educated: A journey of alienation or integration? In S. H. Shapiro & D. E. Purpel (eds.), *Critical Social Issues in American Education: Toward the 21st century* (pp. 137–148). New York: Longman.

Safe and Drug-free Schools and Communities Act (SDFSCA) State and Local Grants Program. (1994). *Elementary and Secondary Education Act* (ESEA) 1994. Title IV, §§ 41114116, 20 U.S.C. 71117116.

Safford v. Redding, 129 S.Ct. 2633 (2009).

Sergiovanni, T. J. (1992). *Moral Leadership: Getting to the heart of school improvement.* San Francisco, CA: Jossey–Bass.

Sernak, K. (1998). *School Leadership: Balancing power with caring.* New York: Teachers College Press.

Sewell, T. E., DuCette, J. P., & Shapiro, J. P. (1998). Educational assessment and diversity. In N. M. Lambert & B. L. McCombs (eds.), *How Students Learn: Reforming schools through learner-centered education* (pp. 311–338). Washington, DC: American Psychological Association.

Shapiro, H. S. (ed.). (2009). *Education and Hope in Troubled Times: Visions of change for our children's world.* New York: Routledge.

Shapiro, H. S. & Purpel, D. E. (eds.). (1993). *Critical Social Issues in American Education: Toward the 21st century.* New York: Longman.

Shapiro, H. S. & Purpel, D. E. (eds.). (2005). *Social Issues in American Education: Democracy and meaning in a globalized world* (3rd edn). Mahwah, NJ: Lawrence Erlbaum Associates.

Shapiro, J. P. (1979). Accountability: A contagious disease? *Forum for the Discussion of New Trends in Education, 22*(1), 16–18.

Shapiro, J. P., Ginsberg, A. E., & Brown, S. P. (2003). The ethic of care in urban schools: Family and community involvement. *Leading & Managing, 9*(2), 45–50.

Shapiro, J. P. & Gross, S. J. (2002, October). *Educational leadership in a time of turbulence: Preparing for challenges by utilizing authentic ethical dilemmas.* Paper presented at the 7th Annual Values and Leadership Conference,

Toronto, Ontario, Canada.

Shapiro, J. P. & Gross, S. J. (2008). *Ethical Educational Leadership in Turbulent Times: (Re)solving moral dilemmas*. New York: Lawrence Erlbaum Associates (Taylor & Francis Group).

Shapiro, J. P., Gross, S. J., & Shapiro, S. H. (2008, May). Ethical decisions in turbulent times. *The School Administrator*, 18–21.

Shapiro, J. P., Sewell, T. E., & DuCette, J. P. (2001). *Reframing Diversity in Education*. Lanham, MD: Rowman & Littlefield.

Shapiro, J. P., Sewell, T. E., DuCette, J. P., & Myrick, H. (1997, March). *Socio-cultural and School Factors in Achievement: Lessons from tuition guarantee programs*. Paper presented at the annual meeting of the American Educational Research Association, Chicago.

Shapiro, J. P. & Smith-Rosenberg, C. (1989). The "other voices" in contemporary ethical dilemmas: The value of the new scholarship on women in the teaching of ethics. *Women's Studies International Forum, 12*(2), 199–211.

Shapiro, J. P. & Stefkovich, J. A. (1997). The ethics of justice, critique and care: Preparing educational administrators to lead democratic and diverse schools. In J. Murphy, L. G. Beck, & Associates (eds.), *Ethics in Educational Administration: Emerging models* (pp. 109–140). Columbia, MO: University Council for Educational Administration,

Shapiro, J. P. & Stefkovich, J. A. (1998). Dealing with dilemmas in a morally polarized era: The conflicting ethical codes of educational leaders. *Journal for a Just and Caring Education, 4*(2), 117–141.

Shariff, S. (2009). *Confronting Cyber-bullying: What schools need to know to control misconduct and avoid legal consequences*. London: Cambridge University Press, pp. 2–3.

Shulman, L. S. (1997). The advancement of teaching. *AAHE Bulletin, 50*(1), 3–7.

Shulman, L. S. (1999). Taking learning seriously. *Change Magazine, 31*(4), 10–17.

Sleeter, C. E. & Grant, C. A. (2003). *Making Choices for Multicultural Education: Five approaches to race, class, and gender* (4th edn). New York: Wiley.

Smith, C. D. (2009). Deconstructing the pipeline: Evaluating school-to-prison pipeline equal protection cases through a structural racism framework. *Fordham Urban Law Journal, 36*(4), 1009–1049.

Spillane, J., Halverson, R., & Diamond, J. B. (2001). Investigating school leadership practice: A distributed perspective. *Educational Researcher, 30*(3), 23–28.

Starratt, R. J. (1991). Building an ethical school: A theory for practice in educational leadership. *Educational Administration Quarterly, 27*(2), 185–202.

Starratt, R. J. (1994a). Afterword. In L. G. Beck & J. Murphy (eds.), *Ethics in Educational Leadership Programs: An expanding role* (pp. 100–103). Thousand Oaks, CA: Corwin Press.

Starratt, R. J. (1994b). *Building an Ethical School: A practical response to the moral crisis in schools.* London: Falmer Press.

Starratt, R. J. (1994c, April 6). *Preparing Administrators for Ethical Practice: State of the art.* Presentation at the annual meeting of the American Educational Research Association, New Orleans, LA.

Starratt, R. J. (2003). *Centering Educational Administration: Cultivating meaning, community, responsibility.* Mahwah, NJ: Lawrence Erlbaum Associates.

Starratt, R. J. (2004). *Ethical Leadership.* San Francisco, CA: Jossey–Bass.

Stefkovich, J. A. (2006). *Best Interest of the Students: Applying ethical constructs to legal cases in education.* Mahwah, NJ: Lawrence Erlbaum Associates.

Stefkovich, J. A., Crawford, E. R., & Murphy, M. P. (2009). Legal issues related to cyber-bullying. In S. Shariff & A. Churchill (eds.), *Truths and Myths of Cyber-bullying: International perspectives on stakeholder responsibility and children' s safety* (pp. 139–158). New York: Peter Lang.

Stefkovich, J. A. & Guba, G. J. (1998). School violence, school reform, and the fourth amendment in public schools. *International Journal of Educational Reform, 7*(3), 217–225.

Stefkovich, J. A. & O' Brien, G. M. (2004). Best interests of the student: An ethical model. *Journal of Educational Administration, 42*(2), 197–214.

Stefkovich, J. A., O' Brien, G. M., & Moore, J. (2002, October). *School Leaders'*

Ethical Decision Making and the "Best Interests of Students." Paper presented at the 7th Annual Values and Leadership Conference, Toronto, Ontario, Canada.

Stefkovich, J. A. & Miller, J. A. (1999). Law enforcement officers in public schools: Student citizens in safe havens? *Brigham Young University Education and Law Journal,* winter, 25–69.

Stefkovich, J. A. & Shapiro, J. P. (1994). Personal and professional ethics for educational administrators. *Review Journal of Philosophy and Social Science, 20*(1&2), 157–186.

Strike, K. A. (1991). The moral role of schooling in liberal democratic society. In G. Grant (ed.), *Review of Research in Education* (pp. 413-483). Washington, DC: American Educational Research Association.

Strike, K. A. (2006). *Ethical Leadership in Schools: Creating community in an environment of accountability.* Thousand Oaks, CA: Corwin Press.

Strike, K. A., Haller, E. J., & Soltis, J. F. (1988). *The Ethics of School Administration.* New York: Teachers College Press.

Strike, K. A., Haller, E. J., & Soltis, J. F. (1998). *The Ethics of School Administration,* (2nd edn). New York: Teachers College Press.

Strike, K. A. & Moss, P. A. (2007). *Ethics and College Student Life: A case study approach* (3rd edn). Upper Saddle River, NJ: Prentice Hall.

Strike, K. & Soltis, J. F. (1992). *The Ethics of Teaching* (2nd edn). New York: Teachers College Press.

Strike, K. A. & Ternasky, P. L. (eds.). (1993). *Ethics for Professionals in Education: Perspectives for preparation and practice.* New York: Teachers College Press.

Tek Lum, W. (1987). *Chinese Hot Pot.* Honolulu, HI: Bamboo Ridge Press.

Texas Administrative Code, Tile 19, §§ 177.1 (1998).

Tinker v. Des Moines Independent Community School District, 393 U.S. 503 (1969).

Torres, M. S. & Stefkovich, J. A. (2009). Demographics and police involvement: Implications for student civil liberties and just leadership. *Educational Administration Quarterly, 45*(3), 450–473.

Tyack, D. B. (1974). *The One-best System: A history of urban education.* Cambridge, MA: Harvard University Press.

U.S. Department of Education, America 2000: An education strategy. (1991). Washington, DC: U.S. Government Printing Office.

U.S. Department of Education, Goals 2000: Educate America Act. (1993). Washington, DC: U.S. Government Printing Office.

U.S. Department of Education, No Child Left Behind Act of 2001. Pub. L. No. 107-110, 115 Stat. 1425 (codified as amended at 20 U.S.C. 6301 et. seq. (2002).

U.S. v. Lopez, 514 U.S. 549, 1995.

University Council for Educational Administration' s Ethical Code Committee (2004-2009). Unpublished Document. Austin, TX: University Council for Educational Administration.

Utley, C. A. & Obiakor, F. E. (1995, July). *Scientific and Methodological Concerns in Research Perspectives for Multicultural Learners.* Paper presented at the Office of Special Education Project Direction Conference, Washington, D.C.

Vernonia School District 47J v. Acton, 515 U.S. 646 (1995).

Walker, K. (1995). The kids' best interests. *The Canadian School Executive, 15*(5), 2–8.

Walker, K. (1998). Jurisprudential and ethical perspectives on "the best interests of children." *Interchange, 29*(3), 283–304.

Warnick, B. R. (2009). Student speech rights and the special characteristics of the school environment. *Educational Researcher, 38*(3), 200–215.

Weis, L. & Fine, M. (1993). *Beyond Silenced Voices: Class, race, and gender in U.S. schools.* Albany, NY: State University of New York Press.

Weis, L. & Fine, M. (2005). *Beyond Silent Voices* (2nd edn). Albany, NY: State University of New York Press.

Welch, S. (1991). An ethic of solidarity and difference. In H. Giroux (ed.), *Postmodernism, Feminism, and Cultural Politics: Redrawing educational boundaries* (pp. 83-99). Albany, NY: State University of New York Press.

Williams by Williams v. Ellington, 936 F. 2d. 881 (6th Cir. 1991).

Willower, D. J. (1999, October). *Work on Values in Educational Administration: Some observations.* Paper presented at the annual meeting of the University Council for Educational Administration Center for the Study of Leadership and Ethics, Charlottesville, VA.

Willower, D. J. & Licata, J. W. (1997). *Values and Valuation in the Practice of Education Administration.* Thousand Oaks, CA: Corwin Press.

Witherell, C. & Noddings, N. (1991). *Stories Lives Tell: Narrative and dialogue in education.* New York: Teachers College Press.

Wong, S. C. (1993). Promises, pitfalls, and principles of text selection in curricular diversification: The Asian-American case. In T. Perry & J. W. Fraser (eds.), *Freedom's Plow: Teaching in the multicultural classroom* (pp. 109-120). New York: Routledge.

Young, I. M. (1990). *Justice and the Politics of Difference.* Princeton, NJ: Princeton University Press.

Youngs, B. B. (1989). The phoenix curriculum. *Educational Leadership, 46*(5), 23–24.

Yudof, M. G., Kirp, D. L., Levin, B., & Moran, R. F. (2002). *Educational Policy and the Law* (4th edn). Belmont, CA: Wadsworth.

Zangwill, I. (1910). *The Melting Pot.* New York: Macmillan.

찾아보기

인 명

내용

저 자 소 개

조앤 샤피로(Joan Poliner Shapiro)

템플 대학교 교육대학 교수로서 교육행정학을 담당하고 있다. 이전에는 템플 대학교 연구개발센터 부소장으로 봉사하였고 교육 리더십 정책연구학과의 학과장이었다. 펜실베이니아 대학교 여성연구 프로그램의 공동 책임자였고, 미국과 영국의 중학교와 고등학교에서 가르쳤으며, 인턴교사 책임자였다. 가장 최근에는 템플 대학교 교수평의회 부회장을 지냈고, 스티븐 제이 그로스(Steven Jay Gross)와 함께 신민주윤리교육 리더십(New DEEL)이라는 교육운동을 공동으로 창설했다. 펜실베이니아 대학교에서 교육행정 전공으로 박사학위를 받았고, 런던 대학교 교육대학에서 박사후과정을 마쳤다. 가장 최근에는 린드백 저명교수상(Lindback Distinguished Teaching Award)과 UCEA 최고교수상(UCEA's Master Professor Award)을 받았다. 학문적으로는 *Reframing Diversity in Education*(with Trvor E. Sewell and Joseph P. DuCette, Rowman & Littlefield, 2001), *Gender in Urban Education: Strategies for student achievement*(with Alice E. Ginsberg and Shierley P. Brown, Heinemann, 2004), *Educational Ethical Leadership in Turbulent Times*(with Steven Jay Gross, Erlbaum/Routledge, 2008)을 저술하였다. 또한 많은 학술 논문과 책에서 교육과 윤리 리더십 책무성과 성 이슈에 초점을 둔 부분을 맡아 저술하였다.

재클린 스테프코비치(Jacqueline A. Stefkovich)

펜실베이니아 주립대학교 교수로 재직하고 있고 교육법 및 윤리를 강의하고 있으며, UCEA's D. J. Willower Center on Leadership and Ethics의 공동 소장이다. 이전에는 대학원 프로그램, 연구, 능력개발센터 부소장이었고, 펜실베이니아 주립대학교 교육정책연구학과의 학과장을 지냈다. 하버드 대학교 교육대학원에서 행정기획사회정책 박사학위를 받고, 동시에 펜실베이니아 대학교 법대에서 법학 박사학위를 받았다. 그리고 펜실베이니아, 뉴저지, 워싱턴 D.C.의 개업 변호사 자격을 갖고 있다. 공립학교 카운슬러와 교사, 주정부 행정가, 교육컨설턴트를 지냈다. 연구 관심은 학생의 헌법적 권리, 학생의 권리와 학교 리더십에 관련된 윤리적 이슈에 초점을 두고 있다. 이 책 외에 하나의 모노그래프와 세 권의 책을 단독 또는 공동 저술했다. 세 권의 책은 *Search and Seizure in Public Schools*(Education Law Association, 2005), *The Law and Education: Cases and materials*(with Lawrence Rossow, Carolina Press, 2006), *Ethics for School business Officials*(with William Hartman, Scarecrow Press, 2005)이다. 가장 최근의 책은 2006년에 발간된 *The Best Interests of the Student: Applying ethical constructs to legal cases*(Routledge)다. 또한 학교 기강과 형평성 이슈, 사이버 폭력, 데이터 근거 의사결정의 법적 측면에 초점을 두어 여러 권의 책과 학술 논문을 썼다.

역 자 소 개

주삼환

서울대학교 교육대학원 석사(교육행정 전공)
미국 미네소타 대학교 대학원 박사(교육행정 전공)
전 서울시내 초등교사(약 15년), 충남대학교 교수(약 25년)
미국 오하이오 주립대학교 객원교수
한국대학교육협의회 파견교수
인문사회연구회 이사
한국교육행정학회장
현 충남대학교 명예교수

〈주요 저서 및 역서〉

미국의 교장(학지사, 2005)
한국교원행정(태영출판사, 2006, 문화체육관광부 우수학술도서)
학교경영의 이론과 실제(공저, 학지사, 2006)
장학의 이론과 기법(학지사, 2006)
교육행정 사례연구(공저, 학지사, 2007)
교육행정철학(공저, 학지사, 2007)
한국대학행정(시그마프레스, 2007, 문화체육관광부 우수도서)
도덕적 리더십(역, 시그마프레스, 2008)
미국의 최우수학교 블루리본 스쿨(공저, 학지사, 2009)
교육행정 및 교육경영(공저, 학지사, 2009)
리더십 패러독스(공역, 시그마프레스, 2009)
학업성취 향상 수업전략(공역, 시그마프레스. 2010)
교육행정윤리(공역, 시그마프레스, 2010)
불가능의 성취(학지사, 2010)
교원의 전문적 능력개발(공역, 시그마프레스, 2011)
이 외에 교육행정 및 장학 시리즈(한국학술정보, 전 35권이 있음.)

정일화

충남대학교 교육대학원 석사(교육행정 전공)

충남대학교 교육대학원 박사(교육행정 전공)

전 봉양중학교, 옥천고등학교, 공주영명중학교, 공주영명고등학교, 대전이문고등학교 교사

목원대학교 사범대학 강사

현 대전만년고등학교 수석교사, 충남대학교 교육대학원 강사

〈주요 저서 및 논문〉

교육행정 사례연구(공저, 학지사, 2007)

교육행정철학(공저, 학지사, 2007)

교장의 직무영역과 직무성향에 관한 연구(인문학연구, 2007)

교장 자격제도 개선방안 연구(공동연구, 교육과학기술부, 2008)

교장의 직무기준 개발에 관한 연구(교육학연구, 2008)

학교의 공동사회 · 이익사회 지향성과 조직헌신도의 관계(한국교원교육연구, 2009)

미국과 영국의 교장 직전교육 사례 비교 분석(공동연구, 교육행정학연구, 2009)

미국의 최우수학교 블루리본 스쿨(공저, 학지사, 2009)

교육행정 및 교육경영(공저, 학지사, 2009)

학업성취 향상 수업전략(공역, 시그마프레스, 2010)

교육윤리 리더십: 선택의 딜레마

Ethical Leadership and Decision Making in Education

2011년 9월 7일 1판 1쇄 인쇄
2011년 9월 14일 1판 1쇄 발행

지은이 • Joan Poliner Shapiro · Jacqueline A. Stefkovich
옮긴이 • 주삼환 · 정일화
펴낸이 • 김진환
펴낸곳 • (주) 학지사
121-837 서울특별시 마포구 서교동 352-29 마인드월드빌딩 5층
대표전화 • 02)330-5114 팩스 • 02)324-2345
등록번호 • 제313-2006-000265호

홈페이지 • http://www.hakjisa.co.kr
커뮤니티 • http://cafe.naver.com/hakjisa

ISBN 978-89-6330-702-2 93370

정가 15,000원

역자와의 협약으로 인지는 생략합니다.
파본은 구입처에서 교환하여 드립니다.